MOTIVATIONAL INTERVIEWING FOR
CLINICAL PRACTICE, FIRST EDITION

정신건강 임상에서의
동기강화상담

Petros Levounis, M.D., M.A. · Bachaar Arnaout, M.D. · Carla Marienfeld, M.D. 편저
신성만 · 조정민 · 김주은 · 신종호 · 조용혁 · 박지훈 · 허은실 공역

학지사

Motivational Interviewing for Clinical Practice, First Edition
by Petros Levounis, M.D., M.A., Bachaar Arnaout, M.D.,
and Carla Marienfeld, M.D.

First Published in the United States by American Psychiatric Association Publishing, Washington, D.C.

역자 서문

자율감은 인간의 기본적 심리욕구를 말할 때 빠짐없이 거론되는 동기 요소이다. 자율감은 자신의 행동을 스스로 결정하고자 하는 상태로, 인간이 태어나 죽을 때까지 그 정도의 차이만 있을 뿐 모든 사람이 반복적으로 경험하는 느낌이다. 자율감은 소속감과 함께 인간 고통의 원인이 되기도 한다. 끊임없이 샘솟는 소속에 대한 욕구와 자율에 대한 욕구는 인간으로 하여금 아주 쉽게 욕구의 불만족 상태를 경험하게 하고, 이 [illegible] 상태는 실존적 딜레마의 근원으로 작용하기도 한다. 자율감과 소속감은 [illegible] 중 하나만 선택할 수 있는 것이 아니며, 하나를 위해 다른 하나를 [illegible] 수 없는 관계이다. 소속감을 더 느끼기 위해서는 그 관계 속에서 자율감이 허용되어야 하고, 또 자율감을 더 느끼기 위해서는 강렬한 소속감이 기반되어야 하기 때문이다. 인간의 심리를 연구하고 더 나은 방향으로 발전하도록 돕고자 하는 사람들에게 이러한 딜레마는 인간이 때때로 비합리적으로 보이는 행동을 하는 이유에 대한 단초를 제공해 주기도 한다.

현대인들이 많이 경험하는 또 다른 현상은 불안이다. 과학의 패러다임이 진화론 중심으로 변화하면서 교육학이나 심리학도 진화론적 관점을 핵심 시대정신으로 채택하기 시작하였다. 진화론은 환경적응론으로, 환경에 잘 적응하는 것이 가장 중요한 가치가 된다. 이것이 인간사회에 적용되면서 사람들은 어느 방향으로 가야 하는지에 관심을 두기보다는 집단 내에 중간 이상의 위치를 점하면서 잘 적응하는 것을 가장 중요한 우선순위로 생각하게 되었다. 심리학에서도 진화론이 패러다임으로 자리 잡으면서 동물심리학이 발달하게 되었으며 측정이나 통계가 중요하게 사용되게 되었다. 진화론에서 중시하는 집단 내의 적응적 관점은 자연스럽게 도태불안을 야기하였다. 사람들은 끊임없이 불안한 상태에 놓이게 되었고, 비교 가능한 수치들로 환원된 측정치를 스스로에게 들이대며 이상행동과 부적응, 부적절감을 보편적 동기 에너지로 사용하는 상황에 이르게 되었다. 이러한 상황 속에서 발생한 것이 양가감정이다. 이것을 선택하면 저쪽이 나을 듯하고 저것을 선택하면 이쪽이 나은듯한 불안 속에서 인간은 결국 둘 중 어느 쪽도 선택하지 못하고 집단의 흐름에 따라가는 자율감의 부재 상태를 경험하게 된다.

자율감과 불안에 의한 양가감정의 (악)순환 고리는 우리가 만나는 내담자에게 '비자발적'이라는 꼬리표를 붙이고, 마치 저항의 결과에 대한 모든 책임이 내담자에게 있는 것처럼 그들을 비난하는 마음을 가지게 할 수 있다. 또 한편으로는 우리가 만나는 내담자가 우리의 자율감을 저하시키고 불안을 가중시키는 불편한 대상이 될 수도 있는 것이다. 이와 같은 생각들이 내담자를 분노하게 하고, 정신건강 서비스 제공자와 내담자 간의 상호 불신을 야기하며 불필요한 저항을 더 강하고, 오래 지속되게 만들 수 있다.

동기강화상담(Motivational Interviewing)은 이러한 처지에 빠진 정신건강 서비스 수요자와 공급자에게 새로운 만남의 패러다임을 제공한다. 동기강화상담은 수용과 연민의 태도로 서로를 돌보고 이 시대를 살아가는 삶의 여정에서 동료 여행자로서 건강하고 행복하게 공존해 나갈 수 있는 관계의 토대를 가능하게 한다. 이 접근을 통해 내담자 내면에 있는 숨겨진 가능성과 가치, 유일무이한 각자만의 소중한 경험들을 보석처럼 바라봐 줄 수 있는 대화가 정신건강 임상 현장에서 더욱더 풍성해질 것으로 믿는다.

『정신건강 임상에서의 동기강화상담』은 다양한 전문가와 동기강화상담을 처음 접하는 사람 모두에게 좋은 지침서가 될 것이다. 이 책은 정신과 전문의, 임상심리사, 정신건강간호사, 정신건강사회복지사, 전문상담사 등을 포함한 의료 및 임상 분야의 전문가들이 각자의 현장에서 동기강화상담을 적용하는 것을 돕는다. 또한 동기강화상담을 처음 접하는 사람도 쉽게 이해할 수 있어 전문가뿐만 아니라 일반인에게도 유익한 책이 될 것이라 확신한다.

한동대학교에서 사제지간으로 만나 괄목상대할 만큼 성장한 정신건강 전문가들과 이 책을 번역할 수 있었음에 깊이 감사한다. 이들의 열정과 전문성은 이 책을 번역하는 동안 선생된 사람을 많이도 감동시켰고 동기강화되게 만들었다. 서문을 빌려 특별히 아주대학교 정신건강의학과의 조용혁 선생과 한동대학교 심리학과의 이다인 선생의 노력에 감사를 전한다. 이들의 도움 없이는 이러한 수준의 책이 세상에 나올 수 없었을 것이다. 또한 이 책을 출판하기까지 큰 도움을 주신 학지사 편집부와 이세희 에디터, 김진환 사장님의 배려와 인내 그리고 관심에 깊은 감사를 드린다.

매일 불안과 자율감의 양가감정을 경험하고 있는 내담자들이 이 책을 통하여 각자의 가치를 재발견하고, 그에 맞는 길을 스스로 선택하고 걸어갈 용기를 가질 수 있기를 바란다. 이를 위해 이 책을 읽는 독자들이 열정적으로 동기강화 될 수 있기를 기도한다.

2022년 새해 아침

포항 연구실에서

역자대표 신성만

저자 서문

이 책은 양가감정을 해결하고 기념하는 책이다. 미국 정신의학회 출판사가 우리에게 『동기강화와 변화에 대한 안내서: 임상의들을 위한 실제적 안내서』(2010)를 업데이트 해달라고 요청했을 때, 우리에겐 두 가지 마음이 존재했다. 한 가지는 2010년 우리가 한 자그마한 사랑의 수고(labor of love)로 인한 만족감이었고, 다른 한 가지는 지난 6년 동안 동기강화상담(MI) 분야에서의 상황이 달라졌다는 것이다. 우리는 이제 2010년의 아이디어를 발전시키고 새로운 개념과 기술, 그리고 MI를 새롭게 발표하고 소개할 기회를 맞이했다. 책의 제목이 변경되었고, 더 중요한 것은 세 번째 편집자가 추가되었다. Carla Marienfeld가 MI의 모험에 동참하게 되어 기쁘다.

이 책은 바쁜 임상의들에게 유용한 자료다. 우리는 유익하고, 실용적이고, 읽기 쉽고, 재미있는 책을 만드는 것을 목표로 했다. 주요 독자층은 중독 치료에 특별한 전문 지식이 없는 정신과 의사나 임상의이지만, 가정의학과 의사, 내과 의사, 소아과 의사, 의대생, 보건전문가, 동기강화와 변화에 관심이 있는 누구에게나 도움이 되길 바란다.

William Miller와 Stephen Rollnick의 『동기강화상담: 변화 함께하기(3판)

(Motivational Interviewing: Helping People Change, 3rd ed.)』에서 말한 것처럼 이 책의 주요 이론적 토대는 동기강화상담이다. 그러나 우리는 치료사와 상담사들이 학문과 일상적인 임상경험에서 도움이 될 수 있는 아이디어와 기술을 포함하는 이론적 체계를 연다.

이 책은 3부로 구성된다.

제1부: 동기강화상담 준비하기
제2부: 동기강화상담에 능숙해지기
제3부: 동기강화상담의 고급 지식 습득하기

이 책에서는 2010년 책에서 사례연구에 해당하는 내용의 대부분을 초보자와 전문가 모두에게 유용한 임상 대화의 사례로 대체했다. 또한 우리는 내용(자료)을 잘 살리기 위해 순서도 및 요약 표와 같은 임상 도구를 많이 사용하였다. 이 책의 교육 목적을 위해 핵심 포인트, 참고문헌, 연습문제와 정답 해설로 구성하였다.

각 챕터의 마지막 부분에는 학생 시절 회상이라는 부분이 새로이 추가되었다. 우리는 럿거스 뉴저지 의대생 6명과 예일대 의대생 6명에게 가장 유용할 것이라고 생각하는 챕터를 읽고 설명하도록 부탁했다. 그들의 답은 우리에게 가르침, 놀라움과 기쁨을 주었다.

많은 지원과 영감을 보내 준 의대생, 수련생, 동료, 환자, 멘토들에게 감사를 표한다. 사랑하는 이들에게도 깊은 감사를 전한다. Petros는 그의 남편 Lukas에게, Bachaar는 그의 부모 Barbara와 Saad와 그의 자녀 Nadia와 Sophia에게, Carla는 그녀의 남편 Juan과 딸 Julia에게 감사를 전한다.

차례

동기강화상담

MOTIVATIONAL INTERVIEWING FOR CLINICAL PRACTICE

제1부

동기강화상담 준비하기

제1장

중독치료에서의 동기강화상담

Edward V. Nunes, M.D.

우리는 환자와 어떻게 대화하는가? 의사 및 정신과 전문의로서 진단 및 치료 계획을 세우고 환자가 이를 잘 따르게 하려면 어떻게 해야 할까? 이는 가장 기본적인 임상 기술에 속하는데, 놀랍게도 의대 또는 전문의 수련 과정 동안(심지어 정신과 전문의 수련 기간 중에도) 이에 대한 교육은 거의 이루어지지 않는다. 이와 같은 현상은 심리학, 사회사업, 간호 영역에서도 일어나고 있다. 의대에서는 주로 환자 중심적 상담(patient-centered interview)에 초점을 맞춘 교육을 제공하고 있다. 한편 **동기강화상담(motivational interviewing: MI)**은 환자 중심적 상담 그 이상의 개념이다.

동기강화상담은 환자가 스스로 자신의 건강 행동(health behaviors)을 변화시킬 수 있도록 도와주는 환자 중심적 노력(patient-centered efforts)이다. 더 나아가 동기강화상담은 환자 중심적 상담보다 더욱 도전적인 분야이기도 하다. 환자가 자신의 행동을 변화시킬 수 있도록 돕기 위해서 치료자는 이 책뿐만 아니라 다른 책들도 읽고, 수행해야 할 과제에 대해서는 존중하는 태도를 지니며, 기술을 연습하고 발전시켜 나가며 동기강화상담(MI)에 주의를 기울여야 한다.

내과 및 정신과 수련은 생물학, 심리학, 질병의 기전, 치료 방법론 등에 초점을 맞춘다. 이와 같은 접근 방식은 환자들이 치료자의 설명 및 권고 사항을 듣게 되면 자연스럽게 권고된 치료 과정을 따르는 바른 길에 들어설 것이라는 가정을 함축하고 있다. 그러나 환자들이 권고된 치료 과정을 따르는 데 실패하는 경우는 고혈압이나 심혈관 질환의 위험인자와 관련된 식이나 운동 등의 내과적 문제뿐만 아니라 물질사용장애를 포함하는 정신과적 장애에 이르기까지 광범위한 질환에 걸쳐서 흔하게 일어난다. 넓은 의미에서, MI의 방법론과 기술들은 단주를 하거나, 담배를 끊거나, 고혈압이나 고콜레스테롤을 치료하기 위해 약을 복용하거나, 식단을 변경하거나 운동 습관을 유지할 수 있게 하는 등, 환자가 따라 주길 원하는 모든 건강과 관련된 행동(health behavior)에 적용될 수 있다. 임상가라면 잘 알고 있겠지만, 선진국의 국가 질병 부담의 상당 부분은 이와 같은 건강과 관련된 행동으로 설명할 수 있으나 이러한 행위들은 변화시키기가 어렵다. 그리고 단순히 환자에게 술이나 담배를 끊으라고 하거나 삶의 방식(life style)을 바꾸라고 요구하거나, 보기에 따라서 성가시거나 불편할 수 있는 치료를 환자에게 계속 유지하라고 말하는 것만으로는 충분하지 않을 때가 있다.

지난 40년 동안 니코틴(nicotine), 알코올(alcohol) 및 기타 약물 중독을 포함하여 중독의 사회적 비용과 이환율에 대한 인식이 높아짐에 따라, 물질 의존(substance dependence)에 대한 새로운 치료법의 개발은 집중적인 연구의 초점이 되었다. 이와 같은 연구에 대한 투자로 임상시험에서 확실한 효능(efficacy)을 나타낸 여러 가지 약물, 정신치료 및 행동치료법들이 개발되었다. 아편 의존(opioid dependence)에 대한 치료제로는 메타돈(methadone), 부프레놀핀(buprenorphine), 날트렉손(naltrexone; 주사형 제제 포함)이 개발되었으며, 알코올 의존(alcohol dependence)에 대한 치료제로는 다이설피람(disulfiram), 날트렉손(naltrexone), 아캄프로세이트(acamprosate)가 개발되었다. 그리고 니코틴 의존(nicotine dependence)에 대한 치료제로는 니코틴 대체요법(nicotine replacement), 부프로피온(bupropion), 바레니클린

(varenicline)이 개발되었다. 행동치료적 접근은 다양한 인지행동치료 및 가족치료적 접근, 12단계 촉진요법, 금주에 대한 보상 개념으로 상품권이나 상을 지급하는 조건부 치료(contingency management) 등을 포함한다. 또한 중요한 치료 방법들이 경험 및 임상 작업을 통해 개발되었는데 익명의 알코올 중독자 모임(Alcoholic Anonymous)과 같은 12단계 방법이라든지, 28일 모델(28-day model) 및 장기치료적 공동체 치료(long-term therapeutic community treatment)와 같은 다양한 지역 관련 치료(residential treatments)를 포함한다. 이러한 치료법들의 효과를 뒷받침하는 증거들은 풍부하다. 예를 들어, 국립약물남용연구소(NIDA) 임상시험 네트워크는 실제 생활 영역과 지역사회 기반 치료 환경에서 임상가에 의해 확인된 '증거 기반 치료'를 연구하고 있으며, 행동학적(예: Ball et al., 2007; Carroll et al., 2006; Donovan et al., 2013; Hien et al., 2010; Peirce et al., 2006; Petry et al., 2005; Tross et al., 2008) 및 약리학적(Hser et al., 2014; Weiss et al., 2011) 치료 효과에 대한 상당한 지지를 얻고 있다. 그리고 모든 연구 영역에 있어서 상당한 진척 수준을 보이고 있다.

이와 같은 치료적 접근 중에서 MI는 특별한 중요성을 지니는데 이는 환자와 관계를 형성하고, 물질 사용을 줄일 수 있도록 환자에게 동기를 부여하고, 특정한 행동학적 또는 약리학적 치료를 권고하는 데 필수적인 임상 기술로 간주될 수 있기 때문이다. 또한 MI는 숙달되기가 어려운 치료 방법이다. MI는 환자에게 닫힌 질문(closed-ended questions)을 많이 하거나, 환자가 무엇을 해야 할지 말해 주거나, 권고를 따르지 않는 환자를 직면시키는 등의 진부한 치료 방식들(old tendencies)을 자제해야 하는 치료법이다. 이와 같은 경향성은 진단 및 치료에 빠르게 도달하고자 노력하는 환자와 만났을 때 꽤 흔하게 볼 수 있는 현상이다. 또한 MI는 환자를 변화의 단계로 이동시키기 위해 닫힌 질문 대신 단순 반영(reflections)을 해 주거나 복합 반영(complex reflection)을 사용하거나, 열린 질문하기와 반영하기, 그리고 요약하기를 적절히 조합해서 사용하는 등 정교화된 새로운 기술을 배우는 단계를 포함한다.

동기강화상담의 효능

대조 연구 및 메타 분석

MI는 알코올사용장애(예: Bien et al., 1993; Borsari & Carey, 2000; Marlatt et al., 1998; Miller et al., 1993; Project MATCH Research Group, 1997) 및 약물사용장애(Babor et al., 1999; Ball et al., 2007; Carroll et al., 2006; Martino et al., 2000; Saunders et al., 1995; Swanson et al., 1999)와 관련된 통제된 임상시험에서 효능(efficacy)이 있다는 광범위한 증거들이 확인되고 있다. 알코올, 약물 및 기타 문제가 될 수 있는 건강 행위에 대한 MI의 임상시험에 대한 여러 메타 분석 결과, 전반적으로 '적당한 수준의 효과 크기(modest effect sizes)'가 확인되었다. 또한 메타 분석은 임상시험의 방법론적인 질의 다양성뿐만 아니라 모집단, 치료 환경, 임상가 요인에 따른 효과의 다양성을 강조한다(Burke et al., 2003; Hettema et al., 2005; Li et al., 2016; Smedslund et al., 2011).

동기강화상담에서 기술의 중요성

MI의 근본적인 원리를 규명하려는 노력은 환자의 변화를 일으키는 '치료사의 특별한 행동' 또는 '치료사의 특별한 기술' 간의 관계를 조사하게 만들었으며, 이는 MI에 대한 교육 방법을 설계할 때도 직접적인 영향을 미쳤다. 그리고 MI 회기가 진행되는 동안 환자가 자신의 행동 변화에 대해 진술하는 경우[다른 표현으로는 결심공약 언어(commitment language) 또는 변화 대화(change talk)로 알려져 있다.], 이후 환자의 증상을 추적 관찰했을 때 환자의 물질 사용 문제에 대한 개선과 연관되어 있다는 점이 확인되었다(Amrhein et al., 2003; Moyers et al., 2007). 게다가 MI와 일치하는 치료사의 행동(MI-consistent behavior)이 변화 대화를 일으킬 가능성이 높고 MI와 일치하지 않는 행동(MIinconsistent behavior)(지시하기, 직면하기)들은 변화에 대한 저항의 표현[역변화 대화(counter change talk) 또는 유지 대화(sustain talk)]과 관련되어 있다는 증거들이 확인되었다(Moyers & Martin, 2006; Moyers et al., 2007). 다른 연구들은 임상가의 특정한 'MI와 일치하는 행동 및 기술'(인정하기, 열린 질문하기, 반영하기) 대 보편적인 대인관계 스타일이나 'MI의 정신'(협동, 공감)의 상대적인 중요성을 조사했다. 연구 결과에 따르면 MI의 보편적인 기술 및 정신이 내담자와의 관계 형성 및 치료동맹을 창출하는 특정한 기술들보다 더욱 효과적일 수 있음을 보여 주었다(Boardman et al., 2006; Moyers et al., 2005). 그러나 후속 연구들은 환자들 간의 변화 대화(change talk)를 평가하지 않았다. 결국 MI 훈련이 지녀야 할 함의는 다음과 같다.

① 임상가에게 MI와 일치하는 행동을 가르치고 MI와 불일치하는 행동을 최소화하도록 교육한다. 그리고 보편적인 스타일 및 MI의 정신을 가르치는 데 중점을 둔다.

② 임상가는 환자들의 변화 대화를 바로 인지하고 강화시켜 줄 수 있도록 훈련 받아야 한다.

동기강화상담의 기본 원리

의대 및 레지던트 수련 기간 동안, 의사들은 진단 평가를 수행하는 방법, 검사를 진행하는 방법, 약물을 처방하고 치료를 하는 방법들에 대해 배운다. 어떤 면에서는 흰 가운을 입은 권위자로서의 의사 모델이 강조된다고 볼 수 있다. 그리고 당신이 수년간의 수련 기간을 거치고 나면, 전문가가 되어 있을 것이다. 이와 동일한 과정이 심리학이나 다른 정신 보건 분야에서의 수련에도 적용된다. 심리치료를 배우는 정신과 전공의 수련과 같은 임상 수련 기간 중에도 여러 특정한 심리치료 기술들이 동일한 권위적 입장을 취할 수 있다.

예를 들어, 인지행동치료적 접근을 살펴보면 치료자는 선생님 역할을 하면서 환자로 하여금 변화되어야 할 생각과 행동의 패턴들을 공식화시켜 주고 과제를 제공해 준다.

동기강화상담(Miller & Rollnick, 2002, 2013)은 이를 개발한 사람의 임상적 직감과 심리학적 연구에 부분적으로 기반을 둔다. 이는 한 개인이 자신의 행동에 특별한 변화를 주는 것에 대해 양가감정을 지니고 있을 때, 기존의 규범적인 접근이 저항을 유발하고 변화 가능성을 감소시킬 여지가 있음을 보여준다. 그러므로 우리가 무언가를 하도록 가르침을 받았던 것처럼 행동 변화를 명령하거나 처방하는 형태는 치료에 반하는 결과를 초래할지도 모른다. 대신에 환자 스스로가 결정하고 승인했을 때 변화할 가능성이 더욱 커진다.

또한, MI는 인지 부조화(cognitive dissonance) 이론에 기초한다. 사람은 마음속에 서로 상반되는 생각을 품을 때 부조화가 생기게 되고, 한 방향 또는 그와 반대되는 극단의 방향으로 갈등을 해결하려는 경향성을 보인다. 약물이나 알코올 의존성을 지닌 환자들을 살펴보면, 환자가 지닌 깊은 가치 및 중요하게 여기는 생각들과 상충되는 많은 불쾌한 일들이 물질을 사용함으로써 발생한다. MI가 추구하는 바는 환자들이 이와 같은 진실을 명료하게 볼 수 있도록 도와주는 것이다. 이와 동시에 MI는 물질 사용으로 초래되는 결과와 자신이 지닌 가치 체계 간의 인지 부조화를 일으키게 만들고 이를 더욱 확대, 증폭시키기 위해서 환자가 지니고 있는 깊은 가치 체계를 일깨워 주는 역할을 한다. 인지 부조화를 통한 이러한 해결책은 한 개인이 자신의 행동을 변화시키고 물질 사용을 멈추도록 결심하게 도울 수 있으며, 이와 반대로 사실을 재구성해 버리거나 축소해 버린 채 물질 사용을 지속하게 만들 수도 있다. 치료자에게 요구되는 기술은 환자가 내적으로 동기가 부여되어 변화를 향해 나아갈 수 있도록 안내해 주는 것이다.

Miller와 Rollnick(2002)은 MI와 관련된 자신들의 주요 저서 제2판에서 MI의 '정신(spirit)'이라 불리는 것을 "협동(collaboration), 유발성(evocation) 및 자율성(autonomy)에 기반하여 환자와 머무르며 함께 이야기를 나누는 일련의 방식"이라고 정의하였다.

- **협동(Collaboration)**: 임상가는 상담가적 자세를 유지하며 환자에게 파트너를 대하듯 접근해야 한다. 여기서 중요한 것은 환자와 협력하여 무엇을 해야 할지 그리고 어떻게 치료 과정을 진행할 것인지를 결정하는 것이다. 이는 임상가가 기초적인 수련 기간 동안 물려받는 경향이 있는 기존의 권위적이고 규범적인 입장과 반대되는 개념이다.
- **유발성(Evocation)**: 임상가는 환자에게 중요한 게 무엇인지, 그리고 환자가 가치 있게 여기는 게 무엇인지를 물어보아야 한다. 이후 환자의 대답을 주의 깊게 듣고 나서 환자의 관점을 더욱 이끌어 내기 위한 추가적인 질문을 준비해야 한다. 여기서 중요한 점은 열린 질문과 적극적이고, '반영적인' 경청(reflective listening)이다. 이 개념은 가르치는 교사이자 권위자로서의 임상가가 보이는 소위 가부장적 태도와는 정반대의 개념이다.
- **자율성(Autonomy)**: 환자는 궁극적으로 자신을 돌보는 데 있어서 스스로 책임을 지며, 임상가는 환자의 결정 및 선택할 수 있는 자유를 존중해 주어야 한다. 이는 교사 및 권위자로서의 임상가가 보이는 가부장적 태도와 반대되는 개념이다.

Miller와 Rollnick(2013)은 자신들의 주요 저서 제3판에서 MI의 정신(Spirit)의 차원에 협동정신, 수용, 연민, 유발성이 포함되도록 개념을 더욱 다듬고 확장시켰다.

- **협동정신(Partnership)**: 협력이라는 개념과 유사하게 임상가는 환자에게 협의의 방식을 유지하며 한 사람의 파트너로 접근해야 한다. 여기서 중요한 점은 종종 임상가의 특징으로 묘사되는 권위적이고 규범적인 입장을 고수하기보다는 환자와 협력하여서 무엇을 해야 할지 그리고 어떻게 치료 과정을 진행할 것인지를 결정하는 것이다. 저자들은 MI를 환자

와 씨름하는 것보다는 춤추는 것에 비유한다. 이것은 임상가가 환자를 위한 의제를 가지고 있음에도 환자의 의제 또한 존중해 주어야 하며, 궁극적으로는 변화를 실행하기로 결정해야 할 주체가 환자가 되어야 함을 임상가가 인식하는 것을 포함한다.

- **수용(Acceptance)**: Carl Rogers의 연구에서 확립된 개념인 수용(acceptance)은 네 가지 개념으로 세분화된다.
  ① 절대적 가치(absolute worth): 환자들을 판단하지 않고 있는 그대로 수용하고 가치 있게 여기는 것.
  ② 정확한 공감(accurate empathy): 임상가의 견해가 개입되지 않은 채로 환자의 견해를 깊게 이해하려는 것.
  ③ 자율성 지지(autonomy support): 임상가가 환자에게 특정한 목표를 강요하거나 이를 부과하려는 시도들과 전혀 반대되는 개념으로 일련의 행동 과정에 대해 환자 스스로 책임을 지고 본인 스스로 결정하는 것을 존중해 주는 것.
  ④ 인정하기(affirmation): 환자의 약점이나 실패한 부분에 초점을 맞추기보다는 환자가 지닌 강점, 능력, 환자가 보인 노력들을 식별하고 인식하는 것.
- **연민(Compassion)**: 연민은 환자에게 있어서 최선의 이득이 무엇인지 이해하고 이를 추구하기 위한 근본적인 의지를 의미한다. 이는 MI가 임상가나 다른 사람의 목표 및 가치가 아닌 환자의 목표와 가치를 지지한다는 점을 보장하기 위해 강조되는 개념이다.
- **유발성(Evocation)**: 유발성은 MI의 근본적인 가정을 반영한다. 즉, 환자는 자신만의 강점과 능력을 가지고 있으며, 우리의 치료 목표는 이러한 환자의 강점과 능력을 끌어내는 것이다. 이는 의학 및 다른 임상 연구의 많은 영역에 만연해 있는 결핍 모델(deficit model)과는 대조적이다. 다시 말하면, 기존의 연구들은 환자는 무언가 결핍된 부분이 있거나 약점을 지니고 있다고 보며 치료는 이를 더욱 공고히 하거나 강화시키려 한다.

이는 전적으로 새로운 개념은 아니다. 예를 들어, 최근 수십 년간 의료계의 토대(cornerstone)로 제시되고 있는 '고지에 입각한 동의(informed consent)' 개념은 환자가 의사로부터 충분한 정보를 얻고, 치료의 진행 방향을 결정할 때도 환자가 일종의 파트너가 되어야 한다고 주장한다. 이러한 사상은 개인에 대한 존중과 개인의 자율성에 대한 존중이라는 의료 윤리 원칙에서 비롯된다. 이는 윤리적으로는 필수적이지만 환자가 실제로 '의사 의견이 늘 최고(doctor knows best)'라는 모델에 입각한 수동적인 수혜자로 머무는 게 아니라 자신의 보살핌에 대해 능동적인 파트너로 행동하는 경우에 환자의 치료에 대한 협조 확률이 더 높다는 인식이 있으며, 임상 결과도 더 좋을 가능성이 높다. 실제로 이는 의료 윤리 또는 MI 보다 훨씬 이전에 나온 개념인 '의사가 환자를 대하는 태도(bedside manner)'의 기본 구성 요소 중 하나일 것이다.

동기강화상담에 해당되지 않는 경우

MI는 환자가 자신이 선택하지 않은 방향으로 가도록 유도하지 않으며, 환자로 하여금 임상가가 원하는 바를 하도록 만들거나 강요하지는 않는다는 걸 기억해야 한다. 좋은 판매원은 MI와 유사한 기술을 구사한다. 좋은 판매원은 소비자의 관심사와 우선순위를 이해하기 위해 소비자를 더 알아가려고 한다. 그리고 판매원은 소비자의 삶에 잘 들어맞는 자사의 상품을 설명할 수 있게 된다. 판매원은 소비자가 무언가를 구매하는 결정을 할 때 길 안내를 해주는 역할을 한다. 이상적으로 본다면 이와 같은 접근법은 소비자가 자신의 필요에 가장 잘 부합하고 만족스러운 제품을 구입하는 데 도움이 된다. 우리는 임상 수련 기간 중, 세일즈맨 정신을 가르치지는 않지만 종종 환자가 스스로 원하는 것이 무엇인지 확신하지 못할 때도 모종의 치료법을 제시하고, 환자의 생활 방식 개선을 이루어야 할 입장에 놓이게 된다. 그러나 MI는 자율성을 존중하는 의학의 일부분이며, 변화라는 것은 환자가 원하는 바일 가능성이 높다(Miller & Rollnick, 2009). 오히려 MI는 환자가 진정으로 원하는 것과 가치 있게 여기는 것을 환자 스스로가 명료하게 표현하도록 도와주고, 어떻게 하면 치료 권고 사항들이 환자들의 목표를 성취하는 데 도움이 될 수 있을지를 돕기 위해 환자에게 내적으로 동기가 부여된 변화(internally motivated change)를 유도하는 작업이다.

그리고 MI는 환자가 무엇을 해야 할지 결정하는 데 도움이 되는 공감적으로 듣는 귀를 지니거나 '환자 중심적 접근'만을 의미하는 게 아니라 적극적인 설득 기술이기도 하다. 임상가는 '건강(health)'이라는 방향성을 가지고 건강과 관련된 행동(health behavior)을 변화시킨다는 확고한 의제(agenda)를 지니고 있다. 임상가는 환자가 무엇을 가치 있게 여기는지, 그리고 환자의 다양한 물질 사용과 건강 행위들이 환자가 지닌 가치관과 변화를 위한 능력의 일환으로 어떻게 사용되는지를 명확히 하는 데 도움을 줄 필요가 있다. 여기에는 역설적인 부분이 있다. 우리는 임상가로서 건강 증진과 질병 퇴치를 위해 노력한다. 그러나 MI는 건강 증진을 위해 환자 스스로가 추구하고 가치 있게 여기는 '건강' 개념을 환자들이 발견할 수 있도록 도와야 한다고 가르친다.

물론 MI와 같은 접근법이 적절하지 않은 상황들이 있음을 알아둘 필요가 있다(Miller & Rollnick, 2002, 제12장 '윤리적 고려 사항' 파트를 읽어 볼 것). 때론 상황이 급박한 경우도 있으며 이럴 때는 가족 구성원과 친구, 임상가가 환자에게 신속히 치료를 제공해야 할 때도 있다. 술에 심하게 취한 환자들은 판단력이 돌아오고 술이 완전히 깰 때까지 보호를 받아야 한다. 자살 욕구를 급성으로 느끼는 환자들은 필요한 경우 환자의 의지에 반하는 입원을 시켜야 할 수도 있다. 중독 환자에서 이와 같은 기준선을 어디로 잡아야 할지는 다소 명확하지 않을 수 있다. 10대 자녀들이 술을 마시거나 약물을 사용하여 통제 불능 상태일 때 어느 시점에서 부모들은 자신들의 법적 권한을 행사하고 자녀들에게 지역 관련 치료(residential treatment)를 강제할 수 있을까? 그리고 성인 환자인 경우 어느 시점에서 친구 및 가족의 개입을 허용해야 할까? 이는 임상가가 항상 염두에 두어야 할 판단하기 어려운 문제이다.

중독치료에서의 동기강화상담 및 '직면' 개념

중독치료에 있어서 부정(denial) 및 부정에 대한 직면(confrontation of denial)은 임상적 접근에 있어서 가장 중요한 두 가지 개념이다. 환자들은 종종 중독에 의해 야기되는 문제들을 부정하거나 최소화하려는 경향을 보인다. 전통적인 시각에서 부정은 인식되고 직면되어야 할 개념으로 보았다. 환자에게는 문제점을 보여 주어야 하고, 무엇을 해야 할지 알려 주어야 한다는 것이다. 만약 환자들이 조언을 듣지 않으려 한다면 아직 '준비가 안 된 상태'라고 간주했다. 그리고 임상가는 환자가 '준비 단계'로 돌아가도록 요청하곤 했다. 그러나 환자가 상담을 받기 위해 정신과 의사나 다른 임상가의 사무실을 찾아온 시점에서는 이미 몇 명의 친구와 친척 아마도 다른 임상가까지 포함해 여러 명의 주변 사람들로부터 반복적으로 같은 말을 들은 상태일 것이다. 그러다 보니 이러한 접근법은 변화에 대한 저항을 증가시킬 뿐이다. MI는 이와 같은 상황에서 임상가가 먼저 환자의 이야기를 경청하고 환자의 견해를 듣는 것을 첫 단계로 삼도록 격려한다. 그리고 깊은 수준의 부정(denial)보다는 양가감정(ambivalence)이 나타날 확률이 더 높다고 본다. 환자는 이미 중독에 의해 야기되는 문제들을 인지하고 있으며 이를 끊고 싶어 한다. 그러나 이와 동시에 환자의 관심을 끄는 물질들의 양상과 물질 복용이 공존하고 있다. MI는 환자가 절제(abstinence)와 건강을 추구하면서 이와 같은 양가감정을 해결할 수 있도록 도와줄 수 있는 길을 제시해 준다.

동기강화상담 숙달하기

MI는 배우기가 쉽지 않다. 이전에도 언급했다시피, 내과의 및 다른 임상가들은 전문적인 수련을 통해 배출되고, 많은 지식을 지니고 있으며 자신들이 지닌 지식을 환자에게 전달하려는 경향성을 지니고 있다. 그래서 환자를 가르치려 하고 권고를 주려 하며, 지시하려고 하며 심한 경우에는 환자를 직면시키려고도 한다. 이와 대조적으로 MI의 기술들은 임상가가 자신들이 지닌 경향성을 중단하고, 멈추라고 요구한다. 이 작업은 상당히 힘든 과정일 수 있다. 즉, 일련의 모든 새로운 기술들을 임상가에게 알려 주기가 상당히 힘들 수 있다.

지속적 의학 교육(continuing medical education: CME)과 관련된 중요한 연구들을 살펴보면 병례 검토회, 강의, 과학 논문, 서적, 심지어 콘퍼런스나 워크숍과 같은 새로운 지식을 전수하는 유용한 방식들이 실제로 의사가 새로운 치료 기술을 채택하는 데 효과적이지 않다고 주장한다. 의사들은 자신들의 근무처나 클리닉으로 돌아가서 이전에 배운 방식을 그대로 고수하는 경향이 있다. 이와 같은 교육 훈련(didactic training)도 효과적이지만, 슈퍼비전 및 피드백이 함께 포함된 훈련 프로그램이 더욱 성공적이다(Davis, 1998; Davis et al., 1992, 1995; Grol, 2001). 이때 두 가지 잠재적인 장애 요인이 있다. 즉, 새로운 치료법이라 친숙하지 않다는 점과 활용하기가 어렵다는 점이다. MI는 친숙하지도 않고(예를 들어, 전통적인 방식의 수련을 받은 의사에게) 어렵기까지 하다(MI의 일부 개념들은 쉬울 수 있으나 MI에 숙달하려면 시간이 소요되고 계속적인 연습을 해야 한다.). 약물 남용 치료를 위한 수련 방법의 효과성(effectiveness)을 비교하는 연구들이 있었다. 그중 한 가지 리뷰(Walters et al., 2005)는 MI 또는 인지행동치료에 대한 수련을 평가한 17가지의 연구를 살펴보았다. 그 결과 워크숍을 통해 기술이 일시적으로 향상될 수 있다는 결론이 도출되었으나 CME의 조사 결과를 반영하여 워크숍 이후의 후속 작업을 포함시키고, 지도감독 또는 피드백이 반영된 다양한 형태의 실습을 포함했을 때 기술을 지속적으로 유지하는 데 더욱 효과적이었음을 확인하였다(Miller et al., 2004; Morgenstern et al., 2001a, 2001b; Sholomskas et al., 2005).

더욱 최근의 연구를 통해, 초기 워크숍 교육 이후에 MI에서 배운 기술을 유지하고 더욱 강화시키기 위해서는 슈퍼비전이나 코칭 및 피드백이 필요하다는 점을 확인하였다(Schwalbe et al., 2014; Smith et al., 2012).

이와 같은 결과는 이 책을 읽고 있는 독자들에게 중요한 시사점을 제시해 주는데, 이 책과 같은 '서적을 읽는 것'은 단지 시작에 불과하다는 점이다. 물론 MI라는 개념을 교육 자료를 이용해 배우는 것은 중요한 일이다. 책을 읽음으로써 지식은 함양될 것이다. 이 책은 일종의 서론 정도의 내용을 담고 있다. Miller와 Rollnick의 권위 있는 저서들(2002, 2013) 역시 추천할 만하다. 이 저서들은 MI 이론과 MI를 실제적으로 활용함에 있어서 포괄적인 입문서 역할을 해 줄 것이며, 대부분의 공적인 워크숍과 훈련 프로그램을 위한 기초를 제공해 줄 것이다. 우리가 쓴 이번 저서는 특히 의사 및 다른 임상가들을 위한 책으로 기획된 것이다.

그러나 MI를 제대로 배우려면 피드백과 슈퍼비전을 받는 것이 중요하다. MI 워크숍에 가면 일반적으로 강사로부터 피드백을 받으며 역할연기 실습을 하는 시간이 포함되어 있다. 이것도 나름대로의 출발점이 될 수 있겠으나 이와 같은 실습에 참여하는 것조차도 실제 임상적인 상담과 관련된 피드백 및 슈퍼비전을 받는 것과는 다르다. 따라서 독자들은 이 책을 공부하고 자신이 상담한 내용을 녹음해서 테이프로 만들어서 전문 슈퍼바이저와 상담 내용을 논의할 수 있는 기회를 얻는 훈련을 받아야 한다. 동기강화상담 트레이너 조직(MINT)(www.motivationalinterviewing.org/trainer-listing)은 함께 작업할 수 있는 전문가들을 찾을 수 있는 사이트이다. 중독기술이전센터(ATTC)와 협력관계인 임상시험 네트워크(The Clinical Trials Network) 또한 MI에 대한 보다 발전된 훈련 자원(예: Motivational Interviewing Assessment: Supervisory Tools for Enhancing Proficiency [MIA: STEP], www.attcnetwork.org/explore/priorityareas/science/blendinginitiative/miastep/product_materials.asp)을 갖춘

기관이다.

중독의 사회적 비용은 환자와 그 가족이 겪는 고통과 건강상의 부작용 및 관련 의료적 치료 비용, 생산성 감소, 사고 및 사망의 비용을 모두 고려했을 때 엄청난 수준이다. 중독은 건강에 해로운 일련의 행동들(불량한 식이, 좌식 생활, 체중 조절에 어려움이 있는 다른 사례들) 중 단 하나의 예에 불과하다. 우리 사회는 현재 건강관리(health care)와 관련된 의료 비용 증가에 직면한 상태로 이 상황을 해결할 방법을 찾아야 할 시점이다. 더 나아가, 예방적 차원의 건강관리 및 환자가 파괴적인 물질 사용을 포기하도록 돕고 더욱 건강한 생활 방식으로 변화하도록 도움을 주는 데 더욱 중점을 두어야 한다. 의사 및 다른 임상가는 환자가 이러한 변화를 스스로 결심하고 그 변화를 꾸준히 지켜 나갈 수 있도록 돕는 데 더욱 능숙해져야 한다.

우리는 우리가 맡은 환자들이 건강한 행동을 향해 동기가 강화될 수 있도록 더욱 효과적인 전문가가 되어야 한다. MI는 틀림없이 환자를 변화시키는 데 도움을 줄 수 있는 필수적인 기술일 것이며, 모든 임상가의 무기고에 들어 있어야 할 무기 중 하나일 것이다.

• 참고문헌 •

Amrhein PC, Miller WR, Yahne CE, et al: Client commitment language during motivational interviewing predicts drug use outcomes. J Consult Clin Psychol 71(5):862-878, 2003 14516235

Babor T, McRee B, Stephens RS, et al: Marijuana Treatment Project: overview and results (abstract). Symposium conducted at the Annual Meeting of the American Public Health Association. Chicago, IL, November 1999

Ball SA, Martino S, Nich C, et al: Site matters: multisite randomized trial of motivational enhancement therapy in community drug abuse clinics. J Consult Clin Psychology 75(4):556-567, 2007 17663610

Bien TH, Miller, WR, Boroughs JM: Motivational interviewing with alcohol outpatients. Behavioural and Cognitive Psychotherapy 21(4):347-356, 1993

Boardman T, Catley D, Grobe JE, et al: Using motivational interviewing with smokers: do therapist behaviors relate to engagement and therapeutic alliance? J Subst Abuse Treat 31(4):329-339, 2006 17084786

Borsari B, Carey KB: Effects of a brief motivational intervention with college student drinkers. J Consult Clin Psychol 68(4):728-733, 2000 10965648

Burke BL, Arkowitz H, Menchola M: The efficacy of motivational interviewing: a meta-analysis of controlled clinical trials. J Consult Clin Psychol 71(5):843-861, 2003 14516234

Carroll KM, Ball SA, Nich C, et al: Motivational interviewing to improve treatment engagement and outcomes in individuals seeking treatment for substance abuse: a multisite effectiveness study. Drug Alcohol Depend 81(3):301-312, 2006 16169159

Davis D: Does CME work? An analysis of the effect of educational activities on physician performance or health care outcomes. Int J Psychiatry Med 28(1):21-39, 1998 9617647

Davis DA, Thomson MA, Oxman AD, et al: Evidence for the effectiveness of CME. A review of 50 randomized controlled trials. JAMA 268(9):1111-1117, 1992 1501333

Davis DA, Thomson MA, Oxman AD, et al: Changing physician performance. A systematic review of the effect of continuing medical education strategies. JAMA 274(9):700-705, 1995 7650822

Donovan DM, Daley DC, Brigham GS, et al: Stimulant abuser groups to engage in 12-step: a multisite trial in the National Institute on Drug Abuse Clinical Trials Network. J Subst Abuse Treat 44(1):103-114, 2013 22657748

Grol R: Improving the quality of medical care: building bridges among professional pride, payer profit, and patient satisfaction. JAMA 286(20):2578-2585, 2001 11722272

Hettema J, Steele J, Miller WR: Motivational interviewing. Annu Rev Clin Psychol 1:91-111, 2005 17716083

Hien DA, Jiang H, Campbell AN, et al: Do treatment improvements in PTSD severity affect substance use outcomes? A secondary analysis from a randomized clinical trial in NIDA's Clinical Trials Network. Am J Psychiatry 167(1):95-101, 2010 19917596

Hser YI, Saxon AJ, Huang D, et al: Treatment retention among patients randomized to buprenorphine/naloxone compared to methadone in a multi-site trial. Addiction 109(1):79-87, 2014 23961726

Li L, Zhu S, Tse N, et al: Effectiveness of motivational interviewing to reduce illicit drug use in adolescents: a systematic review and meta-analysis. Addiction 111(5):795-805, 2016 26687544

Marlatt GA, Baer JS, Kivlahan DR, et al: Screening and brief intervention for high-risk college student drinkers: results from a 2-year follow-up assessment. J Consult Clin Psychol 66(4):604-615, 1998

Martino S, Carroll KM, O'Malley SS, et al: Motivational interviewing with psychiatrically ill substance abusing patients. Am J Addict 9(1):88-91, 2000 10914297

Miller WR, Rollnick S: Motivational Interviewing: Preparing People for Change, 2nd Edition. New York, Guilford, 2002

Miller WR, Rollnick S: Ten things that motivational interviewing is not. Behav Cogn Psychother 37(2):129-140, 2009 19364414

Miller WR, Rollnick S: Motivational Interviewing: Helping People Change, 3rd Edition. New York, Guilford, 2013

Miller WR, Benefield RG, Tonigan JS: Enhancing motivation for change in problem drinking: a controlled comparison of two therapist styles. J Consult Clin Psychol 61(3):455-461, 1993 8326047

Miller WR, Yahne CE, Moyers TB, et al: A randomized trial of methods to help clinicians learn motivational interviewing. J Consult Clin Psychol 72(6):1050-1062, 2004 15612851

Morgenstern J, Blanchard KA, Morgan TJ, et al: Testing the effectiveness of cognitive-behavioral treatment for substance abuse in a community setting: within treatment and posttraumatic findings. J Consult Clin Psychol 69(6):1007-1017, 2001a 11777104

Morgenstern J, Morgan TJ, McCrady BS, et al: Manual-guided cognitive-behavioral therapy training: a promising method for disseminating empirically supported substance abuse treatments to the practice community. Psychol Addict Behav 15(2):83-88, 2001b11419234

Moyers TB, Martin T: Therapist influence on client language during motivational interviewing sessions. J Subst Abuse Treat 30(3):245-251, 2006 16616169

Moyers TB, Miller WB, Hendrickson SML: How does motivational interviewing work? Therapist interpersonal skill predicts client involvement within motivational interviewing sessions. J Consult Clin Psychol 73(4):590-598, 2005 16173846

Moyers TB, Martin T, Christopher PJ, et al: Client language as a mediator of motivational interviewing efficacy: where is the evidence? Alcohol Clin Exp Res 31(10 suppl):40s-47s, 2007 17880345

Peirce JM, Petry NM, Stitzer ML, et al: Effects of lower-cost incentives on stimulant abstinence in methadone maintenance treatment: a National Drug Abuse Treatment Clinical Trials Network study. Arch Gen Psychiatry 63(2):201-208, 2006 16461864

Petry NM, Peirce JM, Stitzer ML, et al: Effect of prize-based incentives on outcomes in stimulant abusers in outpatient psychosocial treatment programs: a national drug abuse treatment clinical trials network study. Arch Gen Psychiatry 62(10):1148-1156, 2005 16203960

Project MATCH Research Group: Matching Alcoholism Treatments to Client Heterogeneity: Project MATCH posttreatment drinking outcomes. J Stud Alcohol 58(1):7-29, 1997 8979210

Saunders B, Wilkinson C, Phillips M: The impact of a brief motivational intervention with opiate users attending a methadone programme. Addiction 90(3):415-424, 1995 7735025

Schwalbe CS, Oh HY, Zweben A: Sustaining motivational interviewing: a meta-analysis of training studies. Addiction 109(8):1287-1294, 2014 24661345

Sholomskas DE, Syracuse-Siewert G, Rounsaville BJ, et al: We don't train in vain: a dissemination trial of three strategies of training clinicians in cognitive-behavioral therapy. J Consult Clin Psychol 73(1):106-115, 2005 15709837

Smedslund G, Berg RC, Hammerstrøm KT, et al: Motivational interviewing for substance abuse. Cochrane Database Syst Rev (5):CD008063, 2011 21563163

Smith JL, Carpenter KM, Amrhein PC, et al: Training substance abuse clinicians in motivational interviewing using live supervision via teleconferencing. J Consult Clin Psychol 80(3):450-464, 2012 22506795

Swanson AJ, Pantalon MV, Cohen KR: Motivational interviewing and treatment adherence among psychiatric and dually diagnosed patients. J Nerv Ment Dis 187(10):630-635, 1999 10535657

Tross S, Campbell AN, Cohen LR, et al: Effectiveness of HIV/STD sexual risk reduction groups for women in substance abuse treatment programs: results of NIDA Clinical Trials Network Trial. J Acquir Immune Defic Syndr 48(5):581-589, 2008 18645513

Walters ST, Matson SA, Baer JS, et al: Effectiveness of workshop training for psychosocial addiction treatments: a systematic review. J Subst Abuse Treat 29(4):283-293, 2005 16311181

Weiss RD, Potter JS, Fiellin DA, et al: Adjunctive counseling during brief and extended buprenorphine-naloxone treatment for prescription opioid dependence: a 2-phase randomized controlled trial. Arch Gen Psychiatry 68(12):1238-1246, 2011 22065255

학생 시절 회상

David L. Convissar, M.D.

2016 럿거스 뉴저지 주립대학 의과 대학원; 2020 럿거스 마취학 전공

내과 레지던트로 일할 때 나는 의사들이 관심을 가진 의학적 결정을 내리기 위해 적절한 환자를 만나게 되는 것이 쉽지 않음을 알게 되었고, 특히 중독과 관련된 경우는 더욱 어렵다는 것을 발견하였다. 교육 이수를 잘하고 재정적으로도 안정적인 환자가 변화하는 것을 막는 방해 요인은 사회 경제적인 지위가 낮고 재정 안정성이 낮은 사람들의 변화를 막는 방해 요인과 동일하다. 일어날 일에 대한 지식의 부족, 실패에 대한 두려움, 금단에 대한 두려움 등 여러 가지 요인들이 있다. 병원에서 근무해 봤고, 양쪽 집단 모두에 대해 경험이 있었던 나는 한 회사의 CEO와 거리를 배회하는 마약 중독자에게 '중독'이라는 주제로 동일하게 대화하고 있다는 것을 깨달았다. 동기강화상담(MI)에 사용되는 기술은 두 집단을 치료함에 있어서 변화를 용이하게 만들어 주는 치료적 공통점을 제공한다. 왜냐하면 '변화'라는 것은 재정적인 이점보다는 오히려 '내재적 욕구(inherent want)'로부터 오는 것이기 때문이다.

흡연을 하는 것은 두 집단뿐만 아니라 그 중간에 위치한 다른 모든 이들에게도 문제가 되었는데, 금연에 대해 환자들과 많은 시간 동안 이야기를 나누는 모습은 이후의 내 의사 생활에서도 꾸준히 지속될 것이다. 나는 개인적으로 환자들이 자신이 혼자가 아니라는 걸 알아차릴 수 있는 팀 분위기를 조성해 주기 위해 환자와 협력하였으며 담배를 끊는 시도에서 그치는 것이 아니라 금연까지도 해낼 수 있도록 MI 기술을 활용하였다("실제로 많은 사람들이 담배를 끊었다."). 나는 비록 중독이 정확히 어떤 것인지 알지 못했음에도 MI의 기술을 사용하여 연민을 가지고, 개개인이 처한 상황과 그들이 겪고 있는 중독을 잘 이해할 수 있도록 노력했다("비록 제가 당신의 입장에 처해 본 건 아니지만, 매우 무서운 상황임에 틀림없다고 생각합니다."). 또한 상대방이 해낼 수 있다는 것을 알려 주기 위해 개개인이 지닌 강점들을 일깨워 주는 역할도 했다("당신은 이보다 더 힘든 일도 견뎌냈습니다."). 그리고 나는 환자들이 마주하게 되는 실제 삶에서 이와 같은 기술들을 활용하는 것이 성공적임을 알게 되었다.

변화라는 건 단계적으로 거쳐 가야 할 과정이다. 그리고 환자가 당장 특정 물질을 끊지 못하더라도 이 과정을 통해 환자들이 생각을 하게 되고, 전숙고(precontemplation) 단계 또는 더 나아가 성공적인 변화를 가능케 하는 숙고(contemplation) 단계에 진입할 수 있게 된다.

제2장

동기강화상담의 기본 개념

Caridad C. Ponce Martinez, M.D.
Bachaar Arnaout, M.D.
Steve Martino, Ph.D.

세상의 진정한 신비는 보이지 않는 것이 아니라 보이는 것에 있다.

—Oscar Wilde

당신은 뇌를 지니고 있다. 멀쩡한 두 다리도 지니고 있다.
당신은 당신이 선택하는 어떤 방향으로도 스스로 조종해 나아갈 수 있다.

—Dr. Seuss

이번 장에서 우리는 동기강화 및 변화와 관련된 기본 개념들을 탐색할 것이다. 먼저 중독치료에 있어서 동기강화 및 변화에 대한 공통적인 견해를 소개하고 **동기강화상담**을 정의한 뒤에 마지막으로 MI와 다른 정신치료들이 지닌 공통점을 살펴볼 것이다. 우리는 '교육' 및 '슈퍼비전'에 대한 제안을 끝으로 이 장을 마무리할 것이다.

MI에 대한 논의를 하려면 일단 치료의 일환인 동기강화 및 변화에 대한 탐구를 빼놓을 수 없다. 동기강화와 관련된 세 가지 구성 요소들은 다음과 같다.

① **방향**(direction)(한 개인이 하고자 하는 것)

② **노력**(effort)(얼마나 열심히 시도하고 있는가)

③ **지속성**(persistence)(얼마나 오랜 시간 노력을 유지하였는가)(Arnold et al., 2010).

Abraham Maslow는 자아실현에 대한 욕구를 기술한 바 있는데 자아실현의 욕구란, 동기강화를 위한 중요한 요소로서 "자신의 잠재적인 능력을 성취하고자 하는 욕구"라고 정의할 수 있으며(Maslow, 1954), 이것은 변화를 위한 촉매제 역할을 한다. 그러나 물질 사용자들에 대한 이전 견해들은 알코올 및 약물 중독 환자들이 중독과 관련된 개념인 '부인(denial)'으로 구체화되는 것처럼 자신들의 문제를 인식함에 있어서 엄격한 수준의 방어 태세를 갖추기 때문에 본질적으로 변화할 수 없다는 시각이 지배적이었다. 다시 말해서 물질 사용자들은 변화에 대한 동기가 결여되었다고 보는 것이다. 그동안 동기강화를 하나의 '상태(state)'가 아닌 '성격적 특질(personality trait)'로 바라보는 견해는 임상가에게 특별한 역할을 부여하였다. 임상가가 부인(denial)을 통한 환자의 저항을 무너뜨리고 환자의 '바닥을 치는 경험(hitting bottom)'을 가속화시키며, 환자의 성격을 재형성하기 위해 공격적으로 직면시키는 전술을 사용하는 것이 정당화된 것이다(Miller & Rollnick, 1991).

시간이 지남에 따라 직접적으로 직면하는 것과 권위주의적인 치료 개입은 물질사용장애가 있는 사람들이 어떻게 변화하는지에 대한 보다 현대적이고 인간적인 모델의 중독치료법을 탄생하게 만들었다. 특별히, 우리는 시간, 상황, 임상가의 스타일, 임상가의 기대 그리고 환자의 기대에 의해 영향을 받는 유연하고 변화 가능한 '동기강화'에 대해 더욱 많은 것을 알게 되었다. 만약 동기강화가 상호작용의 결과로 간주되면 상호작용의 변화는 전혀 다른 반응 및 동기강화의 변화를 일으킬 수 있다.

변화의 중요한 측면은 '양가감정(ambivalence)', 즉 행동의 변화를 일으키는 것과 기존의 모습을 동일하게 유지하고 싶어 하는 두 가지 혼재된 감정을 지니는 것이다. 의사 및 관련 분야의 치료자들은 전통적으로 양가감정을 다룰 때, 환자와의 상호작용에서의 '전문가 역할(expert role)'을 채택하는 방식으로 접근했었다. 임상가는 환자에게 정보, 전문가적 의견 및 조언을 제공하여 환자가 논리적인 결정을 내릴 수 있도록 했던 것이다. 그러나 건강관리 측면에서 이렇게 '겉보기로만 논리적인 행동 변화'는 대개 잘 일어나지 않는다. 그리고 임상가는 좌절감을 유발할 수 있는 상호작용을 유도하곤 하는데 그로 인해 환자는 자신이 이해받지 못했거나 자신의 이야기가 제대로 전달되었다는 느낌을 받지 못하게 되고, 임상가는 환자가 변할 의지가 없다고 간주해 버린다. 이것은 약물사용장애뿐만 아니라 만성(당뇨, 비만 등) 및 급성 질환(세균 감염으로 인해 처방 받은 항생제를 복용하는 상황)에서도 마찬가지로 나타난다. 이어서 더 자세히 소개하겠지만, MI는 양가감정을 '변화를 향한 길목에서 만나게 되는 자연스러운 단계'로 바라본다(Miller & Rollnick, 2013, p. 157). MI를 활용하는 임상가는 변화를 일으킬 수 있는 방향으로 양가감정을 탐색하고 이를 해결할 수 있도록 돕는다.

동기강화상담

William R. Miller의 기념비적인 논문(Miller, 1983)에서 처음으로 소개되고, Miller와 Stephen Rollnick의 세 번째 개정판 저서인 『동기강화상담(Motivational Interviewing)』(Miller & Rollnick, 1991, 2002, 2013)에 소개되어 있는 동기강화상담은 인본주의 심리학, 특히 Carl Rogers의 내담자 중심 치료기법에 깊이 뿌리를 두고 있다.

Miller와 Rollnick가 말하길 '변화'라는 것은 개개인에게 내재된 것이며, 외부의 간섭 없이 발생할 수 있는 자연스럽고 보편적인 과정이라고 이야기한다(Ellingstad et al., 2006; Schachter, 1982). MI는 환자의 입장에서 행동 변화를 돕는 협력적인 대화(collaborative dialogue)에 환자들이 참여할 수 있는 대인관계 상황을 조성하여 자연스러운 변화 과정이 더욱 촉진적으로 일어나는 것을 목표로 한다. 근본적으로 MI는 누군가에게 시행될 수 있는 어떠한 '방식'이나 '요령'이 아니다. 오히려 누군가와 함께 시행할 수 있는 '방법'이자 한 개인이 변화를 고민하고 있거나 변화에 더욱 많은 결심공약을 할 가능성을 높여 주는 '타인과 함께하는 방법'이다.

MI는 양가감정을 변화 과정의 일부로 간주하여 개인이 지닌 가치와 일치하는 형태의 변화를 촉진하는 방법으로서 개개인이 지닌 강점을 활용하고 양가감정을 탐색하고 해결하는 데 중점을 둔다. 환자와 임상가 간의 상호작용을 통한 협력 작업이 가장 중요한 부분이다. 이러한 협력 작업은 동일한 이슈를 두 사람이 바라보고, 서로 간에 공유된 관점을 얻기 위해 노력하며, 수용 가능한 해결방안을 위해 함께 작업하는 것으로 개념화될 수 있다.

양가감정의 결과로서, 변화에 찬성하는 관점과 변화에 반대하는 관점이 '자기 대화' 형식으로 드러나게 되는데 전자를 **변화 대화**(change talk)로 볼 수 있으며, 후자는 **유지 대화**(sustain talk)라고 정의할 수 있다. 사람이라는 존재는 자신의 주장에 대해 더욱 결심공약을 하기 때문에 언어라는 요소는 MI에서 매우 중요하다. 따라서 임상가의 가장 중요한 역할 중 한 가지는 더욱 많은 변화 대화를 회기에 포함시킴으로써 언어에 변화를 주는 것이고, 그로 인한 행동 변화를 이끌어 내는 것이다. 이와 같은 방식으로 대화를 유도하려는 임상가의 노력은 실제 임상적 상호작용에서 종종 관찰 가능한 지시하는 스타일과 현저한 대조를 이룬다. 사실, **교정 반사**(righting reflex)라는 용어는 환자에게 결여되어 있거나 잘못된 것으로 간주되는 것을 고치려는 욕구를 묘사하기 위해 사용되어 왔으며, 이는 변화 대화를 하기보다는 상대적으로 더 많은 유지 대화를 이끌어 낼 뿐이다. 이와 유사하게 임상가가 주로 환자를 따라가는 환자-중심적 접근법은 임상가가 의도적으로 환자의 변화에 대한 구체적인 동기를 유도하거나 동기를 강화시키지 않는다는 측면에서 행동의 변화를 일으키지 못할 수 있다.

동기강화상담의 정신

MI의 정신은 협동정신, 수용, 연민, 유발성에 기초한 대화의 맥락을 강조하는 것으로 특징지을 수 있다.

협동정신(Partnership)은 환자 개인의 관점을 가치 있게 여겨서 임상가와 환자 간의 협력을 가능케 한다. 비록 임상가가 그 과정에서 일정 부분의 지침을 제공해 줄 수는 있겠지만(그리고 제공하는 것이 마땅하지만), 변화가 일어날지 여부를 결정하는 것은 궁극적으로 환자의 몫이다. 또한 임상가가 환자의 관점을 이해하고, 존중해 주고, 가치 있게 여길 때 최상의 지침이 제공되기 마련이다. 임상가는 환자가 처한 특별한 상황 또는 치료에 대한 정보를 공유할 수도 있다. 그리고 환자는 어떻게 진행해 나갈지에 대해 임상가의 조언이나 의견을 수렴하여서 결정을 내린다.

수용(Acceptance)은 적어도 네 가지 측면을 포괄하는 개념이다[절대적 가치(Absolute worth), 인정(Affirmation), 자율성 존중(Autonomy support), 정확한 공감(Accurate empathy)]. 심지어 환자의 행동에 동의하지 않는 경우에도 임상가는 인간으로서 환자가 지닌 절대적인 가치(absolute worth)를 존중해 주고, 환자의 관점에서 세계를 이해하기 위한 노력(accurate empathy)을 함으로써 수용의 관점을 전달할 수 있다. 그리고 환자 스스로가 선택을 할 수 있는 권리와 능력이 있다는 점을 존중(autonomy support)해 주고, 환자가 지닌 강점과 노력들을 알아차리고 인정(affirmation)함으로써 수용의 관점을 전달할 수 있다.

연민(Compassion) 또는 선행(beneficence)은 임상가에게는 감정적인 경험이 아니라 일종의 행동이라고 볼 수 있는데 이를 이용해서 환자의 최선의 이익을 추구하게 만든다. 이 요소가 결여된다면 다른 기술들뿐만 아니라 MI 정신(spirit)의 다른 요소들도 임상가의 목표 또는 기타 외부적인 요인으로 환자를 유도하는 데 악용될 수 있다. 예를 들어, 환자로 하여금 임상가가 진행하는 임상시험에 참여하도록 격려하기 위해 MI를 활용하는 것은 환자 참여를 늘리려는 임상가의 욕구가 환자에게 미치는 잠재적인 이익보다 더 중요하게 여겨질 수 있는 이해관계의 충돌을 드러내는 것이다.

유발성(Evocation)은 임상가가 환자에게 변화의 잠재력이 있다고 믿는 것이다. 임상가는 자신이 승인한 것을 환자에게 부과하기보다는 자신이 변화하기를 돕고 있는 환자가 지닌 생각 및 가치들을 이끌어 내는 역할을 지향한다. 변화를 일으키기 위한 개개인의 동기 및 기술을 끌어냄으로써, 지속적인 변화가 일어날 가능성은 더욱 증대된다. '정답' 또는 '개선'은 환자의 변화를 위한 내재적인 동기에서 가장 잘 나타난다.

동기강화상담의 과정

변화를 위한 대화에서 MI는 관계 형성하기(engaging), 초점 맞추기(focusing), 유발하기(evoking), 계획하기(planning)라는 네 가지 과정이 활용된다. 이와 같은 과정들은 서로 중첩되기도 하며 항상 순차적으로 일어나는 것은 아니다. 대신 이 과정들은 서로를 기반으로 하며, 변화에 대한 대화를 이어 나가기에 앞서서 이전 과정으로 돌아갈 수 있는 유연함을 지니고 있다.

관계 형성하기

관계 형성하기(Engaging)는 환자에 대해 알아가고 라포를 형성하는 것을 의미한다. 이 과정은 MI에서도 핵심적인 과정이며, 변화를 일으키고자 하는 모든 치료 방법에서도 중요하게 다루는 과정이다. 대개 환자가 임상가를 바라볼 때 동정심이 있고, 믿을 만하며, 똑똑한지에 대한 의견을 표명하는 중요한 시점에서 임상가는 협력적 대화를 통해 환자와 즉시 관계를 형성하려 한다. 그러나 '관계 형성하기' 과정은 치료 전반에 걸쳐 사용되어야 하며, 모든 MI 과정의 기초가 된다는 점을 기억해야 한다. 임상가가 MI와 일치하는 행동을 사용하면 MI와 일치하지 않는 행동(직접적인 직면, 요청한 적 없는 조언, 경고)과는 대조적으로 환자와의 관계 형성에 도움이 된다.

환자와의 관계 형성에 도움이 되는 방법으로는 **열린 질문하기(Open question)**,

인정하기(Affirming), 반영하기(Reflecting), 요약하기(Summarizing)(OARS)를 사용하는 것이다. 열린 질문하기는 구체적인 대답과 광범위한 견해를 모두 수용한다. 인정하기는 환자의 '변화 노력'이나 '강점' 또는 '긍정적인 요소에 주의를 기울이는 행동이나 특징을 재구성하는 방법'인지와 관계없이 그저 환자가 잘한 것을 강조해 주는 것이다. 반영하기는 임상가가 환자가 말한 것을 반복해서 말해 주거나 바꿔서 표현해 주는 것이라고 정의하면 꽤 간단한 개념인데 환자가 의미하는 바(알기 쉽게 바꾸어 말하기)나 곧이어 말할 것을(단락 완성하기) 최선의 수준에서 추측해 내는 것이라고 정의하면 꽤 복잡한 개념일 수도 있다. 이것은 임상가와 환자에 대한 정보를 명료화시켜 준다. 요약하기는 임상가가 현재 또는 과거 대화에서 제공된 정보 간의 연결성을 제공하는 것을 목표로 하거나 양가감정을 요약해 주거나 다른 주제로 전환하는 것을 목표로 하여 일련의 생각, 아이디어, 감정들을 제공해 주는 광범위한 반영(Mega-reflection)이라고 볼 수 있다.

관계 형성하기를 진행하는 동안 막혀 있는 듯한 느낌을 받는다면?

환자를 향해 질문을 줄이고 환자가 말하는 바를 이해하고 있음을 보여 주고 제대로 공감하고 있음을 전달하기 위해 반영을 늘리도록 하자. 그리고 복합 반영(complex reflection)을 사용하고 문제의 핵심에 도달하기 위해 환자의 정동(affect)을 반영해 주는 것도 고려하라. 또한 환자를 인정하기 위해 라포를 증대시킬 수도 있는데 이미 놓쳐버린 모종의 기회가 있었는지를 고려하라. 마지막으로 환자가 상담 초기에 말해 주었던 것을 충분히 요약해 주라. 환자는 자신의 모든 경험들이 반영되는 것을 듣는 것만으로도 자신이 충분히 이해받고 있다고 느낄 수 있고 당신과 연결되어 있다는 느낌을 받게 될 것이다.

초점 맞추기

초점 맞추기(Focusing) 과정은 구체적인 의제를 설정하고, 행동의 변화를 위한 목표를 세워 나가는 것, 그리고 대화의 방향성을 설정하는 것을 포함한다. 임상가가 명확한 역할을(약물 남용 상담, 당뇨 교육, 자살 예방 상담 등) 지니고 있는 상황에서도 대화의 목표 또는 방향성을 함부로 추측해선 안 된다. 예를 들어, 환자가 알코올 남용 치료를 받으라는 법원의 명령을 받은 경우를 생각해 본다면 임상가에겐 '금주'가 주된 의제가 될 것이다. 환자는 자녀 양육권을 잃어버린 스트레스 요인에 대해 반복적으로 이야기할 것이고, 그녀의 치료 우선순위는 양육권을 되찾는 게 될 것이다. 이는 임상가의 견해에 따르면 치료 과정 중 그녀의 알코올 남용이 차지하는 비중을 고려했을 때 통찰력이 결여된 상태이다. 만약 임상가가 금주의 중요성에 대해서만 계속적으로 초점을 맞춘다면, 환자는 자신이 무시 받고, 이해받지 못하고, 존중받지 못하고 있다는 느낌을 받게 될 것이다. 이와 같은 상황은 환자와의 관계 형성에 악영향을 미치고, 다양한 목표에 대한 합의점을 찾기도 더욱 어려워질 것이다.

치료의 방향을 설정할 때 몇 가지 선택 사항이 있는 경우, 임상가는 대화에 초점을 맞추기 위해 **의제도 작성하기**(agenda mapping)라 불리는 과정을 활용할 수 있다. 의제도 작성하기는 구체적으로 사용될 수 있는데, 예를 들어, 잠재적인 행동 변화의 목표를 별도의 네모나 원으로 종이에 적어 두고 우선순위에 대해서 환자와 임상가가 협력적인 방식으로 결정해 나갈 수 있다. MI의 정신(spirit)을 따라 방향성을 찾아갈 때도 협동정신은 계속 유지된다. 그리고 임상가는 환자가 진행하길 원하는 방식을 옆에서 돕는다.

때때로 환자들은 어떻게 진행해 나가야 할지, 문제들이 서로 어떻게 연관되어 있는지, 무엇을 해야 하는지에 대해 막연하다고 느낄 수 있다. 환자들은 자신들이 경험한 것들에 대해 굉장한 혼란을 느낄 수 있으며, 이는 임상가가 상담 회기에 초점을 맞추기 어렵게 만드는 요인이다. 임상가와 환자가 환자의 이야기에 대해 상호 간의 이해를 확실히 한 뒤에, 임상가에게는 환자의 주요한 관심사를 공식화하고 명료화해야 하는 과제가 주어진다. 본질적으로 임상가와 환자는 현재 일어나고 있는 일을 함께 이해하고 현재의 상황에 특별히 초점을 맞추려고 노력한다. 가이드처럼, 임상가는 큰 그림을 이해하고 환자가 원하는 방향으로 진행 가능한 경로들을 알려 주는 역할을 한다. '초점 맞추기'에서 더욱 복잡한 과정인 이 과정을 **방향 잡기**(Orienting)라고 부른다.

앞에서 가정한 시나리오를 다시 살펴보자. 환자는 알코올 중독치료를 받으라는 법원의 명령을 받았다. 몇 차례의 상담 회기를 진행하는 동안, 그녀는 자녀들을 만나기 위해서는 법원이 제시하는 방문 일정을 따라야 하는 자신의 처지에 대한 좌절감을 임상가와 공유한다. 그녀의 가족들은 남편이 그녀를 떠난 이후에는 아무런 지원도 하지 않았으며, 그녀는 살고 있는 아파트를 유지하기 위해 두 가지 일을 동시에 해야만 한다. 그녀는 불안과 불면증을 호소하고 있으며, 술이 이 불안과 불면증을 경감시켜 준다고 이야기한다. 그녀의 주된 고민거리에 대해 질문했을 때 불안과 재정적인 압박 그리고 양육권 관련 문제를 언급했으나 자신의 음주 습관이 이와 같은 문제들과 서로 관련 있다는 것을 알지 못한다. 임상가는 환자가 이해할 수 있는 방식으로 이와 같은 문제점들을 수집하고, 이러한 문제 각각에 있어서 과도한 음주가 미치는 영향을 강조하도록 도움을 준다. 환자는 자신의 공황 발작이 통제될 때까지는 자신의 알코올 사용을 줄일 수 있다고 느끼지 않으며, 치료자와 함께 목표로 하고 있는 방향성에 더욱 초점을 맞추려 한다.

초점 맞추기 과정을 진행하는 동안 막혀 있는 듯한 느낌을 받는다면?

이런 경우 초점 맞추기 과정이 시기상조인지를 고려해 보라. 환자가 지닌 딜레마를 이해하는 데 더욱 많은 시간을 할애하고 핵심이 되는 동기강화 관련 이슈를 세심하게 계획하라. 또한 일반적인 주제로부터 구체적인 계획으로 옮겨 가기 위해 환자를 자문위원처럼 활용하라. 예를 들어, 한 환자는 많은 문젯거리를 지니고 있을 수 있다. 이러한 고민거리들을 해결하기 위해 선택하는 방향성은 임상가와 환자 간의 정보 교환을 통해 가장 잘 얻을 수 있으며, 이로써 환자는 자신의 우선순위를 공유할 수 있게 되고, 협력 작업을 위한 궁극적인 목적지가 수면 위로 드러나게 된다. 임상가는 환자에게 피드백에 대해 질문하고 치료적 관계를 유지하기 위해 방향성을 조정한다(Miller & Rollnick, 2013). 때때로, 환자가 초점을 맞출 곳이 명확하지 않고 임상가의 의견이 환자가 문제를 고려함에 있어서 도움을 줄 수 있는 경우 환자의 허락하에 정보 또는 조언을 제공해 주는 것도 도움이 될 수 있다.

유발하기

초점 맞추기 과정을 통해 방향성이 확인되면 유발하기(Evoking)는 구체적인 변화를 위해 한 개인이 지닌 동기를 탐구하고 이를 확실하게 이끌어 낼 수 있는 과정이다. 숙련된 임상가는 양가감정의 측면에서 변화하는 방향성을 선호하고 (증가된 변화 대화) 변화를 선호하지 않는 논점들을 해결하는데 (감소된 유지 대화) 이 두 가지 요인 모두가 이후에 나타나는 행동 변화와 연관되어 있으며, 행동 변화 자체에 대한 예측 요인으로도 작용한다(Amrhein et al., 2003; Magill et al., 2014; Miller & Rose, 2009). 유발성(evocation)은 열린 질문하기, 인정하기, 반영하기, 요약하기를 강조하는데 이러한 요소들은 환자의 '변화하고자 하는 동기'를 강화시키며, 환자의 변화에 도움을 주는 진술들에 초점을 맞춘다. 그리고 환자 스스로가 변화에 대한 동기를 보다 구조화된 방식으로 인식하도록 돕기 위해 다양하게 유발시키는(evocative) 전략을(〈표 2-1〉) 사용할 수도 있다.

변화 대화의 여러 가지 유형들을 인식하는 것은 임상가가 MI에 숙달되는 데 매우 중요한 기술이다. DARN CAT은 변화 대화의 여러 가지 범주들을 기억하기 쉽게 연상할 수 있는 방법이다.

- **열망(Desire)**은 환자가 자발적으로 제공하거나 임상가가 이끌어 낼 수도 있는 환자가 지닌 변화하고자 하는 욕망이다(예: "나는 매일 아침마다 나타나는 떨림과 같은 불편감을 느끼길 원치 않았다.").
- **능력(Ability)**은 환자가 아직 행동을 바꿀 준비가 되어 있지 않거나 행동 변화에 결심공약을 하지 않는 경우에도 스스로 지니고 있는 변화하고자 하는 역량을 나타낸다(예: "나는 임신 기간 중에 술을 끊었다.").
- **이유(Reason)**는 환자가 변화를 고려하는 이유를 탐색하는 것이다(예: "만약 내가 담배를 끊는다면 집에서 하루 종일 담배 냄새가 날 일은 없을 것이다.").
- **필요(Need)**는 행동 변화와 관련된 긴박한 감정을 탐색하는 것이다(예: "헤로인 주사를 관둬야 할 것 같아. 이러다가 과다 사용으로 내가 죽고 말 거야.").

- **결심공약(Commitment)**은 환자가 변화에 대한 행동을 취할 가능성이 있음을 나타낸다(예: "나는 더 이상 담배 구입을 하지 않을 것이다.").
- **실행활성화(Activation)**는 환자가 '기꺼이'와 같은 언어를 사용하여 변화하려는 조짐을 보이지만 아직 이를 행동으로 적용할 정도로 결심공약을 하진 않은 상태를 나타낸다(예: "나는 가게에서 대량으로 담배를 사진 않을 것이다.").
- **실천하기(Taking step)**는 환자가 이미 변화를 향한 모종의 행동을 취하긴 했으나 그 정도가 미약한 상태로 환자 본인의 결심공약을 더욱 증대시키는 과정이다(예: "나는 집에 재떨이를 다 버려 버렸다. 그래서 담배를 피우려면 밖으로 나가야 한다.").

임상가가 변화 대화의 다양한 유형들을 인식하고 있는 것은 상담 회기를 진행하는 동안 기존의 방향성을 유지하는 데 도움을 준다. 예를 들어, 환자가 자신이 지닌 변화하고자 하는 욕망, 이유, 필요 등을 이야기했으나 변화할 수 있는 능력에 대해서는 언급하지 않았다면 임상가는 어떤 요인이 환자로 하여금 변화할 수 있다고 느끼게 만드는지 탐색해 볼 것이다. 변화에 대한 욕망, 능력, 필요, 욕구 등에 대한 충분한 증거를 제공하는 환자는 변화에 결심공약할 준비가 되어 있고 변화 계획을 발전시켜 나가며(동기의 실행활성화) 그 계획을 실천할 준비가 되어 있을 가능성이 크다.

유발하기 과정에서 흔히 발생하는 일은 변화에 대한 양가감정을 표현하는 형태로 환자의 '저항'이 나타나는 것이다. Miller와 Rollnick(1991)은 변화로부터 멀어지려는 환자들의 전반적인 모든 행동들을 기술하기 위해 MI에 대한 저서 1판에서 처음으로 **저항**이라는 용어를 사용했다.

2013년 저서에서는 유지 대화(sustain talk)와 불협화음(discord)이라는 각기 다른 개념이면서 동시에 서로 관련되어 있기도 한 개념들을 포함시킴으로써 **저항**이라는 용어를 재구성하였다(Miller & Rollnick, 2013). **유지 대화**에서 환자는 현 상태를 옹호하는 주장을 펼친다. 이러한 주장들은 일반적으로 자신의 행동이 지닌 이점이 무엇인지를 반영해 주며, 변화를 어렵게 만들거나 탐탁지 않게 만드는 요인들이 무엇인지가 포함되어 있다. 유지 대화는 병적인 건 아니지만 임상가가 인정하고 탐색해야 할 현실적인 양가감정의 표현이라고 볼 수 있다. MI에서 환자를 도울 수 있는 방법은 환자가 지닌 '변화를 반대하는 주장들'과 '변화를 원하는 주장'들을 함께 놓고 고민하는 것이며, 이를 통해 환자가 지닌 양가감정을 해소하는 데 도움을 줄 수 있다.

불협화음(Discord)의 경우 환자와의 관계 형성 및 환자의 전반적인 동기강화 과정을 방해하는 환자와 임상가 간의 관계적 교란 상태를 의미한다. 이러한 불협화음 상황은 환자가 보기에 임상가가 자신에게 계속적으로 공감해 주지 못하는 것 같거나 MI와 불일치하는 방식으로 자신에게 불쾌감을 주고 있다는 걸 감지할 때(예: 환자가 해야 할 일을 일방적으로 제시하는 것) 발생할 수 있다. 환자들은 방어적이 되거나 치료진과 논쟁적인 모습을 보이거나 대화 도중 자주 끼어들거나 단절된 모습을 보이며 불협화음을 드러낼 수 있다. MI에서 임상가는 치료적 동맹을 유지하고 더욱 많은 반영을 하는 데 초점을 맞춤으로써 불협화음에 대처할 수 있다. '반영하기'는 환자가 자신의 말이 상대방에게 전달되고 이해받는다는 느낌을 주며 임상가 입장에서는 때에 따라서 대화의 방향이나 속도를 조절할 수 있도록 도와주는 전략이 될 수 있다. 일단 주된 목표는 관계를 회복하는 것이다. 그리고 다른 인간관계와 마찬가지로 사과하거나, 민감한 이슈를 다룰 때는 잠시 쉬어 가거나 개인의 자율성을 확실히 보장해 주는 것이 도움이 될 수 있다(Miller & Rollnick, 2013).

표 2-1 유발하기 전략의 예시들

평가 척도 사용하기	• 중요도 척도(important rulers)는 행동 변화의 중요도를 결정하기 위해 가상의 스케일을 사용한다(0~10). • 자신감 척도(confident rulers)는 행동 변화를 실천함에 있어서 환자 스스로가 지닌 자기 효능감을 결정하는 가상의 스케일을 사용한다(0~10). 각각의 척도에 대해 환자가 번호를 선택하면 임상가는 변화 대화를 유도하기 위해 왜 더 낮은 점수를 고르지 않았는지 물어본다. 그러고 나서 임상가는 변화 대화를 더욱 촉진하기 위해 숫자를 더 높이려면 어떤 게 도움이 될지를 물어본다(예: "4점에서 7점으로 숫자를 높이는 데 어떤 것이 도움이 될까요?"). 임상가는 이미 도출된 변화 대화를 더욱 강화시키기 위해 OARS(열린 질문하기, 인정하기, 반영하기, 요약하기)를 활용한다.
목표 및 가치 탐색하기	임상가는 환자의 중요 가치 및 목표를 탐색한다. 그리고 환자가 현재 보이는 행동이 가치 및 목표에 얼마나 부합하는지를 고려하고 둘 간의 불일치를 강조하며 변화에 대한 동기를 강화시킨다.
미래, 과거, 극단적인 상황 바라보기	임상가는 미래를 가정해 보도록 격려하고 행동 변화가 일어났을 때 삶이 어떻게 나아지게 될지를 상상해 보라고 질문한다. 그리고 임상가는 환자에게 건강하게 기능하던 시절을 되돌아보도록 격려하고 이를 현재 상황과 대비시켜 보도록 요청한다.
강점 또는 과거의 성공 탐색하기	임상가는 환자의 강점과 과거의 성공 경험들을 탐색하고 성공을 위해 사용했던 힘과 기술들이 현재 상황을 다루는 데 어떻게 적용되는지를 환자에게 생각해 보도록 요청한다. 이러한 토론 과정은 환자의 자신감을 회복되는 데 도움을 줄 수 있다.
정보 교환하기	임상가는 환자의 자율성을 강조하는 측면에서 환자의 허락하에(질문을 요청하든 질문을 받았든) 정보를 제공한다. 임상가는 환자에게 공유된 정보들을 어떻게 이해하고 있는지 질문함으로써 환자의 자율성을 보조하는 역할을 한다. 이끌어 내기-제공하기-이끌어 내기(elicit-provide-elicit)이라 불리는 또 다른 기술은 환자가 이미 알고 있는 주제에 대해 먼저 탐색을 한 다음 임상가가 추가 또는 수정 정보를 제공하고 그다음에 환자에게 그것이 무엇을 의미하는지 질문하는 방식이다.

유발하기 과정을 진행하는 동안 막혀 있는 듯한 느낌을 받는다면?

변화 대화가 어떤 영역에서 나타나는지를 살펴보고 이와 더불어 더욱 많은 이해가 요구되는 다른 영역들이 있는지도 확인하라. 행동 변화가 환자에게 충분히 중요한 문제인가? 환자는 스스로 변화할 수 있다는 자신감이 있어 보이는가? 변화를 함에 있어서 탐색해 보아야 하고, 해결해야 할 장애물이 있는가? 환자에게 대화를 요약해 주고 지금까지의 이야기에 환자가 추가할 수 있는 내용이 있는지 확인하라. OARS를 계속적으로 활용하고 변화 대화를 반영하라. 만약 변화 대화가 다소 일반적인 수준에 머문다면 보다 구체적인 대화로 들어가라. 예를 들어, 환자가 "나는 좋은 아빠가 되어야 합니다."와 같이 말하는 경우를 가정해 보자. 환자가 생각하는 좋은 아빠가 어떤 모습인지와 환자가 지닌 이상을 따르기 위해(예: 자신의 물질 사용 행위를 개선시키는 것) 스스로 할 수 있는 일을 탐색하는 것은 환자의 변화 대화를 강화시킬 수 있다. 드러나는 변화 대화를 더욱 탐색하고 더 많은 것들을 유발시킴으로써 환자 스스로가 변화에 대한 논의를 할 수 있도록 도와줄 수 있다.

계획하기

동기강화상담을 진행하다가 특정한 시점이 되면, 환자는 변화에 대한 준비가 되었다는 신호를 보내곤 하는데, 예를 들어 변화 대화를 더욱 많이 사용하거나 유지 대화가 줄어들고, 변화에 대한 질문을 하기 시작하며, 변화하면 자신에게 어떤 일이 벌어질지를 상상하는 등의 모습으로 나타난다. 임상가가 이와 같은 징후를 인지하였다면 **계획하기**(Planning) 과정을 시작해야 한다. 임상가는 일반적으로 환자의 주된 변화 대화를 종합적으로 요약해 줌으로써 환자와 변화를 위한 계획하기를 시작한다. 그러고 나서 변화하고자 하는 환자의 결심공약을 유발시킬 수 있는 핵심 질문을 던진다(예: "그렇다면 이 시점에서 무엇을 할 것이라고 생각합니까?"). 만약 환자가 목표 변경을 지시하면 임상가는 환자의 계획 변경에 대해 서로 논의한다. 그리고 환자는 이 단계에서 양가감정은 정상적인 것임을 인지하고 자신이 할 일을 고려한다. 만약 이러한 상황이 발생하면, 임상가는 환자의 양가감정을 반영해 주고 계획하기 단계를 진행하기에 앞서 이 문제를 해결해 준다. 몇몇 경우에는, 환자가 상담 회기 동안 양가감정을 유지하며 변화를 위한 계획을 세우지 않는 경우도 있다.

만약 환자가 행동 변화를 위해 충분히 결심공약하고 있으며, 명확하게 공유된 목표를 지니고, 임상가와 환자와의 관계 형성도 잘되어 있다고 가정한다면, 임상가는 환자와 변화를 위한 계획을 수립한다(〈표 2-2〉). 변화 계획은 일반적으로 네 가지 주된 요소로 구성되는데 명확한 목표 설정하기, 변화를 위한 선택지 탐색하기, 계획을 결정하기, 계획에 결심공약하기로 세분화할 수 있다. 환자가 임상가에게 마리화나 사용을 줄이려 한다는 말을 하고 최근에 일하기 전 아침 시간에 피우던 담배를 끊었다고 말하는 상황을 상상해 보자. 임상가는 환자에게 어떻게 해 나갈 건지에 대해 이야기할 준비가 되었는지 물어봄으로써 상황을 살핀다. 그리고 환자가 제공하는 변화 대화의 요점을 되풀이해 준다. 그는 최근에 상사로부터 실수에 대한 지적을 받았기 때문에 근무에 더욱 집중해야 한다. 그는 자녀들과 더욱 양질의 시간을 보내길 원했으며, 두 명의 딜러 중 한 명의 전화번호를 삭제함으로써 이미 행동으로 옮기기 시작했다. 환자는 마리화나 사용을 중단하겠다는 자신의 욕망을 반복적으로 표현한다. 지금 시점에서 환자의 마리화나 사용을 멈출 수 있는 방안으로 과거에 환자가 마리화나 사용을 줄였던 방법을 탐색한다. 환자는 직장에서 새로운 프로젝트를 수행할 수 있었고, 아들이 속해 있는 팀의 소프트볼 보조 코치로 등록을 할 수 있었으며, 마리화나를 집에 가지고 오지 않도록 아내의 도움을 요청했을 수도 있다. 환자의 주된 동기가 자녀에게 좋은 본보기를 보이는 것이라면 환자와 임상가가 함께 상의하여 환자로 하여금 자녀의 소프트볼 보조 코치 역할을 하는 방향을 결정하게 할 것이다. 그는 자신의 계획을 아내와 공유하고 오후에 아들과 함께 소프트볼 연습을 할 것이다. 만약 마리화나를 피우고 싶은 순간이 오면 일주일 후에 임상가를 다시 만나서 계획한 것들이 어떻게 진행되고 있는지를 확인할 것이다. 임상가는 환자가 기술한 절차들을 종이에 기록함으로써 환자의 계획에 대한 결심공약을 강화하고 마리화나 딜러의 전화번호를 삭제하기로 결정한 사항에 대해 재확인한다.

표 2-2 변화 계획의 핵심 요소

명확한 목표 설정하기	임상가는 환자가 행동 변화를 위한 명확한 목표를 세울 수 있도록 돕는다.
변화를 위한 선택지 탐색하기	임상가는 환자의 선호도, 가치, 강점 등을 종합적으로 고려하여 목표를 성취할 수 있는 방법을 환자가 식별할 수 있도록 돕는다. 목표는 선택지를 수립하는 것이지 환자를 비판하는 것이 아니다.
계획을 결정하기	임상가와 환자는 변화시켜야 할 장애 요소를 예측하고, 진행 상황을 확인하며, 필요에 따라 활용 가능한 사회적 지원 등을 포함하여 환자가 어떤 선택지를 활용하고 더 세밀하게 조정해 나갈 것인지에 대한 서로 간에 공유된 합의점에 도달한다.
계획에 결심공약하기	일단 계획이 수립되면, 임상가는 환자에게 이 계획에 결심공약을 요청하고 절차를 요약해 주며, 환자가 이미 변화할 수 있도록 단계를 확인시켜 줌으로써 계획대로 수행하려는 환자의 결심공약을 강화시킬 수 있도록 도와준다.

계획하기 과정을 진행하는 동안 막혀 있는 듯한 느낌을 받는다면?

계획하기를 진행하기에 시기상조는 아닌지를 살펴보라. 만약 계획을 세워 나가기 어렵다면 네 가지를 고려하라.

① 명확히 공유된 목표가 부재하다.
② 환자가 변화 계획을 위한 토론에 충분히 참여하지 못했다.
③ '전문가'로서 해결책을 찾고 있거나 환자가 해야 할 일을 처방하고 있다.
④ 동기강화가 더욱 되어 있어야 한다.

동기강화상담과 기타 심리치료

MI는 행동에 초점을 맞추지만 기준이 될 만한 모델을 제시하거나, 기술 또는 해결책을 제공하여 특정 행동을 유도하는 것은 아니다. MI는 종종 단 몇 차례의 상담 회기만으로도 어느 정도의 성공적인 결과를 가져 오는 단기치료적 개입으로 소개되기도 한다(Lundahl et al., 2010). MI는 다른 치료법과 함께 활용할 여지가 있으며 많은 유형의 임상진료 및 임상가들에게 활용이 가능한 기법이다. 여러 연구 결과, 피드백, 교육, 자조 매뉴얼, 인지행동치료, 기술 훈련, 12단계 집단, 스트레스 관리와 MI의 조합이 소개되었다(Arkowitz & Miller, 2008; Baer et al., 1999).

이 책의 서문에서 언급했듯이, 이 책의 집필 목적은 임상가가 다른 임상가를 위해 실용적인 내용을 전달하는 것이다. 이 책의 모든 저자들은 모두 다른 역할과 이론적 배경을 가진 숙련된 중독 전문가들인데 일부는 인지행동치료를 전문으로 하고, 일부는 정신역동이나 동기강화치료, 정신약물학에 관심을 가지고 있을 것이다. 이론적인 차이가 있음에도 불구하고 이들을 하나로 묶는 것은 행동 변화라는 목표를 위해 개개인과 협력하고 그와 같은 여정 중에 탐색한 바를 글로 기록할 수 있는 능력이다. 각기 다른 이론을 선호하는 임상가들끼리는 서로 논박을 하거나 다른 이론의 결함을 지적하는 데 혈안이 되어 있는 경우도 흔히 볼 수 있다. 인본주의 심리학의 온화하고 비판단적인 접근법에 따라 우리는 이와는 다른 입장을 취하는 것을 목표로 한다. 즉, MI와 다른 심리치료의 공통점을 언급하며, 심리치료 관련 구성원 전체가 풍요롭고 매혹적인 모자이크를 완성해 나가는 것을 목표로 한다.

치료적 관계는 모든 효과적인 정신치료에서 가장 핵심적인 요소일 수 있다. 환자에 대한 치료자의 공감, 조율 및 수용은 치료적 대화를 가능케 하며 환자의 인생 및 목표에 대한 세부적인 부분들을 탐색할 수 있게 도와준다. '수용을 통한 역량강화'는 모든 성공적인 심리치료에서 필수적이며 일반적으로 변화에 따라오는 과정이다. 이전에 언급했듯이, 변화는 각 개인에게 자연적이며 내재적으로 존재하는 개념이라고 볼 수 있으며, 지지적이며 수용 가능한 환경을 조성해 줌으로써 심리치료 과정 중에 더욱 촉진된다.

수용과 변화에 대한 이와 같은 변증법은 평온을 비는 기도(serenity prayer)와 12단계 관련 연구에서 가장 확실하게 언급되어 있으며, 아마도 더 전형적으로 **변증적 행동치료(DBT)**와 연관되어 있을 것이다. 그리고 수용이라는 개념이 무관심을 의미하는 게 아니라는 점도 중요하다. 오히려 수용이란 한 개인의 마음속에 무엇이 담겨 있는지를 천천히 들여다보고, 기록하는 방법이라고 볼 수 있다. 수용에 대한 자신감은 당사자에게 행동과 충동을 동일시하게 하는 것이 아니라 충동에 어떻게 반응해야 할지를 결정하고 생각할 시간을 제공한다. 충동을 행동으로부터 분리하는 능력은 CBT의 핵심적인 구성 요소이다.

정신역동에서 MI와 인본주의 심리학과의 접점은 대상관계, 관계 및 상호주관적 전통에서 특히 두드러지게 나타난다. 정신역동 연구는 종종 "나는 정신분석을(직면하는 요소가 더 많이 관찰되는) 받기에 충분한 수준에 도달하기 위해 심리치료(지지적인 요소가 더 많이 관찰되는)를 받는다."는 문장으로 구현되곤 하는 지지적 구성 요소(예: 수용하기)와 표현적 구성 요소(예: 직면하기)의 균형을 묘사하곤 한다(Stefan R. Zicht, 개인적 서신, 2007). 정신분석학적 용어 간의 구분처럼 논쟁의 여지는 있으나 대화를 가능케 하고 변화를 가능케 만들어 주는 정신적 공간은 '이행기 공간'(Winnicott, 1971), '교섭'(Pizer, 1998), '세 번째'(Benjamin, 2004) 등 많은 저자들에 의해 각기 다른 용어로 표현되었다.

이와 같은 환경에서 개인의 의지가 구체화되고 행동을 변화시킬 힘이 부여된다. 역량을 강화하는 것은 종종 가능케 하기(Enabling)라 불리는 것과는 반대되는 개념이다. 가능케 하기는 지배와 의존, 집착과 포기, 밀고 당기는 관계들로부터 변증적 환경을 조성해 주는데 현재의 패턴이 강화하게 만들고 변화되는 것을 방해한다.

Miller와 Rollnick(1991, 2002, 2013)은 MI가 다른 정신치료 기법들과 일관성을 유지하는 기법이라고 이해했다. 또한 MI가 실전에서 대안 치료법의 일부로 활용될 수 있으며, 특히 변화를 위한 동기부여가 치료의 어느 시점에서든 중요한 문제가 된다면 다른 과제를 해결하기 위한 기타 치료 기법과 병행해서 사용 가능하다고 보았다. 그리고 다른 치료 기법들과 통합된 모델에서 MI의 관계 형성하기, 초점 맞추기, 유발하기, 계획하기 과정이 활용될 때 임상가의 독자적인 치료 방식으로 자리 잡을 수 있다고 판단했다. 통합 모델과 관련된 영역은 어떤 심리치료 기법이 활용되었는지에 관계없이 MI의 정신(spirit)을 실제 치료에 포함시켜서 환자와의 상호작용을 함에 있어서 협동정신, 수용, 연민, 유발성에 기반을 두는 것이다.

MI의 치료 효과는 보다 집중적인 표준치료 프로그램의 시행 초반에 활용될 때 가장 오래 지속된다는 점이 확인되었다(Lundahl & Burke, 2009). 이 같은 방식은 CBT나 12단계 치료와 같은 다른 정신치료 양식과 MI가 혼합되어 활용되는 임상 환경에서 자주 적용되곤 한다. 특별히 MI와 CBT는 종종 상호 보완적인 것으로 간주되는데, MI는 '왜'에 초점을 맞추고 CBT는 '변화의 방법'에 초점을 맞춘다(Carrol, 1998). 연구 영역에서는 알코올 의존을 목표로 삼는 지원 시스템뿐만 아니라 MI, CBT 및 12단계 치료의 구성 요소가 결합된 혼합형 행동치료적 개입을 다루는 COMBINE 연구에 응용되어 활용된다(Anton et al., 2006).

교육 및 슈퍼비전에 대한 제안

MI를 가르치는 것은 매우 만족스러운 경험이 될 수 있다. 그러나 MI를 가르칠 때 생기는 난점은 MI가 하나의 기법이라기보다는 핵심적인 정신(spirit)과 태도에 중점을 두는 MI만의 '방법론이 결여된 방식'으로 인식되고 있다는 점이다. MI의 이론과 기법은 지식적인 용어로 쉽게 파악이 가능하지만, MI가 추구하는 태도와 실천으로 변화하기까지는 오랜 시간이 걸린다.

의료 전문가는 학생들을 가르칠 때 환자의 불편 사항과 증상에 대해 상세한 설명을 해 주고 환자로부터 포괄적인 정보 수집을 할 수 있도록 훈련한다. 학생들은 흔히 환자들에게 거창하게 닫힌 질문을 하곤 하며, 정작 열린 질문을 하고 나면 환자의 이야기를 반영해 주는 게 쉽지 않다는 점을 알게 된다. 또 다른 난점은 임상가들의 생각 속에 설득이나 전문적 조언을 통해 환자들을 변화시킬 수 있다거나 변화시켜야 한다는 착각이 존재한다는 것이다. 아마도 의료계에 근본적으로 만연해 있는 높은 스트레스와 주변의 기대치들이 환자를 통제하려는 욕구로 다루어지는 경향이 있으며, 특히 수련의 및 의대생들 사이에서 잘 나타난다. 닫힌 질문을 하고, 세부적인 정보를 수집하고, 전문가적 조언과 권고들이 요구되는 경우도 분명 존재하지만, 학생들이 MI가 추천하는 협동, 유발성, 자율성 등의 정신을 채택하도록 돕는 것은 환자들의 궁극적인 행동 변화를 일으키는 데 유용하게 작용한다.

이러한 태도의 변화는 직접 눈으로 보여 줌으로써 더욱 제대로 학습될 수 있는데, 여기서 활용되는 교육들은 MI의 정신을 기반으로 하여 수행될 것이다. 교육자는 MI의 기본 공식을 설명한 후에 열린 질문하기, 인정하기, 반영하기, 요약하기(OARS)를 교육도구로 활용함으로써, MI의 정신과 관련된 논의에 학생들을 참여시키고, 교육자와 다른 견해를 지닌 학생들의 의견도 수용함으로써 학생 개개인의 역량을 강화한다. 모델링은 교육자와 학생이 해당 기술을 연습하기 위해 역할연기를 함으로써 성취될 수 있다. MI를 연습함으로써, 학생들은 MI의 정신을 내재화할 수 있게 되는 것이다(Miller & Rollnick, 2013; Rosengren, 2009).

MI를 가르칠 때, 핵심이 되는 것은 학생들이 시간이 지남에 따라 배운 기술들을 순차적으로 발전시켜 나갈 수 있는 체험활동을 활용하여 학습하게 하는 것이다. Miller와 Moyers(2006)는 임상가가 점차 익숙해지도록 만들어 주는 8단계와 관련 기법들에 대해 서술한 바 있다. 임상가가 MI의 가정 및 원칙에 열린 마음을 갖는 것으로 훈련을 시작하며 MI의 정신을 환자와 상호작용하는 하나의 유형으로 받아들이도록 하며, 특별히 적절한 공감을 발전시켜 나가는 것에 주안점을 둔다(1단계).

이후 환자 중심의 상담기법을 임상가에게 가르치고 연마하는 과정을 거친다(2단계). 다음으로, 임상가는 변화 대화를 인지하고, 도출해 내고, 강화하는 법을 배우는데, 특별히 결심공약 언어(commitment language)를 식별하는 법을 훈련한다(3단계, 4단계). 그리고 환자가 드러내는 '저항'을 능숙하게 다루는 법을 배운다(5단계). 또한 계획을 변경하고 변화에 대한 의지를 강화시키는 과정을 거친다(6단계, 7단계). 마지막으로, MI 기술이 견고해지면서 임상가는 MI에서 다른 치료적 방법으로의 유연한 전환 방법을 배우고, 다른 치료 기법에서 MI로 전환하는 방법에 대해서도 배운다(8단계). 숙련된 임상가이자 MI 교육자이기도 한 David Rosengren은 자신의 훈련 방식을 말하고(정보를 얻기 위한 교육 또는 실습), 보고(행동의 기술), 느린 동작으로 행동해 보고(개인 또는 집단 실습), 실제로 수행해 보고(실제 상황에서의 기술), 더욱 발전시켜 나가는(기법의 복잡성과 가짓수를 증가시킴) 5단계로 요약했다. 그의 저서 『Building Motivational Interviewing Skills: A Practitioner Workbook』(Rosengren, 2009)은 이 같은 훈련을 할 때 큰 도움을 받을 수 있는 책이다.

결론적으로 학생들은 실제 환자에게 MI를 적용하고 두 사람 간의 상호작용을 하고 나서, 그와 동시에 슈퍼바이저와의 상호작용을 병행하여 슈퍼비전을 받을 필요가 있다. 환자의 동의를 얻은 후에 상담 회기를 녹음하면, 회기에 대한 보다 세분화된 설명이 가능해지며 치료법을 숙달하는 데 매우 유용할 수 있다. 학생들의 회기를 이처럼 직접적으로 관찰하는 것은 MI를 배우는 치료자가 자신의 능력을 과대평가하는 경향을 보였다는 점에서도 중요하다(Martino et al., 2009). 게다가 슈퍼바이저는 학생들에게 피드백과 코칭의 기초를 제공할 수 있는 정립된 평가 체계를 활용해 학생의 MI 기술을 평가할 수 있다(Martino et al., 2008; Moyers et al., 2016). 교육/워크숍에 따른 반복적인 직접 관찰, 피드백, 코칭의 조합이 임상가의 MI 기술을 유의미하게 향상시킬 수 있다고 입증된 유일한 방법이었다(Miller et al., 2004). Rosengren(2009)은 MI를 연습한다는 것은 어둠 속에서 골프공을 칠 때 피드백을 받지 않고 연습하는 것과 유사하다고 이야기한다. "스윙을 하는 느낌은 알 수 있으나 무슨 일이 일어났으며 어떤 조정이 필요한지에 대한 정보는 없다"(p. 2).

이 과정을 전적으로 슈퍼바이저가 주도하는 것이 아니라 협력적이며 긍정적인 방식으로 만드는 것이 중요하다. 저자 중 한 명(B.A.)의 이전 슈퍼바이저들 중 한 명은 슈퍼비전 시간에 학생들의 자가-평가를 권장한다. 학생들로 하여금 환자를 치료한 회기 동안 잘 시행된 세 가지 기술을 말하라고 한

동기강화상담		
정신(PACE)	과정(EFEP)	네 단계의 동기강화상담
협동정신 (Partnership)	관계 형성하기(Engaging)	1. OARS: 열린 질문하기(Open question) 인정하기(Affirming) 반영하기(Reflecting) 요약하기(Summarizing)
수용(Acceptance)	초점 맞추기(Focusing)	2. 초점(일반적 → 구체적) I & A(정보〈Information〉 및 조언〈Advice〉)을 주면서 시작된다.
연민(Compassion)	유발하기(Evoking)	3. 변화 대화 끌어내기 두 가지 척도 활용하기 • 중요도 척도 • 자신감 척도 각각의 척도에 두 가지 질문하기 • 왜 ×점이 아니라 ×점인가? −3 • ×점에서 ×점으로 가려면 무엇이 필요할까? +3
유발성(Evocation)	계획하기(Planning)	4. 계획을 협상하기 (일반적 → 구체적)

[그림 2-1] 역할극 활동에서 활용할 수 있는 MI 요약 플래시 카드

다음 자신이 느끼기에 개선이 필요한 한 가지 영역을 말하도록 요청한다. 학생들은 종종 이 둘 간의 비율이 3:1인 경우를 가장 만족스러워하는데 때로는 자신들이 능숙하게 다룰 수 있는 기술을 찾는 것보다 자기-비판에 참여할 준비가 더 잘되어 있는 경우도 있다.

교육자들 사이에서 자주 등장하는 관심사는 일부 학생들은 선천적으로 동기강화 상담자의 소양을 지닌 반면 그렇지 않은 이들도 있다는 점이다. 우리의 경험에 비추어 볼 때, 긍정적이고 긍지를 가진 학생들은 언제 어디서나 배움의 여정에 뛰어들 수 있다. 전반적으로, 훌륭한 교육자와 슈퍼바이저는 학생들의 '저항과 함께 구를 수' 있으며 학생들과의 논쟁을 피하며 학생들이 MI에 대해 지닌 주저함을 버리도록 설득하려는 시도를 한다.

마지막으로, MI를 요약하는 명확하고 간결한 표를 사용하는 것은 종종 도움이 되며 역할연기를 하면서 플래시 카드로 활용될 수 있다. [그림 2-1]을 참고하라.

핵심 포인트

- 변화는 자연적이고 내재적인 것이며 지지적이면서도 지시적인 접근 방법으로 인해 촉진될 수 있다.
- 동기강화상담(MI)은 환자 중심의 청취기술과 환자의 변화를 위한 동기 및 결심공약(commitment)을 유도하는 방법을 혼합한 의사 전달 방식을 활용하여 행동의 변화를 위한 내재적인 동기를 발전시키는 접근법이다.
- 임상가는 환자가 지닌 자원 및 변화에 대한 동기와 관련하여 협동정신, 수용, 연민, 유발성으로 특징지을 수 있는 환자와 상호작용하는 정신(spirit)을 채택한다.
- MI는 서로를 기반으로 하여 중첩되는 부분이 있는 관계 형성하기, 초점 맞추기, 유발하기, 계획하기의 네 가지 과정으로 이루어진다.
- MI의 핵심 기술은 OARS로 알려진 환자 중심의 경청 기술을 활용하는 것과 'MI에 일치하는 방식'으로 정보 및 조언을 제공하는 것이다.
- 이러한 접근법의 핵심 개념을 고려하면서 변화 대화를 인식하고 이끌어 내는 임상가의 능력은 MI의 효과성 여부를 추정하는 데 활용되는 주요 메커니즘이다.
- MI는 다른 치료법들과 많은 유사점을 가지고 있으며, MI의 변화 중심적 치료를 제공하는 기술은 심리치료를 가르치는 많은 교육기관에서 흔히 볼 수 있다.
- 교육 및 슈퍼비전은 MI의 정신(spirit)과 일치하며 지지적이고 협력적인 방식에서 효과적으로 수행된다. 기술은 적절한 지도 및 감독을 통해 숙달될 수 있다. 실습생에게 변화는 자연스러운 것이다.

연습문제

1. 동기강화상담(MI)과 가장 밀접하게 관련된 것은?

A. 정신분석

B. 행동주의

C. 인본주의 심리학

D. 12단계 전통

2. MI의 정신은?

A. 비판(criticism), 설명(elucidation), 진단(diagnosis), 분석(analysis)

B. 창의력(creativity), 확장(expansion), 수동성(passivity), 옹호(advocacy)

C. 직면(confrontation), 비판(criticism), 교육(education), 권위(authority)

D. 협동정신(partnership), 수용(acceptance), 연민(compassion), 유발성(evocation)

3. 다음 환자의 진술 중 변화에 대한 준비도와 의지를 가장 잘 보여 주는 것은?

A. "만약 제가 술을 끊지 않으면, 간경화는 더 악화될 거예요."

B. "지난주에 담배의 유혹을 피하기 위해 운전 중에는 담배를 차 트렁크에 두기 시작했어요."

C. "저녁 식사 후에 담배를 피우는 대신 산책을 할 수 있어요."

D. "마리화나 없이 잠들 수 있기를 간절히 원해요."

4. 동기강화상담은 종종 다른 치료 기법들과 효과적으로 조합하여 사용될 수 있다. 이 진술은?

A. 틀리다. 다른 치료가 개입되면 환자가 혼란을 느낄 게 분명하기 때문이다.
B. 맞다. 왜냐하면 MI는 많은 치료적 접근법과 호환되기 때문이다.
C. 위험하다. 왜냐하면 치료자들은 오직 한 가지 치료 기법의 열렬한 옹호자여야 하기 때문이다.
D. 무관하다. 왜냐하면 유능한 치료자들은 MI를 배울 필요 없이도 자발적으로 무엇을 해야 할지 알기 때문이다.

5. 동기강화상담의 교육과 슈퍼비전은?

A. 수용적이고 협력적인 방식에서 가장 잘 이루어진다.
B. MI 스타일과의 대비를 강조하기 위해 직면을 통해 가장 잘 이루어진다.
C. 학생이 직접 동기강화치료를 받기를 요구한다.
D. MI가 다른 치료법보다 우월하다는 점을 학생들에게 납득시키는 데 초점을 맞추어야 한다.

• 참고문헌 •

Amrhein PC, Miller WR, Yahne CE, et al: Client commitment language during motivational interviewing predicts drug use outcomes. J Consult Clin Psychol 71(5):862–878, 2003 14516235

Anton RF, O'Malley SS, Ciraulo DA, et al: Combined pharmacotherapies and behavioral interventions for alcohol dependence: the COMBINE study: a randomized controlled trial. JAMA 295(17):2003–2017, 2006 16670409

Arkowitz H, Miller WR: Learning, applying, and extending motivational interviewing, in Motivational Interviewing in the Treatment of Psychological Problems. Edited by Arkowiz H, Westra HA, Miller WR, et al. New York,

Guilford, 2008, pp 1-25

Arnold J, Randall R, Patterson F, et al: Work Psychology: Understanding Human Behaviour in the Workplace, 5th Edition. Don Mills, Ontario, Canada, Pearson Education, 2010

Baer JS, Kivlahan DR, Donovan DM: Integrating skills training and motivational therapies. Implications for the treatment of substance dependence. J Subst Abuse Treat 17(1-2):15-23, 1999 10435249

Benjamin J: Beyond doer and done to: an intersubjective view of thirdness. Psychoanal Q73(1):5-46, 2004 14750464

Carroll KM: A Cognitive-Behavioral Approach: Treating Cocaine Addiction. Therapy Manuals for Drug Abuse, Manual 1. NIH Publ No 98-4308. Rockville, MD, National Institute on Drug Abuse, April 1998

Ellingstad TP, Sobell LC, Sobell MB, et al: Self-change: A pathway to cannabis abuse resolution. Addict Behav 31(3):519-530, 2006 15967588

Lundahl B, Burke BL: The effectiveness and applicability of motivational interviewing: a practice-friendly review of four meta-analyses. J Clin Psychol 65(11):1232-1245, 2009 19739205

Lundahl BW, Kunz C, Brownell C, et al: A meta-analysis of motivational interviewing: twenty-five years of empirical studies. Res Soc Work Pract 20(2):137-160, 2010

Magill M, Gaume J, Apodaca TR, et al: The technical hypothesis of motivational interviewing: a meta-analysis of MI's key causal model. J Consult Clin Psychol 82(6):973-983, 2014 24841862

Martino S, Ball SA, Nich C, et al: Community program therapist adherence and competence in motivational enhancement therapy. Drug Alcohol Depend 96(1-2):37-48, 2008 18328638

Martino S, Ball S, Nich C, et al: Correspondence of motivational enhancement treatment integrity ratings among therapists, supervisors, and observers. Psychother Res 19(2):181-193, 2009 19396649

Maslow AH: Motivation and Personality. New York, Harper & Row, 1954

Miller WR: Motivational interviewing with problem drinkers. Behavioural Psychotherapy 11(2):147-172, 1983

Miller WR, Moyers TB: Eight stages in learning motivational interviewing. Journal of Teaching in the Addictions 5(1):3-17, 2006

Miller WR, Rollnick S: Motivational Interviewing: Preparing People for Change. New York, Guilford, 1991

Miller WR, Rollnick S: Motivational Interviewing: Preparing People for Change, 2nd Edition. New York, Guilford, 2002

Miller WR, Rollnick S: Motivational Interviewing: Helping People Change, 3rd Edition. New York, Guilford, 2013

Miller WR, Rose GS: Toward a theory of motivational interviewing. Am Psychol 64(6):527-537, 2009 19739882

Miller WR, Yahne CE, Moyers TB, et al: A randomized trial of methods to help clinicians learn motivational interviewing. J Consult Clin Psychol 72(6):1050-1062, 2004 15612851

Moyers TB, Rowell LN, Manuel JK, et al: The Motivational Interviewing Treatment Integrity Code (MITI 4): Rationale, Preliminary Reliability and Validity. J Subst Abuse Treat 65:36-42, 2016 26874558

Pizer SA: Building Bridges: The Negotiation of Paradox in Psychoanalysis. Hillsdale, NJ, Analytic Press, 1998

Rosengren DB: Building Motivational Interviewing Skills: A Practitioner Workbook. New York, Guilford, 2009

Schachter S: Recidivism and self-cure of smoking and obesity. Am Psychol 37(4):436-444, 1982 7103240

Winnicott DW: The use of an object and relating through identifications, in Playing and Reality. London, Psychology Press, 1971, pp 86-94

학생 시절 회상

—Isaac Johnson
예일 대학교 의학 대학원 2학년

이 장을 읽을 때 몇 가지 생각들이 내 머리를 강하게 스치며 지나갔다. 때때로 우리가 사용하는 기술들이 환자에게 소외감을 느끼게 하거나 오해하게 만들 수 있는 전술이며 환자가 현 상태를 유지하도록 이끌 때 환자의 '동기를 저하시키거나', '부정'하게 만들 수 있다는 말을 얼마나 자주 들었는가? 이번 장에서 소개한 내용에 따르면, 동기라는 것은 특질(trait)이라기보다는 상태(state)를 의미한다는 점을 기술하고 있다. 그것은 환자의 동기를 부여할 때 '전문가 역할'을 채택하기보다는 환자와 함께 작업을 진행함으로써 영향을 줄 수 있는 능력으로 보는 것이다. 나는 이러한 관점이 매우 유용하다는 것을 환자들과 대화할 때마다 상기하도록 노력했다. 그리고 이번 장을 통해, 변화에 대한 환자의 양가감정을 탐구하는 것이 환자가 존중 받는 느낌을 받고 변화를 향해 나아갈 수 있도록 돕는 데 있어서 중요하다는 생각을 더욱 굳힐 수 있었다. 임상가가 아닌 환자가 변화하기 위한 결정을 하고, 환자로 하여금 변화에 대한 자신들의 필요를 찾도록 도와주는 것이 내가 해야 할 일임을 상기했다. 나는 환자의 변화 시기 및 속도를 존중해야 한다.

저자는 환자가 이야기하는 자신의 가치와 필요, 변화에 대해 준비된 정도, 변화에 대한 양가감정에 대해 "반영을 많이 해 주고 질문을 적게 하라."고 조언한다. 나는 저자가 소개한 환자를 결심공약(commitment)의 방향으로 이끌도록 도와주는 '추천 질문'을 좋아한다("그렇다면 이 시점에서 당신은 무엇을 할 것이라고 생각합니까?"). 나는 스스로 수많은 임상 상황에서 이 방법을 적용하고 있음을 알 수 있었다. 이번 장에서는 학생들이 '협동, 유발성, 자율성의 정신(spirit)을 채택하도록' 권고하고 있다. 나는 이러한 원칙들을 나의 임상 실습 때 통합시켜야겠다는 동기가 강화됨을 느낀다.

내가 이번 장에서 가장 많이 배운 점은 환자의 과정 및 선택에 대해 판단하기보다는 존중하는 태도를 지니는 것의 중요성이다. 이번 장에서 다룬 많은 기술과 개념들이 주된 문제점이 물질 오용인지 여부와 상관없이 다른 모든 임상에서의 상호작용과도 관련되어 있음을 발견했다. 이번 장에서 배운 기술들은 환자가 이미 지니고 있는 최고의 무기라고 할 수 있는 '환자의 잠재력'을 최대로 끌어올리기 위해 내가 기존에 알고 있던 환자-중심 기법을 기반으로 삼을 수 있게 해 준다.

제3장

관계 형성하기

Teofilo E. Matos Santana, M.D.
Ayana Jordan, M.D., Ph.D.

> "어떻게 하면 내담자를 치료하고, 고치고, 변화시킬 수 있을까?" 전문적인 상담을 시작하게 된 초창기 무렵, 내가 자주 품었던 질문이다. 이제 나는 그 질문을 새롭게 표현할 수 있게 되었다. "어떻게 하면 내담자가 성장 과정 동안 체득해 온 방식으로 그와 관계를 형성할 수 있을까?"
>
> —Carl Roger

관계 형성하기는 치료적 관계를 위한 첫 번째 과정이며, 동기강화상담(motivational interviewing: MI)의 기초에 해당하는 작업이다. 이 과정은 환자와 임상가(clinician)가 서로 연결되고, 비밀을 공유하며, 편안하게 함께 협력하는 데에 동의하는 과정이다. 관계 형성하기는 다양하고 역동적인 과정으로, 그 과정이 상대적으로 쉽고 조기에 이루어지기도 하지만, 때론 임상가와 환자 모두의 노력이 필요한 경우도 존재한다. 많은 요인들이 관계의 강도와 관계가 이루어지는 속도에 영향을 미친다. 임상가와 환자가 면담 과정을 통해 얻게 될 생각과 느낌은 관계 형성하기에 영향을 미칠 수 있다. 예를 들면, 환자와 임상가가 지닌 서로 다른 다양한 경험과 취약성은 관계 형성하기 과정에 영향을 줄 수 있다. 이처럼 관계 형성하기는 양방향의 과정이다. 환자의 협력을 이끌어 내기 위해, 임상가는 이러한 요인들을 인지해야 하며, 정보를 공유하기 위해 환자가 안전한 느낌을 받을 수 있는 환경을 제공하기 위해 사전에 노력해야 한다.

관계가 잘 형성된 환자는 복잡한 변화의 과정에 참여할 수 있으며, 두려움과 변화를 가로막는 장벽을 표현하게 되며, 또한 변화에 상응하는 가치와 생각을 주고받을 수 있다. 동기강화상담(MI)의 전 과정 동안 관계 형성하기 과정을 재탐색하는 것은 이러한 치료적 기법의 관계적 기초를 강화하는 데 도움을 준다. 진정한 관계 형성하기에 시간을 투자하는 것은 더 만족스러운 치료적 관계를 가능하게 하며, 치료 동맹과 지속적인 치료를 강화시킬 수 있다. 적극적으로 관계를 형성하는 사람들은 더욱 충분히 치료에 참여하며 이로부터 이득을 얻기 쉽다(Fuertes et al., 2007). 이 장에서는 관계 형성하기의 목표, 관계 형성하기를 도울 수 있는 의사소통 방법, 치료 결과에 영향을 미치는 관계 형성하기 방법에 대해서 기술하고자 한다. 그다음에 우리는 동기강화상담(MI) 의사소통 기술의 핵심으로 알려진 OARS(열린 질문하기, 인정하기, 반영하기, 요약하기)에 대해서 논의할 것이며 그것이 실제 임상에서 어떻게 사용되는지 예시를 통해 알아보고자 한다.

관계 형성하기의 목표

동기강화상담(MI)에서 관계 형성하기는 중요한 요소이며, 관계 형성하기의 기본적인 목표를 이해하는 것은 필수적이다.

- 환자가 치료에 참여할 수 있게 한다.
- 환자가 정보를 공유하기에 안전하다고 느낄 수 있도록 돕는다.
- 환자가 이해받는 느낌, 존중감, 신뢰감을 가질 수 있도록 한다.

• 환자가 서로 협력하는 과정에 참여할 수 있도록 돕는다.

이러한 목표들이 달성되었을 때, 환자는 흔쾌히 행동 변화의 과정을 살펴보게 되며, 동기강화상담(MI)의 또 다른 과정에 더 수월하게 참여할 수 있게 된다. 변화를 촉진시킬 수 있는 긍정적인 행동이 있는 반면, 특정한 의사소통 방식이나 함정은 환자를 치료에서 멀어지게 만들기도 한다. 다음의 논의에서 우리는 좀 더 세부적으로 이러한 요인들을 검토하게 될 것이다.

관계 형성하기 과정에서 의사소통 방식

비언어적 의사소통

대인관계의 상호작용에 영향을 미칠 수 있는 비언어적 의사소통에는 수용적이고, 유연하며, 호기심에 찬 태도가 요구된다. 관계를 형성해 가는 임상가는 상대와 눈을 마주치며 대화의 주제에 따라서 적극적인 얼굴 표정을 지으며 반응한다.

Miller와 Rollnick(2013)에 따르면, 관계 형성하기를 증진시키는 비언어적이고 구체적인 행동은 다음과 같다.

• 경청하기
• 꾸준한 관심 가지기
• 눈 마주침과 진실된 얼굴 표정으로 편안함 제공하기

이러한 행동들은 환자에게 임상가가 자신을 보살피고 돕기 위해 진실되게 노력한다는 신호로 받아들여질 수 있다. 위의 세 가지 행동들은 좋은 비언어적 경청과도 일치하는 내용이다. 편안한 눈 마주침을 유지하고 차트나 시계를 보면서 관심을 분산하지 않는 임상가는 환자의 얼굴 표정에 따라 반응하며 환자의 감정을 반영할 수 있으며, 변화의 과정에 따라 환자와 관계를 형성한다.

언어적 의사소통

면담 과정에서 단어를 사려 깊게 선택하는 것과 반영적 경청을 유지하는 것은 건강한 관계를 강화시키는 또 다른 방법들이다. 이제 우리는 면담이 관계 형성하기에 어떤 방식으로 도움을 줄 수 있는지 기술할 것이며, 면담 과정에서 유용한 도구로 사용되는 반영적 경청에 대해서 설명한 후, 좋은 면담에서 반영적 경청이 어떻게 관계 형성을 촉진시킬 수 있는지 강조하려고 한다.

관계 형성하기에 도움을 주는 면담

면담은 임상가가 환자를 평가하고 환자의 필요에 따른 치료를 하기 위해 필요한 필수적인 개념을 제공해 준다. 임상 면담에서 임상가는 정확한 정보를 얻고 전달하는 것뿐 아니라, 환자에게 안전한 환경을 만들어 주기 위해 관계 형성에 노력해야 한다. 의학적 및 심리학적 상태의 회복에 있어 치료적인 이득을 예측할 수 있는 가장 일관적인 요인은 치료적 관계의 수준과 환자의 인격적인 차원에 대한 사전 조치이다(Blatt & Zuroff, 2005). 면담의 개인화와 환자의 개인적인 필요에 의식적으로 관심을 갖는 태도를 취하는 것은 관계 형성을 촉진시킨다.

면담을 통해 얻어진 정보는 관계를 형성해 가는 과정에서 영향력을 발휘한다. 질문의 양을 적절히 조절하고, 비언어적인 방법을 적용하고, 환자의 마음에 관심을 갖는 것을 목표로 삼는 것, 이 모든 방법들이 관계 형성을 증진시키는 데 도움을 줄 수 있다. 비언어적 의사소통뿐만 아니라, 우리가 면담 시간 동안 사용할 수 있는 또 다른 유용한 도구는 바로 반영적 경청이다.

반영적 경청

반영적 경청이란 임상가가 환자의 표현을 주의 깊게 경청하고 환자가 의도하는 것이 무엇인지 정보에 입각한 추측을 하거나 그것에 대해서 의사소통하는 과정을 의미한다. 반영적인 답변은 질문보다는 서술적으로 표현해야 한다. "당신은 아직 대마초를 끊을 준비가 되지 않았군요." 반영적 경청은 누군가 자신에게 귀 기울이고 있다고 환자가 느낄 수 있도록 도와주며, 임상가가 환자와의 의사소통을 잘 이해하고 있는지 확인하는 것을 가능하게 한다. 대부분의 경우, 반영적인 표현이 적절하다면 환자는 안심할 수 있게 되며 따라서 관계 형성의 강도는 높아지게 된다. 반영은 관계 형성하기의 시작뿐 아니라 동기강화상담(MI)의 네 가지 전 과정에서 사용될 수 있다.

반영적 경청은 임상가가 환자와 대화할 때 협력적으로 연합할 수 있도록 도움을 준다. 좋은 반영이란 환자가 지속적으로 자신을 탐구하도록 유도할 수 있어야 하며, 이는 임상 면담에서 가치 있는 도구가 될 수 있다. 관계 형성하기 위한 도구로써 반영의 개념은 이후에 더 자세하게 논의할 예정이다.

관계 형성하기를 방해하는 행위들

관계 형성하기의 과정에 손상을 주는 행위들이 있다. Miller와 Rollnick (2013)은 이러한 행위들을 "관계 형성하기를 방해하는 함정들"로 묘사하였다. 다음에 그 예시가 소개되었다.

- 과도한 질문은 환자를 소극적인 태도로 만들 수 있다.
- 상대를 압도하는 전문적인 역할을 고수하면 양측 모두 불균등한 힘의 관계가 형성된다.
- 협력적인 관계 형성의 과정 없이, 환자의 문제와 변화의 목표에 대해서 너무 이르게 초점을 맞추고 단정하는 것이다.

- 환자를 판단하고 비난하는 것은 오직 변화의 저항만을 증가시킨다.
- 핵심적인 임상 문제에 대한 대화 없이 편안한 담소만 나누는 것이다.

'관계 형성하기를 방해하는 함정들'은 치료적 관계를 위태롭게 하며, 약화시키고, 위협하며 동기강화상담(MI)의 다음 과정에도 영향을 미칠 수 있다.

치료적 관계의 핵심이 되는 관계 형성하기

다수의 연구에서 알려졌듯이, 치료적 관계는 어느 치료적 기법에서든 의심할 여지없이 가장 중요한 요소이며(Crits-Christoph et al., 2011; Farrell et al., 2009; Karver et al., 2006) 동기강화상담(MI) 역시 예외가 될 수 없다. 치료적 관계는 고통스럽고 자기 파괴적인 행동을 이겨내기 위한 공동의 싸움에서 환자와 임상가가 형성한 동업자 관계 혹은 협력적인 과정이다(Bordin, 1979). 치료적 관계는 ① 치료의 목표 혹은 대상에 대한 동의, ② 정해진 목표에 도달하기 위해 수행할 과제 혹은 행위에 대한 동의, ③ 환자와 임상가가 서로의 감정을 상호 공유할 수 있는 개인적인 연결의 확립, 이 세 가지가 주된 구성 요인이 된다(Bordin, 1979). 관계 형성하기가 제대로 이루어진다면, 그것은 치료적 관계의 핵심이 될 수 있으며 치료의 협력을 증진시킴으로써 역동을 강화시킬 수 있다. 관계 형성하기는 안전하고, 누군가 자신에게 귀 기울여 주며, 존중받는다는 느낌을 환자에게 제공할 수 있다. 관계 형성하기의 과정 없이 치료적 관계가 형성되는 것은 상상하기 어려운 일이다.

치료적 결과를 향상시키기 위한 관계 형성하기의 역할

치료적 상호작용의 질이 좋을수록 치료 결과가 좋아지는 선형 관계에 대한 입증된 연구가 존재한다(Martin et al., 2000). 치료 초기에 환자가 관계 형성하는 과정을 경험하는 것은 증상의 감소와 상당한 관련성이 있다고 보고되었다(Blatt & Zuroff, 2005). 도움이 되는 관계 형성하기는 고통에 대한 취약성을 감소시키고 일상의 문제들에 대한 환자의 적응적 능력을 향상시키는 데 목표를 두어야 한다(Blatt & Zuroff, 2005).

관계 형성하기 과정에서 유효한 요소에 대한 연구를 살펴보면, 특정한 치료적 관계 변인이 다른 것들에 비해 더 강력하게 긍정적인 치료 결과를 보인다고 알려졌다(Karver et al., 2006). 예를 들면, 행동 변화를 이끌어 낼 수 있는 성인기 이전의 젊은 세대에서, 임상가의 대인관계 기술, 치료에 참여하는 부모님의 의지, 치료에 참여하는 자녀들의 의지, 치료자에 대한 감정, 치료적 관계와 같은 관계 변수들은 치료 결과에 영향을 주는 것으로 알려졌다(Karver et al., 2006). 이러한 모든 요소들은 복잡한 변화의 과정을 통해 환자를 안내하기 위해 노력하는 임상가에게 필수적이다. 임상가의 자기 노출은 더 좋은 치료 결과와 연관되지는 않는다. 그러므로 동기강화상담(MI)을 중요시하는 임상가에 의해 이루어지는 환자 중심의 접근은 편안한 관계를 형성하는 것뿐 아니라 더 좋은 치료 결과를 만들 수 있다. 관계 형성하기는 강력한 치료적 관계를 형성하고 유지하는 데 필수적인 힘과 원동력을 제공해 준다.

동기강화상담에서의 핵심 의사소통 기술: OARS

OARS(Open question, Affirming, Reflecting, and Summarizing; 열린 질문하기, 인정하기, 반영하기, 요약하기)는 관계 형성하기에서 핵심이자 기초가 되는 기술이며, 아울러 동기강화상담의 나머지 세 단계 전반에 걸쳐 중요한 기술이다. 관계 실패의 덫을 반드시 피하고, 좋은 비언어적 및 언어적 의사소통과 같이 관계 형성하기를 도와주는 요인들을 고려하면서, 동기강화상담(MI)의 핵심 의사소통 기술에 대해서 살펴보기로 하자.

열린 질문하기

열린 질문(Open question)은 환자로 하여금 스스로를 탐색하고, 자유롭게 생각하고 표현할 수 있도록 유도해 준다. 열린 질문은 상대가 구체적인 대답을 굳이 하지 않아도 정보를 얻어낼 수 있게 한다. 또한 환자의 자율성을 증진시키고 환자로 하여금 스스로의 중요도에 따라서 자신의 중요한 것들을 말할 수 있게 한다. 반면에, 닫힌 질문은 환자가 구체적인 답변에만 몰두하게 함으로써 열린 탐색의 과정을 방해하게 만든다. 열린 질문과 닫힌 질문의 예시를 다음에 소개하고자 한다.

열린 질문

- 우리의 마지막 만남 이후로 어떻게 지내셨나요?
- 어떤 어려움을 겪고 계신가요?
- 음주가 당신에게 어떻게 영향을 준다고 생각하시나요?
- 무엇이 당신의 금주 계획을 방해하고 있나요?
- 이러한 행동이 당신의 삶에 어떤 영향을 준다고 생각하시나요?

닫힌 질문

- 재발했었나요?
- 음주량이 어떻게 되시나요?
- 당신은 왜 금주 상태를 유지하지 못하나요? 유혹을 이겨내지 못해서인가요?
- 알코올은 당신의 삶에 다양한 방법으로 영향을 줍니다. 한 가지만 저에게 말해 줄 수 있나요?
- 당신이 가족에게 어떤 식으로 영향을 주고 있다는 것이 당신에게 중요하지 않나요?

마지막 질문은 닫힌 질문일 뿐만 아니라 동기강화상담의 정신과도 동떨어진 질문이다. 이러한 질문들은 관계 형성하기를 촉진시킬 수 없다. “음주량이 얼마나 되나요?”와 같은 닫힌 질문은 “다섯 잔 정도요.”와 같이 음주량의 평가, 즉 환자의 이해보다는 사실 정보만을 제공하게 된다. 앞의 예시 중 마지막 세 가지의 닫힌 질문들은 제한적인 질문일 뿐 아니라 판단적이며 낙인을 찍게 되는 가부장적인 어조로 변화의 과정에서 환자와 관계를 형성하는 데 거의 도움이 되지 못한다.

인정하기

인정(Affirmation)은 환자의 장점을 진심으로 강조하기 위해 사용되며 환자의 자기 효능감을 높여 준다. 변화의 과정을 돕기 위해 다가오는 환자들은 종종 비난에 노출되며 다른 사람들이 그들의 단점이나 실수를 지적하지 않을까 염려하게 된다. 인정을 통해서, 임상가는 힘든 일이나 부정적인 습관에도 불구하고 사람들이 자신의 의도와 행동에 긍정적인 면이 존재함을 확인해 준다. 인정은 환자의 긍정적인 면을 강화함으로써 스스로 가치 있고 존중받을 수 있다고 느끼게 해 준다. 변화가 종종 어려워지는 이유는 사람들이 자신의 행동에 대해서 양가적인 태도를 취하기 때문이다. 그렇기 때문에 환자의 긍정적인 재능 혹은 기질을 강조하는 것은 변화를 촉진시킬 수 있다. 때때로 부정적인 행동이 반복되고 만연해지면 변화를 갈망하는 자신의 또 다른 측면을 잊어버리게 된다. 그러한 측면은 그들의 내제된 가치와 믿음에 좀 더 일치하는 경향을 보인다. 그들의 강점을 확인해 줌으로써, 환자 스스로 가치 있게 느끼고 치료의 지속적인 참여를 이끌어 내는 것이 인정의 목표가 될 수 있다.

인정은 과거의 성공이나 긍정적인 기질을 강조함으로써 자기 효능감을 증진시킬 수도 있다. 환자와 마주하는 시간 동안 우리는 그들의 강점, 과거 행동 변화의 성공 경험, 목표를 성취하기 위해 환자의 능력을 강화시켰던 좋은 노력을 찾아내야 한다. 물질사용장애 환자의 예를 들면, 과거 단주 기간 혹은 물질 사용의 상당한 감소 경험을 찾는 것은 환자의 행동을 인정하기 위한 좋은 방법이다. 많은 경우 환자들은 과거 자신의 성공과 강점에 대한 정보를 자발적으로 제공할 것이다. 임상가는 환자를 인정하고 건설적인 행동에 초점을 맞추기 위해 이러한 정보를 사용할 수 있다. 인정은 환자가 스스로를 가치 있고, 유용하며, 준비가 되었고 변화할 수 있는 존재로 여기도록 돕는 방법이다.

효과적인 인정은 솔직해야 하며 세밀함을 추구한다. 환자가 임상가로부터 인정의 표현을 들었을 때, 만일 그것이 솔직하지 않거나 피상적이라고 느낀다면 그러한 인정은 효과적이지 않다. 모든 환자에게서 긍정적인 면과 강점을 찾는 것은 그리 어렵지 않다. 긍정적인 면과 강점은 열린 질문을 통해서 발견할 수 있다. 만일 임상가가 어떤 환자의 강점을 찾아내는 데 어려움을 겪고 있다면 동기강화상담의 가치를 다시금 떠올리는 것이 필요할지도 모른다. 임상가는 환자와 함께 공동 작업 및 동반자 관계를 형성하면서 무비판적이고 존중하는 어조를 유지해야 하며 항상 환자의 자율성을 존중해야만 한다. 인정은 관계의 균형을 잡아 줌으로써 관계 형성하기의 수준을 높여 주며 불화의 가능성을 감소시킨다.

인정의 예시

- 당신이 더 좋은 아버지가 되기 위해 꾸준히 고민한다는 사실은 매우 건강한 모습입니다.
- 당신은 일자리를 구하기 위해 계속 노력하고 계십니다. 그것은 쉬운 일이 아닙니다.
- 음주를 계속 하는 동안에도 당신은 약속을 지켜내셨습니다.
- 당신이 코카인 사용을 중단하지는 못했지만, 사용량을 상당히 줄일 수 있었습니다.

반영하기

반영(Reflection)은 동기강화상담에서 가장 중요한 구성 요소 중 하나이다. Miller와 Rollnick(2013)은 반영을 원래의 의미에 대한 합리적 추측이자, 서술의 형태를 통해 이러한 추측에 음성적 표현을 제공하는 것으로 언급하였다. 반영은 "당신이 무엇을 해야 할지 모를 때, 할 수 있는 것"으로써, 환자를 이해할 수 있는 가치 있는 도구이자 능동적인 경청의 중요한 요소로 여겨진다. **반영적 경청**은 열린 질문과 반영의 조합으로, 임상가가 정확한 정보를 얻을 수 있게 함으로써 환자와 관계 형성하는 것을 도와준다. 의사소통 과정에서, 표현된 단어가 자신의 의도 혹은 생각과 어느 정도 일치하기도 하지만, 때론 그것이 불일치하기도 한다. 이것은 환자가 표면적으로 말하는 것과 그 의미가 일치하지 않을 수 있다는 의미이다. 임상가가 반영 혹은 반영적 경청을 사용할 때, 환자는 자신이 말한 것을 평가하고 자신이 생각한 것과 의도가 실제로 일치하는지 확인할 수 있는 기회를 얻게 된다.

좋은 반영의 특징

임상가는 반영을 할 때 질문보다는 서술의 형태로 표현해야 한다(〈표 3-1〉). 이러한 방법으로, 임상가는 강압적이거나 요구적으로 다가가면 안 된다. 반영은 탐험의 세계로 우리를 초대하며 추측을 명료화하고 확인할 수 있게 도와준다. 이러한 방식의 의사소통은 관계 형성하기를 수월하게 해 주며, 임상가로 하여금 정확한 지식을 얻고, 미성숙한 추측을 최소화하며, 환자와 일치감을 획득하는 것을 가능하게 한다. 반영은 환자가 표현한 생각에 가까워야 하며, 환자와 나눈 대화의 흐름에서 크게 벗어나면 안 된다. 좋은 반영이란 전달된 생각을 방해해선 안 되며, 오히려 그 생각을 발전시켜 나갈 수 있어야 한다. 만약 환자와의 관계가 잘 형성된 상태에서 임상가가 부정확한 추측을 하게 된다면, 그 환자는 명료하게 상황을 설명하게 될 것이며 자연스러운 대화의 흐름을 이어 갈 것이다.

표 3-1 좋은 반영의 특징

좋은 반영이란……
질문이 아닌 서술로 표현된다.
환자의 생각에 근접한 서술의 형태를 갖는다.
자기 탐구(self-exploration)를 증진시킨다.
정확하고, 직접적이며, 이해하기 쉽다.
환자가 말로 표현한 정보들의 흐름을 방해하지 않는다.
논의되는 주제에 대해 밀접하게 대화를 유지하면서 환자의 생각을 발전시킬 수 있다.

반영의 종류

반영은 단순 반영과 복합 반영, 이렇게 두 가지 종류로 나뉜다. 두 반영의 정의와 예시에 대해서 알아보기로 하자.

• 단순 반영

단순 반영의 의미는 환자가 표현한 단어를 그대로 반복하는 것을 내포하며, 임상가는 환자가 표현한 것에 그 어떤 것도 더하지 않거나, 아주 조금 더하는 것에 그친다. 단순 반영은 대화의 흐름을 원활하게 하며, 대화 내용의 중요성을 강조하거나 인정하는 데 사용된다. 단순 반영의 예시를 살펴보기로 하자.

환자: 제가 코카인을 사용하는 것도 이젠 지긋지긋해요.

임상가 1: 코카인을 사용하는 것에 대해서 지긋지긋하다고 생각하시네요.

임상가 2: 코카인을 사용하는 것에 대해 좌절감을 느끼고 계시네요.

임상가 3: 매우 지긋지긋할 것 같아요.

단순 반영은 대화의 방향이나 주제를 바꾸지 않는 경향이 있다. 만일 대화가 정체되거나 환자가 했던 말만 반복하게 된다면 그 시점은 단순 반영에서 복합 반영으로 변화를 줄 시기가 될 수 있다.

• **복합 반영**

복합 반영은 환자가 표현한 말에 새로운 단어를 첨가하거나 새로운 의미를 부여하게 된다. 복합 반영은 환자가 말할 가능성이 있는 것, 말하려고 시도하는 것, 다음에 말하려고 예정했던 것들을 추론하거나 첨가하는 시도로써, 좀 더 정교한 과정을 내포하게 된다. 복합 반영은 환자가 의도한 것들 혹은 환자가 느낀 점들에 대해서 임상가가 해석을 할 수 있도록 허용한다. 복합 반영은 환자가 명확하게 표현하지 못한 내용을 포함하기 때문에 단순 반영에 비해 위험할 수 있으나, 역으로 더욱 강력한 도구가 될 수 있다. 복합 반영을 시도하는 것은 때론 임상가를 위축되게 할 수도 있으나, 임상가는 이미 알려진 환자의 임상 내용, 취약점, 과거 병력, 강점, 양상 등을 토대로 합리적 추론을 시도할 수 있게 된다.

환자: 저는 오늘 제 딸과 언쟁을 벌였습니다. 전 3개월 만에 다시 담배를 피우게 되었습니다. 믿을 수가 없어요…….

임상가: 딸과의 언쟁이 당신을 속상하게 만들었고, 결국 재발을 유도하게 되었네요. 스스로 실망하지 않을 수 없게 되었네요.

환자: 예, 전 다시 실패한 것처럼 느껴지네요.

이 예시문에서 환자는 먼저 자신이 속상했고, 그리고 난 후 스스로 실망했다는 점을 명쾌하게 서술하지는 않았다. 하지만 임상가는 임상적 맥락을 토대로 이러한 감정들을 추론해 낼 수 있었다. 임상가는 합리적이고 임상적 지식을 기반한 추측을 제공하였고 그것은 환자가 경험한 것과 크게 벗어나지 않게 된다. 종종 사람들이 고통을 느낄 때, 그들은 그들의 감정을 제대로 표현하는 것을 매우 어려워한다. 이 예시에서 복합 반영은 환자에게 (속상함과 실망스러움)이라는 두 가지 감정을 제시하였고 환자의 생각과 감정을 표현하도록 돕는 과정에 임상가가 참여할 수 있도록 길을 열어 주었다.

반영은 제시된 생각을 과장하거나 축소함으로써 의도적으로 유도시킬 수 있다. Miller와 Rollnick(2013)에 따르면, 만일 임상가가 표현된 감정의 강도를 과장할 경우, 환자는 기존의 진술을 축소하거나 포기하게 될 수도 있다. 반대로 만일 임상가가 표현된 감정의 강도를 축소할 경우, 환자는 탐색을 지속하고 주제에 대해서 더 많은 정보를 제공하려 애쓰게 될 것이다. 생각에 대해서 반영을 할 때, 환자가 지속적으로 말하고 탐색하게 하려는 목적을 위해서 과장하거나 축소하는 방법이 유용하게 사용될 수 있다. 이 기법에 대한 예시를 살펴보자.

복합 반영: 환자의 생각을 과장하여 표현하기

환자: 제가 술 마시는 것에 대해서 아내가 계속 잔소리를 하는데, 도무지 이해할 수 없어요.

임상가: 당신은 당신의 음주에 대해서 전혀 문제가 없다고 생각하기 때문에 아내가 당신의 음주에 대해서 무언가 문제가 있다고 믿는다면 당신은 매우 괴로울 것입니다.

환자: 제가 아무 문제도 없다고 이야기하진 않았습니다. 많은 문제가 있다고 생각합니다. 그것은 많은 사람들에게 영향을 주고, 저도 더 이상 즐길 수도 없습니다. 속상한 것이 아니라 아내가 매일 그 말을 꺼내는 것이 단지 저를 괴롭게 합니다.

앞의 예시에서, 임상가는 표현된 생각에 대해 과장하는 방법(당신은 당신의 음주에 대해서 전혀 문제가 없다고 생각하기 때문에)을 사용하여 복합 반영을 제공하고 있다. 결과적으로 더욱 정교한 반영이 환자에게 주어졌으며, 더 나아가 변화를 이끌어 낼 수 있는 주제가 논의될 수 있었다.

복합 반영: 환자의 생각을 축소하여 표현하기

환자: 선생님, 전 준비되었어요! 저에게 있는 음주 문제를 고쳐 보고 싶어요. 이젠 정말 지긋지긋해요.

임상가: 당신은 당신의 음주 행동에 대해서 이야기하는 것에 관심이 있군요.

환자: 단지 관심이 있는 정도가 아니에요. 전 술을 끊고 싶습니다. 술 때문에 제 결혼생활

이 망가졌어요.

이 예시에서는 임상가가 환자의 생각을 축소하였다(당신은 당신의 음주 행동에 대해서 이야기하는 것에 관심이 있군요.). 이러한 방법은 환자가 술을 끊고자 하는 의도와 결혼생활을 회복하기 위한 결심을 더욱 명료하게 언어로 표현하도록 유도한다. 어떤 생각에 대해서 과장하거나 축소하는 방법은 환자로 하여금 어떤 의도나 동기를 명료하고 자세하게 말할 수 있도록 도와주며, 이는 결국 관계 형성하기 과정을 촉진시키게 된다.

요약하기

요약(Summary)은 다양한 반영과 인정의 과정을 통해 환자들의 진술들로부터 종합적으로 얻어진다. 요약은 면담 과정 전체를 통해 환자가 제공한 사고, 느낌, 생각들을 모아 조합하는 과정이다. 임상가는 이제까지의 면담 내용을 사려 깊고 정확하게 회상해 내야 하며, 이는 환자에게 도움이 되고 변화를 촉진시킬 수 있어야 한다. 요약은 환자가 일관적이고 간결한 방식으로 자신의 생각에 대해서 스스로 되돌아보는 것을 가능하게 한다. 환자는 임상가가 제시하는 정보들을 수용하거나 교정할 수 있으며, 이는 정확도를 높여 주고 관계를 강화시킨다. 임상가는 요약에 어떤 것들을 포함할지 결정하는 순간에 있어, 임상가 자신의 직관과 임상적 판단을 사용해야 한다. 긍정적인 분위기로 요약을 마무리하는 것은 더욱 변화를 촉진시킬 수 있다. 요약을 정리할 때 환자의 의견도 추가할 수 있도록 환자에게 질문을 하는 것이 도움이 될 수 있다. 명료하고 간결한 요약의 예시는 다음 장에 소개될 것이다.

동기강화상담의 핵심 기술(OARS)의 사용 예시

예시 1: 열린 질문하기

임상가: 우리가 마지막으로 만난 이후에 어떤 일이 있으셨나요?

환자: 잘 지냈습니다. 선생님. 마지막 만남 이후에 술을 마시지 않았어요. 그때 논의한 것을 실행했어요. 일하러 갈 때 다른 길을 선택했지요. 그래서 술을 파는 가게를 지나가지 않게 되었어요.

예시 2: 인정하기

환자: 저 자신 때문에 너무 속상해요. 직장에서 긴 하루를 보내고 집에 와서 술을 먹기 시작했어요. 이제까지 한 달 동안 술 안 먹고 잘 참아 왔는데, 이제 모든 게 엉망이 되었어요. 전 실패자예요.

임상가: 당신이 한 달 동안 금주를 해낸 것은 정말 대단한 일입니다. 재발하게 되어서 당신이 정말 속상할 것 같습니다. 하지만 당신은 금주 기간을 유지할 수 있었습니다. 그것은 결코 작은 일이 아닙니다.

예시 3: 반영하기

환자: 이젠 정말 이 상황을 헤쳐 나가는 것에 지쳤어요.

임상가: 정말 지긋지긋하겠어요.

환자: 그 정도는 아니에요. 그냥 좀 지쳤어요. 엉망이에요.

임상가: 정말 엉망이네요.

환자: 맞아요! 전 제 남편과 제가 저의 음주에 대해서 계속 싸우는 것처럼 느껴져요. 더 이상 서로를 이해할 수가 없어요.

이 장면에서, 임상가는 좀 더 환자를 이해하기 위해서 반영을 사용하였고, 환자의 필요를 조절하였다. 환자와 관계가 잘 형성되었을 경우, 환자는 부정확한 반영에 대해 좀 더 너그러울 수 있다. 관계가 잘 형성된 환자는 임상가의 반영이 틀리더라도 이를 충분히 허용하며, 대화의 흐름도 자연스럽게 연결된다. 이를 통해 임상가는 좀 더 명료해질 수 있으며, 환자의 주된 필요와 관심에 대한 정확한 이해가 가능해지며 결과적으로 치료 결과에 긍정적인 영향을 줄 수 있다.

예시 4: 요약하기

환자: 오늘 정말 비참했어요.

임상가: 비참했군요.

환자: 전 당신과 함께 논의한 모든 기술들에 대해서 최대한 집중했어요. 하지만 술에 대한 갈망이 너무 커서 이겨 내지 못했어요. 상점에 가서 와인 한 병을 샀어요. 마시지는 않았지만…….

임상가: 마시지 않았군요.

환자: 안 마셨어요. 전 제 가족과 딸들을 생각했어요.

임상가: 힘든 하루를 보내셨네요. 재발방지 기술들을 적용하려고 노력하셨어요. 하지만 갈망이 너무 커서 상점에 가게 되셨네요. 당신에게 가족은 정말 중요하기에, 당신은 집에 가서 술을 마시는 것을 원치 않았어요. 대신, 도움을 얻기 위해 오늘 제 사무실에 오셨고 여전히 금주를 유지하고 계십니다.

이 예시에는 다양한 단순 반영과 복합 반영이 사용되었다. 임상가는 먼저 환자를 이해하려 노력하였고, 다음에는 재발에 대한 감정과 생각의 강도에 대해서 보여 주고 있다. 위의 요약은 문제 해결을 위해 임상가와 환자가 함께 협력할 수 있게 해 주는 두 가지의 인정 기법으로 마무리 짓고 있으며, 이는 환자와 관계를 잘 유지할 수 있게 해 주는 핵심 방법이다.

예시 5: 환자의 필요를 명확하게 인지함으로써 관계를 촉진시킬 수 있는 OARS(열린 질문하기, 인정하기, 반영하기, 요약하기) 기법의 적용

환자: 여기에 오고 싶지가 않아요. 당신은 오직 소변 검사만 신경 쓰고 있잖아요.

임상가: 우리가 당신에게 좀 더 중요한 것에 관심을 두길 원하고 계신 것 같아요.

환자: 여기 있는 사람들 모두 내가 지난주에 맥주를 얼마나 마셨는지 코카인에 빠졌는지…… 이런 것만 물어봐요.

임상가: 오로지 알코올이나 코카인 사용만이 관심의 대상이 될 수는 없겠지요.

환자: 그게 중요하다고 생각은 합니다. 하지만 그것이 저를 가장 힘들게 하는 것은 아니에요. 저는 밤에 잠을 잘 수 있는 장소가 없어서 고민이 큽니다.

임상가: 매우 어려운 상황에 처하셨네요. 당신에게 지금 가장 시급한 문제는 주거 문제이고, 이것에 대해서 도움이 필요한 상황이네요.

환자: 예, 맞습니다. 집이 있고, 직장이 있고…… 그냥 평범한 생활을 하고 싶어요. 가족이 생겼으면 좋겠고 사람들도 돕고 싶어요. 무슨 뜻인지 아시겠죠?

임상가: 그럼요. 당신이 말하는 것을 이해합니다. 당신이 원하는 삶의 목표에 대해서 제게 설명해 주셔서 감사합니다. 가장 시급한 문제에 대해서 다루고 난 이후에야 중독 문제에 대해서 이야기해 볼 수 있겠네요.

환자: 이제야 저를 이해해 주시는 분을 만났네요. 제가 하고 싶은 말을 하셨어요. 정말 좋은 계획인 것 같습니다.

예시 6: 관계 증진을 위한 OARS의 모든 핵심 기술의 통합

환자: 안녕하세요. 법원에서 저를 여기로 보냈습니다. 제가 왜 여기 있어야 하는지 잘 모르겠네요. 제가 정말 잘못한 건 아무것도 없어요.

임상가: 법원의 권고대로 잘 이행하고 계시네요. 법원에서 당신을 여기로 보낸 이유에 대해서 좀 더 이야기해 볼 수 있을까요? [인정하기, 열린 질문하기]

환자: 제가 음주에 문제가 있다고 하네요. 음주운전을 했어요. 운이 나빴죠.

임상가: 운이 나빴군요. [단순 반영]

환자: 솔직히, 전에 더 마셨을 때에도 단속에 걸리지 않았어요. 제가 너무 많이 마셨다고 아내가 그러더군요. 전 제 가족에게 아무런 피해도 주지 않았어요. 친구들과 있으면 많이 마시게 되는데 그래도 일하는 데에는 문제없습니다. 이해가 되시나요?

임상가: 당신은 가족과 직장을 소중하게 생각하시는 것 같습니다. 당신은 폭음을 한 상황에서도 가족과 직장에 문제가 생기지 않도록 노력하시는 것 같습니다. [인정하기, 반영하기(환자를 이해하는 측면에서)]

환자: 그렇죠. 비록 지금은 제가 문제를 일으켰지만…… 제가 많이 마시긴 했지만 그래도 오해는 하지 마세요. 술을 마시기 시작했을 때, 제가 알아차리기도 전에 이미 전 술을 조절할 수 없게 되었어요. 그리고 안 좋은 일이 계속 생긴 거죠.

임상가: 음주를 조절할 수 없게 되었을 때, 더 이상 즐거움을 얻지 못했네요. 오히려 문제가 되었고요. [복합 반영]

환자: 그런 것 같아요. 전 누군가로부터 무엇을 하라고 지시받는 것이 싫어요. 제가 법원의 명령을 싫어하는 이유이기도 하죠. 전 그냥 저예요. 전 당신이 명령하고 할 일을 지시할 수 있는 어린아이가 아니에요.

임상가: 저는 당신이 여기에 온 것에 대해서 고마운 마음을 갖고 있습니다. 지시를 받고 그대로 따르는 것에 대해서 당신이 그렇게 확고한 감정을 갖고 있음에도 불구하고 이렇게 오신 것에 대해서 저는 정말 대단하다고 생각합니다. [인정하기] 당신을 돕기 위해서 제가 할 수 있는 일이 있을까요? [열린 질문하기]

환자: 제가 해야만 하는 일이 무엇이든지 간에 저는 할 것이라고 법원에 이야기해 주셨으면 좋겠습니다.

임상가: 당신은 무슨 일이 있더라도 당신의 삶에서 법원의 권고를 받아들이려고 하고 계시네요. [복합 반영]

환자: 제가 술을 끊는 데 도움이 될 만한 약물이 있다면 시도해 볼 수도 있을 것 같아요.

임상가: 술을 끊는 것에 대해 관심을 두고 계시네요. [단순 반영]

환자: 한번 시도해 볼 수 있을 것 같아요.

임상가: 이렇게 흔쾌히 술을 끊으려는 시도를 하신다니 정말 기쁩니다. 당신은 사람들과 관계를 하기 위해 술을 마셨지만 결국 음주를 조절하기 어려운 상황까지 오게 된 것 같습니다. 이로 인해서 당신은 부인과의 갈등이나 음주운전과 같은 곤경에 처하게 된 것 같습니다. 당신은 법원의 치료 명령에 대해서 달가워하진 않지만 술을 끊기 위한 치료에 참여하고 계십니다. [요약하기]

예시에서 나타난 상호작용을 살펴보면, 환자는 화나고 걱정스런 마음으로 회기에 참여하였다. 환자는 치료 명령을 받았고 임상가에 대해서 위계적인 관계와 힘의 불균형이 있을 것으로 예상했다. 열린 질문하기, 인정하기, 반영하기, 요약하기(OARS)의 과정을 거치면서, 환자는 치료에 참여하기 시작하였다. 이러한 관계의 교류는 OARS와 동기강화상담의 정신을 반영하고 있다. 임상가는 진실된 인정을 통해서 환자의 가치관과 도덕적 기준에 대해서 강조하였다. 환자는 그의 가족과 직업이 자신에게 얼마나 소중한지 다시금 인지하게 되었고 그의 삶에서 그것들이 갖는 특별한 의미를 재확인하게 되었다. 초기에 환자는 대화에 참여하길 주저했지만, 시간이 흐르면서 치료의 목적을 발견할 수 있게 되었다.

열린 질문은 탐색의 과정을 용이하게 하며 환자에게 안전하고 존중받는다는 느낌을 제공한다. 따라서 환자는 임상가에게 문제를 평가하기 위한 유용한 정보를 제공할 수 있게 된다. 질문은 너무 많거나 빈번하면 좋지 않으며, 질문으로 인해 소진되거나 체크리스트를 평가하는 것처럼 느껴져서는 안 된다. 열린 질문은 혼란을 초래하지 않으며 논의하는 주제에 집중할 수 있게 해 준다. 또한 대화의 자연스러운 흐름을 방해하지도 않는다. 단순 반영은 그 자체로 적절하게 사용될 수 있으며, 대화를 더욱 풍성하게 만들어 준다. 복합 반영은 환자의 진술에 어떤 의미를 더하는 것으로 그 의미는 환자가 말한 것에서 크게 벗어나지 않는다. 논의되는 주제에 머무는 것, 그리고 주제로부터 너무 멀리 벗어나지 않는 것은 초기에 관계를 형성해 가는 환자에게 특히 중요하다.

전반적으로, 이 예시는 OARS(열린 질문하기, 인정하기, 반영하기, 요약하기)

를 기반으로 관계를 형성하기 위한 기본적인 기술에 대한 개요를 제시해 주며, 이는 상호 존중하는 방식의 면담을 가능하게 한다. 관계 형성하기를 통해 환자는 존중감과 수용 받는 감정을 느끼게 되며, 민감한 주제를 말할 수 있을 정도로 안전하다고 느끼게 된다. 동기강화상담의 정신을 기반으로 한 관계 형성하기는 환자와 임상가가 삶의 변화라는 최종 목표를 위해 동반자가 될 수 있게 해 준다.

핵심 포인트

▶ 관계 형성하기의 목표

1. 환자가 치료에 참여할 수 있게 한다.
2. 환자가 정보를 공유하기에 안전하다고 느낄 수 있도록 돕는다.
3. 환자가 이해받는 느낌, 존중감, 신뢰감을 가질 수 있도록 한다.
4. 환자가 서로 협력하는 과정에 참여할 수 있도록 돕는다.

▶ 관계 형성하기를 촉진시키는 행동

1. 경청하기
2. 세밀하고 지속적인 관심
3. 눈맞춤과 진실된 표정으로 편안함을 제공하기

▶ 피해야 할 행동

1. 과도한 질문
2. 환자와 임상가 사이의 위계적인 구분
3. 환자의 문제에 대한 성급한 지적
4. 환자를 판단하거나 비난하는 행위
5. 과도한 대화

▶ OARS: 관계 형성하기를 위한 핵심 기술

- 열린 질문하기(Open questions): 우리가 마지막에 만난 이후로 어떻게 지내오셨나요? (넓은 범위의 질문으로 시작, 구체적인 대화로 환자를 초청)
- 인정하기(Affirmations): 당신이 당신의 가족에 대해서 생각하고 계신 점은 대단하다고 생각합니다. (진실되게, 긍정적인 면을 끄집어내며, 환자의 강점과 가치를 인정)
- 반영하기(Reflections): 단순 반영–갈망감이 심하시군요. (환자의 말을 반복하거나, 뜻을 분명히 하기 위해 수정하여 말하기); 복합 반영–당신은 갈망감을 이겨내기 위해 애쓰고 계십니다. (환자의 말과 연관된 의미, 내용, 감정에 대해서 정보에 기반한 추측을 제공)
- 요약하기(Summaries): 당신은 스트레스에 더 시달리게 되었고, 그것이 갈망을 유발하여 몇 잔의 음주를 하게 되셨네요. 당신이 일상을 되찾기 위해 집단으로 돌아오신 것은 좋은 일이라고 생각합니다. 당신의 가족은 당신에게 중요하며, 당신은 금주를 지속하면서 일을 계속해 나가길 원하고 있습니다. (인정, 반영을 통해 분명하고 간결한 요약, 긍정적인 태도로 마무리)

연습문제

1. 관계 형성하기에 해당될 수 있는 항목은?

A. 변화의 단계 중 하나이다.

B. 동기강화상담의 선택적인 항목이며, 가장 어려운 환자에게만 필요한 방법이다.

C. 임상가에게 필수적인 덕목이지만, 환자에게는 해당되지 않는다.

D. 동기강화상담의 네 가지 과정 중 하나이며, 모든 치료적 관계의 기초가 된다.

E. 치료의 종결에 해당하며, 동기강화상담의 다른 과정을 위한 필요조건은 아니다.

2. 다음 중 동기강화상담의 핵심 의사소통 기술에 대해 올바르게 설명한 항목은?

A. 열린 질문보다 닫힌 질문을 더 많이 해야 한다.

B. 열린 질문은 탐색을 증진시키고, 대화의 자연스러운 흐름을 용이하게 한다.

C. 반영은 핵심 의사소통 기술이긴 하지만 가능한 최소로 사용해야 한다.
D. 요약하기는 환자에게 있는 모든 결점과 부족한 점들을 모아 편집하는 것을 의미한다.
E. 인정하기는 우울한 환자에게 적용하는 전략으로, 기분을 좋게 해 주는 역할을 한다.

3. 다음 중 관계 형성을 가장 잘 증진시킬 수 있는 서술 혹은 질문은 무엇인가?

A. 소변 검사에서 양성이 나왔습니다. 어디서 코카인을 구하셨나요?
B. 나는 당신이 금주를 유지하는 것에 대해서 관심이 없다고 생각합니다. 소변 검사 결과를 보세요. 양성이 나왔습니다.
C. 이번 주 당신의 소변 검사에서 어떤 변화를 발견했습니다. 이것에 대해서 제게 더 이야기를 해 주실 수 있을까요?
D. 당신의 딸이 실망하게 될 것입니다.
E. 당신은 약속을 또다시 어기게 되었네요.

4. 다음 중 인정하기에 대한 서술로 가장 적합한 것은?

A. 진실되게 할 필요는 없다.
B. 오직 환자가 치료의 종결을 고려할 때만 유용하게 사용된다.
C. 환자가 임상가에게 호감이 있는지 확인하기 위해서 면담 시 많이 적용되어야 한다.
D. 환자의 행동에 대해서 환자를 판단한 상황에서만 사용되어야 한다.
E. 진실된 대화이며, 환자의 강점 및 내재된 가치를 인정해 줄 수 있다.

5. 다음 중 요약하기에 대해서 가장 잘 설명한 것은?

A. 반영이 포함될 수 없다.
B. 인정이 포함될 수 없다.
C. 환자와 치료를 종결할 때에만 적용해야 한다.

D. 서면 형식으로 제공되어야 한다.

E. 반영과 인정을 모두 포함하며, 환자로 하여금 명확한 인식을 가능하게 해 준다.

• 참고문헌 •

Blatt SJ, Zuroff DC: Empirical evaluation of the assumptions in identifying evidence based treatments in mental health. Clin Psychol Rev 25(4):459-486, 2005 15893862

Bordin ES: The generalizability of the psychoanalytic concept of the working alliance. Psychotherapy: Theory, Research, & Practice 16(3):252-260, 1979

Crits-Christoph P, Hamilton JL, Ring-Kurtz S, et al: Program, counselor, and client variability in the alliance: a multilevel study of the alliance in relation to substance use outcomes. J Subst Abuse Treat 40(4):405-413, 2011

Farrell L, Ingersoll K, Ceperich SD: Enhancing patient adherence: promoting engagement via positive patient-provider relationships in HIV/AIDS care. Med Encount 23(2):69-71, 2009

Fuertes JN, Mislowack A, Bennett J, et al: The physician-patient working alliance. Patient Educ Couns 66(1):29-36, 2007 17188453

Karver MS, Handelsman JB, Fields S, et al: Meta-analysis of therapeutic relationship variables in youth and family therapy: the evidence for different relationship variables in the child and adolescent treatment outcome literature. Clin Psychol Rev 26(1):50-65, 2006 16271815

Martin DJ, Garske JP, Davis MK: Relation of the therapeutic alliance with outcome and other variables: a meta-analytic review. J Consult Clin Psychol 68(3):438-450, 2000 10883561

Miller WR, Rollnick S: Motivational Interviewing: Helping People Change, 3rd Edition. New York, Guilford, 2013

학생 시절 회상

Jill Konowich, Ph.D.

럿거스 뉴저지 주립대학 의과 대학원 2학년

오직 세심한 자기 성찰만이 성장을 이끌어 내며 변화를 자극할 수 있다. 이것은 동기강화상담에서 관계 형성하기 과정의 핵심이다. 이 장의 처음 시작에서 인용된 Carl Rogers의 말은 이러한 사실을 상기시킨다. 그는 "어떻게 하면 내담자가 성장 과정 동안 체득해 온 방식으로 그와 관계를 형성할 수 있을까?"란 질문으로 자신의 직업에 대한 목표를 새롭게 세웠다. 동기강화상담을 적용하고 치료적인 임상가-환자 관계를 발전시켜 나가는 것은 최고의 의료를 제공하는 것에 버금가는 일이다. 초기 환자와의 만남은 의료적 목적을 위해서 매우 사적이며, 아마도 환자의 삶에서 당혹스러운 일들을 노출하는 것을 포함하게 된다. 환자와 관계 형성하기를 통하여 개인적인 정보를 공유하고 중립적인 공간에서 자신의 의견을 표현할 수 있도록 환자에게 편안한 환경을 제공해 줄 수 있다. 적절한 관계 형성하기는 환자와의 만남에 큰 영향을 미칠 수 있다.

최근에 나는 수술실에서 투약, 피검사, 삶을 구할 수 있는 수술 동의서에 사인하는 것을 모두 거절한 입원 환자를 담당하게 되었다. 내가 아직 그를 만나지 못했을 때, 치료진들은 환자에게 접근하는 것이 매우 어려울 것으로 예상했다. 관계 형성하기를 실패하게 만드는 덫에 걸리는 대신, 나는 다가가서 환자와 함께 앉은 후 열린 질문과 함께 동기강화상담을 시작하였다. 또한 나는 치료팀의 의제에 대해서 무리하게 압박하지 않았다. 이것은 환자의 취약성을 자극하지 않았으며 결국 우리의 대화를 통해서 이 만남의 목적이 수술이나 전반적인 상황에 대해 환자에게 설명하기 위함이 아니라는 사실을 알게 되었다. 그는 명령에 의해 공격 받는 것처럼 느꼈었고 치료팀에 대해 생겨난 경멸과 불신으로 인해 존중받지 못한다고 느꼈었다. 관계 형성하기의 목적은 단지 만나는 것이 아니라, 환자가 자신의 의견을 표현하고 그의 치료에 참여하게 하는 것이며 더 나아가 그 자신과 그의 건강을 위해 최선의 것을 할 수 있도록 필수적인 과정에 참여하게 하는 것이다.

나의 경험을 통해 동기강화상담을 실패로 이끌 수 있는 가장 큰 위험이 무엇인지 이해할 수 있을 것이다. 그것은 환자의 자발성이 무시되고, 의료 과정에서 환자와 함께 협업하는 것이 실패했을 경우이다. 환자와 함께 협력하는 환경을 만드는 것은 우리의 소명이며, 궁극적으로 환자의 자발성을 존중함으로써 삶의 질을 향상시킬 수 있게 된다.

제4장

초점 맞추기

Grace Kwon, D.O.

만약 당신이 멈춰서서 짖고 있는 모든 개들에게 돌을 던지다 보면 목적지에 도달하지 못할 것이다.

—Winston Churchill

환자와 관계를 형성하는 것은 동기강화상담에 참여하는 전체 기간 동안 계속적으로 지속되는 과정이라고 볼 수 있다. 그러나 어떤 시점이 되면, 회기 과정 중에 무엇을 해야 할지 깨달아야 할 때가 온다. 때론 나아가야 할 방향이 매우 분명하다. 또 어떤 경우에는, 변화를 수반하는 길이 상당히 도전적이고 알아차리기 어려울 수도 있다. 임상가가 MI를 사용하면 논의하기가 수월해지기 때문에 환자들은 자신들의 구체적인 관심사를 다루기 위해 자신들의 동기에 기초하여 초점을 맞출 주제를 선택한다. 많은 치료 기법들이 이미 정의되고 의도된 목표를 가지고 있다면, MI에서의 목표는 변화하려는 환자와 협동정신을 유지하면서 MI의 정신(spirit)을 유지하는 것이다. '초점 맞추기'는 환자가 자신의 관심사에 대해 더욱 구체성을 획득하도록 돕는 과정이다. 상담 회기에 초점을 맞추기 위해, 잠시 시간을 투자하여 환자의 변화에 대한 감정을 더욱 깊게 탐구할 수 있는 상호 합의된 영역을 만든다. '초점 맞추기'는 하나의 단계나 이미 정립된 방식으로 이루어지는 것이 아니라, 다른 MI 과정처럼 환자 스스로가 변화해야 할 필요성을 느끼게 해 주는 환자 개개인의 동기와 행동을 보다 효과적으로 탐색할 수 있도록 도와주는 지속되는 실습 과정이라고 보아야 한다.

이번 장에서는 MI에 초점을 맞추는 다양한 요인 및 방법들을 소개할 것이다. Steve Jobs가 "간단한 것이 복잡한 것보다 더 어려울 수 있다."라고 말했듯이, 당신의 생각을 비워 내기 위해서는 부단히 노력해야 할 것이다. 초점 맞추기는 믿기 힘들 정도로 간단한 과정일 수 있지만, 초점 맞추기 작업을 통해 보다 효율적이고 '명확한' 길을 찾을 수 있게 된다. MI의 초점 맞추기 과정을 진행하는 동안 꽤나 당혹스러운 상황들이 발생할 수 있다. 당혹스러운 상황들을 잘 보여 주기 위해 실제 임상 사례가 담긴 예시들이 이번 장 전체에 걸쳐서 자주 활용될 것이다.

동기강화상담에 초점 맞추기

환자들은 주의 집중 및 변화를 이루기 위한 능력의 측면에서 초점을 유지하는 데 있어 경쟁해야 할 여러 다양한 관심사들을 가지고 있다. 20세의 미혼으로 약물을 사용하고 있는 Betty가 당신의 근무처에 찾아왔다고 가정해 보자. 일단 그녀가 치료 과정에 참여하고 있다는 확신이 들면, 그녀가 초점을 맞추고 싶은 영역이 무엇인지 질문을 해 볼 수 있다. 이때 환자가 명확한 목표 리스트를 준비해 놓지 못했을 수도 있음을 명심해야 한다. 의제로는 두려움, 욕구, 소망, 다른 정서적이고 실제적인 현실의 내용을 포함할 수 있다. 그녀는 직접적이든 또는 간접적으로든 자신의 약물 사용이나 임신과 관련된 우려를 표명할 수 있다. 예를 들어,

- 아기의 건강과 관련된 염려
- 아기를 빼앗길지도 모른다는 두려움
- 임신 기간 중 약물을 사용하고 있다는 점에 대한 수치심
- 의료계 및 사회로부터 판단 받을 것에 대한 두려움
- 본인 스스로를 향한 분노
- 재정적인 문제를 어떻게 감당할지에 대한 걱정

초점을 맞추는 과정을 고려할 때, MI의 정신(spirit)에 따라 그녀의 자율성을 허용해 주고, 존중하는 방식으로 불확실성을 인내해 주며, 정보 및 지침을 제공하는 것이 그녀와 관계를 형성하고, 대화에 초점을 맞추면서 그녀의 우선순위를 식별하는 데도 도움이 된다.

초점을 이루는 요소들

일반적으로 초점에는 환자, 치료 환경, 임상가라는 세 가지 구성 요소가 존재한다. 환자들은 종종 초점의 방향을 제공해 주는데, 가령 담배를 끊고 싶다며 당신을 찾아온 환자가 좋은 예가 될 것이다. 또한, 메타돈(methadone) 클리닉, 체중 감량 센터, 작업치료사의 일터와 같은 치료 환경도 '초점'을 제공해 줄 수 있다. 마지막으로, 임상가인 당신이 '초점 맞추기'의 자원을 제공해 줄 수 있다. 그러나 MI의 정신(spirit)을 유지한다는 전제하에서 이 모든 과정이 진행되어야 한다. 혈압 조절 약의 추가를 거부하는 고혈압 남성을 예로 들어 보자. 당신은 그 남성이 매일 마시는 술이 혈압에 어떤 영향을 미치고 있는지에 대해 걱정이 될 것이다. 이때 약간의 교묘한 설득을 해 볼 수도 있지만, MI의 정신을 활용한다면 당신은 그 남성에게 정보를 제공해도 괜찮을지 먼저 양해를 구하고 초점을 맞추기 위한 방향성을 제시해 볼 수 있을 것이다.

초점 맞추기와 관련된 흔한 시나리오

첫 번째 사례를 다시 살펴보자. Betty는 몇 가지 주된 문제점들 때문에 당신의 근무처를 방문했을 수 있다.

시나리오 1: "전 임신 상태이기 때문에 메타돈 치료를 받고 약물 사용을 중단할 거예요."

초점 및 방향은 명확하다.

때론 환자들은 명확한 초점 및 방향을 지닌 채 당신을 찾아온다. 이와 같은 경우에 당신은 환자에게 반영을 해 주면서 상담 회기에서의 주된 초점을 두 사람이 충분히 이해하고 있음을 재확인한다. 당신은 필요시 재관계 형성하기나 재초점 맞추기를 하면서 유발하기와 계획하기 단계로 진행해 나갈 수 있다. 환자가 "오늘은 메타돈 치료를 시작할 계획입니다."라고 말하면, 그녀는 계획을 가지고 있는 것이며 치료 단계를 밟아 나가는 것과 일치하는 변화대화를 하고 있는 것이다. 만약 환자가 "전 메타돈 치료를 받고 싶긴 한데, 헤로인 사용을 중단했다가 금단 증상을 경험하게 될까 봐 두렵습니다."라며 양가감정을 표현한다면, 임상가는 환자와 관계를 형성하고, 환자의 진술들을 반영해 줄 수 있다. 임상가는 환자가 겪고 있는 일들에 대한 염려에 공감을 표현할 수 있으며, 임신 중에 헤로인을 사용하는 행동을 변화시키는 데 도움을 줄 수 있는 치료적 중재에 초점을 유지하기 위해 메타돈을 이용한 치료를 받고자 하는 환자의 필요를 강조해 줄 수 있다. 또 다른 선택지는 메타돈 치료를 시작하고 우리가 기대할 수 있는 게 무엇인지에 대한 정보를 제공하는 것이다.

시나리오 2: "전 임신을 했습니다. 그리고 제가 약물 사용을 중단할 수 있는지 확신이 서지 않습니다. 아기가 걱정되기도 하고 출산을 했을 때 아기를 키울 수 없게 되지는 않을까 하는 두려움이 있습니다."

초점을 맞출 수 있는 몇 가지 선택지가 존재한다.

바쁜 임상 상황에서, MI의 초점 맞추기 부분은 종종 매우 빠르게 진행된다. 이런 경우에, 치료 환경이 동기강화상담의 초점에 영향을 미칠 수 있다. 그러나 임상가는 환자의 진술을 반영해 주고, '인정하기(affirmation)'를 제공하며, 그녀의 선호도나 동기를 일깨워 주는 것이 유용하다는 걸 알게 된다. 예를 들어, 임상가가 "당신의 마음속에는 많은 것들이 있습니다. 임신, 약물 사용, 아기를 잃을 것에 대한 염려 등은 한 사람이 동시에 감당하기엔 너무 많은 문제들입니다. 당신이 도움을 받기 시작했다는 점이 대단한 겁니다. 오늘 무슨 이야기를 하고 싶습니까?" [그림 4-1]과 같은 기록지를 제공해 주는 것은 임상가로 하여금 무엇에 초점을 맞출 것인지 결정하기 쉽게 만들어 줄 것이다. MI에 집중하는 것은 당신과 환자가 함께 방향을 유지하고 찾아 나가는 연속적인 과정임을 기억하라. 의제도를 작성해 보는 것도 이 과정을 용이하게 만드는 한 가지 방법이 될 수 있다(Miller & Rollnick, 2013).

시각 자료를 제공해 주면 환자가 자신의 관심사를 정리하고 자신이 원하는 바에 초점을 맞출 수 있도록 도와줄 뿐만 아니라 임상가인 당신이 환자의 관심사 및 동기의 폭을 이해하는 데도 도움을 준다. 환자에게 여러 개의 빈 원이 그려진 자료를 제공하고 "오늘은 무엇에 대해 이야기하고 싶습니까?"라고 물어본다. 그러고 나서 당신은 이러한 의제 항목들이 어떻게 환자를 목표 달성의 길로 이끌 수 있는지를 고민해 볼 수 있다. 이를 활용하여 당신은 어떤 의제 항목이 환자에게 가장 중요하고 긴급한지를 물어볼 수 있다. 구체적이고 글로 작성된 양식은 환자와 당신이 의제 항목의 우선순위를 정하는 데 도움을 줄 수 있다.

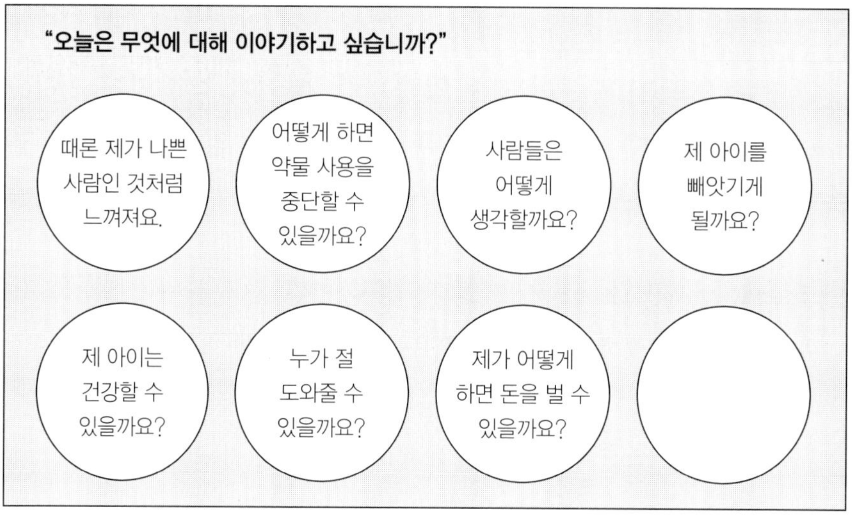

[그림 4-1] 의제도 작성하기

시나리오 3: "전 임신을 했어요. 그리고 제가 아이를 계속 원하고 있는지 잘 모르겠어요. 전 아무것도 모르겠고, 제 삶은 엉망진창이에요."

명확한 초점이 없다.

환자가 명확히 나아갈 방향을 잡지 못하고 있는 경우에, 당신은 혼란을 최소화시켜 주기 위해 환자에게 도움을 주고 싶을 것이다. 당신이 환자를 도울 수 있는 한 가지 방법은 그녀에게 방향을 가르쳐 주는 것이다. 종종 환자들은 가르쳐 준 길을 따르기 힘들어할 만한 나름대로의 이유를 지니고 있다. 방향을 설정한다는 것은 환자가 해 주는 조각조각의 이야기들을 하나로 모아서 회기가 종료될 때쯤에는 환자의 전체 이야기 경로를 파악하는 것이다. 예시를 소개하는 파트에서 보게 되겠지만, 이는 환자에게 요약되고 일관된 이야기를 제공함으로써 가능하다. 치료자가 전체적인 그림을 파악하고 있으면 환자의 현재 상황과 환자가 어떻게 나아가기를 원하는지에 대해 보다 전체적으로 이해하는 데 도움이 된다.

환자가 명확한 초점을 찾지 못한 시나리오에서 임상가는 시나리오 2에서와 마찬가지로 환자가 초점을 맞출 수 있는 몇 가지 지점들을 식별하도록 돕기 위해 대화를 촉진할 수 있다. 그러고 나서 임상가는 초점을 결정하는 데 도움을 주는 의제도 작성하기 또는 여타 기술들을 활용할 수 있다.

Miller와 Rollnick(2013)이 사용한 용어인 **확대하기**(zooming in)와 같은 기술이 도움이 될 것이다. 인터넷 지도를 사용하여 당신이 여행할 장소를 찾고 있다고 상상해 보자. + 버튼을 눌러 확대하고, 축소하려면 − 버튼을 누르는 것처럼 당신은 환자의 상황에 대한 큰 그림을 확대하거나 축소하여 초점을 맞출 수도 초점을 해제할 수도 있다. 시작 지점을 확대해서 들여다보고 초점을 맞추면 환자와 당신이 지도를 보며 목적지를 탐색하는 데 도움이 될 것이다.

추가적으로 고려해야 할 기법들

이끌어 내기–제공하기–이끌어 내기

임상가가 환자에게 정중하고 협력적인 방식을 유지하며 정보를 제공하고자 할 때 활용 가능한 전략이다. 일단 임상가는 환자가 지닌 지식들을 일깨워 준다. 두 번째 단계는 환자에게 명확하고 MI와 일치하는 방식으로 정보를 제공하는 것이다. 마지막으로, 임상가는 제시한 정보에 대한 환자의 반응을 이끌어 내어 환자가 내용을 잘 이해하고 처리했는지 여부를 확인한다.

방향 전환하기

앞에서 언급한 모든 시나리오에서 고려해야 할 또 다른 개념은 **방향 전환하기**(changing direction)라는 용어로 부를 수 있다. 환자는 주기적으로 자신의 목표를 염두에 두고, 임상가는 자신의 전문성을 토대로 환자가 설정한 목표와 상당히 다른 목표를 세우곤 한다. 특별히 임상가의 목표가 어려운 주제를 제시하는 것이라면 목표에 대한 두 사람의 차이점을 받아들이기란 상당히 어려울 수 있다. 임상가는 환자의 목표를 반복해서 말해 주고, 환자의 자율성을 존중해 주며, 새로운 목표를 도입하고자 할 때 환자에게 솔직하게 허락을 구하되, 모든 행동에 합리적 근거를 제시해 주어야 한다.

특별 고려 사항

윤리

대개, 환자와 임상가 간의 전문적인 관계에서는 힘의 차이가 존재한다. 그래서 악행 금지 원칙, 선행의 원칙, 자율성 존중의 원칙, 정의의 원칙과 같은 광범위한 의료 윤리 원칙 내에서 치료해 나가는 것이 중요하다(Beauchamp & Childress, 2001). 그리고 임상가는 MI를 활용할 때 이와 같은 원칙들과 일치하지 않는 상황들도 염두에 두어야 한다. 다음의 예시를 참고하라.

> 이 박사는 '재활 센터'를 소유하고 있다. 그리고 환자가 이미 치료를 받기로 결정한 상태에서 환자가 자신의 코카인 사용장애와 관련하여 어떤 재활 센터를 선택할지에 대해 지니고 있는 양가감정을 해결하기 위해 MI를 활용한다.

상담자 자기노출을 위한 결정

환자가 임상가에 대해 호기심을 가지게 되는 현상은 드물지 않다. 궁극적으로 임상가는 환자와 사적인 정보를 공유할지 말지를 결정해야 한다. 만약 임상가가 사적인 정보를 공개하기로 결정했다면 그다음으로 자신의 사생활에 대해 얼마나 많은 정보를 공개할지 결정해야 한다. MI에서 임상가는 무엇보다도 먼저 '윤리'라는 하위 항목에서 이미 설명한 바 있는 윤리적 원칙을 지키며 상담을 진행해야 한다. 임상가는 자기노출이 환자-임상가 관계에 이득이 될지 여부를 고려해야 하며, 두 사람 간의 협력과 신뢰를 더욱 증진시킬 수 있는지 여부도 고민해 보아야 한다.

동기강화상담에서 초점 맞추기를 활용한 사례

다음 세 가지 이야기는 이 장의 초반에 제시한 Betty의 '초점 맞추기' 시나리오의 예제에 해당한다.

시나리오 1: 초점과 방향이 명확하다.

임상가: 오늘 무슨 문제 때문에 클리닉을 방문해 주셨나요?

환자: 전 임신을 했지만, 헤로인을 사용하고 있어요. 헤로인을 끊고 싶어요.

임상가: 환자분은 임신 중이라서 헤로인 사용을 중단하고 싶은 거군요. 어떤 방법들을 고민해 봤나요?

환자: 친구들로부터 메타돈 치료를 받으면 금단 증상이 오지 않는다고 들었어요. 전 제 아이가 건강하기를 원해요. 그리고 전 좋은 엄마가 되고 싶어요. 그래서 헤로인을 끊고 싶어요.

임상가: 환자분은 아기가 건강하기를 바라고 있고, 메타돈 치료를 시작함으로써 좋은 엄마가 되기 위한 단계를 밟아 가고 있군요. 당신은 친구로부터 메타돈 치료가 금단 증상을 예방하는 데 도움이 된다는 이야기를 들었군요. 치료를 받기로 결심한 건 매우 잘한 일입니다. 제가 환자분과 메타돈 치료에 대한 정보를 공유하고, 부프레놀핀(buprenorphine)을 포함한 다른 약물치료 및 비약물치료 전반에 대한 정보를 함께 제공해 드려도 괜찮을까요?

환자: 전 좋습니다. 생각해 보니, 친구들 중 한 명으로부터 부프레놀핀에 대해 들어 봤어

요. 친구 말로는 정말 잘 맞는 약이었다고 해요. 저도 인터넷으로 관련 정보를 몇 가지 읽어 봤었는데 더 많은 정보를 얻고 싶었어요.

임상가: 잘됐군요. 우리가 초점을 맞출 부분은 임신 기간 중에 아편(opioid) 사용 장애가 있는 경우 활용할 수 있는 치료 선택지에 대한 정보를 제공하는 것으로 설정해 두죠. 우리는 환자분이 이 과정을 시작하려는 여러 가지 이유들 중에서 현재 상황에 가장 잘 맞는 걸 탐색하고 어떤 방향으로 계획을 진행해 나갈지를 고민해 볼 겁니다.

시나리오 2: 초점을 맞출 수 있는 몇 가지 선택지가 존재한다.

임상가: 환자분은 메타돈을 이용한 치료 때문에 병원을 옮기게 되었고, 그 외에도 여러 가지 고민들을 가지고 있군요. 환자분이 아기를 얼마나 지키고 싶어 하며, 아기에게 돌아갈 피해를 최소화하고 싶어 하는지에 대해서는 이야기를 잘 들었습니다. 그리고 환자분이 계속적으로 약물을 사용하게 되면 아기의 양육권을 잃을 수 있다는 점도 언급했었습니다. 어디서부터 이야기를 시작해 볼까요?

환자: 네. 말씀해 주신 여러 가지 때문에 걱정이 많이 되요. 머릿속에 고민거리가 많아요. 그리고 아기가 정말 안전하길 바라고요.

임상가: 환자분은 아기를 안전하게 지켜줄 수 있는 방안에 초점을 맞추길 원하는군요.

환자: 예. 그리고 약물 관련 이슈와 아기 문제가 서로 관련되어 있다는 점도 이해해요. 약물 사용을 그치기 위해선 적절한 치료를 받아야 한다는 점도 알고 있어요. 약을 하지 않고 맑은 정신을 유지하면 제 자신과 아기를 돌보는 데 도움이 될 것이고 중요한 것들에 집중하고, 머무를 수 있게 될 거예요. 메타돈과 부프레놀핀을 이용한 치료는 이미 들어 봤는데, 이 약들이 제 아기에게 미칠 영향에 대해서도 알고 싶어요.

임상가: 환자분은 적합한 치료를 원하고 있고 약물의 역할에 대해서는 이미 이야기를 나눴습니다. 이와 동시에, 약물이 아기에게 미칠 영향에 대해서 이해하는 것도 중요합니다. 당신이 이미 알고 있는 사실에는 뭐가 있을까요?

시나리오 3: 명확한 초점이 없다.

임상가: 지금 환자분의 인생에서 많은 일들이 일어나고 있습니다. 제가 바로 이해하고 있는지 확인하기 위해 지금까지 환자분이 제게 이야기해 준 내용들을 정리해 보겠습니다. 환자분은 응급실에 가는 바람에 임신 사실을 알게 되었습니다. 이번이 환자분의 첫 임신이고, 무엇을 해야 할지 모르는 상황이죠. 그리고 환자분의 남자친구에게 맞아서 응급실을 방문했어요. 그러나 환자분은 그 남자가 임신한 아기의 아빠이기 때문에 그 남자를 떠나지 않는 게 중요한 상황이죠. 현재 어떠한 재정적인 지원도 없는 상태라서 걱정하고 있고요. 그리고 환자분이 느끼기로 삶의 스트레스들로부터 탈출구가 되어 주는 게 헤로인이죠.

환자: 지금 제 삶에서 오직 저를 위해 일해 주고 있는 유일한 것 한 가지가 바로 헤로인이에요.

임상가: 헤로인은 최근에 환자분의 인생에서 유일하게 신뢰할 수 있는 것이군요.

환자: 음, 전 헤로인을 사용하고 나면 기분이 더 나아져요. 하지만 신뢰할 만한 건 아니에요. 전 몇 주 전에 헤로인을 과용해서 응급실에 갔었어요. 헤로인이 제 아기에게 미칠 영향 때문에 걱정이 됩니다.

임상가: 환자분은 헤로인 사용 및 과용이 아기에게 미칠 영향에 대해 걱정하고 있군요.

환자: 물론이에요. 이번이 제 첫 임신이거든요. 그리고 이 사실을 생각하고 싶지 않은 만큼, 제 스스로가 좋은 엄마가 되는 상상을 해 보며 미소를 짓기도 한답니다.

임상가: 비록 환자 분의 삶은 지금 당장은 혼란스럽지만, 좋은 엄마가 될 수 있는 가능성에 대해 생각하는 것만으로도 당신에게 즐거움을 가져다주는군요.

환자: 네, 저는 좋은 엄마가 되고 싶어요. 하지만 너무 고민해야 할 문제가 많고, 너무 많은 문제들이 앞에 있어요.

임상가: 즉각적으로 해결해야 할 문제들이 많군요. 어디서부터 시작을 해야 할지 정리하기가 쉽지 않지만, 엄마가 되고 새로운 삶을 시작하는 것은 환자분의 삶에 긍정적인 변화를 위한 기회를 가져다줄 겁니다.

환자: 네, 전 이 아이를 지키고 싶어요. 그리고 제 삶을 바꾸고 싶어요.

환자에게 방향을 제시해 줌으로써, 임상가는 환자 스스로가 구조화를 시켜 보고, 선택지를 고민해 보고, 확대하기를 활용할 수 있는 시나리오 2의 시작 지점으로 초점을 가져 온다.

시나리오 4: 방향 전환하기

환자: 살을 빼고 싶어요. 선생님. 여름이 곧 올 거예요. 해변에서 멋진 모습을 드러내고 싶어요.

임상가: 몸무게를 일부 감량할 준비가 되었군요.

환자: 지난 시간에 선생님이 알려 주신 모든 것을 다 시도했어요. 매일 30분간 유산소 운동과 근력 운동을 병행하면서 꾸준히 운동도 했고요.

임상가: 지난 상담 시간 동안 환자분 스스로 계획했던 것들을 실천했다니 잘하셨군요. 일주일 동안 영양사와의 만남은 어떻게 진행되었나요?

환자: 좋았습니다. 이젠 저녁 늦은 시간에 피해야 할 음식이 무엇인지도 알게 되었어요.

임상가: 환자분은 운동도 해냈고, 식습관이 체중 감량에 어떤 영향을 미칠 수 있는지에 대해서도 이해했으니 많은 진전이 있었군요. 일간 계획표에 식단 및 특정 운동요법 등에 대한 계획을 세워 놨었죠. 우리는 이와 같은 선택지에 대해 이야기를 계속해 볼 수도 있고, 또 다른 선택지로는 음주가 환자분의 전반적인 건강 및 체중에 미치는 영향에 대해서 이야기 나눠 볼 수도 있습니다. 괜찮으신가요?

동기강화상담과 불일치 또는 일치하는 접근법에 대한 예문

간경화 진단을 받은 65세 남성이 혈중 알코올 농도 0.310g/dL로 응급실에 찾아왔다. 다음날 당신은 알코올사용장애 치료와 관련하여 협진 의뢰를 받았다.

MI-불일치하는 접근법

환자: 어제 무슨 일이 벌어졌는지 모르겠는데 배가 아프네요. 전 언제 나갈 수 있죠?

임상가: 처음 진료를 했던 의료진들이 제게 환자분의 알코올사용장애에 대한 협진 의뢰를 했어요. 하루에 얼마만큼 술을 드시나요?

환자: 음…… 매일 마시진 않아요. 아마 이틀에 한 번꼴로 마실 거예요.

임상가: 얼마나요? 어떤 종류의 술을 주로 마시나요?

환자: 이틀에 한 번꼴로 위스키를 다섯 잔 정도 마실 거예요.

임상가: 언제부터 술을 마시기 시작했나요?

환자: 13세경부터 마셨던 것 같아요.

임상가: 다른 물질도 복용하고 있나요?

환자: 아니요.

임상가: 담배를 피우시나요?

환자: 예.

임상가: 담배를 얼마나 많이 피우고, 어느 정도 기간 동안 피우셨나요?

환자: 13세 이후로 하루에 한 갑 정도 핍니다.

임상가: 환자분이 술을 마시면 어떤 일이 벌어질 것 같나요? 법적인 문제가 있지 않나요?

환자: 제 간이 망가지겠죠. 지난 4년 동안 두 번의 음주운전을 했었습니다.

임상가: 당신에게 음주문제가 있다는 의견에 대해 어떻게 생각하시나요?

환자: 그럴 리가요. 뭐 조금은 있을 수도 있죠. 하지만 이 정도는 우리 가족 모두가 하고 있는 정도인 걸요. 게다가 제가 술을 매일 마시는 것도 아니고 간질 발작을 한 적도 없을 거예요.

임상가: 술을 끊을 수 있게 도와주는 약을 사용해 볼 의향이 있습니까?

환자: 전 술을 끊을 생각이 전혀 없어요.

MI에 일치하는 접근법(이끌어 내기-제공하기-이끌어 내기 활용하기)

환자: 어제 무슨 일이 벌어졌는지 모르겠는데 배가 아프네요. 전 언제 나갈 수 있죠?

임상가: 상당한 통증이 있는 상태이고, 병원에 입원하게 되어서 다소 당황스럽겠군요.

환자: 네. 전 친구 집에 있었고 카드 게임을 하면서 위스키를 좀 마시고 있었어요. 그러다가 제가 기절하고 결국 여기에 와 있네요.

임상가: 제가 환자분이 입원하게 된 과정을 시간 순으로 설명 드려도 괜찮을까요?

환자: 물론이죠, 전 아무것도 모르겠거든요.

임상가: 처음 환자분을 치료했던 의료진이 제게 말해 준 정보부터 알려드리면, 환자분은 의식을 잃었었고 피를 토했어요. 그래서 환자분의 친구가 911에 신고를 했어요.

환자: 오. 피를 토했다고요? 지금도 배가 아프네요. 그 피는 어디서 나온 걸까요?

임상가: 제가 답을 해드릴 거긴 한데, 일단 현재까지 제가 말씀드린 내용을 환자분이 이해했다는 점을 확인하고 싶군요. 무슨 일이 벌어졌었는지 제게 말해 줄 수 있나요?

환자: 전 기절했어요. 피를 토했고요. 그러고 나서 응급실에 왔습니다.

임상가: 좋습니다, 환자분이 제가 한 말을 제대로 이해했는지 확인하고 싶었어요. 다시 환자분의 질문으로 돌아가 보죠. 환자분이 토한 피는 식도에 있는 정맥류가 파열되어서 발생했을 가능성이 높습니다.

환자: 정맥류가 뭔가요? 그게 왜 파열된 거죠?

임상가: 환자분의 병력 및 검사 결과에 나온 정보로 보건데 환자분은 간경화가 있습니다. 간경변으로 인해 생긴 흉터는 혈액이 간을 지나가는 걸 방해하며, 이로 인해 식도 주위의 정맥들이 '뒤로 밀리게' 됩니다. 이 혈관들은 상당히 약해지게 되고 구토를 하는 것과 같이 압력이 가해지는 상황에서 쉽게 파열될 수 있습니다. 환자분은 혈중 알코올 농도 0.310g/dL로 응급실에 왔었습니다. 지속적인 음주가 간경화의 가장 흔한 원인입니다. 이제 환자분의 생각을 말씀해 보세요.

환자: 술…… 예…… 전 지난 몇 달간 술고래로 살았어요. 거의 매일 술을 마셨거든요. 저는 술이 피를 토하게 만든다는 건 몰랐어요. 저는 문제 상황을 잊고 싶거나 이완되

고 싶을 때 술을 즐겨 마셔요. 하지만 제가 이런 처지에 놓이게 될 줄은 생각지도 못했어요.

임상가: 문제로부터 도피하고 편안한 느낌을 얻기 위한 수단으로 시작했던 무언가가 환자분에게 심각한 건강 문제를 야기하고 응급실에 오게 만들었다는 건 생각만 해도 무서운 일이죠.

환자: 예, 그리고 제 아버지가 간 문제로 돌아가셨어요. 그리고 우리 가족 주치의가 제 간 문제를 담당해 왔어요. 아마도 제가 아버지와 같은 문제를 지니고 있는 것 같아요.

임상가: 아버지에 대한 이야기는 유감입니다. 환자분의 이야기를 바탕으로 보건대, 아버지의 죽음에 음주가 기여한 바가 크고, 환자분도 동일한 문제를 겪을 수 있기 때문에 그 상황을 원치 않는군요.

환자: 술이 아버지를 죽였어요……. 술이 저도 죽일 수 있어요. 당신이 누구라고 했죠?

임상가: 전 닥터 서입니다. 그리고 환자분을 처음 진료했던 의료진이 환자분의 건강 문제 및 음주와 관련해 우려를 보여 저에게 협진 의뢰를 했습니다. 제가 듣기로 환자분은 이미 음주에 대해 생각하고 있는 바가 있는 것 같군요.

환자: 의사 선생님이 보기에도 술이 절 죽일 것 같나요? 저도 몇 차례 술을 자의로 끊어 보려 했는데 잘 안 되더라고요.

의사: 환자분의 음주 문제가 현재의 건강 문제에 분명히 영향을 미치고 있고 우리는 함께 금주를 위한 방법을 고민해 볼 수 있습니다. 이를 도와주는 약물치료도 존재합니다. 관련 내용에 대해 한번 들어 보시겠습니까?

핵심 포인트

- 초점에는 환자, 치료 환경, 임상가라는 세 가지 요소가 존재한다. 세 가지 흔한 초점 맞추기 시나리오를 살펴보자.
  1. 초점과 방향이 명확하다.

2. 초점을 맞출 수 있는 몇 가지 선택지가 존재한다. (초점이 명확하지 않음)
3. 명확한 초점이 없다. (방향이 불명확함)

• 일단 방향을 제시하는 것부터 시작하고 몇 가지 선택지가 보이기 시작하면 초점을 더욱 명확하게 세우기 위해 다음과 같은 전략들을 사용할 수 있다.
1. 의제도 작성하기(Agenda mapping)
2. 확대하기(Zooming in)
3. 이끌어 내기-제공하기-이끌어 내기(Elicit-provide-elicit)
4. 방향 전환하기(Changing direction)

• 초점 맞추기를 진행할 때 MI 정신(spirit)의 네 가지 측면을 꼭 기억해 두자.
협동정신(Partnership), 수용(Acceptance), 연민(Compassion), 유발성(Evocation)

연습문제

1. 임상가가 논의하고자 하는 목표와 전혀 동떨어진 목표를 환자가 지니고 있을 때 사용할 수 있는 전략은?

A. 이끌어 내기-제공하기-이끌어 내기(Elicit-provide-elicit)
B. 방향 전환하기(Changing direction)
C. 의제도 작성하기(Agenda mapping)
D. 확대하기(Zooming in)
E. 방향 잡기(Orienting)

2. 30세 여성이 자신의 삶이 완전히 혼란스러운 상태라고 표현하며 당신의 일터를 찾아왔다. 동기강화상담의 초점 맞추기 과정 중 사용하는 기법은 다음 중 어느 것인가?

A. 확대하기(Zooming in)

B. 상상하기(Imaging)

C. 도움 주기(Helping)

D. 멍해지기(Zoning out)

E. 묘사하기(Picturing)

3. 의제도 작성하기(Agenda mapping) 과정에서 다룰 수 있는 질문은 다음 중 어느 것인가?

A. 당신의 정신과력은 어떻게 됩니까?

B. 당신이 이야기한 문제들을 시간 순서대로 나열하면 어떻게 됩니까?

C. 원을 몇 개 그려 보고 오늘 논의하고 싶은 내용을 그 안에 적어 보시겠습니까?

D. 지난주에 어디까지 이야기를 하고 회기를 종료했었죠?

E. 오늘은 어떤 이야기를 나누길 원하시나요?

4. 동기강화상담을 비윤리적으로 사용하고 있다고 볼 수 있는 시나리오는 다음 중 어느 것인가?

A. 환자는 초점을 맞추고 있지 않은 상태이며 당신에게 이해하기 어려운 이야기를 한다.

B. 환자가 변화하기를 원치 않는다.

C. 당신의 임상적인 전문성에 대한 대가로 돈을 제공받는다.

D. CEO는 당신에게 의료 이사직을 대가로 집중 외래 프로그램에 환자를 데려오기 위해 MI를 사용해 달라고 요청한다.

E. 한 의사가 당신에게 혈당 조절이 잘 되지 않는 당뇨병 환자에게 혈당 문제에 대해 이야기해 달라고 협진 의뢰를 한다.

5. 의제도 작성하기는 임상가가 MI를 사용하는 데 어떻게 도움을 주는가?

A. 당신의 인생을 더욱 수월하게 만들어 준다.

B. 당신이 무언가를 빠르게 결정할 수 있게 도와준다.

C. 임상가가 회기를 계획하는 데 도움을 준다.

D. 임상가로 하여금 환자가 초점 맞출 수 있는 가능한 의제 범위를 이해하도록 도와준다.

E. 환자의 정신세계에 대한 통찰력을 제공해 준다.

· 참고문헌 ·

Beauchamp TL, Childress JF: Principles of Biomedical Ethics, 5th Edition. New York, Oxford University Press, 2001

Miller WR, Rollnick S: Motivational Interviewing: Helping People Change, 3rd Edition. New York, Guilford, 2013

학생 시절 회상

Eli Neustadter

예일 대학교 의학 대학원 2학년

현재 의과대 학생이자 정신과 의사를 지망하는 사람으로서, 이번 장은 동기강화상담의 기초인 개념적이고 윤리적인 원칙과, 환자와 대면한 임상 상황에서 초점 맞추기를 위한 실질적인 지침을 유용하게 제시했다고 본다. 근본적으로 MI는 자율성이라는 기본 원칙을 지니며, 초점 맞추기에 대한 논의들은 환자와 협동정신을 형성하고 임상가로 하여금 환자에게 가장 중요한 것이 무엇인지를 길잡이 해 주는 효과적인 도구가 될 수 있음을 보여 주었다. 또한 이번 장은 한 번의 만남으로 모두 다룰 수 없는 환자에게 여러 가지 생물심리사회적 문제들이 있을 때 초점 맞추기가 실행 가능한 문제들을 확대해서 들여다볼 수 있는 효과적인 도구임을 가르쳐 주었다.

다른 의학 분야와 마찬가지로 정신과 영역에서도 환자들은 자신들의 목표를 어떻게 달성해 나갈지에 대한 여러 가지 방식들을 지니고 있으며, 자신들의 상태를 바라보는 통찰력도 제각기 다르다. 이 장에서 소개된 환자-임상가 시나리오들은 내가 실제로 병동에 들어가서 환자들과 함께 행동 계획을 수립하게 되면 큰 도움이 될 것이라 생각한다. 그리고 각각의 시나리오는 환자가 자신의 관심사를 어떻게 다루고 싶은지에 대해 환자들이 나름대로의 방향성을 지니고 있는 사례들이었으며, 환자들 스스로가 자신들의 상태를 잘 이해할 수 있게 도와줄 수 있는 다양한 MI 기법들이(예: 의제도 작성하기, 방향 잡기, 이끌어 내기-제공하기-이끌어 내기) 어떻게 적용될 수 있는지를 보여 주었다. 게다가 초점 맞추기는 임상가가 감당하기 힘든 상황(이 장에서는, 태아 건강을 염려하는 헤로인을 사용하는 임신 여성이 소개됨)들로 여겨지는 환자의 인식들을 우선순위가 확실하고 현실적인 목표로(예: 임산부의 헤로인 의존증에 대한 안전한 치료 선택지를 탐색하기) 바꾸는 데 도움이 될 수 있다.

제5장

유발하기

Mandrill Taylor, M.D., M.P.H.

우리는 사람들로 하여금 말을 하도록 하는 방법이 있다.

–Mohammed Khan의 〈어느 벵갈 기병의 삶
(The Lives of a Bengal Lancer)〉(1935)

누가 무슨 말을 하든지, 말과 언어는 세상을 바꿔 놓을 수 있다.

–John Keating의 〈죽은 시인의 사회(Dead Poets Society)〉(1989)

동기강화상담의 특징은 변화 중요성과 변화 자신감을 강화시켜 동기를 유발한다는 것이다. 임상 상황에서 동기강화상담의 전반적인 과정을 이용하여 변화를 유발하기 위해서는 먼저 변화 대화를 인지할 수 있어야 하고, 그 변화 대화에 적절하게 반응할 수 있어야 한다.

이 장에서는 의사소통 중 접할 수 있는 여러 종류의 양가감정, 변화 대화, 유지 대화, 불협화음을 어떻게 인지할 수 있을지에 대해 살펴볼 것이다. 이들을 인지할 수 있게 되면, 이들에 반응하는 가장 적합한 방법에 대해 배워야 하는데, 이는 불협화음과 논쟁을 유발하는 지시를 줄이고 변화 대화를 행동으로 이끌어 낼 수 있는 방법을 의미한다. 마지막으로, 이 장에서는 구조화된 인지와 반응 기법을 사용해도 변화가 일어나지 않을 때, 동기를 유발하고 자신감을 강화하는 방법에 대해 언급할 것이다.

인지하기

양가감정

어떤 결정이 지연되는 것은 행동을 어렵게 하는 양가감정과 관련이 있는 경우가 많다. 양가감정은 변화를 향한 동기와 변하기 싫은 마음이 마주 보고 있는 상황이라고 할 수 있다. 긍정적인 변화를 효과적으로 이끌어 내기 위해

접근-접근	'행복한 고민(champagne problem)'으로도 알려진 접근-접근 갈등은 어떤 선택을 하든 긍정적인 결과가 초래된다. 더 좋은 결정을 하고자 하는 과정에서 스트레스가 발생한다.
회피-회피	'바위나 딱딱한 장소(Between a Rock and Hard Place)'라고도 알려진, 회피-회피 갈등은 어떤 선택을 하든 부정적 결과를 초래하게 된다. 불만족을 최소화하기 위한 과정에서 스트레스가 발생한다.
접근-회피	'밀고 당기기(push and pull)'라고도 알려져 있다. 현상유지와 변화 사이에서 어떤 결정을 할지 고민하는 상태이다. 이때 현상유지의 이득 혹은 변화가 초래하는 결과가 실제로 실현되어 가는 과정에서 스트레스가 유발된다.
이중 접근-회피	장단점을 모두 가진 두 가지 이상의 복잡한 선택지를 탐색하는 것이다. 이때, 이 선택의 결과가 두려워서 다른 것을 선택하도록 떠밀렸다가 이 선택의 잠재적 이점을 보고 다시 끌려오는 끊임없는 변화 속의 자신을 발견할 수 있는데, 이때 특히 더 스트레스 받는 일이 될 수 있다.

[그림 5-1] 양가감정의 종류

서는 다양한 형태로 나타나는 양가감정에 대해 인지하는 것이 중요하다([그림 5-1]).

그것의 본질과는 관계없이, 양가감정은 동기에 영향을 준다. 행동에 가까워질수록 행동하게 될 때의 단점이 더 명확해지며, 그것이 변화가 실제로 일어나는 것을 막게 된다. 그러므로 동기강화상담은 변화 대화를 사용하여 변화의 장점에 대해 다시 초점을 맞추게 된다. 그러나 다른 사람들의 변화 대화를 제대로 인지할 수 있어야 그들에 내재되어 있는 개인적인 동기를 유발할 수 있다.

변화 대화

변화 대화는 변화행동을 향한 논의 가운데 공유할 수 있는 생각들을 의미한다. 개념은 간단하다. 미래의 행동에 대해 예측할 수 있는 요소는 그것에 대해 얼마나 논의하는지 여부이다. 그 사람이 행동에 대해 더 많이 논의할수록 변화의 가능성은 높아진다. Miller와 Rollnick(2013)은 변화 대화를 언덕의 두 면으로 묘사했는데, 오르막을 나타내는 준비(preparation)와 내리막을 나타내는 실행(mobilization)이다. 더욱 구체적으로 말하면, 준비 단계의 변화 대화는 변화의 장점에 대해 초점을 맞추는 반면, 실행 단계의 변화 대화는 양가감정의 해결에 초점을 맞추게 되며, 변화를 향한 결심과 후속 준비작업을 통한 양가감정의 해결에 초점을 맞춘다(후자에 대해서는 '제6장 계획하기'에서 더 자세히 다룰 것이다.).

이제 동기 심리언어학자 Paul Amrhein(1992)이 분류한 각기 다른 하위 범주의 변화 대화에 대해 차차 다루어 볼 것이다. 변화 결심을 가진 다양한 수준의 언어의 이해하고 나면, 변화 의지를 평가하고 준비를 촉진시키기가 더 수월해질 것이다.

변화준비언어

• 열망

변화에 대한 열망(desire)을 이야기하는 것은 동기강화의 기회를 준비하는 방법 중 하나이다. 열망을 나타내는 표현은 보통 "나는 ~바란다.", "나는 ~원한다.", "~하고 싶다." 등을 포함하는데, 그 표현들은 자신의 선호를 알리게 된다. 예를 들어, "나는 흡연을 중단하고 싶다."와 같은 방식으로 나타난다. 변화의 주체는 변화에 대한 열망을 표현함으로써, 금연에 대한 양가감정을 탐색하기 위한 문을 열게 된다. 이는 변화 대화를 잘 인지하게 되면 방어로 일관해 왔던 사람을 행동으로 이끌 수 있다는 것을 의미한다.

• 능력

변화를 위한 능력(ability)에 대해 이야기하는 것은 변화준비언어를 가능하게 하는 또 다른 방법이다. 능력에 대한 대화는 "나는 ~할 수 있어."라는 표현을 포함한다. 이는 자신의 역량을 알리게 된다. 예를 들어, "나는 좀 더 걸어볼 수 있어." 와 같다. 더 걸을 수 있는 자신의 능력을 인정하면, 그것을 실제로 행하는 것이 가능하다고 말하기 시작한다. 만약 당신이 실제로 더 걷기를 행할 수 있다고 인정하면, 당신은 실제로 그것이 가능해지도록 노력할 수 있다.

• 이유

변화 이유(reason)에 대한 언급은 행동을 장려하는 구체적인 논의를 할 수 있게 한다. 때때로 그 이유는 열망에 대한 말에서 은연중에 언급되기도 한다. 예를 들어, "나는 더 오래 살고 싶어."라는 말과 같다. "나는 ~하고 싶어."라는 말이 열망하는 말이지만, '더 오래 사는 것'은 변화의 이유가 된다. 열망하는 말의 첫 번째 예시인 "나는 담배를 끊고 싶어."에서 변화의 실행에 대해 언급한 것과는 달리, '오래 사는 것'은 명쾌하게 어떤 행동을 의미하는 것은 아니다. '오래 사는 것'은 행동의 변화에 따른 결과이다. 그러나 다른 때에는 행동 변화에 대한 이유들이 다음과 같이 명쾌하게 언급되기도 한다. "고기를 덜

먹으면 콜레스테롤이 낮아질 것이다." 이러한 여러 가지 형태의 준비 대화들을 이해하는 것은 다른 사람의 건강 증진을 위한 행동 변화를 도울 기회를 포착하는 데 도움이 될 것이다.

• **필요**

의무/필요(need)형 언어를 이용하는 것은 변화에 전념해야 할 의무감을 전달할 수 있다. 이러한 말들은 보통 "나는 ~할 필요가 있다.", "나는 ~해야 한다."와 같다. 그것들은 급한 느낌을 주는데, 예를 들어, "나는 술을 끊을 필요가 있다."와 같다. 이러한 표현의 기저에는 도덕적인 책임감과 의무감이 깔려 있는데, 적절하게 식별되기만 한다면, 변화에 대한 강력한 동기가 될 수 있다.

변화실행언어

• **결심공약**

변화실행언어(mobilizing change talk)는 결심하는 표현으로 시작한다. 이는 대체로 "나는 ~할 것이다.", "나는 ~를 확언한다.", "나는 ~을 약속한다." 와 같은 표현을 사용한다. 그것들은 헌신의 뜻을 전달한다. 예를 들어, "나는 헬스장에 갈 것이다."와 같다. 변화준비언어와 대조적으로, 이러한 말들은 행동에 대한 더 큰 가능성을 전달한다. 결심공약(commitment)은 일종의 구두약속과 같은 언어로서, 강한 의지를 나타낸다.

• **실행활성화**

실행활성화(activation) 표현은 결심공약의 전구체가 될 수 있으나, 특징적으로 다른 반응을 필요로 한다. 그러므로 결심공약으로부터 이것들을 구분해 내는 것은 동기를 적절하게 강화시키는 데 있어서 중요하다. 실행활성화 표현은 보통 "나는 ~를 흔쾌히 하겠다." 혹은 "나는 준비되었다."와 같다. 그들은 약간의 결심을 내포하지만, 충분히 헌신적인 정도까지는 아니다. 예를 들어, "이제 내 건강을 최우선으로 할 때가 되었다."와 같다. 실행활성화 표현은 변화실행에 중요한 도관으로 작용할 수 있다. 반면, 결심을 강화하기 위해 실행활성화를 잘못 사용하게 되면 오히려 전체 과정을 지연시킬 수도 있다. 만약 결심에 대한 표현 없이 준비과정에 돌입한다면, 그(혹은 그녀)가 논의된 계획을 따를 가능성은 낮아지게 될 것이다. 따라서 실행활성화 언어를 인지하였을 때, 구체적인 사항을 끌어내기 위해 열린 질문을 사용하는 것은 매우 중요하다[이에 대해서는 이 장의 '반응하기(respond)' 항목에서 더 자세히 다루도록 하겠다.]. 정교하게 사용되면 실행활성화 언어는 결심공약으로 진전될 수 있는데 이 과정에서도 변화의 목표를 일관되게 유지해야 한다.

• 실천하기

변화 준비과정의 실천(taking steps)을 인지하는 것 또한 매우 중요하다. 예를 들어, "나는 지난주에 약물을 구입하지 않았어."와 같은 표현이다. 변화를 인정해 주며 변화를 향한 발걸음을 알아주는 것은 더 큰 동기강화의 기회를 제공한다(인정하기에 대해서는 이 장의 '반응하기' 항목에서 더 자세히 다루도록 하겠다.).

유지 대화

『동기강화상담』 3판에서 Miller와 Rollnick(2013)은 저항에 대한 개념을 폐기하고, 대신 구분되지만 일부 겹쳐지는 두 가지 현상, 즉 유지 대화(sustain talk)와 불협화음으로 분리하여 설명한다. 유지 대화는 현상유지를 위한 주장으로 이루어져 있고, 사람 사이에서 발생하며, 치료적 동맹의 균열을 나타내는 것이 아니라 양가감정을 나타낸다. 반면 불협화음은 양가감정의 맥락에서 발생하기도 하지만, 변화에 대한 자연스러운 반감이기보다는 사람 사이의 문제가 있음을 암시한다.

유지 대화는 행동에 대한 반대에서 공통적으로 나타나는 주장을 의미한다. 유지 대화는 변화 이유를 탐색하는 과정에서 자연스럽게 발생할 수도 있다. 그러나 유지 대화 자체를 계속해서 탐색하게 되면, 유지 행동이 발생할 가능성이 더 높아진다. 그러므로 그러한 상황에 적절하게 반응하기 위해 유지 대화를 인지하는 것은 변화 대화를 인지하는 것만큼이나 중요하다.

"나는 외식하는 것을 즐긴다." [열망]

"나는 지금 스트레스를 많이 받고 있어서, 그것을 끊기 힘들 것 같다." [능력]

"나는 마약에 취하고 나면 날카로워졌던 신경이 좀 안정된다." [이유]

"밤에 자기 위해서 나는 술을 마셔야만 한다." [필요]

"나는 이번 주말에도 카지노에 갈 것이다." [결심공약]

"나는 아직 담배를 끊을 준비가 되어 있지 않다." [실행활성화]

"나는 헬스장 회원권을 갱신하지 않았다." [실천하기]

아마도 당신은 각각의 유지 대화들이 여러 다른 변화 대화들과 연관이 있다는 사실을 깨달았을 것이다. 본질적으로, 유지 대화는 변화 대화와 반대이다.

불협화음

양가감정은 내적인 갈등 때문에 생기게 되는데, 때로는 사람 사이의 긴장으로 함께 나타나거나 그 긴장을 더욱 악화시키기도 한다. 다시 말해서, 사람들은 자신이 조종당하거나 강요된다고 느낄 때 화가 나는데, 조종과 강요는 동기강화상담의 목표와 부합하지 않는 것이다. 동기강화상담은 다른 사람들을 조종하는 것이 아니라 그들의 동기강화를 돕는 데 사용되어야 한다. 치료적 동맹에 균열이 생기면, 그것을 환자의 저항으로 치부해 버릴 것이 아니라, 액면 그대로 그것을 인지하고 바로잡아야 한다. 동기강화의 잠재적 장애물을 잘 이해하기 위해 불협화음에서 나타나는 몇 가지 신호에 대해 살펴보기로 하자.

방어

방어(defensiveness)는 다양한 형태로 나타날 수 있으며 동기강화상담을 시행하는 중에도 발생할 수 있다. 그러므로 방어의 다양한 징후를 알아내는 것이 매우 중요한데, 방어는 "나는 담배를 하루에 반 갑밖에 피지 않는다."와 같은 표현으로 나타난다.

최소화는 공통적으로 나타나는 반응인데, 그것은 환자가 자신의 해로운 행동에 대해 아직은 변화가 다급하지 않다는 식으로 생각하도록 만든다. 만약 문제가 심각하지 않다면, 그것은 고심할 필요성이 적어진다. 예를 들어, "나는 당장은 좀 불안하기 때문에 매일 술을 마시는 것이다."와 같다.

방어의 또 다른 형태는 합리화이다. 해로운 행동을 정당화하는 것은 변화를 방해한다. 종종, 그러한 정당화는 마치 논리적인 방식인 것처럼 나타나기도 한다. 논리적으로 해로운 행동들이 설명이 된다고 해도, 그것이 늘 타당한 행동은 아닐 수 있다. 예를 들어, "그 여자와 함께 살기 때문에 계속 마약을 하게 된다."와 같다.

비난하기 또한 방어를 나타내는 흔한 방식이다. 자신의 행동의 책임을 다른 사람에게 전가하는 것은 변화에 대해 가져야 할 자신의 책임감을 마치 그 사람의 것으로 생각하게 만들어 스스로를 무기력하게 만들 수 있다.

맞서기

혹자는 동기강화상담을 환자와 대립하는 것으로 여기기도 하는데, 그러면 반발(opposition)을 유발할 수 있다. 이 반응은 종종 "당신, 너"라는 표현과 동반되며, 치료적 동맹의 분열을 나타낸다. 예를 들어, "당신은 내 인생에 대해 모르잖아."와 같다. 이러한 힘 싸움에 대해 알아차리게 되면 치료적 관계를 더 깨뜨릴 여지가 있는 논쟁에 반응하지 않는 방식으로 그것을 피해서 진행할 수 있다.

말 끊기

말 끊기는 실제로 방해를 하는 방식으로, 혹은 강한 반감을 나타내는 언어를 사용하는 방식으로 나타날 수 있다. 예를 들어, "나는 금연할 준비가 되지 않았는데요."와 같다. 이러한 불협화음의 형태를 인지하는 것은 매우 중요하다. 왜냐하면 그것은 너무 강하게 영향력을 행사한다고 상대방이 느낄 수 있기 때문이다.

이탈

말 끊기처럼 이탈도 여러 다양한 형태로 나타날 수 있는데, 언어적 혹은 비언어적 형태 모두 가능하다. 주제를 바꾸거나 당신이 말하고 있을 때 딴 곳을 바라보는 방식으로 나타날 수도 있다. 예를 들어, "지금 시간이 많이 늦었네요."와 같은 표현이다. 이탈은 별 문제 없이 단순하게 나타날 수도 있다. 또한 그것은 매우 무시당하는 느낌을 줄 수도 있다. 그러나 이러한 불협화음에 반응하기 위한 전략을 계속해서 유지해야만 한다. 우리는 이 주제에 대해서 반응하기(respond) 섹션에서 더 자세히 알아보도록 하겠다.

반응하기

양가감정, 변화 대화, 유지 대화, 불협화음을 알아보는 능력을 획득하고 나면, 치료적 동맹을 강화하고, 변화에 대한 열망을 증진시키기 위해 어떻게 반응해야 하는지 배워야 한다. 동기는 사람 사이의 맥락에서 발생하며, 다른 사람들의 반응에 따라 더 강화되기도 하고 약화되기도 한다. 그러므로 이 섹션에서는 어떻게 변화 대화를 촉진시킬 것인지, 어떻게 유지 대화를 최소화하도록 도울 것인지에 대해 살펴볼 것이다. 또한 반응하기 과정에서 나타날 수 있는 사람 사이의 불협화음에 대해서도 고민해 볼 것이다.

변화 대화

이제 당신은 다양한 변화 대화의 형태를 이해하고 인지할 수 있게 되었으므로, 이제 그러한 변화 대화에 어떻게 반응할 것인지 알아보도록 하겠다. 이에 대해서는 OARS(열린 질문하기, 인정하기, 반영하기, 요약하기) 기법을 사용해 보도록 한다.

열린 질문하기

의사가 열린 질문을 하면, 환자는 더 깊이 있는 반응을 보이게 된다. 더 깊이 있는 반응을 보일수록 변화의 기회가 더 많아진다. 동기강화상담 과정에 효과적인 두 가지 열린 질문은 **자세하게 물어보기**(elaboration)와 **예를 들어주기**(providing examples)이다.

환자: 술을 마실 때면, 제대로 된 판단을 할 수 없어요.

의사: 그 판단이 당신에게 어떤 영향을 주나요?

환자: 술을 마실 때면, 제대로 된 판단을 할 수 없어요.

의사: 가장 최근에 그랬을 때 어땠는지 예를 들어 보시겠어요?

당신이 더 자세한 사항을 물어보거나 예를 들어달라고 할 때, 그것에 대한 대답은 더 변화 대화에 가까워지도록 도와줄 것이다.

인정하기

변화 대화를 인정하는 것은 긍정적인 강화를 이끌어 내며, 실제로 행동까지 이어질 가능성을 높인다.

환자: 이제 도박을 끊어야 될 것 같아요.

의사: 당신이 그렇게 생각하다니, 매우 기쁘군요.

인정하기는 간단한 반응이지만, 변화의 영역에 초점을 맞추도록 하는 엄청나게 영향력 있는 반응이다.

반영하기

반영하기는 동기강화상담에서 가장 강력한 도구 중 하나이며, 매우 간단한 것에서부터 복잡한 것까지 다양하다.

> **환자**: 나도 이제 건강한 식습관을 시작해야 할 것 같아요.
>
> **의사**: 당신에게 건강은 매우 중요하군요.

이것 하나는 꼭 기억하길 바란다. 당신이 변화 대화에 대해 듣고 있을 때, 꼭 반영하라. 그러면 당신은 그것에 대해 더 많은 내용을 들을 수 있을 것이다.

단순 반영은 상대가 강조하고자 하는 특정한 단어를 반복하거나 바꾸어 말하는 방법이다. 복합 반영은 해석하는 과정을 포함하는데, 이것은 잠재적으로 훨씬 더 강력한 영향력을 발휘할 수 있다. 반영하는 말에 대해서는 나중에 더 자세히 다루어 보도록 하겠다('유지 대화에 반영적으로 반응하기' 섹션에서).

요약하기

반영적으로 요약하는 것은 이미 표현한 변화 대화를 다시 확인하고 검토해 볼 수 있도록 한다.

> **의사**: 음주는 당신에게 많은 스트레스를 줬어요. 당신은 그것을 끊고 싶어 하고, 왜 금주를 해야 하는지 여러 이유를 찾아서 목록을 작성해 봤어요. 당신은 이미 술을 끊기 위한 단계에 돌입하였으며, 당신에게 변화의 강력한 동기는 당신의 가족이라고 했어요.

한 개인과 더 강력한 관계를 형성하고자 할 때, 생각과 감정을 함께 반영하는 것은 도움이 된다.

유지 대화

우리는 이제까지 변화 대화를 장려하기 위해 반영적인(reflective) 말들을 사용하는 것에 대해 논의하였다. 이제 그러한 말들을 어떻게 사용할 것인지에 초점을 맞출 것이며, 유지 대화에 반응하기 위한 다른 여러 전략들에 대해서도 알아보도록 할 것이다. 이제 예로 제시된 다음의 반응들을 살펴보자.

유지 대화에 반영적으로 반응하기

• 단순 반영

유지 대화를 반복하거나 재진술(rephrasing)하는 것은 실제로 변화 대화를 용이하게 할 수 있다.

환자: 나는 음주와 관련해서 아무런 문제도 없어요.

의사: 당신은 이제까지 아무런 음주 문제도 없었다고 생각하시는군요.

환자: 음…… 하지만 제 아내는 문제가 있다고 생각하는 것 같아요.

환자는 알코올 사용이 문제라는 사실에 대해서 부인했지만, 그러한 자신의 말을 다른 사람의 입을 통해 다시 듣고 난 후, 알코올로 인해 발생할 수 있는 결혼생활의 불화에 대해서 인정하게 된다. 때로는 다른 사람의 입을 통해 자신의 생각을 들을 때, 자신이 가진 생각의 모순에 대해 더 쉽게 밝힐 수 있다.

• 확대 반영

다른 사람의 유지 대화를 확대시키는 것은 변화 대화로 이끌어 나가도록 할 수 있는 하나의 방법이다.

환자: 나는 음주와 관련해서 아무런 문제도 없어요.

의사: 당신 인생에서 술로 인해 문제가 된 적은 단 한 번도 없다는 것으로 들리네요.

환자: 음…… 단 한 번도 없다는 말은 너무 단정적인 말인 것 같네요. 잘 생각해 보면 술이 소소하게 문제를 일으킨 적이 있을 수도 있죠.

확대하는 언어를 사용하여 환자가 의사의 말을 바로잡도록 하게 되는데, 이를 통해 환자는 변화의 이유에 대해서 말하게 된다. 바로 그때, 의사가 반응하여 더 진전된 변화 대화를 이끌어 낼 수 있다.

• 양면 반영

이 방법을 사용하면 이전에 말했던 변화 대화와 현재 말하는 반영된 유지 대화를 결합하여 불일치를 강조하게 된다.

환자: 내가 매일 술을 마신다는 사실이 내가 음주 문제가 있다는 것을 의미하지는 않잖아요.

의사: 당신은 매일 맥주를 즐기고 싶은 동시에 살을 빼고 싶어 하는군요.

의사는 먼저 환자의 유지 대화에 대해 재진술하고, 그 후에 환자가 과거에 했던 변화 대화를 재진술한다는 사실을 주목할 필요가 있다. 이러한 방법은 변화를 위한 열망을 다시 기억할 수 있게 만들어 준다. 의사는 또한 '그러나'보다는 '그리고'를 사용하게 되는데, '그러나'는 사람 간의 불화를 유발할 수 있기 때문이다.

유지 대화에 대한 전략적 반응

• 개인의 자유선택권 강조하기

단순히 자유선택권을 인정하는 것만으로도 유지 대화를 줄이는 데 엄청난 효과가 있을 수 있다.

환자: 나는 아직 담배를 끊을 준비가 되지 않았어요.

의사: 그것 또한 당신의 선택입니다. 금연 결정은 당신만이 할 수 있어요.

유지 대화에 대해 너무 공격적으로 맞서게 되면 강제적으로 어떤 선택을 해야만 할 것 같은 두려움이 발생할 수 있는데, 자유선택권을 강조하게 되면 이러한 두려움을 최소화할 수 있다.

• 관점 재구조화하기

상황에 대한 관점을 바꾸는 것은 행동의 변화를 촉진할 수 있다.

환자: 나는 예전에 담배를 끊으려고 시도해 보았지만, 1년 후에 다시 재발했습니다.

의사: 당신은 최소한 1년 동안은 담배를 피우지 않았군요. 매우 인상적이네요.

환자가 가진 자기 의심을 재구조화하는 것은 환자가 과거에는 보지 않았던 변화의 잠재력에 대해서 볼 수 있도록 만든다. 여기서 의사가 환자의 인식에 대해 판단(judge)하지 않았다는 사실에 주목하자. 의사는 단지 대체 가능한 다른 관점을 제시했을 뿐이다.

• 방향 틀어 동의하기

반영하는 말을 먼저 하고, 그 후에 유지 대화에 대한 관점 재구조화를 시도하는 것은 변화 대화를 촉진시키는 또 다른 방법이다.

환자: 직장을 구하지 못해서 매우 스트레스 받네요. 담배를 끊기에 좋은 시기는 아닌 것 같습니다.

의사: 흡연이 스트레스에 도움이 될 수도 있지요. 또한 주머니 사정이 어려울 때 담배를 구입하는 것이 분명히 스트레스를 유발할 수도 있고요.

이러한 방법으로 살짝 밟아서 뭉개 보라. 당신이 재구조화한 말들은 특정 어조를 지니기보다는 지나가는 말처럼 들려야 한다. 이러한 방법은 매우 효과적일 수 있지만, 반면 상대가 그것을 대립하는 것으로 받아들이게 되면 사람 간의 불협화음을 유발할 위험성도 있다.

• **도움닫기**

유지행동의 이유를 목록으로 만들어 보도록 하는 것은 그들이 변화의 이점과 결과에 대해서 고민해 볼 수 있도록 돕는다.

환자: 나는 술 마실 때만 담배를 피웁니다.

의사: 담배를 끊는 것은 당신에게는 우선순위가 아니군요.

환자: 그냥 밖에서 놀 때, 더 재미있게 놀고 싶은 거죠.

의사: 당신은 그저 즐거운 시간을 보내고 싶고, 밖에서 술을 마실 때만 담배를 피우네요.

환자: 그렇죠.

의사: 그러면 흡연이 안 좋은 점은 무엇이 있을까요?

환자: 글쎄요. 담배는 비싸기도 하고, 담배를 피운 다음 날은 아침에 일어날 때 종종 목이 아파요.

이러한 방법은 변화 대화가 드물게 발생할 때 효과적으로 사용할 수 있다. 유지 대화에 관여하는 것은 변화의 필요성을 평가하는 데 있어서 객관성을 더해 준다.

이제까지 우리는 어떻게 유지 대화에 대해 반응할 것인지 논의하였다. 이제 사람 간에 발생하는 불협화음을 인지하고 반응하는 방법에 대해 알아보기로 하겠다.

불협화음

불협화음(Discord)에 어떻게 반응하는지는 매우 중요하다. 왜냐하면 그것은 변화로 이르게 하는 치료적 동맹관계를 끊어 버릴 수 있기 때문이다. 이제 불협화음을 마주했을 때 할 수 있는 다양한 반응 방법에 대해서 살펴보도록 하자.

반영하기

유지 대화에 반응할 때, 반영적인 말들은 사람 간의 불협화음 같은 변화의 언어적 장벽을 다루는 데 뛰어난 방법이다. 예를 들어, 환자가 "나는 당신이 나를 도울 수 있을 만큼의 충분한 경험이 있다고 생각하지 않아요."라고 말할 수 있다. 이것은 사람 간의 불협화음을 나타내는 고전적인 공격적 언어이다. 유지 대화의 섹션에서도 이미 언급한 것처럼, 반영적 반응하기는 단순 반영, 확대 반영, 양면 반영과 같이 여러 가지 형태로 나타날 수 있다.

단순 반영: "당신은 제가 당신을 도울 수 있을 만큼 경험이 없다고 생각하시는군요."

확대 반영: "당신은 제가 어떤 방법으로도 당신을 도울 수 없다고 생각하시는군요."

양면 반영: "당신은 도움을 받기 위해 이곳에 왔는데, 제가 당신을 도와줄 수 있을지 걱정이 되시는군요."

이들 여러 형태의 반영적 진술 각각은 색다른 느낌을 주게 되며, 치료적 동맹관계를 개선하는 데 역점을 두게 된다.

전략적 반응 사용하기

유지 대화에 사용되는 반응들은 사람 간의 불협화음을 다루는 데도 사용된다. 이전에 언급했듯이, 자유선택권을 강조하면 강제적 결정에 대한 두려움을 최소화하여 의견 충돌을 줄일 수 있다. 관점 재구조화하기는 환자의 시각을 바꾸는 데 도움을 주며, 방향 틀어 동의하기는 관점을 재구조화하는 동시에 반영할 수 있는 기회를 제공하게 된다.

사과하기

또 다른 반응하기 방법은 사과하기이다. 불협화음에서 자신의 잘못을 인정하는 것만으로도 그 관계에서 받을 충격을 크게 감소시킬 수 있다. "미안해요. 제가 오해했네요."와 같이 말해 볼 수 있다. 이것은 좋은 의도를 전달할 수 있는 간단한 방법이다.

인정하기

이 방법은 원래 변화 대화를 장려하는 수단으로 논의되었지만, 사실 이것은 불협화음에 반응하는 수단으로도 사용될 수 있다. 인정하기는 협력적인 의도를 전달하기 때문에 환자의 방어적 태도를 완화시킬 수 있다. 예를 들어, "당신은 과거 힘들었던 일에 대해 우리에게 터놓고 얘기하기 위해 열심히 노력해 주셨습니다."

방향 바꾸기

방향 바꾸기는 매우 효과적이고 또한 협력적인 의도를 전달할 수 있다. 때때로 개인들은 의도를 오해할 수 있는데, 화제를 바꾸는 것이 도움이 되기도 한다. 왜냐하면 대화를 지속할 경우 작은 오해가 점점 커져서 아주 잘못된 결론에 도달할 수 있기 때문이다. 예를 들어, 당신이 "나는 당신에게 책임을 지우려는 것이 아닙니다. 내 목표는 당신을 돕는 것이랍니다."라고 말할 수 있다. 당신의 의도에 대한 상대방의 오해에 대해서 논박할 수 있음에도 불구하고, 그러한 논박은 더 큰 불협화음을 야기할 수 있다. 치료적 관계를 깨뜨릴 수 있는 감정을 점차적으로 누그러뜨리기 위해서는 부드러운 언어를 사용하는 것이 더 좋은 방법이다.

유발하기

변화 대화를 인지하고 반응하는 것이 동기강화상담의 초석임은 분명하다. 하지만 만약 변화 대화가 나타나지 않는다면 무엇을 어떻게 해야 할까? 그런 상황이 발생하는 여러 이유들이 있을 수 있다. 변화에 대해서 조용히 조심스럽게 고려하고 있는 상태일 수도 있다. 그것이 내향적인 성격 혹은 충분한 치료적 동맹의 결핍 때문이건 간에 많은 사람들은 처음에는 변화 대화에 관여하지 않을 수 있다. 양가감정이 존재하는데도 말이다. 그러므로 변화를 위한 환자 자신의 동기를 유발하는 것이야말로 이전 섹션에서 논의하였던 방법들을 사용하기 위해서 매우 중요한 단계라고 할 수 있다.

유발하는 질문 사용하기

만약 변화 대화가 없는 상태라면, 열린 질문을 사용하여 변화 대화를 유발하는 것을 고려해야 한다. 앞서 언급한 것처럼('변화 대화'의 하위 섹션인 '열린 질문하기'를 보라.), 열린 질문은 더 깊은 반응을 이끌어 낼 가능성이 높으며, 변화의 가능성이 더 높아진다.

변화준비언어를 이끌어 내기 위해서는 그 사람과 같은 용어를 사용하여 질문을 해 보라. 만약 당신이 누군가의 변화를 위한 열망을 유발하고 싶다면, 그 사람의 변화를 위한 열망에 대해서 물어보라. 만약 당신이 누군가가 변화를 시도하는 이유를 유발하고 싶다면, 그 사람이 변화를 시도하는 이유에 대해서 물어보라.

행동 변화의 중요성 유발하기

변화의 필요성을 유발하는 것까지 한번 확장해 보자. 변화의 중요성에 대해서 물어보면 매우 강한 동기부여 효과가 있을 수 있다. 그러나 변화에 대해서 스스로 말할 수 있도록 장려하는 방식이어야 한다.

Butler 등(1999)에 의하면 행동 변화의 중요성에 대해서 점수를 매기도록 하는 방식이 변화준비언어를 유발하는 데 매우 효과적이라고 밝혔다([그림 5-2]).

당신에게 운동을 더 하는 것이 얼마나 중요합니까? 당신은 0부터 10 중에 선택할 수 있습니다. 0은 "전혀 중요하지 않다"이며 10은 "그 무엇보다 가장 중요하다"를 나타냅니다.

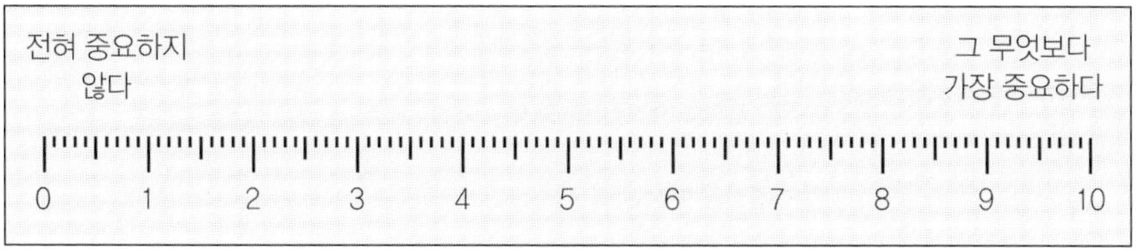

[그림 5-2] 중요성 척도

변화의 필요성에 왜 더 높은 점수를 부여하지 않는지 환자에게 말하고 싶은 욕구를 참으라. 건강한 행동의 변화가 중요하다는 사실을 누군가에게 납득시키는 것은 지극히 자연스러워 보인다. 하지만 만약 양가감정이 있는 사람이라면, 환자는 당신의 그러한 말에 대해서 반박할 이유를 찾게 될 것이고, 그렇게 되면 유지 대화를 더 강화하는 결과를 초래한다. 이러한 위험을 피하기 위해서는 왜 변화의 필요성에 대해서 더 낮은 점수를 선택하지 않고 지금 점수를 선택했는지에 대해서 물어보면 된다. "당신은 변화의 필요성에 대해서 2점이라고 했어요. 1점이 아닌 2점을 선택한 이유가 있나요?" 그러면 환자는 변화 대화를 더 하는 방식으로 반응하게 될 것이다. 만약 어떤 사람이 0점을 선택한다면, 현재로서는 양가감정이 없다고 볼 수 있다. 그러므로 당신은 현재 상황의 현실적인 면과 환자의 인식 사이에 불일치감을 더 키울 필요가 있다. "어떻게 하면 지금의 숫자 0에서 2로 갈 수 있을까요?" 동기 유발하기에 대해서 뒤에서 더 자세히 다루게 되겠지만, 더 높은 변화의 가능성을 보장하기 위해서는 점수를 매긴 이후에 이어지는 과정들이 중요하다. 이러한 방법은 환자가 변화의 필요에 대해 10점을 주지 않는 한, 언제든지 사용할 수 있다.

극단적인 질문하기

저항 행동을 했을 때 발생할 수 있는 가장 최악의 결과와 변화 행동을 했을 때 발생할 수 있는 최선의 결과에 대해서 탐색해 보는 것은 변화 대화를 이끌어 낼 수 있는 또 한 가지 방법이다. 이러한 질문은 다른 사람이 변화에 대해 설득하는 것을 듣기보다는 환자가 스스로 변화에 대해 생각하고 변화를 이루어 나가는 또 하나의 방법이라고 할 수 있다.

과거를 돌아보기 또는 앞날 예상하기

해로운 행동을 시작하기 전의 생활에 대해서 회상하는 것은 현재와 변화 이후의 불일치감에 초점을 맞추는 효과를 주게 되어 변화 대화를 촉진하게 된다.

당신이 과거에 운동을 열심히 했던 이유는 무엇인가요?

매일 술을 마시기 전에 당신의 삶은 어떠했습니까?

만약 건강한 행동이 과거에 가능했다면, 현재도 할 수 있을 것이다. 만약 다른 사람의 반응을 통해 현재보다 더 악화될 상황이 강조된다면, 해로운 행동을 시작한 이후로 진행된 상황에 대해 다시 초점을 맞춰 볼 수 있을 것이다.

앞으로 펼쳐질 밝은 미래에 대해서 마음속으로 그려 보는 것은 변화 대화에 도움이 된다. 누군가는 해로운 행동을 계속 했을 때, 자신의 미래가 얼마나 끔찍할지 상상해 볼 수도 있다. 예를 들어, 당신이 "당신이 담배를 끊는다면, 당신의 앞으로의 삶이 얼마나 달라질까요?"라고 물어볼 수 있다. 이렇게 미래를 그려 보는 방법은 극단적으로 물어보기 방법과 유사하지만, 단순히 가장 좋은 시나리오대로 흘러갔을 경우를 상상하는 것이 아니라, 현실적인 면을 충분히 생각하고 고려해야 하는 면에서 차이가 있다.

자신감을 유발하고 강화하기

이제까지 언급한 여러 유발하기 방법들은 개인의 변화 자신감과 동기가 둘 다 어느 정도 존재할 경우에 효과적이다. 그러나 그러한 경우가 아니라면 어떻게 해야 할 것인가? 만약 환자가 양가감정은 어느 정도 극복했으나 실제로 변화를 실행할 자신감이 없다면 어떻게 할 것인가? 실제 임상에서는 이러한 상황을 종종 만날 수 있다. 변화의 중요성에 대해 잘 알고 있다 할지라도, 실행할 자신감이 없다면 변화의 가능성은 낮아지게 된다. 변화를 실행할 자신감이 없는 경우 자신감을 끌어내고 강화시킬 수 있는 방법들에 대해서 알아보도록 하겠다.

열린 질문하기: 자신감 대화

'반응하기' 섹션의 '변화 대화'에서 앞서 언급한 것처럼, 열린 질문하기는 더 깊이 있고 상세한 반응을 이끌어 낼 수 있는데, 이를 통해 의미 있는 부분을 발견할 기회가 더 많아지게 된다. 예를 들어, "당신은 어떠한 문제가 발생할 것이라고 예상하나요? 그리고 그러한 문제를 어떻게 극복해 나갈 수 있을까요?"라고 질문해 볼 수 있다. 자신감은 정신적인 준비를 통해 더 강화될 수 있다. 또한, 반영적인 언어로 반응하면 막 발생한 자신감을 더 강화시키는 데 도움이 된다.

변화 능력에 대한 자신감 수준 결정하기: 자신감 척도

변화의 중요성에 대해 물어보는 것과 마찬가지로, 변화 능력과 관련된 자신감에 대해 물어보는 것은 강력한 동기부여가 될 수 있다. 이러한 질문들은 그 이후의 여러 반응을 통해 변화 대화로 이끌어 갈 수 있는 환경을 조성하는 데 도움이 된다.

자신감 척도([그림 5-3])는 환자의 변화 능력에 대한 자신감 수준을 결정하는 데 사용될 수 있고, 중요성 척도는 변화 중요성의 정도를 평가하는 데 사용할 수 있다.

당신은 운동을 더 많이 할 수 있다고 얼마나 자신합니까? 당신은 0부터 10중에 선택할 수 있습니다. 0은 "전혀 자신 없음"이며 10은 "아주 자신 있음"을 나타내는데, 이 10점 척도 선상에서 당신은 어디에 있다고 말하시겠습니까?

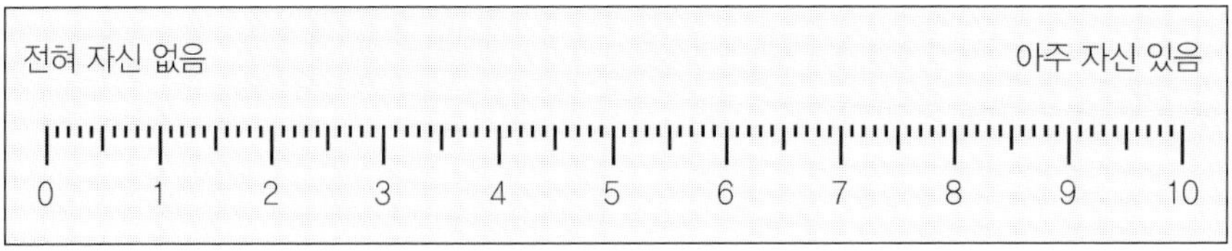

[그림 5-3] 자신감 척도

자신감 척도에는 중요성 척도에 적용되었던 것과 마찬가지의 규칙이 적용된다. 왜 더 높은 자신감 점수를 선택하지 않았는지 묻기를 자제하고 그들에게 그들이 인식하고 있는 것보다 실제로 더 많은 자신감을 가지고 있다고 알려 주고 싶은 욕구를 참아야 한다. 이러한 욕구가 생기는 것이 당연하지만, 위와 같이 반응하게 되면 환자는 당신의 그러한 말에 대해서 반박할 이유를 찾게 될 것이고, 그렇게 되면 유지 대화를 더 강화하는 결과를 초래한다. 이러한 위험을 피하기 위해서는 왜 더 낮은 점수를 선택하지 않고 지금 점수를 선택했는지에 대해서 물어보면 된다. "당신은 당신의 자신감이 3점이라고 했어요. 1점이 아닌 3점을 선택한 이유가 있나요?" 그러면 환자는 더 변화 대화를 하는 방식으로 반응하게 될 것이다. 만약 어떤 사람이 0점을 선택한다면, 현재로서는 양가감정이 없다고 볼 수 있고, 동기가 필요한 상황이라고 할 수 있다. "어떻게 하면 지금의 숫자 0에서 2로 갈 수 있을까요?" 앞서 중요성 척도에서 언급한 것처럼, 이러한 방법은 환자가 변화 자신감에 대해 10점을 주지 않는 한, 언제든지 사용할 수 있다.

과거 성공 경험 돌아보기

단순히 과거의 성취에 대해 회상하는 것만으로도 숨겨져 있던 자신감을 불러일으키는 데 큰 도움이 된다. 대부분의 경우, 자신의 인생 어느 시점에서는 어떤 방식으로든지 어려움을 극복한 경험이 있다. 성공 능력에 대해 그들에게 상기시키는 것은 변화를 위한 또 하나의 방법이 될 수 있다. "당신은 5km나 달렸어요. 어떻게 그렇게 한 거죠?" 과거의 성취에 대해서 더 많이 얘기할수록, 변화 능력에 대해서 더 많이 인식할 수 있게 된다.

가상적 대화

가상적인 장면에 대해 이야기하게 되면 현실의 여러 제약에서 벗어나서 자유롭게 대화를 해 볼 수 있다. 단순히 말해서 "만약 ~라면 어떻게 될까요?"와 같은 방식으로 말해 볼 수 있는데, 이렇게 하면 각종 한계에서 자유롭게 되어 이전에 할 수 없었던 새로운 생각을 해 볼 수 있게 된다("만약 당신이 지금처럼 바쁘지 않다면, 당신은 얼마나 더 건강한 식사를 할 수 있을까요?"). 장애물을 제거하는 것은 창의성을 고취시키며, 자신감이 없는 사람에게 특별한 능력과 권한(empowerment)이 있는 것 같은 느낌을 줄 수 있다.

동기 찾기

이 방법은 적극적으로 변화를 고려하는 사람들에게 효과적이다. 그러나 만약 변화를 고려하고 있지 않은 사람이라면, 이 방법은 효과적이지 않다. 그러므로 우리는 어떻게 실제적인 양가감정을 유발할 것인지에 대해서 논의해야 할 것이다.

불일치감 키우기

불일치감을 키우는 것은 변화를 향한 동기를 끌어내기 위한 핵심 요소이다. 환자가 가지고 있는 생각과 실제 삶을 비교하는 현실 검사 방법(reality testing)을 통해서 불일치감을 키울 수 있다. 실제 삶에서는 특정 행동을 선택하게 되면 반드시 어떤 결과가 뒤따른다. 이러한 결과를 강조하는 것은 환자가 스스로를 평가해 볼 수 있도록 만든다.

환자: 나는 항상 패스트푸드를 먹어요.

의사: 당신은 건강이 당신에게 중요하다고 말했어요. 그러나 당신이 먹는 음식을 보면 꼭 그런 것 같지는 않네요.

정보 교환하기

정보를 제공함으로써 동기를 강화하려는 시도는 역효과를 낳을 수 있는데, 환자가 이미 그 정보를 알고 있을 경우 특히 그러하다. 그러므로 먼저 환자가 무엇을 알고 있는지 단순히 물어보는 것이 더 좋은 방법이다. 그렇게 하면, 당신은 불필요한 지식을 제공하지 않을 수 있다. 또한 환자가 가진 부정확한 정보에 대해 알려 줄 수도 있는데, 대부분의 해로운 결정은 이러한 부정확한 정보를 기반으로 한다.

환자: 저는 이제 더 이상 약을 먹지 않아요. 그 약이 효과가 없거든요.

의사: 그 약에 대해서 알고 있는 것을 말씀해 보시겠어요?

환자: 저는 불안할 때면 그 약을 먹어요. 하지만 말씀 드렸듯이, 효과가 없어요.

의사: 그 약이 어떻게 하면 효과가 있을지 제가 좀 설명해 드려도 될까요?

환자: 네.

의사: 그 약은 효과가 나타나기 위해서 시간이 좀 걸린답니다. 최소 4주 이상을 꾸준히 매일 먹어야 가장 좋은 효과가 나타날 수 있어요. 혹시 그 부분에 대해서도 알고 계셨는지 모르겠네요.

환자: 그 부분에 대해서는 잘 몰랐어요.

의사: 이제 알게 되었으니, 4주 이상 이 약을 꾸준히 드셔 보는 건 어떨까요?

조언을 해 주어도 될지 미리 허락을 구하면, 이후에 발생할 수 있는 불협화음을 예방할 수 있다. 정보를 교환하는 과정에서 대립하는 느낌을 최소화하기 위해서는 상대의 말에 반응할 때 '사실은', '실제로는'이라는 단어를 사용하지 않는 것이 좋다. 일단 정보를 제공하고 나면, 변화의 가능성을 높이기 위해 그에 대한 약간의 해석을 함께 해 볼 수 있다.

다른 사람의 우려에 대해서 탐색하기

다른 사람의 우려에 대해서 탐색하는 것은 동기를 유발하기 위해 매우 좋은 방법이다. 정보 교환하기와 마찬가지로 다른 사람들의 인식을 이용하는 것은 사람 간의 불협화음과 방어적인 태도의 가능성을 낮출 수 있다.

의사: 당신의 음주 습관에 대해서 당신의 아내는 뭐라고 하나요?

환자: 아내는 제가 술도 너무 많이 마시고 살도 많이 쪘다고 말해요.

이러한 방법은 변화의 이유들을 드러냄으로써 대화를 할 수 있도록 만든다. 만약 환자가 이러한 이유들을 인정하게 되면, 변화의 긍정적인 점에 대해서 발견하게 된다.

동기강화상담에서 유발하기 사용의 예시

환자: 오늘 아침에 숙취가 있었어요.

의사: 당신은 어젯밤에 술을 마셨고, 오늘 아침에 숙취를 느꼈군요. [반영하기]

환자: 저는 매일 밤 술을 마시지만, 주량이 센 편이라 대부분 괜찮았어요.

의사: 숙취는 조절하기가 힘들 텐데요. [불일치감 만들기]

환자: 맞아요……. 오늘 정말 힘드네요.

의사: 술 마시기 전에는 어떤 취미를 가졌었나요? [과거를 돌아보기]

환자: 글쎄요. 운동을 더 많이 했던 것 같아요.

의사: 운동을 정말 즐겨 하셨군요. [반영하기]

환자: 네, 거의 매일 헬스장에 가다시피 했으니까요.

의사: 매일 운동을 하다니, 정말 대단하네요. [인정하기]

환자: 하지만 이제는 더 이상 그렇게 할 수 없을 것 같네요.

의사: 숙취가 있는 상태에서는 운동하기가 쉽지 않을 수 있겠네요. [방향 틀어 동의하기]

환자: 하지만 늘 숙취가 있는 건 아닌데요? [말 끊기]

의사: 늘 숙취가 있다고 들렸다면 미안해요. 저는 단지 당신이 술을 조금 줄이면 운동을 더 할 수 있지 않을까 하는 생각이 들었어요. [사과하기, 방향 바꾸기]

환자: 음, 아마도 그렇겠죠.

의사: 당신이 하고 싶은 것이 있나요? [닫힌 유발적 질문하기]

환자: 글쎄요. 아마 있겠지요. 그런데 저는 그렇게 술을 많이 마시지는 않아요. [최소화하기]

의사: 당신은 운동을 더 할 수 있는 열망과 능력이 있는 것 같은데요. 신체 활동에 대해 어떻게 생각하나요? [방향 바꾸기, 열린 유발적 질문하기]

환자: 신체 활동은 중요하죠. 저희 가족 중에 심장 질환을 가진 사람들이 있거든요.

의사: 당신은 이제까지 대화에서 운동을 더 하고 싶다고 하였고, 과거에는 운동을 많이 했다고 언급하셨어요. 또한 심장질환 가족력 때문에 운동을 하는 것이 매우 중요하다고 말씀하셨습니다. [요약하기]

핵심 포인트

▶ 여러 종류의 변화 대화를 기억하기 위해 각각의 머리글자를 따서 'DARN CAT'로 쉽게 외워 볼 수 있다.

- 열망(Desire)
- 능력(Ability)

- 이유(Reasons)
- 필요(Need)
- 결심공약(Commitment)
- 실행활성화(Activation)
- 실천하기(Taking steps)

▶ 변화 대화를 강화하고 촉진하는 반응하기 기술을 OARS로 외우면 쉽다.

- 열린 질문하기(Open question)
- 인정하기(Affirming)
- 반영하기(Reflecting)
- 요약하기(Summarizing)

▶ 인지하기

- 양가감정
- 변화 대화(변화준비언어[DARN]/변화실행언어[CAT])
- 유지 대화(DARN CAT)
- 불협화음(방어, 공세 취하기, 말 끊기, 이탈)

▶ 반응하기

- 변화 대화(OARS 기법 사용)
- 유지 대화(반영하기, 전략적으로 반응하기)
- 불협화음(반영하기, 전략적으로 반응하기, 사과하기, 인정하기, 방향 바꾸기)

▶ 유발하기

- 변화(유발하는 질문 사용하기, 중요성 척도 사용하기, 극단적인 질문하기, 과거를 돌아보기 또는 앞날 예상하기)
- 자신감(자신감 대화, 자신감 척도, 과거 성공 경험 돌아보기, 가상적 대화)
- 동기 찾기(불일치감 키우기, 정보 교환하기, 다른 사람의 우려에 대해서 탐색하기)

▶ 각각의 머리글자들과 개념을 시각적으로 형상화한 것을 기억한다면 동기강화상담의 핵심적인 부분들을 잘 기억할 수 있을 것이다.

▶ 척도는 개념을 형상화한 것으로, 변화 대화를 유발하는 데 유용하게 사용할 수 있다. 0부터 10까지 있는 척도를 상상해 보라. 그리고 환자에게 변화의 중요성을 점수로 나타내 보도록 한다. 어떤 점수를 선택하든, 그들에게 왜 더 낮은 점수가 아닌 그 점수를 선택했는지 물어보고 그들이 하게 될 변화 대화를 반영해 보라. 만약 0점을 선택했다면, 어떻게 하면 더 높은 점수로 바뀔 수 있을지 물어보라. 이러한 방법은 자신감을 유발하는 데도 똑같이 적용해 볼 수 있다.

연습문제

1. 다음 유발하기 질문 중 가장 변화 대화를 잘 이끌어 낼 수 있는 질문은?

A. 당신은 왜 매일 술을 마시나요?
B. 당신은 왜 술을 끊지 않나요?
C. 무슨 생각을 하고 있는 건가요?
D. 술을 마셔서 안 좋은 점은 무엇인가요?

2. 유지 대화를 하고 있는 사람에게 어떻게 반응하는 것이 가장 적절한가?

A. 관점 재구조화하기
B. 인정하기
C. 맞서기
D. 이탈하기

3. 다음 중 대인 불협화음을 더 악화시킬 수 있는 것은?

A. 사과하기

B. 인정하기

C. 맞서기

D. 방향 바꾸기

4. 다음 중 유지 대화로 이끌 가능성이 가장 큰 반응의 종류는?

A. 반영하기

B. 닫힌 질문하기

C. 인정하기

D. 요약하기

5. 다음 중 변화실행언어의 예시로 적절한 것은?

A. 변화에 대한 열망

B. 변화의 이유

C. 변화의 능력

D. 변화를 위한 결심공약

• 참고문헌 •

Amrhein PC: The comprehension of quasi-performance verbs in verbal commitments: New evidence for componential theories of lexical meaning. Journal of Memory and Learning 31:756-784, 1992

Butler CC, Rollnick S, Cohen D, et al: Motivational consulting versus brief advice for smokers in general practice: a randomized trial. Br J Gen Pract 49(445):611-616, 1999

Miller WR, Rollnick S: Motivational Interviewing: Helping People Change, 3rd Edition. New York, Guildford, 2013

학생 시절 회상

Anil Rengan
럿거스 뉴저지 주립대학 의과 대학원 4학년

다른 사람들의 동기를 끌어내는 행위는 변화 자체를 촉발시키는 것보다 더 중요하다고 할 수 있다. 동기를 끌어내기 위해서는 의료 면담을 역동적 경험으로 간주하고, 다양한 기법을 사용하여 개인이 자신을 조정해 나갈 준비가 되었는지 평가하는 의사소통이 이루어져야 한다. 나는 열린 유발적 질문하기와 가상적 대화를 사용하여 환자들이 스스로를 표현하도록 하였다. 언어적이나 비언어적으로 주어진 정보 모두 그들의 양가감정과 변화 단계를 파악하는 데 유용하였다. 초기 면담은 환자의 경과를 추적하는 데 있어서 지표가 되는 틀을 형성하는데, 중요성과 자신감 척도는 환자의 열망과 능력을 다시 평가할 때 효과적으로 사용될 수 있다. 성공을 향한 각각의 단계에서 인정하기, 반영하기, 관점 재구조화하기와 같은 방법들을 사용할 수 있는데, 이 방법들은 환자들에게 자신감을 심어 주고, 또한 지지자로서의 의사의 역할을 상기시켜 주는 역할을 한다.

나는 종종 삶의 변화를 강력히 거부하는 환자들과 대화를 할 때 말문이 막혀 버리곤 한다. 이에 대응하기 위해 '방향 틀어 동의하기'를 시도하거나, 환자의 태도를 비난하지 않고 방향 바꾸기를 하려고 시도할 수 있을 것이다. 나는 또한 환자들이 나의 질문에 방어적으로 반응할 때면 사과하는 것을 불편하게 여기지 않으려고 해야 할 것이다. 계속 노력하다 보면, 이러한 전략들을 더 사용하기 쉬워질 것이고 자연스럽게 사용할 수 있을 것이다.

환자들의 동기를 강화하는 것은 변화의 등대로서의 의사의 역할을 더욱 공고히 한다는 면에서 매우 중요하다. 의료 전문가로서, 우리는 환자들이 더욱 건강해지는 과정에서 끊임없는 격려와 도움을 줌으로써 그들이 혼자가 아니라는 사실을 깨닫도록 해야 할 것이다.

제6장

계획하기

Noah Capurso, M.D., M.H.S.

목적 없는 계획은 그저 바람에 지나지 않는다.

—Antoine de Saint-Exupéry

준비에 실패하는 것은 실패를 준비하는 것이다.

—Benjamin Franklin

어디로 갈 것인지를 모르고 있다면, 당신은 결국 다른 어디엔가에 위치하게 된 것이다.

—Yogi Berra

동기강화상담을 계획하는 과정은 환자가 변화에 대해 단순히 말하는 것에서 변화를 시행하는 방향으로 마음먹도록 이행하는 단계이다. 신중하게 세운 계획을 실행하게 되면 성공적이며 지속적인 변화를 달성할 확률이 높아진다. 계획 과정에서는 의사와 환자가 협력하여 단계적으로 명확한 계획을 수립하게 되는데, 그 계획은 환자가 실행할 수 있는 수준이어야 한다. 이 장에서는 계획 수립 시점을 인지할 수 있는 전략과 그 계획에 대해 생산적으로 협력하기 위한 권고 사항 및 성공적인 변화 계획의 요소들에 대해 알아볼 것이다.

계획하기와 동기강화상담

계획하기는 동기강화상담의 관계 형성하기, 초점 맞추기, 유발하기에 이은 네 번째 과정이며, 이들이 반드시 일직선상에서 차례대로 일어나는 것은 아니지만, 이 중 마지막 과정이라고 할 수 있다. 다른 세 과정을 통해 나타난 변화 대화는 계획하기 과정을 거치면서 더욱 공고해지며 실제적인 단계적 변화 계획으로 바뀌게 된다. 변화 계획은 변화를 실제로 실행할 때 환자를 인도하는 지침이라고 할 수 있다. 계획하기 과정에는 현실적이고 효과적인 변화 계획을 함께 만들어 보고, 그 계획을 실행할 수 있도록 격려해 주는 작업을 포함하고 있다. 계획하는 과정에서 차질이 생기는 경우도 종종 있는데, 이럴 때는 동기강화상담의 다른 세 과정으로 다시 돌아가는 것도 도움이 된다.

동기강화상담의 네 가지 과정 중에서 계획하기는 동기강화상담을 적절하게 사용하였을 때 반드시 필요하지 않은 유일한 과정이다. 동기강화상담에서 환자에게 관계 형성하기, 초점 맞추기, 유발하기 과정은 반드시 필요한 데 반해서, 공식적인 계획하기 과정이 시작되기도 전에 환자가 스스로 큰 변화에 착수하는 경우를 종종 접할 수 있다. 때때로, 환자는 궁극적인 목적을 달성해 버리기도 하는데, 이러면 계획하기 과정이 필요 없게 된다. 그러나 대부분의 일반적인 경우, 계획하기 과정은 환자의 실질적이고 의미 있는 변화 달성을 도와주는 중요하고 필수적인 단계이다.

동기강화상담의 다른 세 과정 같이, 협력적인 정신을 유지하는 것은 핵심적인 열쇠이다. 환자는 아마도 끊임없이 양가감정을 나타낼 것인데, 이때 계속해서 들어주고 변화 대화를 끌어내는 것이 계획하기 과정의 근본적인 요소이다. 또한 타이밍도 매우 중요하다. 환자가 준비되었다는 조짐이 보일 때,

적절한 시점에 유발하기에서 계획하기로 넘어가는 것은 성공적인 변화의 가능성을 극대화한다(Hettema et al., 2005). 사실 매뉴얼화된 동기강화상담 프로토콜 중 유발하기에서 준비하기로 넘어가는 시점이 일률적이고 표준화되어 있는 것보다는 환자와 의사가 함께 그 시점을 융통성 있게 결정할 수 있도록 한 프로토콜이 더 효과적으로 보인다(Amrhein et al., 2003). 의사(혹은 환자)가 너무 조급하게 계획하기 과정으로 뛰어들게 되면 성공 확률이 떨어지게 될 위험성이 있다.

계획하기의 타이밍

Miller와 Rollnick(2013)은 환자가 유발하기에서 계획하기 과정으로 이동할 준비가 되었는지 알 수 있는 두 가지 방법에 대해서 언급하였다. 그것은 바로 준비 신호와 반응 살피기이다.

준비 신호

준비 신호에서 의사는 귀를 기울여 들으면서 변화 대화를 하는 빈도와 변화 대화 자체의 강도 및 특성에 대해 평가하게 된다. 계획하기 과정으로 이행할 수 있는 첫 번째 단서는 변화 대화의 빈도가 증가하는 것이다. 환자의 말을 듣는 동안, 의사는 변화준비언어(변화에 대한 열망, 능력, 이유, 필요)와 변화실행언어(결심공약, 실행활성화, 실천하기)를 집중해서 들어야 한다. 준비 및 변화실행언어 둘 다 중요하지만, 변화실행언어가 변화를 함축하는 더 강한 표현이라고 볼 수 있으며, 환자가 변화에 준비되었는지를 더 잘 나타낸다고 할 수 있다. 그러므로 의사는 변화실행언어에 특별히 더 관심을 가지고 지켜보아야 한다.

또한 저항의 빈도가 줄어드는 것 또한 환자가 계획하기로의 이행 준비가 된 것을 나타내는 징후가 될 수 있다. 저항이 아예 없어지는 경우는 흔하지 않다. 보통은 변화 대화와 저항의 비율이 변화 쪽으로 증가할 때, 의사는 환자가 계획하기 과정으로 넘어갈 준비가 되었다는 사실을 눈치 채기 시작한다. 변화 계획 수립에 대한 마음의 준비를 절대적으로 판단할 수 있는 변화 대화/저항의 비율이나 특별한 역치 값이 정해져 있는 것은 아니다. 언제 그 지점에 도달했는지에 대해서는 전적으로 의사의 판단에 달렸다. 환자 개인의 스타일과 변화에 대한 고려 방식을 참고하는 것은 변화에 대한 준비도를 평가하는 데 매우 중요하다.

환자가 계획하기 단계로 접어들 준비가 되었다고 볼 수 있는 또 다른 단서는 바라던 변화가 이루어진 미래를 상상하기 시작하는 것이다. 환자는 변화 이후의 삶에 대한 희망과 걱정을 섞어 실제적인 질문을 시작할 것이다. 예를 들어, 술 끊기를 시도하는 환자는 "제가 만약 술을 사지 않는다면 얼마나 돈을 아낄 수 있을까요?"와 같은 희망적이고 실질적인 질문을 할 것이다. 반대로, 환자는 "친구들과 함께하는 술자리에서 게임을 할 때, 나는 어떻게 해야 할까요?"와 같은 질문으로 걱정을 표현할 수도 있다. 두 가지 종류의 질문 모두 고무적이라고 할 수 있다. 후자의 질문이 저항같이 들릴 수 있다. 그러나 실제로 그것은 환자 자신이 성취하고 유지하게 될 변화가 앞으로의 인생에 어떤 의미가 있을지에 대해 자세히 살펴보기 시작하는 하나의 징후이다.

이와 유사하게, 변화가 준비된 환자는 어떻게 변화를 이룰지에 대해서 매우 실제적인 질문을 시작하게 될 것이다. 일상적인 질문이라도 질문이 더 구체적일수록 환자의 계획하기에 대한 준비도는 더 높다고 볼 수 있고 변화를 시행해 나갈 가능성도 높아진다. 예를 들어, "제가 담배를 끊으면 더 기분이 좋아질까요?"와 같은 질문보다는 "니코틴 껌을 살 수 있는 가게가 근처 어디에 있습니까?"와 같은 더 구체적인 질문이 변화에 대한 준비가 더 되었음을 암시한다. 두 질문 모두 환자가 금연을 생각한다는 것을 나타내지만, 후자처럼 더 구체적인 질문은 환자가 단순히 금연을 생각만 하는 것이 아니라 니코틴 대체요법과 같은 특정한 전략에 대해 궁금해하며 그 전략을 실행하기 위한 방법을 알고 싶어 한다는 것을 나타낸다.

마지막으로, 계획할 준비가 된 환자들은 스스로 작은 시도라도 시작해 보는 경향이 있다. 그들의 목표가 금연이라면, 집에서는 담배를 피우지 않거나 담배대신 니코틴 껌을 사용하는 식의 금연시도를 이미 시작했을지도 모른다. 금주를 시도하는 사람은 무알코올 음료를 대신 사용하거나 알코올 함량이 낮은 음료를 선택하는 방식의 시도를 했을 수도 있다. 이러한 시도들은 환자가 이미 변화 계획을 수립하고 실행하기 시작했다는 것을 보여 준다. 구체적이거나 온전하지는 않다 할지라도, 이러한 시도들을 알아채고 격려하는 것은 그들이 변화를 향해 나아가는 데 큰 도움이 된다.

경청할 준비가 되었다는 징후

- 변화준비언어
- 변화실행언어
- 저항 빈도 및 강도의 감소
- 변화를 성취하기 위한 실제적인 질문
- 변화 이후의 미래에 대한 실제적인 질문
- 변화를 위한 작은 시도

반응 살피기

여러 가지 징후들을 고려했을 때, 환자들이 이제 계획하기로 접어들어도 될 것 같이 보인다면 반응을 살피면서(testing the water) 준비의 정도를 평가하고 계획하기로 이행하기 위한 무대를 만들어 주는 것이 좋다. 이는 지금까지 들었던 모든 변화 대화의 내용들을 요약하여 알려 주고, 다음 과정으로 진행해 나가는 방법에 대해 핵심 질문을 함으로써 달성된다. 핵심 질문에 대한 환자의 반응은 계획하기로 넘어갈 준비가 되었는지에 대한 지표가 될 것이다.

요약을 할 때(혹은 요점을 되풀이할 때)는 치료 전반에 걸쳐 나타난 환자의 강력한 변화 대화를 포함시켜야 한다. 저항에 대한 내용 혹은 변화에 반대하는 이유를 포함하여 요약하는 것은 가능하면 피해야 한다. 요약의 목표는 변화에 대한 환자의 논쟁을 모두 포함시키는 것이다. 이렇게 요약된 말들은 이제까지 이루어 온 과정을 균형 잡힌 시각으로 바라보고 혹시나 잊어버렸을지 모르는 중요한 변화 대화를 다시 상기시켜 주는 수단이 된다. 요약된 말들은 여기저기 흩어져 있던 변화 대화를 의사가 잘 엮은 일종의 '부케'의 개념으로 생각할 수 있다. 또한 부케의 줄기들은 변화를 지지하는 이유들이라고 생각할 수 있다.

요약해서 말해 준 후에는 환자가 그것을 잘 소화할 수 있도록 잠깐 시간을 주고, 그 후에 어떻게 진행해 나가는 것이 가장 좋을지에 대해 핵심 질문을 하는 것이 좋다. 변화의 이유들을 제시한 직후에 핵심 질문을 하는 것이 중요한데, 그것은 변화의 무대를 만들고 마음의 문을 열어 환자가 변화를 향한 구체적이고 의미 있는 진전을 원한다고 말할 수 있도록 한다. 또한 환자가 아직 기꺼이 계획하기로 들어갈 준비가 되지 않았을 가능성을 열어 놓고, 그러한 상태를 반영해서 환자가 직접 볼 수 있도록 도와준다.

반응 살피기의 예

금연을 시도하는 환자를 위한 반응 살피기는 다음과 같이 진행될 수 있다.

"지금까지 함께 진행해 온 과정 속에서 당신은 금연을 위해 상당한 논쟁을 해 왔습니다. 당신은 주치의가 당신의 만성폐쇄성폐질환 병력 때문에 금연이 매우 중요하다고 경고한 사실을 언급했습니다. 당신은 산소통에 의지해서 살고 싶지 않다고 했습니다. 당신 가족은 담배를 끊으라고 자주 잔소리를 하였고, 당신은 가족들 모임에서 그것 때문에 화가 나고 낙담하며 난처하기도 했습니다. 마지막으로, 담뱃값이 오르면서 경제적 비용이 부담되었다는 사실도 언급했습니다. 그때 당신은 담배에 쓴 돈이 매월 자동차에 들어가는 돈보다 크다고도 언급했습니다. 당신은 이미 매일 한 갑에서 반 갑으로 담배를 줄여 왔고, 완전히 금연하기 위해 최선을 다하고 있다고 말했습니다."

이제 환자에게 잠깐의 시간을 줘서 방금 언급된 변화 대화들을 마주하고, 그것의 결과에 대해 생각해 볼 수 있도록 한다. 충분히 생각할 시간을 가진 후 의사는 핵심 질문을 하게 된다.

"이 모든 것을 들어 보고 나니, 더 진행해 보는 것에 대해 어떤 생각이 드나요?"

환자가 핵심 질문에 대해 변화 목표를 향해 더 전진해 보고 싶다고 대답하면, 이제는 본격적으로 변화 계획을 세워 볼 때가 된 것이다.

변화 계획하기

변화 계획은 최종적인 변화 목표를 달성하기 위해 단계별 과정들을 보기 쉽게 펼쳐 놓은 지침이라고 할 수 있는데, 이는 환자와 의사가 함께 협력하여 만들게 된다. 성공 확률을 극대화할 수 있는 구체적인 특성들과 그러한 변화 계획들을 만들기 위한 방법이 존재하지만(이 장의 후반부에 언급할 것이다.), 의사가 계획하는 과정에서 수용적이고 열린 마음을 유지하는 것이 무엇보다 중요하다.

변화 대화에 귀 기울이기

최고의 변화 계획은 환자로부터 비롯된 전략을 가장 우선적으로 포함한다. 의사는 환자의 허락하에 몇 가지 제안은 해 볼 수 있겠지만, 스스로에 대한 전문가는 환자 자신일 수밖에 없고, 결국 어떤 전략이 가장 성공 확률이 높은지 예측할 능력은 환자 자신에게 있다. 그러므로 환자가 특정한 행동이나 능력에 대한 변화 대화를 할 때, 그것을 경청하는 것이 특히 중요하다. 예를 들어, 코카인을 사용하지 않고 맨 정신을 유지하고 싶은 환자는 "나는 내

휴대전화에서 아는 모든 딜러들의 전화번호를 지울까 해요. 그래야 코카인을 사용하고 싶을 때, 그들에게 전화해서 코카인을 얻는 것을 막을 수 있으니까요."라고 말할 수 있다. 의사는 나중에 변화 계획을 세울 때, 그러한 말을 상기하도록 할 것이다. 바로 이러한 구체적인 변화실행언어를 통해 효과적인 변화 계획을 세워 나가게 된다.

의사가 할 일은 환자로부터 변화 계획을 끌어내는 것이지만, 계획 과정에서 상대적으로 작고 명확한 움직임을 하도록 인도해 주는 것도 유용할 수 있다. 변화 계획의 각 요소들이 구체적이면 구체적일수록 더 좋다. "나는 담배를 앞으로 5일 동안 매일 두 개비 이하로 필 거예요."와 같은 말은 "나는 앞으로 며칠 동안 담배를 어느 정도 줄여 나갈 거예요."보다 변화로 이어질 가능성이 높다. 계획이 구체적이고 실행 방법이 분명하면 위와 같이 특정한 의지를 담은 말들이 성공으로 이어질 확률은 높아지게 된다(Gollwitzer, 1999).

SMART 목표 설정하기

변화 계획을 만드는 데 있어서 유용한 도구로 SMART 목표라는 것이 있다(〈표 6-1〉). SMART 목표는 의료 및 경영의 다양한 분야에서 변화를 촉진하는 목표를 세울 때 사용해 왔다(Bovend'Eerdt et al., 2009). SMART는 구체적인(Specific), 측정 가능한(Measurable), 행동 지향적인(Action-oriented), 현실적인(Realistic), 시간제한 있는(Time-bounded)의 머리글자를 딴 것이다. 물론 SMART의 각 글자는 다른 단어들의 의미를 담을 때도 있으나(Rubin, 2002), 앞에 제시한 것은 그중 한 가지를 말하고 있는 것이다. 그러나 이들은 모두 동일한 개념을 함축하고 있다. 목표는 구체적이며 정량화할 수 있어야 하고, 이를 통해 그 목표가 달성되었는지 여부를 놓고 의사와 환자가 동의할 수 있어야 한다.

목표는 성취할 수 있을 만큼 현실적이어서 환자가 계획을 몸소 실천하였을 때 달성할 수 있는 것이어야 한다. 목표가 비현실적이게 되면, 성공에 이르기보다는 실패할 확률이 높아진다. 마지막으로, 목표를 달성하였는지 여부를 판단할 특정 시점에 대해 환자와 의사가 함께 정함으로써 시간의 제한을 두어야 한다.

여전히 "나는 앞으로 며칠 동안 담배를 어느 정도 줄여 나갈 것이다."와 같이 모호하게 말할 가능성이 있다. 이러한 말 속에도 변화 대화는 존재할 수 있으며 계획하기 단계를 진전시키기 위해 이용해 볼 수 있다. 이때, 변화를 향한 환자의 결심에 대해 칭찬하고 격려해 주는 것이 필요하다. 그러면 그 목표는 이후에 환자와 함께 다듬어서 더 SMART의 특성에 가까워지도록 만들 수 있다. 이어지는 질문으로 "몇 개비의 담배를 더 줄일 수 있을까요?"나 "당신의 목표가 잘 이루어졌는지 언제쯤 다시 살펴볼 수 있을까요?"와 같은 것들이 가능하다.

표 6-1 SMART의 변형의 예(Rubin, 2002)

S-구체적인(specific), 단순한(simple), 중요한(significant)

M-측정 가능한(measurable), 의미 있는(meaningful), 동기부여하는(motivating)

A-행동 지향적인(action-oriented), 실행 가능한(actionable), 수용 가능한(acceptable), 달성 가능한(achievable), 책임 있는(accountable), 합의된(agreed-upon), 할당할 수 있는(assignable)

R-현실적인(realistic), 재검토할 수 있는(reviewable), 보상 있는(rewarding), 결과 지향적인(result-oriented), 임무와 연관된(relevant to a mission)

T-시간제한 있는(time-bound), 실재하는(tangible), 시기적절한(timely), 시간의존적인(time-based), 정기적인(timed), 원하는 방향의(toward what you want), 진실한(truthful)

SMART 목표의 예

"나는 담배를 앞으로 5일 동안 매일 두 개비 이하로 피울 거예요."

구체적인(Specific): 흡연에 초점을 맞춤.

측정 가능한(Measurable): 매일 두 개비.

행동 지향적인(Action-oriented): 담배 피우지 않는 행동.

현실적인(Realistic): 이 경우는 환자의 상황에 따라 다를 수 있음.

시간제한 있는(Time-bounded): 5일 후에 재평가할 예정.

변화 계획을 강조하고 협력하기

때때로 환자는 공식적인 계획 과정을 시작하기 전에 변화 계획을 스스로 세우기도 한다. 예를 들어, 알코올 섭취를 줄이거나 끊으려고 하는 환자들은 이미 과거에 일정 기간 술을 마시지 않았던 적이 있다. 흡연자들은 이전에 금연을 했을지도 모른다. 이러한 경우, 금주/금연하기 위해 유효성이 입증된(tried-and true) 전략을 사용하는 것이 가장 좋은 방법일 수 있다. SMART 목표의 원리를 유지해 나가면서 계획의 구체적인 부분을 연마하고 지켜 나가는 것은 매우 유용하다. 이럴 때 의사의 역할은 환자가 계획을 실행할 수 있도록 지지해 주는 것이다.

더 흔한 경우는, 환자가 행동을 위한 체계적인 변화 계획 없이 진행 방법에 대한 아이디어 정도를 제시하는 경우로, 여러 뚜렷한 선택 경로가 보이는 경우이다. 이 경우 의사가 할 일은 여러 선택지에서 좋은 것을 가려내 주는 것이다. 궁극적인 목표를 뚜렷이 하고, 목표에 이르기 위해 필요한 작은 하위 목표들을 세우고, 각각의 선택에 대해 우선순위를 세우는 것 등을 **경로 설계(path mapping)**라고 하는데, 이는 앞의 과정에 매우 도움이 된다(Miller & Rollnick, 2013).

정보와 조언하기

변화 계획을 세우는 과정은 환자와 의사가 협력하여 이루어져야 한다. 그러나 여전히 의사가 환자에게 정보를 제공하고 조언을 할 수 있는데, 이 경우 반드시 동기강화 상담의 정신을 바탕으로 해야 한다. 정보 제공 및 조언하기가 잘 수용되기 위해 의사가 먼저 이런 것들을 제공해도 되는지 동의를 구해야 한다. 환자의 허락은 암묵적으로 이루어지기도 하고(정보와 조언을 환자가 먼저 요청하는 경우), 드러내 놓고 이루어지기도 한다(의사가 "당신에게 조언을 좀 해 봐도 될까요?"라고 물어보는 경우).

예를 들어, 알코올 남용 환자가 완전한 단주를 궁극적인 목표로 삼더라도 어디서부터 시작해야 할지 잘 모를 수 있다. 환자는 첫 시작에 술을 단계적으로 조금씩 줄여 나가야 하는지, 처음부터 많이 줄여야 하는지, 아니면 한번에 끊어야 하는지 궁금할 수 있다. 게다가 환자는 다른 약의 도움도 받는 것이 좋은지 혹은 심리사회적 중재만 받는 것이 좋은지에 대해 물어볼지도 모른다. 혹은 의료 세팅에서 AA(Alcoholic Anonymous) 같은 지지 집단 참여와 개인치료를 비교하는 여러 다른 연구를 접했을지도 모른다. 그런 환자들은 그 모든 선택지에 대해 동시에 고려하고 있을지 모른다.

여기서 목표는 환자에게 무엇을 하라고 직접 말해 주는 것이 아니다. 오히려 환자의 눈높이에서 각 선택지의 장단점에 대해 탐색하는 것이다. 환자가 어느 지점에서 시작해야 할지에 대한 어느 정도 감이 있는가? 환자의 선호는 무엇인가? 의사와 환자는 각 선택지를 순서대로 정리하여 목록을 만들게 되는데, 이때 어떤 계획으로 시작할 것인지 정해 보고, 그 계획이 뜻대로 되지 않았을 경우 어떻게 할 것인지 구체화할 수 있다.

때로는 환자들에게 변화 달성 방법에 대한 아이디어가 없을 수도 있다. 물질 남용 중이며 한 번도 그것을 끊어 보지 않은 환자는 약물을 끊기 위해 어떻게 시작할지 아예 모를 수 있다. 때로는 의사가 어떻게 해야 할지 명확한 길을 모르는 경우도 있다. 예를 들어, 신종 합성마약과 같은 물질 남용의 경우 충분한 근거를 기반으로 한 치료 방법이 아직 존재하지 않을 수도 있다. 이러한 경우, 의사와 환자는 여러 가지 변화 계획 선택지에 대해 함께 브레인스토밍할 수밖에 없다. 의사는 환자의 허락하에 정보를 제공하고 조언하며 함께 아이디어를 내게 된다. 일단 각 선택지의 목록이 만들어지면, 그 선택지를 순서대로 정리해서 가장 우선순위에 있는 것을 선택하게 된다(〈표 6-2〉).

변화 계획이 일단 마무리되면, 각 단계의 구체적인 사항들을 환자가 잘 이해하도록 하는 것이 매우 중요한데, 특히 계획하기 과정이 여러 회기에 걸쳐서 이루어졌을 경우 그 중요성은 더 커지게 된다. 계획을 단계적으로 다시 살펴보는 것은 각 요소들을 다시 상기할 수 있다는 면에서 유용하다. 계획을 공식적으로 함께 논의하는 것은 매우 중요한데, 환자가 각 단계의 전후 맥락과 앞으로의 진행될 사항에 대해 제대로 인식할 수 있기 때문이다(Tevyaw & Monti, 2004).

표 6-2 함께 변화 계획 세우기

만약	환자가 체계적인 계획을 가지고 있음.	환자가 계획에 대해 아이디어가 있음.	환자가 어떻게 시작해야 할지 모름.
그러면	지지하고 격려해 준다. 구체적으로 다듬는다. SMART에 맞게 목표를 유지한다.	경로를 설계(path mapping)한다. 목표를 분명히 한다. 각 선택지의 장단점을 탐색한다.	함께 브레인스토밍한다. 동의를 구한 후 조언한다.

변화 지속하기

계획 혹은 실행 단계와 같이 변화 목표를 향해서 나아가는 동안에도 환자의 결심이 약해질 수 있는데, 이는 자연스럽고 정상적인 것이다. 물질 사용자의 재발이나 물질 사용을 중단하기까지 생각보다 느리게 진행되면 맥이 빠질 수 있다. 이때는 결심한 마음이 시들해지는 시기이며, 동기를 결심으로, 결심을 변화를 위한 행동으로 변화시킬 것을 목표로 삼아 환자의 결심을 다시 강화할 수 있는 기회가 된다.

실행의도 이해하기

의사가 계속 지지해 주고 변화실행언어를 장려하는 것은 매우 중요하다.

이상적으로는 치료 과정 중에 환자가 실행의도를 나타낼 것인데, **실행의도**란 변화 성공과 강력하게 연관된 변화실행언어의 형태라고 볼 수 있다. 실행의도를 표현하는 말은 두 가지 요소로 구성되어 있는데, 이 두 가지는 구체적인 행동 완료 의도에 대한 표현 자체와 그 표현을 다른 사람에게 한다는 사실이다(Gollwitzer, 1999; Rise et al., 2003). 실행의도의 내용에 다른 사람을 관여시키면, 그것이 일종의 다른 사람의 도움을 받는 것이기 때문에 그 의도에 대해 자기 자신뿐만 아니라 다른 사람들에게까지 책임감을 느끼게 된다.

강력한 실행의도의 한 예로 "네, 선생님, 저는 담배를 다음 주 내내 다음 진료 때까지 매일 다섯 개비 이하로 필 거예요."를 들 수 있다. 이는 구체적인 행동을 포함하며(담배를 줄이겠다.), 다른 사람(의사 선생님)에게 그것을 지키리라 약속하고 있다. 동기강화상담에서 의사는 가장 공통적으로 환자가 표현하게 되는 타인 중 하나이다. 그러나 환자가 표현하게 되는 다른 사람이 그가 사랑하는 사람일 경우 실행의도는 그 이상의 강력한 힘을 발휘한다. 예를 들어, "저는 아내에게 매일 두 잔 이상의 음주는 하지 않겠다고 약속할 겁니다."와 같은 경우이다. 환자가 아내를 포함하여 언급함으로써, 변화의 과정 속에서 아내는 환자를 지지하는 역할을 하게 되고, 환자는 자신의 행동에 대해 더 책임감을 갖게 될 것이다.

실행의도

변화 대화의 강력한 형태로서 다음 두 가지 요소로 구성되어 있다.

- 구체적인 행동
- 특정 사람을 향해 표현함

예시: "네, 선생님, 저는 담배를 다음 주 내내 다음 진료 때까지 매일 다섯 개비 이하로 필 거예요."

변화실행언어는 변화 목표를 성공적으로 달성하는 데 도움이 되기 때문에 장려되어야 하지만, 여전히 우리는 변화가 변화실행언어 없이도 성취될 수 있다는 사실을 반드시 명심해야 한다. 변화준비언어 단독으로도 변화를 달성하는 데 충분히 도움이 될 수 있는데(Baer et al., 2008), 그것은 모든 변화 대화와 동기의 기반이 되는 과정이며 변화에 반드시 필요한 요소이다.

변화 계획 쪼개기: 징검다리

결심한 마음이 약해지는 환자에게 변화실행언어를 증진하기 위한 방법 중 하나는 변화 대화를 더 작게 여러 개로 쪼개서 각각을 더 성취할 만한 것으로 만드는 것이다. 금주 후 다시 술을 마셔 매우 의기소침해진 환자에게는 "나는 술을 완전히 끊을 거예요."와 같이 크고 장기적이 계획보다는 "나는 오늘 하루 술을 마시지 않겠어요."와 같은 말이 더 지킬 만할 것이다.

작게 쪼개진 목표들이나 변화를 위해 사용되는 각종 방법들은 환자의 결심에 맞춰 다듬어져야 한다. 예를 들어, 한번 시도할 때 하루씩 금주해 보기를 원하는 환자는 아침에 다이설피람을 복용하는 것에 대해서도 한 번에 하루씩 시도하는 것이 가능할 것이다. AA에 참여할 것을 고려 중인 환자는 90일 동안 90번의 모임을 갖는 것에 부담을 느끼지만, '다음 주에 세 번의 모임에 참여하기' 혹은 '오늘 한 번의 모임에 참여하기'와 같은 계획은 흔쾌히 받아들일 수 있다.

의사가 목표를 작게 쪼개서 이룰 수 있을법한 조각으로 만들어 환자에게 제시하는 것을 은유적으로 징검다리라고 부른다. 변화의 과정은 강을 건너는 것으로 비유할 수 있는데, 어려운 변화일수록 강의 폭이 넓다고 생각할 수 있다. 환자의 궁극적 목표는 강의 건너편까지 도달하는 것이다. 술이나 담배를 한번에 완전히 끊을 변화 계획을 세우는 것은 한 번에 이 강을 건널 계획을 세우는 것과 같다.

이런 방법으로 강 건너기를 반복해서 시도하다 보면 실패를 거듭하기 쉬운

데, 이는 매우 비현실적인 방법이며 환자를 낙담하게 만든다. 이 궁극적 목표를 더 작은 목표로 쪼개는 것은 이 강에 징검다리를 놓는 것인데, 각각의 중간 목표들은 징검다리 돌들이라고 생각할 수 있다. 강이 넓을수록 더 많은 징검다리 돌들이 필요하며, 각각의 돌들은 환자가 강 건너편으로 조금씩 다가갈 수 있게 할 것이다.

겉보기에는 작은 결심도 변화를 이루는 데 결정적인 효과를 낼 수 있다. 예를 들어, 환자들에게 자신의 약물 사용을 스스로 모니터링하고 기록하도록 하는 것을 변화 계획의 첫 단계로 실행해 보자고 하면, 대다수가 마다하지 않을 것이다. 하지만 이런 간단한 행동이 약 사용을 줄이는 데 큰 도움을 주게 된다. 과음을 하는 사람들이 새로운 잔을 마시기 전에 지금까지 마신 잔의 수를 세기 시작하면 1/3까지 술 섭취량이 줄어드는 것으로 나타났다(Miller et al., 1980). 아마도 환자들은 사랑하는 사람에게 자신의 이러한 결심에 대해 알리고 싶을지도 모른다. 가까운 주변 사람들의 지지를 얻으면 음주 행동은 감소되는 것으로 보인다(Barber & Crisp, 1995).

이 두 가지 접근은 지지적 모니터링으로 불리는 하나의 전략에 포함될 수 있는데, 앞의 음주 사례에서 주변의 사랑하는 사람은 이 전략으로 환자의 음주 행동을 지속적으로 파악할 수 있다. 물론 변화 계획을 위한 아이디어의 가장 중요한 근원지는 환자 자신이다. 하지만 궁극적인 변화목표를 향한 여정에서, 작지만 의미 있는 중간 단계로 긍정적인 효과를 이끌어 낼 수 있다고 판단되면, 환자의 동의하에 앞의 전략들을 한번 제시해 볼 수도 있다.

변화 계획의 실행

동기강화상담은 변화를 이루고자 하는 생각을 환자에게 심어 주는 방법으로, 종종 상담 초기의 관계 형성을 위한 방법으로 여겨진다. 하지만 동기강화상담은 변화 계획을 실행하는 데 있어서도 매우 유용하다.

영구적이고 지속적인 변화는 종종 선형적으로 일어나지 않는데, 이 사실을 환자와 의사가 받아들이는 것은 매우 중요하다. 회복 과정에 차질이 생기는 것을 정상적인 일로 받아들이면 환자가 실망하거나 의사가 지쳐 소진되는 것을 막을 수 있다. 목표에 도달하지 못하거나, 동기가 시들해지는 것, 다시 약물을 사용하는 것, 그 외의 여러 회복의 차질 등은 흔히 경험할 수 있다. 그리고 환자가 어느 순간부터 한동안 치료 받으러 나오지 않다가 또 어느 날 불쑥 나타나는 것 또한 흔한 일이다.

많은 환자들에게 약물 사용은 삶의 일부분이기 때문에, 약물 사용을 중단한다는 것은 단순히 욕구의 억제를 뛰어넘어 삶의 방식 자체를 바꾸어야 한다는 것을 의미한다. 환자들이 변화 계획을 실행할 때는 끊임없는 지지가 필요한데, 특히 뜻밖의 장애물이 나타날 때 많은 지지가 요구된다. 특정 스트레스 상황에서 약물을 남용하게 되는 것처럼, 스트레스 상황이 되면 우울감이나 불안감도 다시 나타나곤 한다.

변화 계획을 실행할 때 정기적으로 환자와 만나게 되면 변화에 차질이 생기고 있는지를 일찍 파악할 수 있다. 이러한 차질의 종류가 약물 사용의 증가이거나 목표를 뒷전으로 내팽개치는 것이거나 혹은 동기가 시들해 버리는 것일 수도 있다. 그러나 종류에 상관없이 이러한 차질을 일찍 발견하면 그것들을 직접적으로 다루어 볼 수 있고, 더 커지기 전에 해결해 볼 수 있다. 변화의 차질을 정상적인 변화 과정의 일부로 받아들이는 것은 사기가 떨어지지 않도록 하여 변화 계획에서 조기 탈락하지 않도록 돕는다.

동기강화상담의 다른 과정 재방문하기

변화를 향한 환자의 여정은 선형적이지 않기 때문에 동기강화상담의 각 과정들이 순차적으로 진행될 필요는 없다. 물론 초점 맞추기는 관계 형성하기를 기반으로 하고 유발하기는 초점 맞추기를 기반으로 하며, 계획하기는 유발하기를 기반으로 한다. 하지만 계획하기 단계나 변화 계획이 실행되고 있는 상황에서도 다른 과정들을 다시 방문하게 되면 매우 유용하다.

계획하기

재방문의 공통된 과정은 한 단계 전으로 돌아가서 다시 계획해 보는 것이다. 환자가 변화에 차질이 있거나 원래 세웠던 변화 계획이 효과가 없을 때 계획하기 과정을 재방문하게 되면 유용하다. 변화의 차질 직후에 다시 계획을 하면 매우 유용한데, 차질의 본질과 이전 계획의 결함에 대해 평가해 볼 수 있기 때문이다. 단순히 "다른 것은요?" 혹은 "지금은요?"와 같이 질문하면 계획하기 단계로 다시 넘어갈 수 있다.

유발하기

유발하기 과정으로 돌아가는 것은 변화를 향한 결심과 동기가 약해지는 환자에게 매우 큰 가치가 있다. 변화의 차질을 자주 경험하거나 혹은 목표를 좇던 기간이 너무 오래되면 환자의 결심은 소진될 수 있다. 환자의 결심이 흔들리게 되면 변화에 대한 흥미와 노력의 감소로 이어질 수 있다. 종종 유발하기로 잠깐 돌아갔다 오면, 맨 처음에 환자가 왜 변화를 추구했는지 다시 상기시키는 효과가 있다. "이 목표를 달성하는 것이 왜 중요한지 말씀해 보시겠어요?"와 같은 질문으로 단순히 환자의 결심에 대해 탐색하기만 해도, 동기강화에 필요한 변화 대화가 촉발될 수 있다.

초점 맞추기

때때로 환자는 변화의 과정 도중에 목표를 변경하고 싶어 한다. 매일 반 갑 미만으로 담배를 줄이려 했던 흡연자가 목표를 어느 정도 이루면, 완전히 담배를 끊는 쪽으로 목표를 다시 세우고 싶을지도 모른다. 보조 약물의 도움 없이 아편계 약물을 끊고자 하던 환자가 그것이 쉽지 않다고 생각이 들면 메타돈 같은 보조 약물의 도움을 받아 아편계 약물을 끊는 방식으로 목표를 변경할지도 모른다. 체중 감량을 시도하는 환자는 자신의 상황에서 실행 가능한

범위 안에서 목표 체중을 조정하려 할 수도 있다.

이러한 궤도 수정은 흔하게 일어나며 변화 과정의 자연스러운 일부분이다. 이럴 때 초점 맞추기로 다시 돌아가는 것이 매우 유용하다. 환자의 우선순위, 선호도, 가치관 등을 다시 탐색해 볼 수 있는 것이다. 공식적인 새로운 목표를 세우는 데 노력을 기울이고, 일단 그 목표가 세워지면 변화 계획도 함께 세워 보게 된다.

관계 형성하기

어떤 환자들은 변화를 이루는 것이 노력할 만한 가치가 조금이라도 있는 것인지 질문하기 시작할 것이다. 그 환자의 치료적 관계는 이탈되고 있을 것인데, 이렇게 되면 변화의 여정을 계속해서 지속하기 어렵다. 환자가 점점 이탈하기 시작하면 다시 변화를 위한 시간과 노력을 들이게 하는 것이 매우 어려워진다. 이탈은 종종 약물을 다시 사용하는 형태로 나타날 수 있다.

그러므로 이탈의 징후를 최대한 일찍 발견하는 것이 매우 중요하다. 각 회기의 마지막에 피드백을 요청하는 것은 이탈을 일찍 발견하는 데 도움이 된다. 또한 치료가 완료된 후에도 전화를 걸어 지속적으로 환자를 추적 관찰하는 하는 것은 의사가 이탈의 조짐을 발견할 수 있도록 도와줄 것이다. 물론 약물을 다시 사용하기 전에 그 전화 통화가 이루어지길 바라야 할 것이다.

어떠한 이탈의 징후라도(약속을 어기거나, 지각하거나, 이전 회기에서 했던 약속들을 이행하기 않는 등) 직접적으로 다루어야 한다. 관계 형성하기처럼 다시 관계 형성하기도 열린 질문하기(Open questions), 인정하기(Affirmations), 반영하기(Reflections), 요약하기(Summaries)와 같은 OARS 방법으로 구성된다. 적극적으로 이탈된 것으로 보이는 환자와 관계 형성하기 과정으로 다시 돌아가는 것은 다른 모든 과정의 손실을 최소화할 수 있다는 점에서 매우 중요하다(〈표 6-3〉).

표 6-3 언제 동기강화상담의 네 가지 과정으로 돌아가는 것이 좋은가

다시 계획하기	원래의 변화 계획에서 작은 차질이 생겼을 때. 더 작거나 별도의 변화 단계가 필요할 때
다시 유발하기	변화를 향한 결심이 약해질 때. 변화의 차질을 자주 경험할 때. 변화에 대한 흥미가 감소할 때
다시 초점 맞추기	새로운 변화 목표를 원할 때. 즉, '궤도 수정'을 원할 때
다시 관계 형성하기	흥미를 잃었을 때. 약물 남용 상태로 다시 돌아갔을 때. 약속된 만남에 오지 않거나 지각하는 빈도가 늘어날 때

비난하는 언어 자제하기

변화의 과정을 표현하기 위해 사용하는 언어는 매우 중요하다. 중독의 어휘는 비난을 담은 용어들이 많은데 이는 동기강화상담의 정신과 상반되는 것이며 그런 단어들은 반드시 피해야 한다. 환자에게 '중독자', '알코올 중독자', '마약쟁이'와 같은 꼬리표를 붙이는 것은 그들을 비하하는 행동이며 중독으로 고통 받는 환자의 복잡한 상태를 외면하는 것이다. '재발'이라는 말도 이런 방식으로 흔히 사용되는 용어 중 하나이다. 이 용어는 회복의 과정이 단지 약물을 사용하지 않는 상태와 재발한 상태, 이 두 가지로 구성된 것 같은 느낌을 준다. 이러한 용어를 사용하게 되면 약물 사용 패턴의 다양한 스펙트럼에 대한 이해가 떨어질 수밖에 없다. 이는 약물을 줄일 수 있었던 환자를 지지하지 못하게 하며, 술 한 잔과 스무 잔의 차이를 발견할 수 없도록 만든다.

이러한 이분법적 사고는 특히 회복 과정 중에 자주 약간씩의 약물을 사용하는 환자들을 낙담하게 만든다. 어떠한 약물 사용도 '재발'로 치부해 버리는 환자들은 약물을 아주 조금만 사용해도 자신이 세운 변화 계획을 포기해 버리기 쉬운데, 이는 스스로를 재발한 것으로 여기고, 그로 인해 자신의 치료를 실패한 것으로 보기 때문이다. 이러한 현상을 **절제위반효과**(abstinence violation effect)라고 부른다(Curry et al., 1987).

상호 보완적인 도구로서 동기강화상담 사용하기

마지막으로, 동기강화상담은 다른 기법들과 별개로 사용하는 것이 아니다. 동기강화상담의 정신과 여러 구성 요소들은 의사의 재량에 따라 다른 심리요법 및 약물학적 접근과 자유롭게 결합되고 통합될 수 있다. 병용요법은 여러 문헌에서 광범위하게 평가되어 왔고, 다른 여러 치료 방식과 동기강화상담을 결합한 임상시험도 진행되었다.

동기강화상담은 인지행동치료(CBT)와 결합했을 때 매우 유용하며, 계획하기 과정에서 특히 더 그렇다. 동기강화상담은 변화의 '이유(why)'에 초점을 맞추고, 인지행동치료는 변화를 달성하기 위한 '방법(how)'에 초점을 맞춘다. 인지행동치료에서 제공하는 도구들은 구체적이고 단계적인 변화 계획을 펼치는 데 유용하다. 동기강화상담과 다른 치료적 접근의 결합에 대해서는 제7장 '동기강화상담과 다른 심리치료를 통합하기'와 제8장 '동기강화상담과 약물치료')에서 더 구체적으로 살펴볼 것이다.

동기강화상담의 계획하기 과정의 예

반응 살피기: 요점 및 핵심 질문(음주 문제)

의사: 우리는 여러 번의 만남을 통해 술을 점차 줄여 나가는 것과 마지막에는 완전히 끊는 것에 대해 이야기해 보았습니다.

환자: 맞습니다. 제가 얼마 동안 그것에 대해 생각을 해 봤습니다. 그리고 제가 정말 최소한 술을 조금씩 줄여 나가기라도 해야 할 것 같다는 생각이 들었습니다.

의사: 당신은 이제 변할 때가 되었다고 생각하시는군요.

환자: 네, 저는 뭐라도 해야 할 것 같습니다. 계속 이대로 살 순 없어요.

의사: 당신은 변화를 이룰 준비가 된 것 같군요. 우리가 이제까지 이야기했던 내용에 대

해서 제가 한번 요약해 보겠습니다. 우리가 함께 여기까지 왔다는 것을 확실히 하기 위해서예요. 그리고 난 후에 앞으로 어떻게 진행하면 좋을지 얘기해 볼까 하는데, 어떠신가요?

환자: 네, 그렇게 하도록 해요.

의사: 감사합니다. 당신은 지금까지 몇 년간 술 때문에 많은 어려움을 겪어 왔습니다. 밤에 술을 마신 후 기억의 필름이 끊겨서 두려워하기도 했고, 맨 정신에서는 하지 않을 말싸움에도 자주 휘말려 왔습니다. 아직까지 법적인 문제를 일으킨 적은 없지만, 음주 운전을 자주 하였고 그때마다 사고가 나지는 않을지, 다른 사람을 다치게 하지는 않을지, 그 때문에 감옥에 가지는 않을지 걱정되었습니다. 당신은 또한 술을 점점 더 갈망하게 되었다는 사실을 깨달았고, 술 없이 하루만 지내도 떨리고 불안하다는 것을 느꼈습니다. 당신의 고혈압은 술 때문이라는 주치의의 말을 들었고, 그것은 당신이 알코올 치료를 받아야겠다는 생각을 촉발시킨 계기가 되었습니다. 특히, 당신은 가족 중에 심장 문제를 가진 사람이 있다는 사실 때문에 더 걱정되었습니다. 당신은 술을 줄여 나가야겠다고 생각했고, 그것을 위해 어떤 방법들을 찾아볼 수 있을지 궁금했습니다. (잠깐 침묵 후) 자, 이제 여기서부터 어떻게 더 진행해 보고 싶나요?

환자: 말씀하신 부분들이 다 맞아요. 저는 정확히 어떻게 진행해야 할지 확실치는 않지만 그래도 말씀하신 것처럼 저는 확실히 술을 줄여 나가고 싶어요.

의사: 네, 그럼 괜찮으시다면, 이제까지 당신이 말했던 내용을 바탕으로 변화 계획 수립을 위한 구체적인 전략에 대해 함께 이야기해 볼까요?

환자: 네, 좋아요.

SMART 목표 수립하기(흡연 문제)

의사: 당신은 이제까지 금연에 대한 당신의 결심에 대해 말했습니다. 과거에 한번에 담배를 끊으려는 시도를 했었고 성공하지는 못했지만, 그것이 때때로 중간 목표를

수립하는 데 유용하게 작용하였습니다. 이제 계속해서 진행해 봐도 될까요?

환자: 우리는 좀 더 작은 목표들을 세워 볼 수 있을 것 같아요. 앞으로 며칠간 저의 흡연량을 좀 줄여 볼까 하는데, 어떨까요? 다음 주에 다시 만날 때는 제가 얼마나 담배를 줄였는지 말할 수 있을 거예요.

의사: 매우 좋은 출발이군요. 다음 주 동안 흡연량을 줄이기로 생각하신 것은 매우 잘한 일입니다. 우리 이 계획을 조금만 더 구체적으로 세워 볼까요? 하루에 몇 개비의 담배를 줄여 보는 것으로 시작하는 것이 좋을까요?

환자: 잘 모르겠어요. 저는 현재 하루에 한 갑 반씩 피우고 있는데요. 일단 매일 조금씩 줄여 보는 게 가장 쉽지 않을까요? 어떻게 생각하세요?

의사: 제 생각에도 그게 좋을 것 같네요. 매일 조금씩 줄여 보고 싶다고 하셨는데, 몇 개비 정도 줄여 보고 싶으세요?

환자: 두 개비 정도? 제 생각에 그 정도면 할 수 있을 것 같아요.

의사: 좋아요. 그러면 매일 두 개비의 담배를 줄이는 것이 당신의 목표가 되겠네요.

환자: 네, 할 수 있을 것 같아요. 이건 그리 큰 변화는 아니지만 그래도 확실히 진전이 있을 것 같아요. 실제로, 생각해 보니 5일만 이대로 하면 10개비를 줄일 수 있잖아요? 거의 반 갑을요!

의사: 맞습니다. 그렇게 생각해 보니 이 계획에 대해 어떤 생각이 드나요?

환자: 첫 주에 하기에 10개비를 줄일 수 있다는 것은 꽤 좋은 목표라는 생각이 드네요. 제가 그것보다 더 많이 줄일 수 있을지 의심스럽기도 하구요. 이건 어때요? 앞으로 5일 동안 하루에 담배를 두 개비씩 줄여 나가서 하루에 피는 양이 한 갑으로 줄어들면, 일주일 후에 우리가 다시 만날 때까지 그 수준으로 유지하는 거예요.

의사: 그럼 그렇게 해 볼까요? 다음 주에 만나서 한번 확인해 봅시다.

핵심 포인트

▶ 계획하기는 언제 시작할 수 있는가?

- 준비 신호: 변화 대화 대 유지 대화의 비율이 증가할 때, 변화 대화의 표현이 점점 강해질 때, 변화를 위한 계획을 환자가 직접 해 보려 할 때
- 반응 살피기: 변화 대화의 부케(요점을 되풀이하는 것)를 만들어 주기, 그 후에 어떻게 진행해 나가는 것이 가장 좋을지에 대해 핵심 질문하기

▶ 변화 계획 수립하기

- 가장 좋은 계획은 분명하고 정확한 계획이다.
- SMART 목표: 구체적인(Specific), 측정 가능한(Measurable), 행동 지향적인(Action-oriented), 현실적인(Realistic), 시간제한 있는(Time-bound). 변화 계획을 짜는 과정은 협력적이어야 하며, 그것은 동기강화상담의 정신에 입각한다.

▶ 만약 결심이 약해지고 있다면,

- 결심했던 마음이 요동치거나 약해질 수 있는 것이 지극히 정상적인 것임을 먼저 기억한다.
- 아직 남아 있는 어떠한 변화실행언어라도 경청하고 지지해 준다.
- "당신의 변화 목표를 향한 결심을 다시 굳히기 위해 어떤 다른 부분이 도움이 될까요?"라고 물어본다.
- 변화 계획을 더 작은 단위로 쪼개서, 성취할 만한 것으로 만든다.
- 환자의 허락이 있다면 유용하게 쓸 수 있는 방법을 제안해 줄 수도 있다. 예를 들어, 약물 사용을 스스로 모니터링하고 기록하게 하거나, 환자가 중요하게 여기는 사람들에게 지지와 지원을 요청하는 것 등이 있다.

▶ 변화 계획이 실행되고 있다면,

- 달성한 변화에 대해서 지지해 준다. (이 부분은 필수적으로 이루어져야 한다.)
- 비난하는 언어나 이분법적인 언어는 최대한 피한다.
- 격려하기: 변화에 차질이 생기는 것을 조기에 파악하여 변화를 향한 여정을 다시 정상화한다. (변화는 비선형적 특성을 가진다.)
- 변화를 지지하기 위해 동기강화상담의 다른 과정들을 재경험할 수 있다.

동기강화상담은 다른 치료적 접근 및 도구들과도 함께 통합하여 사용할 수 있음을 기억하자.

연습문제

1. 당신은 지난 두 달 동안 환자의 음주량을 줄이기 위한 치료 과정을 진행하였다. 최근 들어 환자가 예약된 진료 시간에 늦거나 예약을 취소하는 일이 몇 차례 발생하였다. 환자는 진료 때 자신의 음주량이 다시 늘고 있다고 말하였다. 다음 중 이 상황에서 다시 경험해야 할 동기강화상담의 단계는 무엇인가?

   A. 다시 계획하기
   B. 다시 유발하기
   C. 다시 초점 맞추기
   D. 다시 관계 형성하기
   E. 필요 없음. 이 환자는 다른 의사가 맡아야 한다.

2. 요점 반복하기(Recapitulation)란?

   A. 환자의 변화 대화를 말 그대로 똑같이 환자에게 따라 말해 주는 것이다.
   B. 환자의 몸짓을 따라 하는 것이다.

C. 환자가 말한 변화 대화를 모아서 요약해 주는 것이다.

D. 동기강화상담의 네 가지 기본 과정 중 하나이다.

E. 변화 계획을 수립하기 위한 과정이다.

3. SMART 목표에서 SMART의 각각의 의미로 옳은 것은?

A. 실용적인(Sensible), 계속할 수 있는(maintainable), 동조하다(attune), 저항(resistance), 2부의(two-part)

B. 구체적인(Specific), 측정 가능한(Measurable), 행동 지향적인(Action-oriented), 현실적인(Realistic), 시간제한 있는(Time-bound)

C. 쓸 만한(serviceable), 복수의(multiple), 첨부된(attached), 화려하게 발달한(richly developed), 전통적인(traditional)

D. 단계들(stages), 가장 보람 있는(most-rewarding), 자주적인(autonomous), 참조되는(referenced), 견딜 수 있는(tolerable)

E. 지지(support), 유념하는(mindful), 정확한(accurate), 책임지고 있는(responsible), 이론적인(theoretical)

4. 당신의 환자는 잘 수립된 변화 계획을 실행하는 과정에 있다. 하지만 자신이 수립한 이 계획을 달성하는 데 어려움을 겪고 있다. 다음 단계로 도움이 될 만한 것은 무엇인가?

A. 당신이 생각하기에 도움이 될 것 같은 전략을 조언한다.

B. 환자에게 지속적인 노력이 더 필요하다고 말한다.

C. 변화 계획을 더 작은 단위로 쪼개어, 더 성취할 법한 중간 목표를 설정한다.

D. 좀 더 현실적으로, 환자가 변화를 지속하기가 어려울 수도 있다고 말해 준다. 이는 환자가 현재를 받아들이고 타협하여 나중에 직면할 실망을 최소화할 수 있도록 한다.

E. 비슷한 목표를 달성하였던 다른 환자를 소개해 준다.

5. 다음 문장 중 금연을 시도하는 환자의 변화실행언어를 나타내는 것은 무엇인가?

A. "저는 어제 니코틴 패치 한 박스를 사왔고, 오늘 아침에 처음으로 하나를 붙여 봤어요."

B. "담배를 피우고 싶은 갈망이 때로는 너무 강력하게 느껴져요."

C. "흡연이 몸에 안 좋다는 사실은 저도 알아요."

D. "제 가족은 제가 담배 피우는 것 때문에 저를 괴롭게 했어요. 이제 저는 진짜 이 흡연 습관을 바꾸고 싶어요."

E. "제가 담배에 썼던 그 돈을 아꼈으면 지금쯤 차를 한 대 샀을 거예요."

• 참고문헌 •

Amrhein PC, Miller WR, Yahne CE, et al: Client commitment language during motivational interviewing predicts drug use outcomes. J Consult Clin Psychol 71(5):862-878, 2003 14516235

Baer JS, Beadnell B, Garrett SB, et al: Adolescent change language within a brief motivational intervention and substance use outcomes. Psychol Addict Behav 22(4):570-575, 2008 19071983

Barber JG, Crisp BR: Social support and prevention of relapse following treatment for alcohol abuse. Research on Social Work Practice 5:283-296, 1995

Bovend'Eerdt TJ, Botell RE, Wade DT: Writing SMART rehabilitation goals and achieving goal attainment scaling: a practical guide. Clin Rehabil 23(4):352-361, 2009 19237435

Curry S, Marlatt GA, Gordon JR: Abstinence violation effect: validation of an attributional construct with smoking cessation. J Consult Clin Psychol 55(2):145-149, 1987 3571666

Gollwitzer P: Implementation intentions: strong effects of simple plans. Am Psychol 54:493-503, 1999

Hettema J, Steele J, Miller WR: Motivational interviewing. Annu Rev Clin Psychol

1:91-111, 2005 17716083

Miller WR, Rollnick S: Motivational Interviewing: Helping People Change, 3rd Edition. New York, Guilford, 2013

Miller WR, Taylor CA, West JC: Focused versus broad-spectrum behavior therapy for problem drinkers. J Consult Clin Psychol 48(5):590-601, 1980 7410657

Rise J, Thompson M, Verplanken B: Measuring implementation intentions in the context of the theory of planned behavior. Scand J Psychol 44(2):87-95, 2003 12778976

Rubin RS: Will the real SMART goals please stand up? Ind Organ Psychol 39(4):26-27, 2002

Tevyaw TO, Monti PM: Motivational enhancement and other brief interventions for adolescent substance abuse: foundation, applications and evaluations. Addiction 99(suppl 2):63-75, 2004 15488106

학생 시절 회상

Amy Schettino

예일 대학교 의학 대학원 3학년

동기강화상담의 계획하기 단계는 일부 환자에게는 필요하지 않기도 하지만, 대부분의 다른 환자들에게는 진정한 변화를 달성하기 위해 중요한 단계라고 할 수 있다. 이 단계에서는 항상 '변화 대화'를 요약하고 전진을 위한 선택지를 제공함으로써 환자의 진행 준비 상태를 평가하게 된다. 계획을 수립할 때는 이 과정이 협력적이어야 한다는 사실을 꼭 기억하고, 환자에게 자신의 이전 제안을 상기시키거나 환자와 여러 선택지의 장단점에 대해 함께 논의할 수 있어야 한다. 환자가 자신의 계획을 하나씩 당신에게 혹은 다른 중요한 사람에게 직접 말하게 하고, 이탈의 징후를 잘 파악해야 한다. 만약 환자가 의기소침해진다면, 목표를 더 작게 나누어 설정하는 것이 재발이나 회복이 더뎌지는 것을 막는 데 도움이 된다.

보통 계획 단계는 여러 차례의 세션 후에 환자와의 충분한 관계가 형성된 후 시행되지만, 외래 진료 환자와 같이 비교적 짧은 시간 안에 환자와 접촉하는 경우에도 충분히 응용해 볼 수 있을 것 같다. 의대생으로서, 나는 환자들과 앉아서 위험 요소들에 대해 논의하고 그들이 무엇 때문에 입원하게 되었는지 이야기해 볼 시간이 있다. 이러한 대화의 시간은 환자와 계획을 세우기에 좋은 시간이며, 다음 진료 전까지 환자가 무엇을 해 볼 수 있을지 결정하는 데 도움을 줄 수 있다. 예를 들어, 나는 하루에 20분씩 걷기, 탄산음료를 일주일에 두 번만 마시기, 중독이나 우울증을 치료하기 위해 집단치료를 시작하기 등을 제안할 수 있다. 만약 환자가 이미 세운 계획이 있지만, 잘 되지 않아 좌절감을 느끼고 있다면, 나는 성취할 수 있는 목표를 다시 세울 수 있도록 해 볼 수 있다. 병원에서, 환자의 병은 새로운 동기부여의 원천이 될 수 있고, 이를 통해 진료 과정과 변화에 더 큰 힘을 더해 줄 수 있다.

MOTIVATIONAL INTERVIEWING FOR CLINICAL PRACTICE

제2부

동기강화상담에 능숙해지기

제7장

동기강화상담과 다른 심리치료를 통합하기

Marie-Josée Lynch, M.D., C.M.
Bachaar Arnaout, M.D.
Richard N. Rosenthal, M.D.

> 내가 조금이라도 성공하게 된다면, 내 인생은 다소 신화처럼 읽혀졌으면 좋겠다. 문자 그대로의 것들보다는 보다 큰 변화의 선율에 관심을 갖고 읽어 주었으면 좋겠다.
>
> –Edgar A. Levenson

MI를 실시할 때 흔하게 받는 질문은 다른 심리치료와 통합이 가능한가 하는 것이다. 물질사용장애 치료에 적합한 다양한 심리치료를 분석해 보면 가장 일반적인 접근은 바로 MI이다(Najavits & Weiss, 1994). MI는 다른 치료 형식과 잘 어우러질 수 있고(Miller & Rollnick, 2013), 치료의 효과를 증대시킨다(Hettema et al., 2005). 물질사용장애나 다른 행동 문제를 해결할 때 MI는 변화에 대해 고려 중인 환자를 치료에 참여하게 만드는 역할을 한다(Brady et al., 2001 참조). 이러한 기능 때문에 MI는 다른 개입의 초기 단계에서도 사용될 수 있다. 환자가 변화에 대한 동기가 충분하면 MI가 필요 없어지는 것이 아니다. 동기라는 것은 계속해서 변화한다. 숙련된 치료자는 환자의 동기의 변화를 측정해 가며 환자의 필요에 맞추어 MI를 사용한다. 환자의 양가감정이 다시 떠오르면 치료 단계에 맞추어 MI로 다시 초점을 맞출 수 있다.

회복의 여정에서 다양한 치료의 요소들이 어떻게 조화를 이루어 가는가를 이해하는 것이 필요하다. 그러나 대부분 치료 접근의 통합에 대한 고려 없이 각각의 독립적인 치료법을 배운다. 이것은 대부분의 치료가 치료 매뉴얼이나 프로그램의 경계를 넘어서 실행되고 있다는 사실을 간과하는 것이다. 사실 특정 치료법에 치우쳐서 실행하는 치료는 환자보다는 상담자의 편의를 위한 것일 때가 많다. 여러 치료법을 통합한다는 것이 그만큼 어려운 일이기 때문이다. 그러나 공존 질환을 가지고 있는 환자들이 많기에 다양한 치료법을 넘나들며 통합하는 접근이 현대의 환자 중심의 치료에서는 꼭 필요하다. 치료의 과정에서 환자의 필요는 역동적으로 변하며 환자의 목표에 맞추어 치료법도 변경되어야 한다. 모든 경우에 적합한 치료법은 없다. 때때로 통합적 접근은 이론적이고 실제적인 도전들이 존재하기에 효과성이 떨어질 수도 있다. 이 장에서 통합적 접근의 한계와 단점들을 알아보고, MI와 다른 치료를 통합하는 실제적인 방법들을 알아보자.

통합적인 심리치료 이론

심리치료 통합의 유형

다양한 치료적 접근의 요소들을 전체적으로 조직화하는 것에 대한 연구들이 진행되고 있다. 심리치료 통합의 네 가지 유형(이론적인 통합, 동화된 통합, 기술적인 절충, 공통 요인 접근)이 논의되고 있다(Sticker & Gold, 1996). **이론적 통합**(theoretical integration)은 2개 이상의 학파의 관점을 포함하는 새로운 이론을 설립하는 것을 목표로 한다. 이 접근은 가장 복잡하고 현실적으로 구현하기가 어렵다. **동화된 통합**(assimilative integration)은 하나의 심리치료 모델을 구심점으로 삼고 다른 치료들을 그 틀 안에 녹여내는 것이다. **기술적인 절충**(technical electicism)은 특정 치료 이론을 구심점으로 삼지 않고 환자의 필요에 맞추어 2개 이상의 치료를 차례대로 진행하는 것이다. 마지막으로, **공통 요인 접근**(common factors approach)에서는 효과적인 치료는 공통의 요소를 가지고 있다고 가정하고 이를 극대화하도록 노력한다. Carl Rogers는 공통 요인 접근의 제창자이며, 어떻게 하면 치료 관계의 질을 향상시키는 정확한 공감, 무조건적 긍정적 존중, 자기 일치성 등의 공통 요인들을 활용하여 개인의 성장을 극대화시킬 수 있을지에 초점을 맞춘다(Rogers, 1957). 이러한 공통 요인들은 치료법과는 상관없이 중요한 부분이다. 이런 요소들은 Rogers의 내담자 중심치료에 근원을 두고 있는 MI의 정신과도 일치한다(Miller & Rollnick, 2013).

심리치료 통합의 순차적 접근과 결합된 접근

이 장에서는 치료 통합 이론을 순차적 접근과 결합된 접근으로 나누어 설명할 것이다. **순차적 접근**(sequenced approach)은 두 가지 이상의 치료를 환자의 필요에 맞게 원래의 치료 형식을 고수하며 진행하는 것이다. 동화된 통합 및 기술적인 절충이 이 카테고리에 속한다. 환자들이 양가감정을 보일 때 순차적인 접근의 MI 통합이 특별히 유용하다. 예를 들어, 심리치료에 참여하는 것에 대해서 양가감정을 보일 때나 CBT를 하는 과정에서 과제에 대해 양가감정을 보일 때 MI로 방향을 재선정하는 것이다. 앞으로 이와 관련한 더 많은 예들을 다룰 것이다.

공통 요인 접근과 같이 **결합된 접근**(combined approach)은 2개의 치료 요소들의 시너지 효과를 내는 요소들을 결합하여 하나의 요소로 통합하는 것이다. 치료적 연합(therapeutic alliance)을 공고히 하기 위해 이러한 접근을 쓸 수 있는데, MI 원칙을 다른 치료적 틀과 혼합하는 것은 치료의 효과를 극대화시킬 수 있도록 치료적 관계를 증진시키는 역할을 하기 때문이다. 이러한 통합 기술은 2개의 이론의 호환 가능성 여부에 달려 있다.

이 장은 MI가 물질사용장애 치료에 흔히 쓰이는 다른 치료와 통합될 수 있는 방법에 대한 설명을 담고 있다. 구체적으로 CBT, 정신역동치료, 지지적인 심리치료, 집단치료와 통합적인 치료 계획을 설계할 수 있는 실용적인 팁들을 설명하고자 한다.

동기강화상담과 인지행동치료

CBT는 중독장애치료에서 제1의 치료법으로 널리 알려져 있다(Carroll & Onken, 2005). 중독 영역에서의 CBT의 사용은 사회학습이론에 기초하고 있다. 이 이론은 물질의 강박적인 사용을 조건적 자극과 연합되어 고전적 조건형성에 의해 나타나는 학습된 행동이라고 본다. 조건적 자극은 물체, 사람, 상황, 또는 내적 상태 등이 될 수 있다. 이러한 연합된 자극의 흔한 예는 커피와 담배가 연합되어 커피를 마시는 것이 금연을 하는 사람에게 담배를 피도록 하는 자극제가 되는 것이다.

물질사용장애를 위한 CBT는 두 가지 주요 요소로 나뉠 수 있다. 첫 번째는 **물질 사용에 대한 기능 분석**(functional analysis of substance use)이다. 이는 내담자의 물질 사용 패턴에 대한 분석으로 선행사건과 사용의 결과에 초점을 맞춘다. 자극제를 분석하고 고위험 상황을 미리 예측할 수 있도록 돕는다. 치료의 초점은 피할 수 없는 자극제를 직면하는 상황에서 쓸 수 있는 대처기술을 배우는 것이 된다. 중독치료에 있어 두 번째로 중요한 요소는 **대처기술 훈련**(coping skills training)이다. **인식-회피-대처**(recognize-avoid-cope)는 이러한 개념을 포함한다(Caroll, 1998). 근본적으로 물질사용장애의 CBT는 '물질'과 '물질 사용의 신호가 되는 상황'의 학습된 연합을 끊는 것을 목적으로 한다.

MI와 다른 치료와의 통합을 언급할 때 대부분 CBT와의 통합을 다룬다(Miller & Rollnick, 2013). MI와 CBT의 결합은 두 접근의 공통점 때문에 당연한 것이기도 하다. 두 접근 모두 협력적이며 목표 중심적이고 자기 효능감을 지지한다. 동기를 불러일으키기 위해 열린 질문을 사용하여 환자가 주도하는 문제 해결에 초점을 맞춘다(Flynn, 2011). 이 두 접근의 차이점조차도 상호 보완성 및 시너지 효과에 기여한다. 예를 들어, MI는 변화행동의 이유(why)에 초점을 맞추는 반면, CBT는 변화의 방법(how)에 초점이 있다. 이러한 미세한 철학적 차이점이 두 접근의 상호 보완성을 높여 준다. MI를 통해 왜 변화가 필요한지에 대해 알게 되면 CBT는 변화의 방향으로 진전해 나가는 것을 돕는 것이다. 이러한 전환은 점차적으로 이루어져야 하는데, CBT로의 갑작스러운 전환은 오히려 환자가 주춤하게 만드는 역효과를 만든다. CBT는 변화에 대한 양가감정을 직접적으로 다루지 않기 때문에 내담자의 참여를 극대화시킬 수 있는 기회를 놓치게 만들 수도 있다.

순차적 접근과 결합적인 접근 모두 MI와 CBT의 통합에 쓰인다. 환자가 MI의 계획 단계에 있을 때, CBT로 전환하는 것은 순차적 접근이다. 환자가 구체적인 변화 계획을 수립하는 과정에 있을 때, 변화 대화를 사용한다거나, 명확한 목표를 이야기하거나 유지 대화의 빈도가 현저히 낮아질 때 CBT로 접근 방향을 바꾼다. MI의 계획 단계와 CBT의 초기 단계는 유기적인 연결관계가 있다. CBT의 첫 세션은 CBT 모델을 환자에게 소개하는 것과 물질장애를 위한 변화의 동기를 증진시키는 것을 포함한다. CBT 매뉴얼은 치료자가 환자의 동기를 증진시키고, 공감하면서 경청하며, 저항과 구르며, 선택권들을 명확히 하며, 불일치감에 대해 알아 가도록 하는 내용을 담고 있다(Caroll, 1998). 이러한 과제들은 MI의 핵심 기술과 밀접한 관련이 있고 이런 연관성은 CBT가 MI와 얼마나 잘 어울리는지를 보여 준다. 일반적으로 CBT 치료자는 MI가 치료 시작 단계에서 환자의 치료에 대한 참여와 목표 설정에 도움이 된다고 느낀다.

숙제에 대한 어려움 해결하기

CBT 회기 중 숙제를 완성하는 어려움을 해결할 때에도 MI가 유용하다. 치료 회기 이외의 시간에도 CBT의 기술을 연습하는 사람들이 물질 사용을 감소시키며 대처기술들을 발전시킬 가능성이 크다(Caroll et al., 2005). 숙제를 하지 못하는 일들이 흔하게 일어나는데, 이는 치료자에게 절망감을 줄 수 있다. 이럴 경우, 보통은 CBT 치료자가 숙제를 하는 것에 대한 환자의 생각을 파악하고 그 생각을 수정하는 과정을 거친다. 그러나 그런 행동이 만약 변화에 대한 양가감정에서 나온 것이라면, 숙제를 강요하는 치료자의 태도는 권위적으로 변화를 요구하는 것으로 비춰져 오히려 변화에 대한 반감을 불러일으킬 수 있다. 협력적인 접근은 양가감정을 인식하고 존중하며 MI 기술들을 사용하여 그 감정을 탐색하고 해결하도록 돕는 것이다. 이 책의 제5장[유발하기(Evoking)]에서 기술되었던 전략들은 이런 경우에 특별히 유용하다. 다음의 예화가 이러한 예를 잘 보여 준다. 괄호 안에 MI 기술이 적혀 있다.

치료자: 지난 몇 주 동안 치료 회기 외에 해야 하는 숙제가 본인에게 어려웠던 것 같아요. 오늘 숙제에 대해 이야기를 해 봐도 될까요? [동의 구하기]

환자: 물론이죠.

치료자: 집에서 숙제를 하는 것에 대해 어떻게 생각하시나요? [열린 질문하기]

환자: 숙제를 할 시간이 없어요. 직장에서 해야 할 일이 너무 많고 바빠서요.

치료자: 숙제를 할 시간을 찾는 게 아예 불가능하군요. [확대 반영]

환자: 글쎄요 불가능한 것은 아닌데 시간을 찾아서 계획할 필요가 있어요.

치료자: 어떻게 하면 숙제를 할 수 있을지에 대한 생각이 있으시네요. [복합 반영]

이러한 접근은 환자로 하여금 스스로의 해결책을 찾도록 인도하면서 자기효능감을 증진시킨다. 환자가 해결책을 제시하면 치료자는 CBT 의제를 다시 시작할 수 있다. 환자가 여러 선택지를 받고 그중에서 자신이 할 수 있는 과제를 선택하는 것도 도움이 될 수 있는데, 이는 자율성을 강조하기 때문이다. 이러한 MI적 접근은 자신이 치료자의 기대에 부응하지 못한다고 판단하여 생길 수 있는 환자의 방어를 발생하지 않게 한다. 앞에서 언급한 이러한 기술들은 치료적 관계를 희생하지 않으면서도 대화에 집중할 수 있도록 돕는다.

앞의 예들이 CBT와 MI를 상호 보완적이면서 순차적으로 사용하는 것을 강조했지만 두 가지 모델을 결합하여 사용하는 것도 가능하다. 두 치료법을 번갈아 가면서 사용하는 것이 아니라, CBT 치료 과정 가운데 MI 기술을 녹여 낼 수 있다.

치료동맹을 강화하기

치료 관계는 치료의 효과를 증대시키는 가장 중요한 요인 중 하나로 꾸준히 연구되어 왔다(Ardito & Rabellino, 2011). MI는 치료적 관계의 질을 향상시키는 데 중요한 역할을 한다. MI는 종종 환자들의 '현재 상태'에 초점을 맞추도록 도우며, MI의 정신은 다른 치료 과정에서도 유지된다. 협동정신, 수용, 연민, 유발의 네 가지 주요 요소들은 생산적인 치료가 일어나는 기초가 된다.

결합된 접근은 COMBINE 연구에서 사용된 심리치료의 방식이다. 이 연구에서는 날트렉손, 아캄프로세이트, 행동치료 등이 결합된 치료를 여러 기관에서 실행하여 알코올의존 환자들의 음주 행동 감소에 효과가 있음을 보여주었다(Anton et al., 2006). 이 연구에서 제시된 행동치료는—결합된 행동치료라고 불림—MI 원리에 따라 CBT를 진행하는 것이다. 융통성 없는 매뉴얼화된 치료를 주장하는 대신에 환자에게 다양한 선택권을 주고 본인이 원하는 치료의 방식을 선택할 수 있도록 하였다. 환자의 자율성 및 내담자 중심주의를 고취시키는 것은 환자가 치료에 더욱 적극적으로 참여하게 하는 MI의 정신을 담고 있다. 전문가가 이끌어 가는 CBT 문화가 환자가 답을 가지고 있다고 전제하는 MI와 충돌할 수도 있으나, CBT의 틀 안에서 내담자가 이끄는 선택을 권장하여 CBT와 MI 접근의 차이를 줄일 수도 있다. 여기서는 물질사용장애를 중심으로 CBT와 MI의 결합을 살펴보았으나 이러한 원칙은 기분이나 불안장애에 사용되는 CBT 치료에도 적용될 수 있다(Arkowitz & Westra, 2004).

동기강화와 정신역동치료

정신역동이론의 발전

정신역동이론은 정신분석에 근원을 두고 많은 가지들을 치기 시작했으며 다양한 방식으로 전달되고 있다. **정신역동**이라는 용어는 환자의 내적 경험 및 행동에 영향을 끼치는 무의식적인 심리현상에 초점을 맞추는 모든 치료를 포함한다(Gabbard, 2014). 숨겨진 힘에 대한 통찰력을 가짐으로써 환자는 자신의 삶에서 바라는 변화를 이루는 것이다(Shedler, 2010). 환자의 내적 경험과 통찰력은 모든 치료에 공통적인 요소이지만, 이러한 병리적인 패턴이 어떻게 형성되며 어떻게 해체되는가에 대해서는 상당히 다른 의견을 가진다.

고전적 Freud의 추동이론에서 나온 정신분석학파는 인간의 행동이 성적 충동과 공격 충동에 영향을 받는다고 주장한다. Freud의 3요인 모델은 이러한 본능적인 욕구를 **원초아**(id)—완전히 무의식적인 형상—로 일컫는다. 원초아가 표현될 때는 **자아**(ego)와 **초자아**(superego)의 감시를 받기 때문에 의식적이며 무의식적인 요소 모두를 가지게 된다. 신경증적 증상은 이러한 세 요소들의 갈등이 있고, 그 갈등이 방어기제 사용으로 나타나는 것이다(Gabbard, 2014). 환자는 방어기제를 통해 자신의 무의식적 요소를 투사하는데, 치료 과정에서 이런 무의식적 요소를 해석할 수 있다. 이름 그대로 정신분석이론은 자신 내부의 요인을 분석하는 것을 기초로 삼는다.

비록 Freud의 개념이 고전적이지만 심리적 이론을 설립하고 임상적인 제안을 발전시킨 Freud의 창의적인 능력에 대해서는 의심할 바가 없다. 우리는 모두 Freud의 후계자이며, Freud의 작업의 여러 부분을 다양한 방식으로 해석해서 적용하고 있는 사람들이다. 그러나 어떤 정신역동 접근은 MI와 쉽게 통합되기 어렵다. 따뜻함과 유대감을 강조하는 MI는 전이에 대해서 엄격함과 우려를 표현하는 정신역동 접근과 어울리지 않기 때문이다. 그러나 좋은 치료는 수용과 유대감을 바탕으로 이루어지므로, Freud의 정신을 바탕으로 한 관계적 정신역동치료가 발전하게 된다.

정신역동의 학풍은 지속적으로 변화하며 확산되어 왔고 대인관계 영역으로 초점을 변경해 왔다. 구체적인 내용들은 이론마다 다르지만 일반적으로 초기 양육자와의 관계가 이후의 삶에 대한 기대의 틀을 만든다고 본다. 충분한 관심을 받지 못한 초기의 양육관계는 성인기로 지속되면서 대인관계의 경직을 만들어 내어 이는 정신병리로 이어질 수 있다. 예를 들어, 신뢰할 수 없고 함께 있어 주지 않았던 부모에 의해 양육되었던 아이는 다른 사람들과 가까워지는 것이 필요 없다고 믿게 되어 외로운 삶을 살거나 사람들과 피상적인 관계를 형성하게 된다. 전이분석 치료는 환자의 대인관계에 대한 가정을 도전하도록 **교정적인 감정 경험**(corrective emotional experience)을 제공하여 대인관계의 영역을 넓히는 것으로 초점이 변경된다(Alexander & French, 1946). 치료자가 지속적으로 따뜻하고 공감적이며 신뢰할 수 있는 존재임을 보여 주면 그 자체가 환자에게 자신의 비적응적인 대인관계의 틀이 사실이 아님을 증명해 보이는 것이 된다. 이러한 정신은 대상관계, 자기 심리학, 애착이론, 대인관계, 대인관계 정신분석치료에 적용된다(Mitchell & Black, 1995). 치료적 공간에서 대인관계의 속성에 초점을 맞추는 것은 MI가 시작되었던 인본주의 심리학과 연결되고 통합의 가능성을 높이는 것이다.

인본주의 심리치료는 1950년대 개인의 약점보다 역량에 초점을 맞추는 심리학에 대한 열망에서 시작되었다(Schneider et al., 2001). 이러한 움직임은 르네상스 시대 인간의 본성이 근본적으로 선하며, 적절한 환경이 주어진다면 자아실현을 위해 나아간다는 생각에서 출발했다. 이러한 관점에서 볼 때 인간의 더 높은 수준을 이해하는 것이 곧 반대 방향의 병리적인 상태를 이해하는 방법이다. 이는 정신질병과 동물행동을 연구하였던 초기 정신분석과 행동주의와의 날카로운 대립을 일으켰다. Carl Rogers는 이러한 원칙을 **내담자-중심치료**(person-centered therapy)라는 이름으로 임상 현장에 적용할 수 있도록 해석하였다. 그는 **무조건적 긍정적 존중**(unconditional positive regard)과정확한 공감(accurate empathy) 등 치료적인 성격변화를 이끄는 중요한 조건들에 대해 언급했는데(Rogers, 1957), 이를 바탕으로 MI의 정신이 발전했다.

정신역동치료의 과정 중 물질 사용을 다루는 MI 사용하기

MI 기술은 정신역동치료 과정 중 구체적인 행동의 어려움에 직면할 때 효과적이다. 이런 어려움의 예가 물질 남용인데, 통찰력을 강화하는 것을 방해하고 치료 과정에 적극적으로 참여하는 것을 막는다(Dodes, 1988). 물질 남용은 가장 즉각적으로 나타나는 비상 상황이며 치료 과정 중 간과할 수 없는 상태이다. 통찰력에 기반을 두고 있는 치료들이 불안을 유발하여 물질 남용을 자극하는 경우들도 있다.

여기서 우리의 조언은 명확하다. 물질사용장애를 직접적으로 다루지 않는 한, 발전할 가능성은 낮다. 어떤 치료든 물질 사용에 대한 선별을 실시함으로써 같은 치료자가 그 문제를 다룰 것인지 중독치료에 대해 지식이 많은 사람에게 의뢰할 것인지를 판단해야 한다. 특별히 중독의 문제를 가지고 있었던 환자들은 어떤 치료를 받든지 상관없이 물질 사용에 대한 모니터링이 항상 필요하다.

물질 사용이 문제라면, MI 방식으로 전환하여 물질 사용에 대해 탐색하는 것이 적절하다. 정신역동에 기초를 두고 있는 치료에 MI를 차례로 덧붙이는 것은 순차적 통합이다. MI로의 전환은 공감적이고 따뜻한 치료적 태도가 더해질 때 더욱 효과적이다. 전환이 이루어질 때 환자에게 전환의 이유를 설명하는 것이 도움이 된다. 정신역동치료 과정에서 감정을 경험하는 것이 매우 중요하며 물질 사용은 이러한 중요한 감정적 경험을 인위적으로 조작함으로써 이 과정을 방해한다. 치료자는 이를 치료에서 실패하고 있다고 표현하지 않고 MI 정신과 일치하도록 무비판적인 태도로 전달해야 한다. 치료자의 솔직함은 MI의 핵심인 협동정신과 연결되고 치료에 대한 참여를 증진시킨다. 다음은 예는 환자와의 대화에서 이러한 전환이 어떻게 일어날 수 있는지 보여 주고 있다. 이끌어 내기-제공하기-이끌어 내기(elicit-provide-elicit) 기법이 사용되었으며 이는 괄호 안에 설명되어 있다.

치료자: 회기 과정 중에 환자분이 달라진 점에 대해 이야기해도 괜찮을까요? [동의 구하기]

환자: 네, 물론이죠.

치료자: 먼저 혹시 본인이 생각하는 달라진 점이 무엇인지 말해 줄 수 있을까요? [이끌어 내기]

환자: 글쎄요, 제가 상담에 몇 번 빠져서 죄송하죠. 남편과의 갈등 때문에 치료에 집중하는 게 힘들었어요. 산만해졌죠.

치료자: 저도 그 부분을 느꼈습니다. 지난 몇 주 동안 감정의 변화가 큰 탓에 원래보다 술을 많이 마신 것 같은데 그런가요? [제공하기-이끌어 내기]

환자: 맞아요. 이제까지 1년 동안 잘 참아 왔는데 요즘은 참기가 더욱 힘들어지는 것 같아요. 술을 마실 때 유일하게 쉬는 느낌이 들어서요…….

치료자: 우리가 해 왔던 치료법은 감정을 견디기 힘들 때도 자신의 감정과 함께 사는 법을 배우는 것이 목적이었습니다. 힘든 감정들의 근원을 이해하고 그 감정들을 대처하는 법을 배우는 것에서 치료가 시작되기 때문입니다. 저는 술을 마시는 것이 이 치료의 과정을 방해할 수 있기 때문에 우려가 됩니다. [제공하기] 이때까지 치료에 많은 시간과 노력을 투자하셨는데 [인정하기] 혹시 그런 노력이 음주로 인해 좋은 결과로 이어지지 못하는 것은 아닐까 우려가 됩니다. 초점을 잠시 전환해서 음주에 관한 부분들을 집중적으로 이야기하면서 이해해 보는 것은 어떨까요? [이끌어 내기]

환자: 그렇게 하는 게 좋을 것 같습니다.

심각도가 높지 않다면, 간단한 MI에 대한 소개만으로도 충분히 물질 사용의 실수를 막을 수 있다. 또는 환자를 집중 물질 사용 치료로 의뢰하는 것이 필요할 수 있고 적절할 때 정신역동치료를 다시 시작해야 할 수도 있다. 정신역동치료로 돌아가는 데 적절한 타이밍은 사례마다 다르고 이에 대한 결정은 이 장에서 모두 다룰 수 없다. 그러나 언제라는 것의 논의가 이루어질 수 없어도 어떻게라는 것의 가이드라인은 다음에 제시되어 있다.

치료자는 MI에서 정신역동치료로 다시 돌아올 때 환자에게 그에 대한 언급을 하는 것이 좋다. 한 가지 방법은 환자로 하여금 자신의 변화에 대해 이야기하도록 하고 그 후 현재의 치료적 관계에 대해 대화를 나눈다. 그다음, 치료적 목표를 달성하기 위해 환자와 치료자의 역동에 대해 다루는 정신역동 기술들을 소개한다.

이와 같은 통합적인 접근의 어려움은 내담자 중심치료가 전이의 개념의 중요성을 강조하지 않는다는 것이다. Carl Rogers는 내담자 중심치료에서는 "문제로서의 전이는 일어나지 않는다."라고 주장했다(Rogers, 1951). 그는 내담자 중심 접근은 환자의 태도를 수용하고 이해하기 때문에 전이가 생기지 않거나 희미해진다고 주장했다. 치료자가 MI를 사용한 후 정신역동으로 전환할 때 이론과 실행의 차이로 인한 어려움들이(기회가 될 수도 있지만) 분명히 존재한다. 내담자 중심 접근에서는 치료자의 조언이나 자기노출을 최소화하여 치료자가 드러나지 않도록 한다. 정신역동적 치료자들은 이러한 태도가 전이를 해석할 때 어려움이 될 수 있다고 주장한다(McWilliams, 1994; Rockland, 2003).

정신역동의 틀이 중독 행동의 기저를 이해하는 데 중요한 도구가 된다. 중독장애 환자들에게 흔한 심리적인 취약성은 감정을 경험하거나 견디는 것이 힘들다는 것이다(Khantzian, 2012). Khantzian의 **자기치료 가설**(self-medication hypothesis)의 핵심은 물질의 사용이 감정조절을 돕는다는 것이다. 대처기술이 부족하거나 트라우마의 영향으로 발달기제의 부적응을 일으키고, 결국 부정적인 감정을 다루는 데 물질을 필요로 하게 된다는 것이다(Khantzian, 1997). 중독에 대한 정신역동적 치료의 많은 부분의 초점은 감정을 정의하고 탐색하는 데 있다. 감정에 이름을 붙이는 작업은 환자로 하여금 감정을 의식적으로 조절하고 통제하는 방법을 배워서 재발을 방지하는 데 있다(Khantzian, 2012). Khantzian의 접근 또한 MI의 원칙과 비슷하며 환자에 대한 따뜻함, 공감, 판단하지 않는 순수한 호기심이 필요하다. 이러한 핵심 철학은 MI와 연결점을 가지고 있으며, 재발이 흔한 중독 행동의 특성상 이 두 치료는 더욱 중요하게 연결된다. 자가치료 가설은 물질의 사용과 동반 이환이 치료되지 않을 때 치료가 진행되기 어려운 이유들을 설명하는 중요한 이론이다. 그러나 이 이론은 최초의 정서적인 문제가 해결된 후의 중독 행동이 여전히 줄어들지 않는 것에 대해서는 설명하지 못한다. 중독이 발생하면 직접적으로 치료가 되어야 하는 독립적인 질병이 된다. 그러므로 우울증을 자가치료하기 위해 물질을 사용하였다 하더라도, 물질에 중독된 이후에는 단순히 우울증을 치료하는 것만으로 중독을 완전히 치료할 수는 없다.

기분장애가 있는 환자들이 정신역동치료 중에 물질중독 행동이 재발된다면 치료 자체가 재발을 유도하는 위험 요인이 되는지 살펴볼 필요가 있다. 환자가 재발기술훈련이 잘 되어 있지 않는 상태에서 정신역동 기술들을 사용한다면, 불안이나 부정적인 감정들이 고조시켜 재발의 가능성을 높일 수 있다. 불안이 고조되어 물질사용장애가 악화될 가능성이 있는 환자들은 다음 단락에서 다룰 지지적인 치료 접근으로 전환할 필요가 있다.

동기강화상담과 지지적인 심리치료

지지적인 심리치료를 정신역동치료와 연결시켜 실행하는 데는 어려움이 있다(Douglas, 2008). 정신과 레지던트 심사위원회(Psychiatry Residency Review Committee)는 이 두 심리치료를 독립적으로 간주하고 두 심리치료에 필요한 기술 및 역량을 분리하고 있다. 큰 틀에서 보면 이 둘의 축의 끝은 지지적(supportive)–표현적(expressive)으로 분리된다(Cabaniss et al., 2010). 표현적인 축은 무의식적인 갈등에 대한 환자의 통찰을 이끌어 내어 성격의 변화를 야기하는 것을 목적으로 한다. 앞서 언급했던 정신역동적 접근들이 이러한 치료의 예가 된다. 반대로 지지적인 축은 약화된 자아의 기능을 격려하여 증상 완화 및 적응적인 기능을 향상시키는 것을 목적으로 한다(Cabaniss et al., 2010; Winston et al., 2012). 후자의 접근은 정신과에서 약물치료 관리에 흔하게 쓰인다.

환자가 심리적으로 분석할 수 있는 역량이 된다면 지지적-표현적 치료의 두 축 사이에서 어디가 적합할지 판단하기 쉽다. 정신과에 입원한 환자들은 심각한 정신과적 동반장애 때문에 깊게 파고드는 심리치료가 적합하지 않다. 이런 임상적인 집단은 지지적인 치료에서 얻는 이득이 더 많다. 또한 표현적인 치료로 인해 정서적인 상태가 고조되어 재발될 가능성이 높은 환자들도 지지적인 치료가 더욱 적합하다. 이 두 시나리오에서 지지적인 축만을 강조한 것처럼 보이지만 숙련된 치료자는 환자에 대한 정신역동적인 이해를 이끌어 내어 치료 과정에 잘 녹여낸다. 지지적인 접근은 표현적인 작업들을 강화시킬 수 있기 때문이다. 숙련된 치료자는 임상적인 필요에 따라 이 두 축을 자유롭게 넘나든다. 이러한 유연성은 MI와 다른 심리치료 모델 간의 통합을 이끌어 낸다.

지지적인 치료와 MI 간의 경계선은 모호하다. 어떤 이들은 MI를 물질사용장애에 적용하는 지지적인 치료로 보기도 한다(Winston et al., 2012). 어떻든 간에 MI는 지지적인 치료 맥락에서 행동변화가 필요한 문제를 다루는 데 매우 적합하다. MI와 지지적인 치료가 통합된 접근은 특별히 양가감정이 존재하는 문제를 다룰 때 적합하다(Rosenthal, 2008). MI의 네 가지 과정—관계 형성하기, 초점 맞추기, 유발하기, 계획하기—은 지지적인 치료의 자연스러운 과정을 반영하고 있기도 하다. 그러므로 MI에 구체화된 개입은 지지적인 심리치료의 바탕에서 쉽게 사용될 수 있고, 양가감정을 다루고 변화를 촉진시키는 치료의 효과를 증가시킨다.

직접적이고 투명한 대화방식 사용하기

지지적인 치료와 MI의 명확한 상호성은 대화 방식의 공통점에 있다. 지지적인 치료는 환자로 하여금 합리적인 속도를 유지하는 동시에 치료적으로 풍부한 내용을 다룰 수 있는 균형을 유지하도록 하는데, 이를 위해서는 직접적이고 투명한 대화 방식이 필요하다(Pinsker, 1997; Winston et al., 2012). 이러한 접근은 불안을 감소시키고 치료적 관계를 향상시킨다. 조사하는 듯한 태도로 환자의 참여 자발성을 약화시키면서 데이터 수집에 우선순위를 두는 질문을 권장하지 않는다(Pinsker, 1997). 한 질문당 2~3개의 반영을 권장하는 MI의 전략은 이러한 균형을 유도하는 데 적합한 가이드라인을 제시한다(Miller & Rollnick, 2013). 단순 반영과 복합 반영을 혼합하는 것은 환자의 참여를 증진시키며 환자 주도의 탐색을 촉진시킨다. 순수한 MI의 입장에서, 치료자는 변화 대화를 염두에 두면서 환자가 자신의 목표를 추구할 수 있도록 인도해야 한다.

MI와 지지치료의 또 다른 공통점은 장황하거나 통상적인 대화 표현을 권장하지 않는다는 것이다(Miller & Rollnick, 2013; Pinsker, 1997). 예를 들어, 치료사들은 "제가 궁금한 것은", "저에게는 이렇게 보이는데", "제가 이해한 바로는" 들의 도입구를 빈번히 사용한다. 이런 구절의 빈번한 사용은 내용에 깊이를 더하지 않을 뿐만 아니라 공감보다는 거리감을 조장한다. Pinsker가 지적한 것처럼, "제가 궁금한 것은"의 통상적인 표현은 치료자가 환자와의 동맹을 고려하기보다 자신의 궁금증을 만족시키는 데 초점을 맞춘 것처럼 들릴 수 있다(Pinsker, 1997). Miller와 Rollinck(2013)은 치료자들이 반영의 주체로 '당신'이라는 대명사를 사용하기를 추천한다. 예를 들어, "제가 궁금한 것은 환자분의 마약 사용인데, 제가 이해한 바로는 마약 사용을 줄이는 것에 대해 고심하는 것처럼 들리는군요."라는 표현 대신에 "당신은 마약 사용의 횟수를 줄이는 것에 대해 고심하고 있군요."로 표현하는 것이 적합하다.

과정 촉진 및 갈등 다루기

지지치료와 같이 덜 구조화된 심리치료 환경에는 초기 치료자가 회기의 방향이 어디로 가는지 혼란을 느끼는 경우가 흔하다. 행동 변화에 대한 필요가 있지만 행동의 단계로 진행되는 과정이 느릴 경우 더욱 그러하다. 지지적인 심리치료는 이러한 장애물의 먹이가 될 수 있기 때문에, 이때 MI를 사용한다면 앞으로 진전해 가는 힘을 촉진시킬 수 있다. MI는 긍정적인 변화의 과정으로 인도하도록 하는 반면 지지적 치료의 일반적인 원리를 고수한다. 간단한 전략은 앞서 언급한 것처럼 양가감정을 다루기 위해 OARS(열린 질문하기, 인정하기, 반영하기, 요약하기)를 충분히 활용하는 것이다. 앞서 언급한 MI 전략을 선택하여 지지치료의 과정 중에 활용하는 것도 하나의 방법이 될 수 있다.

MI의 '가치와 목표 탐색하기' 전략은 변화에 대한 결정을 유도하여 환자가 앞으로 나갈 수 있도록 돕는다(Miller & Rollnick, 2013). **Q전략(Q technique)**으로 알려져 있는 활동은 성격의 특성이 기술되어 있는 카드를 '가장 나와 비슷함'에서 '전혀 나와 같지 않음'의 다섯 가지 카테고리로 나누도록 한다. 스스로를 보는 관점을 이해하고 동시에 자신의 가치와 목표를 명확히 할 수 있게 돕는다. 이는 환자와 치료자가 중요한 결정과 삶의 변화의 동기를 탐색할 때 영향력 있는 도구가 된다. 직업의 변화, 결혼, 이혼과 같은 주요한 삶의 변화뿐만 아니라, 치료에 계속 참여할 것인지 아닌지에 대한 결정이 토론의 대상이 되기도 한다. 물질사용장애치료에서 익명의 알코올 중독자들(Alcoholics Anonymous) 같은 자조모임에 참여할 것인지에 대한 양가감정이 생기기 때문이다. Q전략과 같이 MI에 기초를 두고 있는 접근 및 도구를 사용하는 것은 결심의 근거를 찾고 자신의 목표로 이동하는 것을 돕는다.

많은 심리치료 이론들이 치료가 기대한 것처럼 잘 진행되지 않을 때, 공통적으로 환자가 저항을 일으키는 상황이 아닌지 생각해 보도록 한다. **저항(resistance)**은 치료의 과정을 방해하는 모든 것을 포함한다(Cabaniss et al., 2011). 심리치료 학파마다 어떻게 저항에 반응해야 할 것인가에 대해서는 매우 입장이 다르다. 표현적인 치료 접근에서는 저항을 숨어 있는 방어기제를 드러나게 만드는 기회로 간주한다. 지지적인 치료 접근에서는 치료의 진행에 방해가 되는 외부 요소들을 제거하고 기능을 회복할 수 있도록 한다. 무의식을 밝히는 작업은 환자에게 충분한 지지를 제공하여 환자의 역량과 의지가 있을 때만 가능하다. 지지적인 치료에 MI 전략을 추가하는 것은 이러한 과정에 크게 도움이 된다. MI는 양가감정으로 인한 저항을 유지 대화 또는 불협화음으로 재구조화하여 해석한다. 지속적으로 양가감정을 탐색하고 해결해 가면서 치료적 관계를 유지하는 것이 저항을 해결하는 방법인 것이다. 치료자는 환자가 치료의 어떤 단계에 있는지 파악하고, 치료가 환자의 단계에 맞는지를 살펴야 한다. 예를 들어, 준비가 덜 된 상태에서 무작정 계획 단계에 뛰어드는 것은 유지 대화를 불러일으킬 수밖에 없다. 지지적인 접근을 사용하는 치료자는 환자가 변화 대화에 참여할 준비가 되기 전까지 문제 해결 또는 충고를 주는 것으로 바로 뛰어들지 않는다. MI의 관점에서 환자의 행동 준비 단계를 인식하는 것은 환자와 치료자의 간극을 줄이는 데 필수적이다.

자존감 높이기

자존감을 향상시키는 작업은 지지적인 심리치료의 핵심이다(Pinsker, 1997). 가장 명확한 전략은 인정하기를 최대한 활용하여 환자의 강점과 성공을 강조할 수 있는 기회들을 놓치지 않는 것이다. 이런 접근은 환자의 강점보다는 취약점을 파악하도록 훈련 받은 치료자들의 관점 변화를 요구한다. Rogers나 인간 중심적 접근은 환자가 잘하고 있고 적응적인 기능들에 초점을 맞추고 있다(Rogers, 1957).

이때 유용한 MI 도구는 자신감과 중요도 눈금자 기법이다(Miller & Rollnick, 2013; 제5장 '유발하기'를 참조하라.). 구체적인 행동의 목표를 이야기할 때, "눈금의 0에서 10까지 중, 0을 '전혀 자신이 없음' 그리고 10을 '매우 자신 있음'이라고 본다면 이 변화에 대한 자신감은 눈금자에 어디에 위치하는가"라고 물을 수 있다. 자신감의 위치를 이야기하면, 그보다 더 낮은 눈금점수가 아닌 왜 이 번호를 선택했는지에 대한 이유를 물음으로써 변화 대화를 이끌 수 있다. 이는 자연스레 자신이 변화를 만들 것이라고 믿는 이유를 이야기할 수 있도록 하고 동시에 자신감을 북돋게 한다. 이러한 대화를 통해 변화 대화가 촉진될 수 있으며, 중요도 눈금자를 활용하여 같은 질문을 할 수 있다.

충고하기

MI와 지지적인 심리치료가 많은 공통점을 가지지만, 충고를 해석하는 데 어려움이 있어 왔다. 초기에는 충고를 하는 것이 환자 스스로 대답을 도출해야 하는 MI의 기본 정신에 위배되는 것으로 이해되었다. 그러나 MI 원칙을 유지하면서도 충고할 수 있는 방법들이 있다. 동의 구하기와 이끌어 내기–정보 제공하기–이끌어 내기(elicit-provide-elicit) 두 전략이 그것이다. 지지적인 치료에서도 기본 원칙은 충고 전에 환자에게 동의를 구하는 것이다. 이런 태도는 환자와 치료자의 힘의 차이를 분산시키는 역할을 한다. 다음은 환자의 동의를 구하는 대화의 예이다.

> 어려운 상황에서 자신을 찾아가는 것이 보이네요. 비슷한 문제 상황에서 다른 사람들에게 도움이 되었던 것을 알고 있습니다. 이에 대해 이야기를 나눠도 될까요?

환자가 정보나 조언을 직접적으로 요청하는 경우 이러한 과정은 필요 없다. 그러나 그런 경우에도 정보를 제공하기 전에 자신이 이미 알고 있거나 생각한 부분들이 있는지를 물어보는 것이 좋다. 이러한 행동이 치료자로 하여금 '자신이 알고 있는 부분을 지시하는' 덫에 빠지는 것을 막아 준다.

정보를 제공할 때, 이끌어 내기–제공하기–이끌어 내기 접근이 유용하다. 자율성이 강조된 지지적인 언어를 사용하여 환자가 운전대를 잡고 치료자가 그 여정을 돕는 것이 중요하다. 정보를 제공한 후에 환자의 반응을 점검한다면 의견의 불일치나 오해할 수 있는 부분들을 명확히 할 수 있다.

동기강화상담과 집단치료

집단심리치료를 제공하는 것에는 여러 장점들이 있다. 비용 대비 효율이 증가될 뿐만 아니라 집단의 역동을 활용한 힘을 가지게 된다. 개인치료와는 다르게 집단환경은 개인의 행동이 집단에 미치는 영향을 다루고 인지할 수 있게 하며, 가치 있는 피드백을 주고받게 하고, 비슷한 문제로 고민하는 사람들과 공감을 느낄 수 있다(Yalom & Leszcz, 2005).

그러나 MI 치료가 물질사용장애 치료에서는 흔하게 진행되고 있음에도 아직까지 연구들은 MI 집단치료가 MI 개인치료만큼 효율적이라는 것을 증명하지 못했다(Miller & Rollnick, 2013). 이러한 결과는 행동의 변화가 각 회기에서 일어난 환자의 변화 대화의 양과 밀접한 관련이 있기 때문이다(Magill et al., 2014). 집단에서는 개인상담과 비교하여 개인에게 할당되어 이야기하는 시간이 줄어들게 된다. 그럼에도 불구하고 집단치료는 자원이 부족한 치료 환경의 현실적인 대안일 수밖에 없다. 그렇다면 집단 형태에서 MI의 충실도를 높이는 방법을 이야기해 볼 필요가 있다.

집단 환경에서도 MI의 일반적인 원리—협동정신, 수용, 공감, 유발성—는 변화에 대한 양가감정을 탐색하고 해결하는 것이 목표이다. 그러나 중요한 차이점은 그 목표와 동시에 집단의 과정에 주의를 기울어야 한다는 것이다. 이는 개인상담에서는 직접 경험하지 않는 것이다. MI와 집단치료 모두 복잡한 내용들을 담고 있기 때문에, 두 가지 모두에 능숙한 사람이 MI 집단을 진행할 필요가 있다. 초기 치료사가 집단상담을 이끌 때 다른 보조 리더가 있다면 각각의 치료자가 어떤 역할을 맡을 것인지 나누어야 한다(Velasquez et al., 2008). MI를 집단에서 어떻게 진행하는지에 대한 부분은 다음에서 더욱 자세히 이야기하겠다.

동기강화상담의 정신에 일치하는 집단 문화를 조성하기

모든 집단치료에서 가장 중요한 초기 과제는 집단의 규칙을 설정하는 것이다(Yalom & Lesacz, 2005). MI 집단의 환경에서, MI의 정신을 소개하는 것은 첫 회기에 필수적인 요소이다. 변화의 과정과 관련한 철학을 소개하고, 양가감정을 정상화시키며, 자율성의 중요성을 강조하는 것이다. 소개의 예는 다음과 같다.

> 시작하기 전에, 우리가 집단으로서 어떻게 관계를 형성해 나갈 것인지에 대한 방향을 소개하겠습니다. 여기 모두는 자신의 삶의 특정 영역에서 변화에 대한 고심을 하고 있습니다. 우리는 각각 다른 존재이기 때문에 여기 있는 이유가 다르며 해답도 다를 것입니다. 그렇기 때문에 이 집단에서는 상대방에 먼저 요구하기 전에는 함부로 서로에게 충고를 하지 않습니다. 대신에 경청하는 것에 집중하여, 함께 서로의 문제에 대해 더 잘 이해할 수 있도록 노력합니다. 상대방에 대한 깊은 이해가 다른 사람들로 하여금 자신의 문제를 탐색해 나가고 자신만의 해결책을 밝혀내는 데 도움이 될 것입니다. 변화는 과정이며 모두가 다른 변화의 과정에 있습니다. 어떤 사람들은 이미 변화에 대해 준비가 되어 있고, 어떤 사람들은 이 집단에 참여하기를 원하는지에 대한 확신이 없는 상태입니다. 그러한 차이는 정상이고 당연한 것입니다. 각자의 단계를 존중하고 서로 압력을 주지 않는 것이 중요합니다.

이러한 설명은 치료가 진행되는 과정 중에도 다시 한번 필요하고 만약 열린 집단이라면 새로운 구성원이 들어올 때마다 필요할 수 있다. 전달하고자 하는 핵심 메시지는 양가감정을 느끼는 것은 정상적이며 당연한 일이라는 것이다. 또한 모두가 다르기에 경청하고 각자의 결론에 다다르는 것에 대해 서로가 격려하는 것이 중요하다는 것이다. 치료자는 이러한 집단의 원칙을 OARS 기술과 같은 MI와 일치하는 행동으로 직접 예를 보여 줄 수도 있다. 집단의 구성원들이 이러한 공감적인 접근이 변화 대화를 이끌어 내는 데 성공적이라는 것을 경험한다면 자연적으로 치료자를 찾을 것이다.

동기강화상담과 일치하지 않는 집단의 행동에 반응하기

집단을 MI 정신에 부합하게 이끌고자 하는 최선의 노력에도 불구하고, 집단 구성원들이 MI 원칙을 따르지 않는 경우가 있다. 이럴 경우 치료자는 MI 원칙에 어긋한 집단원들의 행동을 다루어 주어야 한다. 예를 들어, 과도하게 '해결 중심 대화'에 치중되는 경우들이 나타날 수 있다. 충고하는 행동은 대부분 도와주고자 하는 열망에서 비롯되기 때문에 치료자는 그러한 행동에 내재된 동기에 대해 언급할 필요가 있다. '재구조화하고-상기시키고-돌아가기(reframe-remind-return)'로 문제의 주위에 둘러싼 행동들을 다루어 줄 수 있다. 다음은 집단 구성원이 요청 받지 않는 충고를 다른 사람에게 전달할 경우 집단 리더가 어떻게 개입할 수 있을지에 대한 예이다(Krejci & Neugebauer, 2015).

> James는 Emma가 가지고 있는 어려움을 해결하는 데 본인의 경험을 나누고 싶어 하는 것처럼 보이네요. Emma에게 도움이 되고 싶은 마음에서 그렇게 하는 것을 압니다. 그러나 우리 집단의 원칙상 상대방이 요청하지 않은 이상 충고를 하는 것을 권고하지 않습니다. Emma, 최근에 힘든 시간을 겪고 있는 것을 압니다. 오늘 다른 사람들이 당신을 어떻게 도와주었으면 좋겠어요?

치료사는 개입하는 것을 지체하면 안 된다. 한 집단 구성원이 다른 구성원에게 비판적으로 이야기할 경우에도 치료사의 적극적인 개입이 필요하다. 구성원들에게 평가적이지 않고 긍정적으로 호기심을 갖는 태도의 중요성을 상기시켜야 한다. 다른 사람에게 비판적으로 말하는 것을 줄이기 위해 '나' 문장 표현을 쓰도록 하는 것을 권장할 수도 있다. 비판을 받은 당사자가 그런 비판이 어떻게 느껴졌는지를 자유롭게 표현하도록 하는 것 또한 집단의 응집력과 대인관계의 학습을 촉진시키는 데 도움이 된다. MI 정신은 변화의 과정이 열릴 수 있도록 하는 촉매제이며, 이는 사려 깊게 촉진되며 보호되어야 한다.

개인과 집단 개입의 균형 맞추기

집단의 형식으로 MI를 전달하는 데 있어 어려운 점 중 하나는 개인 치료의 조각들이 존재하기 쉽다는 것이다. 집단이 몇몇 개인의 문제에 초점을 맞추어 진행된다면 다른 구성원의 참여가 저조해진다. 이때 개인의 구체적인 상황에 집중하기보다 전반적인 주제를 아우를 수 있는 **반영**과 **요약**을 사용하는 것이 도움이 된다. 예를 들어, 한 구성원과 금연을 못하는 것을 질책하는 그의 배우자 사이에 특정 대화에 초점을 맞추는 대신에 집단 리더는 구성원들에게 자신이 아직 결정하지 못한 행동에 대해 주위로부터 압력을 느낀 적이 있는지 질문할 수 있다. 물론 집단 리더는 선별적으로 변화 대화를 반영하면서 **인정하기**의 기회를 적극적으로 찾아야 한다. 다음은 이에 대한 예이다.

> David, 가족으로부터 담배를 끊으라는 압박을 계속 받고 있군요. 그런 압박이 스트레스가 되어 더 담배가 피우고 싶을 수도 있었을 텐데, 그럼에도 불구하고 흡연양을 줄여 가는 것을 여전히 계획하고 있고 계속 이 집단에 나오고 있네요! 이런 상황이 들으니 이전에 Sarah에게 의사가 술을 완전히 끊지 못한다고 비판하면서 압력을 주었던 상황이 생각이 나네요. 그때 Sarah도 그런 압력의 스트레스를 이겨냈었죠. 다른 분들도 이런 경험을 한 적이 있나요?

비슷한 경험을 한 집단 구성원들을 찾는 것은 다른 구성원들의 참여를 촉진시키고 동기를 강화시킨다.

또 다른 전략은 일반적인 주제가 떠오르면 다른 구성원들이 그 주제에 대해 의견을 표현할 수 있도록 초대하는 것이다. 구성원들이 그 주제에 대해 이야기하면, 치료자는 **요약하기**를 사용하여 다양한 이야기들을 묶어 준다. 집단 참여자를 선별할 때 개인평가를 통해 어떤 주제가 공통적인 관심사가 될 것인지 미리 알 수 있으면 도움이 된다.

일반적인 MI 도구들은 이미 집단 형식에 최적화되어 설계되어 있어 집단 구성원들의 참여를 유도할 수 있다. 그러한 예 중에 하나는 '눈금자 기술'이다. 칠판에 자신감(또는 중요도) 눈금자(제5장의 [그림 5-2]와 [그림 5-3] 참조)를 0에서 10까지 그려 놓고 각각의 구성원들이 자신의 이름과 위치를 그리도록 한다. 환자가 선택한 눈금보다 왜 더 낮은 눈금을 선택하지 않았는지 어떻게 하면 더 높은 위치로 올라갈 수 있을지를 이야기하면서 변화 대화를 유발할 수 있다. 개인 MI와 마찬가지로 집단에서도 변화 대화를 유발하고 더 적극적으로 구성원들의 참여를 이끌어 내는 여러 가지 방법들이 있다. 중요한 것은 각 개인의 변화 대화가 실행되도록 최대한으로 이끌어 내는 것인데 이것이 바로 실제 변화와 가장 직접적인 관련이 있기 때문이다(Magill et al., 2014).

핵심 포인트

▶ MI는 다른 심리치료와 순차적 또는 결합된 형태로 통합될 수 있다.

▶ 순차적인 형태는 2개 이상의 심리치료 기술들을 차례로 전달하는 것이다. 이러한 접근은 MI가 아닌 다른 치료를 실행하는 중 환자의 동기가 낮을 경우 가장 유용하다.

- CBT를 시작하기 전에 MI를 서두에 실시함으로써 동기를 강화시키고 치료적 연대를 설립할 수 있다.
- CBT 중 숙제를 하지 않는 것을 다루기 위해 MI를 부분적으로 실시할 수 있다.
- 물질 사용 재발을 다루기 위해 정신역동 또는 다른 치료 과정 중 MI를 기반으로 한 치료를 진행할 수 있다.

▶ 결합된 형태는 다른 치료의 틀 안에 MI의 요소들을 녹여 내어 시너지 효과를 일으

키도록 새로운 형태의 치료를 만드는 것이다. 예를 들어,

- 지지적인 심리치료를 하는 환경에서 행동의 변화를 목적으로 변화의 동력을 강화시키기 위해 OARS(열린 질문하기, 인정하기, 반영하기, 요약하기) 기술들을 사용한다.
- 치료의 형태 및 자원들(예: 약물치료, 익명의 알코올 중독자들 모임)에 대한 양가감정을 탐색하기 위해 열린 질문과 반영을 사용한다.
- 지지적인 치료의 핵심적인 목표가 되는 자아존중감을 향상시키기 위해 인정하기를 사용한다.
- 지지적인 치료의 환경에서 충고를 할 때 동의 구하기 또는 이끌어 내기-제공하기-이끌어 내기 접근 방법 등을 사용한다.

▶ MI는 집단 형식으로 진행할 경우, 다음의 것들이 필요하다.

- 집단 구성원들에게 MI의 정신에 대해 교육하기
- MI와 불일치하는 행동들이 일어날 때 즉각적으로 개입하기
- 개인과 집단 개입의 균형 맞추기
- 변화 대화를 최대화하기

연습문제

1. 다음의 심리치료 통합 유형 중 Carl Rogers가 주장했던 것은 무엇인가?

A. 이론적인 통합

B. 공통 요인 접근

C. 동화된 통합

D. 부가적인 결합

E. 기술적인 절충

2. 물질사용장애에 대한 다음의 MI 과정 중 CBT 치료의 첫 회기와 가장 비슷한 것은?

A. 관계 형성하기

B. 초점 맞추기

C. 유발하기

D. 계획하기

E. 결론 내리기

3. 다음 중 MI의 정신과 가장 관련이 깊은 것은?

A. Freud의 추동이론

B. 대상관계이론

C. 내담자 중심 치료

D. 자아심리학

E. 애착이론

4. 지지적인 심리치료의 과정 중 환자들에게 충고할 때 가장 도움이 되는 MI 기술은 무엇인가?

A. 재구조화-상기시키기-돌아가기

B. 복합 반영

C. 확대 반영

D. 정보 제공하기-재구조화하기-정보 제공하기

E. 이끌어 내기-정보 제공하기-이끌어 내기

5. 집단 MI에 대해 옳게 설명한 것은 무엇인가?

A. 치료자는 반영을 사용하여 집단 구성원들에게서 '해결 중심 대화'를 이끌어 내야 한다.

B. 집단 형식의 MI는 개인 MI 상담만큼 효과적인 것으로 알려져 있다.

C. 집단 구성원들은 모두 같은 '변화 단계'에 있다.

D. 치료자들은 각 구성원의 변화실행언어를 최대화할 수 있도록 노력해야 한다.

E. 각 회기는 한두 사람의 집단 구성원에게 초점을 맞추어야 한다.

• 참고문헌 •

Alexander F, French TM: Psychoanalytic Therapy: Principles and Application. New York, Ronald Press, 1946, p 66

Anton RF, O'Malley SS, Ciraulo DA, et al: Combined pharmacotherapies and behavioral interventions for alcohol dependence: the COMBINE study: a randomized controlled trial. JAMA 295(17):2003-2017, 2006 16670409

Ardito RB, Rabellino D: Therapeutic alliance and outcome of psychotherapy: historical excursus, measurements, and prospects for research. Front Psychol 2:270, 2011 22028698

Arkowitz H, Westra HA: Integrating motivational interviewing and cognitive behavioral therapy in the treatment of depression and anxiety. J Cogn Psychother 18(4):337-350, 2004

Brady KT, Dansky BS, Back SE, et al: Exposure therapy in the treatment of PTSD among cocaine-dependent individuals: preliminary findings. J Subst Abuse Treat 21(1):47-54, 2001 11516926

Cabaniss DL, Arbuckle MR, Douglas C: Beyond the supportive-expressive continuum: an integrated approach to psychodynamic psychotherapy in clinical practice. Focus 8(1):25-31, 2010

Cabaniss DL, Cherry S, Douglas CJ, et al: Psychodynamic Psychotherapy. New York, Wiley, 2011

Carroll KM: A Cognitive-Behavioral Approach: Treating Cocaine Addiction. Therapy Manuals for Drug Abuse, Manual 1. NIH Publ No 98-4308. Rockville, MD, National Institute on Drug Abuse, April 1998

Carroll KM, Onken LS: Behavioral therapies for drug abuse. Am J Psychiatry 162(8):1452-1460, 2005 16055766

Carroll KM, Nich C, Ball SA: Practice makes progress? Homework assignments and outcome in treatment of cocaine dependence. J Consult Clin Psychol 73(4):749-755, 2005 16173864

Dodes LM: The psychology of combining dynamic psychotherapy and Alcoholics Anonymous. Bull Menninger Clin 52(4):283-293, 1988 3042066

Douglas CJ: Teaching supportive psychotherapy to psychiatric residents. Am J Psychiatry 165(4):445-452, 2008 18381914

Flynn HA: Setting the stage for the integration of motivational interviewing with cognitive behavioral therapy in the treatment of depression. Cognit Behav Pract 18(1):46-54, 2011

Gabbard GO: Psychodynamic Psychiatry in Clinical Practice, 5th Edition. Washington, DC, American Psychiatric Publishing, 2014

Hettema J, Steele J, Miller WR: Motivational interviewing. Annu Rev Clin Psychol 1:91-111, 2005 17716083

Khantzian EJ: The self-medication hypothesis of substance use disorders: a reconsideration and recent applications. Harv Rev Psychiatry 4(5):231-244, 1997 9385000

Khantzian EJ: Reflections on treating addictive disorders: a psychodynamic perspective. Am J Addict 21(3):274-279, discussion 279, 2012 22494231

Krejci J, Neugebauer Q: Motivational interviewing in groups: group process considerations. Journal of Groups in Addiction & Recovery 10(1):23-40, 2015

Magill M, Gaume J, Apodaca TR, et al: The technical hypothesis of motivational interviewing: a meta-analysis of MI's key causal model. J Consult Clin Psychol 82(6):973-983, 2014 24841862

McWilliams N: Psychoanalytic Dagnosis. New York, Guilford, 1994

Miller WR, Rollnick S: Motivational Interviewing: Helping People Change, 3rd Edition. New York, Guilford, 2013

Mitchell SA, Black MJ: Freud and Beyond: A History of Modern Psychoanalytic Thought. New York, Basic Books, 1995

Najavits LM, Weiss RD: The role of psychotherapy in the treatment of substance-use disorders. Harv Rev Psychiatry 2(2):84-96, 1994 9384886

Pinsker H: A Primer of Supportive Psychotherapy. Hillsdale, NJ, Analytic Press, 1997

Rockland LH: Supportive Therapy. New York, Basic Books, 2003

Rogers CR: Client-Centered Therapy: Its Current Practice, Implications and Theory. London, Constable, 1951

Rogers CR: The necessary and sufficient conditions of therapeutic personality change. J Consult Psychol 21(2):95-103, 1957 13416422

Rosenthal RN: Techniques of individual supportive psychotherapy, in Textbook of Psychotherapeutic Treatments. Edited by Gabbard GO. Washington, DC, American Psychiatric Publishing, 2008, pp 417-445

Schneider KJ, Bugental JFT, Pierson JF: The Handbook of Humanistic Psychology. Thousand Oaks, CA, Sage, 2001

Shedler J: The efficacy of psychodynamic psychotherapy. Am Psychol 65(2): 98-109, 2010 20141265

Stricker G, Gold J: Psychotherapy integration: an assimilative psychodynamic approach. Clin Psychol Sci Pract 3:47-58, 1996

Velasquez MM, Stephens NS, Ingersoll K: Motivational interviewing in groups. Journal of Groups in Addiction & Recovery 1:27-50, 2008

Winston A, Rosenthal RN, Pinsker H: Learning Supportive Psychotherapy: An Illustrated Guide. Washington, DC, American Psychiatric Publishing, 2012

Yalom ID, Leszcz M: The Theory and Practice of Group Psychotherapy, 5th Edition. New York, Basic Books, 2005

학생 시절 회상

Augustine Tawadros

럿거스 뉴저지 주립대학 의과 대학원 3학년

새로운 형식의 심리치료들이 생겨남에 따라 각 치료들이 다른 치료들과 어떤 점에서 호환 가능성이 있으며, 치료의 효과를 증가시킬 수 있는지에 대해 생각해 보는 것이 중요하다. 이 장은 MI가 다른 치료들과 얼마만큼 잘 호환될 수 있으며, 환자의 필요에 따라 어떤 통합 치료가 전달될 수 있는지에 대해 설명해 놓았다. 이 장에서 강조하고 있는 것처럼, 융통성이 없는 치료 계획은 환자에게 이익을 가져다줄 수 없기에 치료에 유연함이 필요하다.

통합적인 치료 접근은 의료 환경에서도 환자들에게 도움이 되는 기준을 제공해 준다. 의사로서 환자들과 좋은 관계를 형성하는 것은 환자의 목표에 초점을 맞추어 치료 계획을 세울 수 있는 점에서 중요하다. 예를 들어, 이 장에서 저자들이 MI와 CBT를 함께 사용하여 왜 환자들이 숙제를 하기 어려웠는지 대해 탐색하여 자신만의 해결책을 발견할 수 있게 한다고 설명하였다. 이는 또한 환자들이 의사의 제안을 따르지 않을 때 어떻게 해결할지에 대한 가이드라인을 제시해 준다. 예를 들어, 의사들이 환자들에게 가려야 하는 음식에 대해 설명하면서 환자들이 자신의 선택과 결정에 주인의식과 책임감을 가질 수 있도록 치료 계획에 적극적으로 참여할 수 있도록 해야 한다. 이런 태도는 계획을 달성하기 위한 전략들을 통합할 때도 중요하다.

환자는 치료의 과정 동안 변화할 수 있으며, 치료 과정 중에도 지속적으로 환자의 목표에 맞는 계획으로 수정하고 변경하는 작업이 필요하다. 이 장의 주요한 주제는 어떻게 MI가 다른 치료와 통합되어 더욱 각 환자에게 적합한 치료를 제공할 수 있는지이다. 이러한 접근은 의료 현장에서의 마음자세에 대해서 다시 생각해 보게 한다. 환자의 회복을 최대화할 수 있기 위해서 하나의 해결책만을 주장하기보다 다양한 접근들을 통합적으로 제공할 필요성이 있다는 것을 깨닫게 해 준다.

제8장

동기강화상담과 약물치료

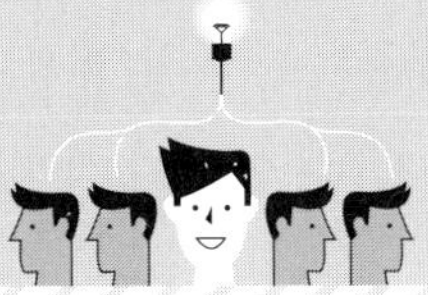

SueAnn Kim, M.D.
Vicki Kalira, M.D.

당신을 판단하지 않고, 당신을 책임지려고 하지 않으며, 당신에게 어떤 영향을 주려는 시도 없이 누군가 있는 그대로 당신의 이야기를 들어준다면, 그건 정말 기분 좋은 일이다.

–Carl Rogers

작은 변화가 생겨날 때 진정한 삶을 살아가게 된다.

–Leo Tolstoy

행동 변화를 위한 표준적인 치료에는 대개의 경우 약물치료와 정신사회적 개입이 모두 포함되게 된다. 급성기 환자의 경우에는, 보통 증상에 관련된 질문을 한 후 그에 따른 단기간의 약물을 처방하게 된다. 반대로 만성질환에 대한 접근은 지속적인 행동 변화를 목표로 접근해야 한다. 따라서 지지적이고, 공감적이며, 협력적인 접근이 필요하게 된다. 또한, 공고한 치료적 동맹, 효과적인 의사소통, 지속적인 동기부여는 약물치료를 지속적으로 유지하는 데 중대한 영향을 미친다.

이 장의 첫 부분에서, 우리는 존중하는 환자-치료자 관계의 형성, 양가감정의 해소, 환자의 행동에 대한 지지, 순응도에 대한 숙고를 통해 약물치료에 대한 공유된 의사 결정 과정을 진행하는 동안 동기강화상담의 원칙이 어떻게 적용될 수 있는지 살펴보게 될 것이다. 두 번째로, 우리는 미국 식품의약국(U.S. Food and Drug Administration: FDA)에 의해 승인된 물질사용장애 치료약물에 대해서 알아보고자 한다. 이런 과정을 거친 후, 우리는 치료자와 환자의 관점에서 동기강화 작업이 약물의 선택에 어떻게 영향을 미치는지 알아보고자 한다.

동기강화상담의 원칙과 약물치료

관계 형성하기

어떤 종류의 치료 모델이 적용되는지와는 상관없이, 강력한 치료적 관계는 환자가 치료에 참여하고 관계를 발전시키는 데 있어 핵심적인 요소이다. 자신의 치료진을 신뢰하는 환자들은 치료 순응도가 높아지며 그들의 치료에 대해 더 안전하고 편안하게 느끼게 된다. 또한 의사소통도 더욱 원활해지며 자신의 정보를 더 쉽게 공개할 수 있게 된다(Martin et al., 2005). 아울러 이러한 환자들은 더 오래 치료를 유지하게 되며, 이는 높은 회복과 상관관계에 있다. 그러므로 환자-치료자 동맹의 강도와 질은 제공되는 치료적 개입만큼이나 중요하게 여겨진다. 치료진들은 약물치료 상황에서 환자와 관계를 더 잘 형성하기 위해 다음의 전략들을 고려할 필요가 있다.

평가의 덫에 빠지는 것을 피하자

초기 면담 상황에서 치료자들은 시간을 효율적으로 사용하고 면담 자체에 집중하기 위해 구조적인 평가에서 흔히 사용되는 직접적인 질문들을 흔히 먼저 떠올리게 된다. 하지만 이러한 방법은 환자의 필요와 목적보다는 치료자의 목적에 초점을 맞추게 되고 대화는 제한될 수밖에 없다. 결국 환자는 면담에 소극적인 자세를 취하게 되며, 성공적인 면담을 위한 적극적이고 관계 지향적 태도를 취하게 어렵게 된다.

환자의 이야기를 경청할 수 있는 분위기를 만들자

환자에게 질문 세례를 퍼붓는 것보다 열린 질문을 하게 되면 말하는 것 대신 듣는 것에 더 많은 시간을 할애할 수 있다. 면담 시간이 촉박한 클리닉에서조차, 환자가 방해받지 않고 자신을 표현할 수 있도록 허용하는 가치를 추가 시간이 드는 비용으로 생각할 필요는 없다. 열린 질문하기, 인정하기, 반영하기, 요약하기(OARS)로 이루어진 동기강화상담 기술을 사용함으로써, 치료자는 존중감을 보여 주고 동시에 공감, 관심, 이해를 표현할 수 있게 된다. 그런 후에 환자는 치료자와 보낸 실제 시간의 양보다 이러한 경험을 더 중요한 것으로 여기게 된다(Dorr Goold & Lipkin, 1999). 반드시 필요한 모든 질문이 이루어지기 위해, 치료자는 초기의 열린 형태의 대화와는 반대로 면담 시간 중 구체적인 질문이 이루어질 시간이 필요하다는 사실을 환자와 논의해야 한다.

교정 반사에 저항하기

치료자가 약물학적인 접근을 하려고 할 때, 그러한 조언을 즉각적으로 제공하려는 전문가 역할에 빠지는 것을 경계해야 한다(교정 반사). 약물의 사용(메타돈 클리닉, methadone clinic)이 꼭 필요하다고 여겨지는 상황에서조차, 환자는 예약을 하고 방문했음에도 불구하고 아직 치료 받을 준비가 안 된 상태일 수 있다. 환자의 염려에 관심을 기울이지 않은 채 약물치료의 필요성을 제공하거나 옹호하는 것은 자신도 모르는 사이에 환자와의 관계를 방해하거나 불신을 조장하게 된다. 또한 이러한 태도는 약물치료의 결정을 둘러싼 복합적인 문제에 대한 공감이 부족함을 시사한다. Buber는 격정적으로 다음과 같이 말했다. "만일 내가 누군가에 의해 변화될 수 있도록 열려 있지 않다면, 나는 다른 사람의 변화를 원할 권리가 없다"(Anderson & Cissna, 1997, p. 21). 치료자가 약물치료 전문가라면, 환자는 그들 스스로에 대한 전문가이며, 우리는 그들의 전문성을 이용해야 한다. 환자는 치료에 참여하고 유지할지 말지에 대한 선택을 하는 주체이다. 환자는 어떻게 치료가 진행되는지에 대한 정보를 제공해 줄 주체이다. 환자는 과거에 무엇이 진행되었고, 그들의 현재 상황에서 가장 도움이 될 수 있는 것이 무엇인지 알고 있다. 공유된 의사 결정은 동기강화상담의 정신과도 일치한다.

초점 맞추기

초기 평가 이후에, 치료자와 환자는 협력하여 치료의 초점을 세워 나가게 된다. 종종 환자가 어떤 한 가지 목표를 마음에 두고 있을 때, 치료자는 다른 목표를 생각하게 된다. 약물 자체는 초기에 환자의 관심의 대상이 아닐 수 있으며, 환자는 자신이 원하는 행동 변화에 관심을 두게 된다. 추가적으로, 특정 약물의 사용이 환자의 목표와 일치되지 않는 시기에는 투약이 적절하지 않을 수 있다. 예를 들어, 만일 환자의 목표가 금주가 아니라면 다이설피람(disulfiram)은 좋은 선택이 될 수 없다. 초점 맞추기는 환자와 함께 상호 정보를 교환하는 과정에서 과학적 근거에 기반을 둔 치료자의 권고가 결합되어야 한다.

정보 교환

환자는 종종 물질사용장애치료에서 약물의 역할을 인지하지 못한다. 치료자의 중요한 역할은 약물치료에 대한 가치 있는 정보를 공유하고 근거 기반의 치료 지침을 제공하는 것이다.

동기강화상담 원칙에 기반하여 그러한 지식을 능숙하게 제공하는 것은 생명을 구할 수 있는 약물치료에 대해서 환자가 받아들일 확률을 높일 수 있게 해 준다. 동기강화상담 전략(이끌어 내기-제공하기-이끌어 내기, elicit-provide-elicit)의 사용은 그들의 개인적 지식과 경험에 기반한 대화를 통해 환자의 관심을 이끌어 낼 수 있으며, 새롭게 제시된 정보를 평가하며, 그에 대한 피드백을 가능하게 해 준다. 치료로부터 환자를 멀어지게 만드는 가부장적이고 강압적인 접근은 피해야 한다.

이끌어 내기

- 약물에 대해서 이미 알고 있는 것이 무엇인지 환자에게 물어보기: "알코올 중독을 위한 약물에 대해서 알고 계신 것이 있으십니까?"
- 정보를 공유하는 것이 가능한지 물어보기: "유용하다고 알려진 약물에 대해서 소개해 드려도 괜찮을까요?

제공하기

- 쉽게 이해할 수 있는 개념과 쉬운 단어를 사용하라: "약물치료는 마약에 대한 끊임없는 생각을 중단하는 데 도움을 줄 수 있습니다."
- 가능하다면 선택지를 사용하라: "몇 가지 다른 종류의 치료 방침이 있으며 각각 서로 다른 종류의 약물이 제공됩니다."
- 다른 환자들의 맥락에서 정보를 제공하라: "당신과 비슷한 상황에 있는 다른 환자들은 수년 동안 안전하게 약물을 유지하고 있습니다."
- 추가적인 검토를 위해 문서로 된 정보를 제공하고 그것을 통해 환자가 가족들과 함께 공유할 수 있도록 한다.

이끌어 내기

- 환자가 어떻게 생각하는지 물어보기: " 당신의 생각은 어떻습니까?

환자를 수용하기

환자가 정보에 근거하여 스스로 결정할 권리를 인정받는다면, 치료 권고를 받아들일 가능성이 높아지며 치료적 동맹이 유지될 수 있다. 환자는 치료 방침에 동의하지 않을 권리를 가지고 있다. 그러므로 치료자는 관심사, 질문, 낙인, 오해에 대해 지속적으로 관심을 가져야 하며, 필요하면 대안적인 전략을 제시해야 한다. 치료자는 친밀한 관계를 형성하고, 가치를 탐색하고, 강점을 확인해 가는 대화 속에서 환자와 더욱 관계를 형성하기 위해 많은 시간이 필요하게 될 것이다.

유발하기

초점 맞추기를 통해 일단 변화된 목표가 확인되면, 치료자는 환자의 동기 혹은 변화를 위한 계획을 유발시킬 수 있다. 약물의 사용이 환자의 목표와 일치한다 하더라도, 동기강화상담이 사전 동의(informed consent)의 필요성을 면제할 수 없다는 사실을 기억해야 한다. 일단 사전 동의를 받게 되면, 치료자는 변화에 대한 이야기에 귀 기울여야 하며, 신뢰를 이끌어 내야 한다. "당신은 당신의 고통과 정신을 잃을 것 같은 느낌을 치료하기 위해 부프레놀핀(buprenorphine)을 써 보길 원하십니다. 하지만 그렇게 되지 못할까 봐 걱정하고 계시네요. 이전에는 어떻게 그것이 가능했었나요?" 치료자는 환자의 염려에 대해 열린 대화를 이끌어 내기 위해, 사전에 약물 복용이 쉽지 않다는 사실을 먼저 인정하기도 한다(Willey, 1999). 공감과 이해하는 표현은 환자가 의문점에 대해 논의할 때 편안함을 느끼게 해 주며, 변화 대화(change talk)를 확인하는 기회를 제공하고 신뢰할 수 있는 진술을 반영한다. 하지만 치료자는 한 걸음 물러나서 대안적인 관점이나 전략(약물 사용의 중단까지 포함하여)을 탐색해 볼 필요가 있다. 동기강화상담의 관점에서, 치료자는 약물 사용에 부정적인 관점을 가진 환자에게 열린 질문하기와 반영하기를 통하여 상반된 의견을 제시할 수 있으며, 이를 통해 약물의 잠재적인 이득에 대한 관심을 증가시키며 적극적으로 변화 대화를 증가시킬 수 있다. 이러한 과정은 행동의 변화를 이끄는 환자 자신의 진술과 환자의 바람, 능력, 이유, 변화에 대한 필요성의 유발하기를 통해서 이루어진다.

사전 동의(informed consent)가 제공되어야 한다는 정보를 환자가 알고 있는지 확인하기 위해 충분한 대화가 필요하며, 치료자는 약물치료에 대한 환자의 양가감정에 대해서 논의할 수 있다. 양가감정(ambivalence)은 갈등 상태를 반영하며 행동을 교착 상태에 빠뜨리는 상반된 태도의 공존으로 나타난다. 약물치료는 갈망과 증상을 감소시키는 이득이 있지만, 낙인, 부작용, 식이 제한, 혈액검사 모니터, 빈번한 클리닉 방문과 같은 약점도 존재한다. 또한, 환자는 약물 복용을 가로막는 금전적 · 논리적 · 사회적 · 심리적 장애물에 대해 스스로 극복할 수 있다는 확신을 갖지 못할 수도 있다. 치료자는 환자가 처방전만 받고 약을 가져가지 않거나, 불규칙하게 약을 복용하거나, 먹던 약을 갑자기 중단할 경우 좌절감을 느끼게 된다. 치료자는 이런 환자를 치료저항성 혹은 비순응적이라고 여기게 된다. 하지만 양가적인 태도는 변화를 위한 정상적인 과정이며 동기강화상담의 유발하기 과정(evoking process)에서도 적용될 수 있다. 치료자는 환자가 약물에 양가감정이 있을 때 약물을 복용하는 방향으로 이끌기 위해 함께 노력할 수 있으며, 추가적인 방법을 통해 순응도를 높일 수 있다.

변화 대화의 증가

치료자는 약물 복용을 잘 받아들일 수 있게 해 주고 동기강화상담 의사소통 기술(열린 질문하기, 인정하기, 반영하기, 요약하기)에 힘을 실어 줄 수 있는 '변화 대화(change talk)'를 위해 주의 깊게 경청해야 한다. 치료자는 환자의 필요, 능력, 이유, 물질 사용 문제에 대한 치료 필요성, 회복과 관련된 약물치료에 대한 의향에 대해 환자와 함께 논의를 거치면서 변화 대화를 유발시킬 수 있다.

자기 효능감 개발

Bandura(1977) 연구에 의하면 "효능 기대(efficacy expectation)는 사람들이 장애물이나 고통스러운 경험에 직면할 때, 그들이 얼마나 많은 노력을, 얼마나 오랫동안 지속할지를 결정해 주는 요인이다"(p. 194). 환자들이 스스로 행동 변화에 성공할 수 있다고 믿는다면, 그들은 더욱 수월하게 변화를 시작하고 지속할 수 있다. 실제로, 높은 자기 효능감(self-efficacy)은 높은 약물 순응도와 상관관계를 보여 주고 있다(Krueger et al., 2005). 그러므로 치료 과정에서 환자의 장점을 인정해 주고 과거 성취를 재발견함으로써 자신감을 북돋아 주는 것은 자기 효능감을 높여 주는 동기강화상담의 핵심 요소이다.

계획하기

유발하기 과정 동안, 환자는 약물 복용에 대한 충분한 이해 없이 복용을 하기로 마음먹을 수 있다. 약물을 매일 복용하는 것은 사실 쉬운 일이 아니다. 더욱이 음주에 대한 갈망이나 재발에 대해 계획 없이 대처하는 것은 위험하다[특히, 다이설피람(disulfiram)과 같은 특정 약물의 경우—이 장에서 추후 논의됨]. 일관된 동기강화상담을 통해, 치료자와 환자는 개별화된 계획을 세울 수 있다. 치료자는 임상적으로 중요한 정보를 공유하도록 요청하고, 궁극적으로 환자가 원하는 목표에 기반한 계획에 초점을 맞추면서 환자에게 선택지를 제공할 수 있다.

후속 작업

환자가 계획하고 약속했던 행동 변화에 대해 노력함으로써 목표가 성취되고 과제가 완성되는 것처럼 보일 수도 있지만, 계획은 수정되어야 할지도 모른다. 처음 혹은 그다음 방문에서, 치료자는 이전에 장애물을 극복했던 방법을 이끌어 낼 수 있고 비슷한 상황에서 도움이 될 만한 정보를 제공할 수 있다. 힘든 상황에서 환자들이 양가적 태도로 되돌아가는 것은 흔한 일이다. 치료자는 자기 효능감을 높여 주고, 환자의 노력과 성취를 인정해 주고, 구체적인 목표와 염려에 관심을 기울이고, 변화 대화를 이끌어 내며, 환자가 세운 새롭고 구체적인 계획을 고려함으로써 환자와 치료 관계를 유지하는 데 도움이 되는 방법을 찾게 될 것이다.

치료 순응도의 유지

효과적인 치료의 공통된 목표 중 하나는 약물치료 순응도를 유지하는 것이다. 이것은 특히 도전적인 과정이 될 수 있는데, 이유는 환자와 치료자에게 치료 계획에 대해서 서로 간의 지속적인 노력이 요구되기 때문이다. 약물 전체를 살펴보면, 만성질환에서 약물 순응도의 범위는 매우 넓으며 평균 50% 정도의 순응도를 나타낸다(Nieuwlaat et al., 2014). 반면에 물질사용장애와 더불어 정신질환을 가진 환자들의 약물 순응도는 그보다 낮았다(Magura et al., 2014).

치료자들은 환자가 정해진 치료 계획을 따르기 힘겨워한다는 점을 자주 간과한다. 환자들은 약물 복용의 어려움에 대해서 자발적으로 이야기하지 않을 것이다. 이러한 점은 오해, 수치심, 공포, 치료자의 뜻에 맞추려는 태도를 야기할 수 있다. 만일 치료자가 약물 순응도에 대해서 직접적으로 물어보지 않는다면, 그것에 개입할 기회를 놓치게 될 것이며, 판단적이거나 동기강화상담에서 벗어난 방법으로 접근하게 된다면 환자는 솔직하게 이야기할 수 없을 것이다. 환자의 특성에 대한 좋고 나쁨의 평가가 아닌 정보 제공과 충고는 고민하고 있는 환자가 더 솔직하게 말할 수 있도록 도와준다. 동기강화상담에서 협동정신은 해결책을 찾기 위해 환자와 함께 노력할 수 있는 기반을 제공해 준다.

물질사용장애를 위한 약물

약물은 금단 증상과 생리학적 갈망 그리고 쾌감 효과(euphoric effect)를 경감시킴으로써 물질사용장애를 위한 동기적 · 행동적 · 심리사회적 개입에 도움을 준다. 향상된 임상 결과의 근거가 존재함에도 불구하고, 약물은 잘 사용되지 않고 있다(Mark et al., 2009; Roman et al., 2011). 임상가의 지식 부족, 효과에 대한 인식, 부작용에 대한 염려, 약물 처방과 추적 관찰을 위한 시간 부족이 약물 처방의 장애물로 알려져 있다(Mark et al., 2003). 이러한 잠재적인 장애물에 대처하기 위한 노력으로, 우리는 재발 방지를 위해 흔히 사용되는 약물에 대한 개관을 소개하고, 특정 약물과 동기강화상담을 통합하는 방법에 대해서 제안하려고 한다. 이를 통해 처방 의사는 이러한 전략을 자신의 임상 실제에 통합할 수 있는 출발점으로 삼을 수 있다(〈표 8-1〉).

표 8-1 물질사용장애를 위한 동기강화상담과 약물

알코올사용장애	아편계사용장애	니코틴사용장애
다이설피람(Disulfiram); 단주가 목표	메타돈(Methadone); 유지 진료실 기반 매일 처방	니코틴 대체요법 단독; 동기부여가 높을 경우 병용 치료도 고려할 것
날트렉손(Naltrexone); 단주 혹은 절주가 목표	부프레놀핀(Buprenorphine); 유지 진료실 기반 매달 처방	부프로피온 서방정 (Bupropion SR); 변화 행동 촉진, 우울증이 동반된 환자에게 고려할 것
아캄프로세이트(Acamprosate); 단주 혹은 절주가 목표 하루 세 번 투약에 대한 동기부여가 요구됨	날트렉손(Naltrexone ER); 아편유사작용제를 사용할 수 없는 경우 경구용 제재의 적용을 위한 질병 관리 및 예방 자료를 위한 센터가 부족한 실정임	바레니클린(Varenicline); 변화 행동 촉진. 특히 우울증이 동반되지 않은 환자들에게 고려할 것

알코올사용장애

알코올사용장애(Alcohol use disorder)로 고통 받는 사람들은 다양한 치료적 목표가 요구된다. 이렇게 다양성이 존재하는 집단에서의 의사 결정은 임상

적 판단과 환자의 선호 사이에서 균형을 맞추어 가는 과정이 필요하다(Center for Substance Abuse Treatment, 2009). 〈표 8-2〉에 제시된 약물들은 각각 그 작용기전, 투여방법, 부작용, 용이성에서 차이가 있다.

표 8-2 알코올사용장애를 위한 약물

약물	FDA 승인	작용기전	주된 부작용	상대적 금기	통상 용량 및 연구
다이설피람 (Disulfiram)	1951년	알데히드탈 수소효소 억제	두통, 피로	에탄올 사용 정신증 심한 심장 질환 심한 간 질환 임신	250mg/하루 간 기능 저하 시 주의 투여 시작 12시간 전 에탄올 사용 중단 필요
날트렉손 (Naltrexone)	1994년	μ Opioid 수용체 길항제	구역, 어지러움	아편계 사용 간 부전, 급성 간염	50mg/하루 간 기능 저하 시 주의
날트렉손 서방형 (Extended-release naltrexone)	2006년	μ Opioid 수용체 길항제	구역, 두통 주사 부위 통증	아편계 사용 간 부전, 급성 간염	380mg/4주
아캄프로세이트 (Acamprosate)	2004년	GABA와 glutamate의 조절 기전으로 여겨짐	설사, 두통	신장 손상	666mg, 하루 3회 신장 기능 저하 시 주의

주: 이 표는 요약에 불과하며, 약물의 종합적인 설명을 반영하지는 못한다. FDA=U.S Food and Drug Administration, 미국 식품 의약국; GABA= γ-aminobutyric acid.

다이설피람

다이설피람-에탄올의 반응이 심각하기 때문에, 환자들은 단주를 목표로 정해야 하며, 주의 깊은 면담을 받아야만 한다. 다이설피람(Disulfiram)은 다른 약물들에 비해서 단주 기간과 폭음의 빈도 측면에서 더 좋은 결과를 나타낸다(Jonas et al., 2014). 하지만 다이설피람은 알코올 사용에 대한 신체적 억지력을 제공하기 때문에 특정 시기(휴일, 생일)에 단주에 대한 동기부여가 약해지기 쉬운 환자들에게 사용하기 적절하다. 이러한 외부적 도움이 단주를 가능하게 할 수는 있지만, 환자가 단주를 순전히 약물의 작용으로 여기는지에 대해서 논의하는 것은 중요하다. 왜냐하면 이것은 장기적인 변화를 완성하는 데 필수적인 자기 동기강화(self-motivation)와 자기 효능감(self-efficacy)의 강화를 방해할 수 있기 때문이다(Center for Substance Abuse Treatment, 1999).

앞에서 논의했듯이, 다이설피람의 복용은 지속적인 순응도를 보이기 어려우며, 환자들은 의도적인 재발 상황에서 약물을 중단하게 될 것이다. 그러나 순응도에 대해서 환자에게 물어보지 않는 한, 치료진은 이러한 상황을 인지하게 못하게 될 것이다. 치료자가 환자와 대화를 시작하게 된다면, 치료자는 환자에게 약물에 대한 양가감정이 있음을 새롭게 발견하거나, 최근에 재발한 사실을 찾아낼 수도 있다. 다음 단계는 환자의 변화를 위하여 환자의 치료 목표에 초점을 맞추는 것으로 되돌아오는 것이다. 치료진은 약물을 변경하거나 혹은 중단하는 것에 대해서 함께 고려해야 한다. 만일 환자가 다이설피람의 복용을 지속하길 원한다면, 치료진은 환자의 동의와 함께 세밀하게 관리하여 투여하도록 노력해야 한다.

날트렉손

날트렉손(Naltrexone)은 특히 높은 음주 갈망이 있는 환자들과 폭음을 줄이는 것을 목표로 하는 환자들에게 효과적이다(Center for Substance Abuse Treatment, 2009). 날트렉손의 효과는 꾸준히 복용했을 경우에 극대화할 수 있다. 하지만 폭음을 하는 환자들은 약물에 대한 순응도가 낮은 경향을 보인다(Kranzler et al., 2003). 그러므로 유발하기 단계(Evoking stage)에서부터 우선적으로 약물 순응도에 대해 논의하는 것은 약물의 전반적인 효과를 향상시킬 수 있다. 다이설피람이 존재하긴 하지만, 일부 환자들은 일상적인 상황과는 다른 고위험 상황이 예견될 때 날트렉손의 사용을 더 선호한다. 초점 맞추기 단계(Focusing stage)에서 다른 치료적 선택에 대해서 논의할 때, 매일 약을 복용하는 것 이외의 다른 선택을 선호하는 환자의 경우 날트렉손 주사제가 더 적합할 수 있다.

특정 환자의 치료 결과를 예측하는 것은 불가능하지만, 특정 유전형을 가진 환자군에서 날트렉손이 더 좋은 효과를 보이는 것으로 나타났다. 알코올사용장애의 가족력이 있는 집단, 음주 문제가 조기 발병한 집단, 음주에 극치감을 경험한 집단이 이에 해당한다(Center for Substance Abuse Treatment, 2009). 이러한 특정 환자 집단에 날트렉손을 적용하는 것은 치료진들에게 권장된다.

아캄프로세이트

아캄프로세이트(Acamprosate)는 불면, 불안, 초조와 같은 준임상적 금단 증상을 줄여 주며, 재발과 관련된 부정적 강화와 갈망을 감소시켜 준다(Center for Substance Abuse Treatment, 2009). 아캄프로세이트의 장점은 부작용과 약물 상호작용이 적고, 간질환에서 사용이 비교적 안전하다(Center for Substance Abuse Treatment, 2009). 그러나 환자는 이 약물을 하루에 세 번 복용해야 한다는 점을 기억해야 하며, 이러한 복용법은 계획 단계에서 논의되어야 한다. 치료진은 약물 순응도에 대한 평가를 정기적으로 해야 하며, 환자가 아캄프로세이트의 복용에 대해 긍정적이라면, 전화 메시지나 가족의 지원 등, 순응도를 향상시키는 방법에 대해 환자와 함께 계획을 세워야 한다.

아편계사용장애

MAT

MAT(Medication-Assisted Treatment)는 아편계사용장애의 표준적인 치료법이다(〈표 8-3〉). 이것은 마약류 중독치료에서 입원에 대한 필요를 현저히 줄여 주고, 치료 유지를 증가시키며, 삶의 질을 향상시키며, C형 간염과 HIV와 같은 질환에 대한 위험을 낮추어 준다. 또한 MAT는 불법적 마약류 사용과 치명적인 과다 복용에 대한 위험을 줄여 준다. 이러한 장점에도 불구하고 이 치료법의 사용이 적은 것은 현실이다. 초기 헤로인 사용자들을 위한 치료 계획의 28%만이 MAT를 포함한다(Substance Abuse and Mental Health Services Administration, Center for Behavioral Health Statistics and Quality, 2012).

표 8-3 아편계사용장애를 위한 약물

약물	FDA 승인	작용기전	주된 부작용	상대적 금기	통상 용량 및 연구
메타돈	1972년	μ Opioid 작용제	졸림, 변비 용량 대비 QTc 연장	클리닉에서의 적용 심각한 심장 질환 심각한 간 질환 알코올과 진정제 사용(상호작용의 위험)	〉60mg/하루 간기능, ECG 추적 관찰 필요
부프레놀핀	2002년	μ Opioid 부분 작용제	졸림, 변비 구역	다른 아편류 사용 임신(날록손 없이 단독 사용 고려) 알코올과 진정제의 사용	16~24mg/하루 간 기능, ECG 추적 관찰 필요
날트렉손(주사제)	2010년	μ Opioid 수용체 길항제	구역, 두통 주사 부위 통증	아편류 사용 간 부전 혹은 급성 간염	380mg/1개월 간 기능 추적 관찰 필요

주: 이 표는 요약에 불과하며, 약물의 종합적인 설명을 반영하지는 못한다. ECG=electrocardiogram (심전도)

아편류 대체 치료

아편류 대체 치료(Opioid Replacement Therapy)는 메타돈(methadone)과 부프레놀핀(buprenorphine)으로 구성된다. 메타돈은 μ Opioid 작용제이며, 부프레놀핀은 μ Opioid 부분 작용제이다. 중요한 점은 만일 증상이 아편계사용장애에 해당한다면 메타돈은 오직 전문 아편류 치료 프로그램을 통해서 제공될 수 있다. 비록 메타돈 치료 기관이 포괄적인 상담과 정신과적 치료를 제공할 수 있지만, 매일 투약을 위해서 통제를 받아야 하는 것은 장애물로 작용한다. 반대로, 부프레놀핀은 외래 기반 치료로 처방이 가능하다. 정맥주사 오남용을 막기 위해, 부프레놀핀은 보통 날록손(naloxone)이 포함된 제형으로 사용된다(이후에 나오는 '날록손' 설명 부분 참고).

날트렉손(서방형, 주사제)

메타돈 혹은 부프레놀핀과 같은 작용제(agonist) 치료는 최고의 치료 결과를 보여 주고 있다(Connery, 2015). 그러나 작용제를 사용할 수 없거나, 환자가 선호하지 않을 경우 날트렉손의 주사제는 이를 대체할 수 있는 치료제이다. 이 치료제는 알코올사용장애가 동반된 환자에게 좀 더 적합할 수 있다. 즉, 두 가지 목적을 위해 쓰일 수 있다(Center for Substance Abuse Treatment 2009). 경구 날트렉손은 매우 효과적으로 아편류 효과를 차단할 수 있지만, 다이설피람과 비슷하게 약물 순응도가 매우 낮다(Connery, 2015). 이런 이유로 대개 아편계사용장애의 치료에 추천되지 않는다.

MAT vs 해독

마약류 사용장애의 치료에 대해서 환자에게 이야기하는 것은 특별한 도전이다. 메타돈 혹은 부프레놀핀을 기반으로 한 MAT(Medication-Assisted Treatment)가 표준적인 치료지만, 일부 환자들은 해독(detoxification) 과정을 단독으로 적용하는 것을 선호하기도 한다. MAT를 포함하지 않는 해독 과정은 높은 재발률과 사망률을 보이기 때문에, 안전한 치료 방법으로 부프레놀핀 혹은 메타돈을 통한 유지 치료가 치료자들에게 강력하게 권고된다. 그리고 날트렉손의 주사제가 대체제로 사용될 수 있다. 치료자는 아편류사용장애 환자에게 해독 과정을 단독으로 진행하지 않도록 권고해야 한다. 경구용 날트렉손은 다이설피람의 경우처럼 치료적 기대를 갖게 하지만, 다이설피람과는 달리 그 효과가 그리 높지 않다. 직접적인 언급은 동기강화상담의 방향과 일치하지 않지만, 근거 기반의 약물(evidenced-based medicine)을 토대로 치료법을 추천하는 것은 치료자의 책임임을 상기해야 한다. 이러한 대화는 항상 환자의 동의와 함께 이루어져야 최선의 결과를 가져 오며, '전문가 함정(expert trap)'은 지양하고 치료적 동맹은 유지되어야 한다. 일부 환자들은 확고하게 해독 과정을 따르기로 결정할 수도 있다. 하지만 강력한 치료 동맹을 유지하고 환자의 자발성을 존중한다면 차후에 MAT에 대해서 논의할 기회가 생길 것이다(미래에 환자가 동의하고 적응증이 된다면).

날록손

날록손(Naloxone)은 아편류와는 반대의 효과를 나타낸다. 날록손은 아편을 과다복용했거나 혹은 그것이 의심될 때 응급 치료로 사용된다. 미국에서 아편 관련 사망이 증가함에 따라, 지역사회의 구성원에게 날록손의 유통이 증가되는 것은 중요한 국가적 공중위생 문제가 되었다. 날록손은 근육, 피하, 비강을 통해 투여될 수 있으며, 자기 주사기를 사용하기도 한다. 투여 후 2~3분 후에 효과가 발현되며 30~90분가량 지속되기 때문에 이 시간 이후에 날록손의 추가 사용이 필요할 수 있다. 날록손의 사용에 대해서 환자와 상의할 때, 날록손의 효과는 일시적이기 때문에 응급 의료가 필요할 때 항상 투여가 필요함을 반드시 설명해야 한다. 치료자는 생명을 구할 수 있는 치료제인 날록손에 대한 정보를 환자들과 그들의 가족들에게 제공할지에 대해서 허락을 구해야만 한다. 환자들은 이미 그것에 대해서 들었을 것이며 명확하게 할 부분에 대해서 물을 수 있다. 치료자는 처음에 그들이 이해하고 있는 점에 대한 질문으로 이야기를 시작할 수 있으며, 그러한 토대로 신뢰를 쌓을 수 있다. 또 다른 방법으로는, "날록손이라는 생명을 구할 수 있는 약물에 대해서 논의 드려도 될까요?"라는 물음으로 대화를 시작해 볼 수 있을 것이다.

담배사용장애

담배사용장애(Tobacco Use Disorder)는 상당히 심각한 건강상의 문제를 야기하며, 미국 질병통제 예방센터(the Centers for Disease Control and Prevention, 2015)에 따르면 미국에서 예방 가능한 사망의 주된 원인으로 알려져 있다. 가능한 약물치료들은 금연에 효과적인 것으로 증명되었으며 1차 치료 방법으로 알려져 있다(〈표 8-4〉).

표 8-4 담배사용장애를 위한 약물

약물	FDA 승인	작용기전	주된 부작용	상대적 금기	통상 용량 및 연구
니코틴 대체요법 (Nicotine replacement therapy): 껌, 패치, 캔디 구강흡입기, 비강분무기	1984년 시작	니코틴 수용체 활성화	두근거림 소화기 문제 불면(패치)	심각한 심장 질환 임신 청소년	2mg/2시간 단독치료보다 병용치료가 효과적 용량은 적용되는 제형에 따라 다름
바레니클린	2006년	니코틴 아세틸콜린 수용체 부분작용제	구역, 두통 불면	심각한 신경정신과적 증상	1mg (하루 2회)
부프로피온 서방형	1997년	노르에피네프린 & 도파민 재흡수억제제 니코틴 아세틸콜린 수용체 길항제	두통, 입마름 불면	뇌전증 식이장애	150mg (하루 2회)

주: 이 표는 요약에 불과하며, 약물의 종합적인 설명을 반영하지는 못한다.

금연에 관심 있는 환자에게는 치료적 선택이 주어질 수 있다. 부프로피온 서방형 혹은 바레니클린을 금연 시작일 이전에 먼저 투약한다면 금연에 대한 양가적 갈등을 최소화할 수 있다. 니코틴 대체요법(Nicotine replacement therapy: NRT)은 니코틴의 금단 증상, 갈망, 강화 효과를 조절하기 위해서 가장 흔하게 사용할 수 있는 약물치료이다(Talwar et al., 2004). NRT는 서로 병용하여 사용할 수 있으며, 부프로피온 혹은 바레니클린과의 병용도 가능하다. 부프로피온은 바레니클린 혹은 NRT와 함께 병용하여 사용할 수 있다. NRT가 금연율을 50~70% 높일 수 있음에도 불구하고(Stead et al., 2012), 환자들은 약물을 사용할지 고민하거나 피하는 쪽을 선호하기도 한다. MAT에서처럼, 치료자는 근거 기반 치료법을 소개하면서 환자가 원하는 치료 목표를 이루어 나갈 수 있도록 도와야 한다.

동반 질환의 치료

심각한 정신질환이 있는 환자는 일반 인구와 비교하여 물질사용장애의 높은 유병률, 낮은 치료 순응도, 심한 건강상 문제를 보이는 경향이 있다. 물질사용장애를 위한 약물치료는 이들 환자군에서 효과적일 수 있다고 연구를 통해 알려져 있다(Roberts et al., 2015). 정신사회적 개입에 힘을 모으고, 동반된 질병을 치료하는 것은 정신 건강관리가 포함되었을 때 특히 중요하다. 미국 약물남용 및 정신건강 서비스청(the Substance Abuse and Mental Health Services Administration)에서 언급했듯이(Center for Substance Abuse Treatment, 2005), 직접적이고 솔직한 동기강화 개입은 동반 질환이 있는 환자의 치료에 추천되는 방법 중 하나이다.

동기강화상담에서 약물치료 사용의 예시

임상가: 나는 금연을 위한 약물에 대해서 당신이 더 알고 싶어 한다고 이해했습니다. 이전에 금연을 위해 약물을 사용해 본 적이 있나요? [이끌어 내기]

환자: 패치를 사용해 봤습니다. 별로 효과가 없었어요. 계속 해 봤지만, 비록 덜하긴 했어도 담배를 피우게 됐어요. 어떤 약물이 저에게 효과가 있을지 모르겠어요.

임상가: 당신은 금연을 시도했었고, 다시 금연을 시도하려고 한다는 점은 중요한 사실입니다. [인정하기] 도움이 될 만한 정보를 알려드려도 괜찮을까요? [허락 구하기]

환자: 예, 물론이죠.

임상가: 당신이 알고 있는 패치는 니코틴 대체요법에 포함된 약물의 한 종류입니다. [환자 지식의 확장] 패치뿐 아니라, 니코틴 껌, 캔디, 구강흡입기, 비강분무기와 같이 패치보다 단기로 작용하는 약물들이 있습니다. 또한 부프로피온 서방정과 바레니클린, 이 두 가지 약물(알약)은 금연치료에 대해 FDA 승인을 받았습니다. 이러한 다른 치료 방법들에 대해서 알고 있는 것이 있으신가요? [제공하기-이끌어 내기]

환자: 알약을 복용한 적이 있어요. 하지만 패치를 적용했을 때가 차라리 효과가 더 좋았어요. 다시 그것을 시도해 볼 수 있을까요?

임상가: 이전에 니코틴 대체요법이 당신에게 가장 효과가 좋았으나 금연을 유지하는 데는 충분치 못했습니다. 당신이 니코틴 용량의 증량에 대해서 고려하고 있는지 궁금합니다. 니코틴 대체요법의 다른 제형을 병합해 볼 수 있습니다. [제공하기]

환자: 정말요? 어떤 의미인가요?

임상가: 당신은 지난번처럼 하루 종일 패치를 유지할 수 있습니다. 그때와 다른 것은 당신이 흡연에 대한 갈망이 생길 때, 니코틴 껌 혹은 다른 종류의 단기-작용 니코틴 약물을 사용해 볼 수 있습니다. [제공하기] 이러한 병합 요법에 대해서 어떻게 생각하시나요? [이끌어 내기]

환자: 분명한 건, 패치 이외의 다른 것을 제가 사용할 수 있다고 생각하지 못했습니다. 지금 제가 할 수 있는 것을 한다면 큰 변화를 만들 수 있다고 생각합니다.

핵심 포인트

• 동기강화상담(MI)은 약물치료를 치료 과정으로 포함시키려 할 때 유용한 접근 방법이다.

1. 관계 형성하기(Engaging)
   a. 평가를 해야 한다는 강박에서 벗어나기
   b. 환자가 사안에 대해서 어떻게 이해하고 있는지 알기 위해 열린 질문을 사용하기
   c. 가정은 금물

2. 초점 맞추기(Focusing)
   a. 환자의 목표와 목표 달성에 기반한 약물 조정 방법의 확인
   b. 과거로부터 정보와 경험을 쌓아 나가기, 미래를 위한 계획에 대해 협력
   c. 환자가 치료에 대해서 알고 있는 것을 이끌어 내기. 먼저 허락을 구한 후에, 솔직하고 실제적인 방법으로 근거 중심 치료법과 약물에 대한 정보를 제공. 새롭게 제공된 정보에 대한 이해와 협력을 이끌어 내기

3. 유발하기(Evoking)
   a. 약물이 치료의 중요한 요소이고 근거에 기반하여 사용함에도 불구하고, 약물의 폭넓은 사용을 제한하는 많은 요인들이 존재
   b. 약물 복용의 부정적인 면이 있음을 인정
   c. 약물 복용을 위한 변화 대화(Change talk)를 이끌어 내기
   d. 자기 효능감을 지지하기

4. 계획하기(Planning)
   a. 가능한 선택지를 제공하기
   b. 약물 복용을 위한 실천 계획을 만들기 위해 환자와 함께 협력

c. 치료를 방해하는 장벽에 대해 살펴보기, 변화를 위한 노력을 높여 나가도록 돕기, 순응도를 높이기 위해 치료적 동맹을 강화해 나가기

5. 환자의 행동 지지하기(Support patient actions)
   a. 근거 중심의 약물치료를 적용하고 무비판적이고 명확한 방법으로 정보를 제공하기

6. 순응도를 확인하기(Ask about adherence)
   a. 종종 복잡하고 여러 요인이 영향을 미치는 순응도는 잠재적 문제가 될 수 있으며, 동기강화상담을 통해 이에 대한 열린 대화를 만들어 나가기
   b. 순응도를 유지하는 것이 힘들다는 것을 인정하기, 약물을 복용하며 혹시 어떤 문제가 있는지 주기적으로 물어보기
   c. 원치 않는 행동이 감소했는지 확인하기, 환자가 가진 목표의 맥락 안에서 그것을 생각해 보기
   d. 만일 환자가 다시 약물을 사용하게 된다면 그것을 치료의 실패로 간주하기보다는 환자의 양가감정을 탐색하는 기회로 삼기

연습문제

1. 동기강화상담이 약물치료를 가능하게 하는 데 도움이 되는 이유는?

   A. 동기강화상담은 치료자의 조언 없이 환자가 원하는 것을 결정하게 해 준다.

   B. 동기강화상담은 과거로부터 정보와 경험을 협력적으로 얻을 기회를 제공하며, 높은 치료 성공률을 이끌어 낼 수 있다.

   C. 동기강화상담은 치료에서 약물의 사용을 촉진하는 데(in facilitating) 도움이 되지 않는다.

   D. 동기강화상담은 치료자가 환자의 이론적 관심에 대한 참견 없이, 약물을 복용해야만 하는 모든 이유에 대해서 언급할 수 있게 해 준다.

   E. 동기강화상담은 환자의 의견을 듣게 해 주지만 궁극적으로는 최선의 것을 결

정하기 위해 치료자의 전문성에 의존하게 만든다.

2. 알코올의 해독 과정을 마친 후에, 환자는 단주에 도움이 되는 약물에 관심이 있는 상황이다. 환자는 이전에 단주를 시도해 본 적이 없으며, 입원에 대해서는 매우 두려워하는 모습이다. 검사 결과상, 간 기능 수치가 비정상적으로 높게 측정되었다. 신장 기능은 정상이다. 추천할 수 있는 약물은?

A. 다이설피람

B. 날트렉손

C. 아캄프로세이트

D. 날트렉손 서방정

E. 알프라졸람

3. 환자가 더 좋아지기 위해서 약물을 원한다고 이야기하였다. 하지만 당신이 약국에 알아본 결과, 그가 몇 개월 동안 약물을 가져가지 않은 사실을 알게 되었다. 어떻게 대처할 것인가?

A. 아무것도 하지 않는다. 그가 다음 약속을 원한다면 만난다.

B. 무비판적이고 지지적인 방법으로 당신이 알게 된 사실에 대해서 환자와 함께 논의한다.

C. 즉시 환자를 부른 후, 대답을 요구한다.

D. 환자에게 들어오라고 요청한 후, 열린 질문으로 물어본다. 만일 그가 잘 받아들인다면, 추가적인 지지와 함께 약물을 다시 시작한다.

E. B와 D

4. 환자가 매주 치료를 받으면서 날트렉손을 복용했지만 다시 음주를 하게 되었다. 당신은 어떻게 할 것인가?

A. 실망스러운 마음을 표현하고 앞으로 어떻게 하고 싶은지 환자에게 물어본다.

B. 환자의 가족에게 연락한다.

C. 아마도 환자는 실제로 치료를 원하지 않기 때문에, 치료를 중단하기로 결정하고 다른 곳으로 환자를 의뢰한다.

D. 재발한 상황 자체를 재발의 원인에 대한 논의의 기회로 삼고, 다음 단계에 대해서 협력하여 상의한다.

E. 현재의 치료가 잘 되지 않아서 상급 의료기관으로 가야 한다고 환자에게 말한다.

5. 환자는 최근 2년 동안 매일 옥시코돈(oxycodone) 120mg을 사용해 왔다고 한다. 그녀는 허리 손상을 입었을 때, 처음 옥시코돈을 처방받았으나 이내 처방받은 양보다 더 많이 사용하게 되었다고 한다. 그녀는 해독 치료를 원한다고 한다. 다음 단계는?

A. 해독 치료를 적용한다.

B. 해독 치료는 추천되지 않으며, 오직 부프레놀핀으로만 치료하게 될 것이라고 말해 준다.

C. 메타돈 클리닉으로 환자를 의뢰한다.

D. 아편 중독을 위한 유지 치료에 대해서 알고 있는 것이 있는지 물어본다.

E. 치료에 대해서 얼마나 열의가 있는지 환자에게 물어본다.

• 참고문헌 •

Anderson R, Cissna KN: The Martin Buber-Carl Rogers Dialogue: A New Transcript With Commentary. Albany, State University of New York Press, 1997

Bandura A: Self-efficacy: toward a unifying theory of behavior change. Psychol Rev 84(2):191-215, 1977 847061

Center for Substance Abuse Treatment: Enhancing Motivation for Change in Substance Abuse Treatment (Treatment Improvement Protocol [TIP] Series No 35). Rockville, MD, Substance Abuse and Mental Health Services Administration, 1999

Center for Substance Abuse Treatment: Medication-Assisted Treatment for Opioid Addiction in Opioid Treatment Programs (Treatment Improvement Protocol [TIP] Series No 43). Rockville, MD, Substance Abuse and Mental Health Services Administration, 2005

Center for Substance Abuse Treatment: Incorporating Alcohol Pharmacotherapies Into Medical Practice (Treatment Improvement Protocol [TIP] Series No 49). Rockville, MD, Substance Abuse and Mental Health Services Administration, 2009

Centers for Disease Control and Prevention: Smoking and Tobacco Use, 2015. Available at: http://www.cdc.gov/tobacco/data_statistics/fact_sheets/fast_facts/index.htm. Accessed February 1, 2016.

Connery HS: Medication-assisted treatment of opioid use disorder: review of the evidence and future directions. Harv Rev Psychiatry 23(2):63-75, 2015 25747920

Dorr Goold S, Lipkin M Jr: The doctor-patient relationship: challenges, opportunities, and strategies. J Gen Intern Med 14(suppl 1):S26-S33, 1999 9933492

Jonas DE, Amick HR, Feltner C, et al: Pharmacotherapy for adults with alcohol use disorders in outpatient settings: a systematic review and meta-analysis. JAMA 311(18):1889-1990, 2014 24825644

Kranzler HR, Armeli S, Tennen H, et al: Targeted naltrexone for early problem drinkers. J Clin Psychopharmacol 23(3):294-304, 2003 12826991

Krueger KP, Berger BA, Felkey B: Medication adherence and persistence: a comprehensive review. Adv Ther 22(4):313-356, 2005 16418141

Magura S, Mateu PF, Rosenblum A, et al: Risk factors for medication non-adherence among psychiatric patients with substance misuse histories. Ment Health Subst Use 7(4):381-390, 2014 25309623

Mark TL, Kranzler HR, Poole VH, et al: Barriers to the use of medications to treat alcoholism. Am J Addict 12(4):281-294, 2003 14504021

Mark TL, Kassed CA, Vandivort-Warren R, et al: Alcohol and opioid dependence medications: prescription trends, overall and by physician specialty. Drug Alcohol Depend 99(1-3):345-349, 2009 18819759

Martin LR, Williams SL, Haskard KB, et al: The challenge of patient adherence. Ther Clin Risk Manag 1(3):189-199, 2005 18360559

Nieuwlaat R, Wilczynski N, Navarro T, et al: Interventions for enhancing medication adherence. Cochrane Database Syst Rev (11): CD000011, 2014 25412402

Roberts E, Evins AE, McNeill A, et al: Efficacy and acceptability of pharmacotherapy for smoking cessation in adults with serious mental illness: a systematic review and network meta-analysis. Addiction 111(4):599-612, 2015

Roman PM, Abraham AJ, Knudsen HK: Using medication-assisted treatment for substance use disorders: evidence of barriers and facilitators of implementation. Addict Behav 36(6):584-589, 2011 21377275

Stead LF, Perera R, Bullen C, et al: Nicotine replacement therapy for smoking cessation. Cochrane Database Syst Rev 11:CD000146, 2012 23152200

Substance Abuse and Mental Health Services Administration, Center for Behavioral Health Statistics and Quality: Treatment Episode Data Set (TEDS): 2000-2010. National Admissions to Substance Abuse Treatment Services. DASIS Series S-61, HHS Publication No (SMA) 12-4701. Rockville, MD, Substance Abuse and Mental Health Services Administration, 2012

Talwar A, Jain M, Vijayan VK: Pharmacotherapy of tobacco dependence. Med Clin North Am 88(6):1517-1534, 2004 15464111

Willey C: Behavior-changing methods for improving adherence to medication. Curr Hypertens Rep 1(6):477-481, 1999 10981109

학생 시절 회상

Emmanuel Ohuabunwa, M.D., M.B.A. candidate
예일 대학교 의학 대학원 4학년

매일 물질사용장애의 급성 악화를 겪고 있는 많은 수의 환자들을 지켜보는 미래의 응급의학 의사의 입장에서, 나는 미래의 업무와 관련하여 흥미롭게 이 장을 읽었다. 동기강화상담을 하기 위해서는 너무 많은 시간이 걸리고, 그래서 응급실에서는 사용할 수 없다는 믿음이 잘못됐다는 것을 알게 된 것은 가장 중요한 사실이다. 이 장에서 제안된 기법들을 통해, 나는 시간에 쫓기는 응급실 의사들도 힘든 주제에 대해 환자들에게 이야기를 꺼내 볼 수 있으며, 변화에 대한 환자들의 자발성에 대해 확인하며, 환자들의 선호에 따라 적절한 치료진을 응급실로 요청할 수 있다는 것을 알게 되었다. 이끌어 내기–제공하기–이끌어 내기(elicit—provide—elicit) 구조의 구체적 예시를 통해, 시간이 제한된 상황에서 이러한 대화들의 구조적 접근을 제시하였고, 이것은 이 기법의 사용을 더욱 강화시켰다. 또한 저자는 평가, 전문가 함정(expert trap), 환자를 대하는 방법 등 치료진들이 겪기 쉬운 잠재적 위험에 대해서 언급하며, 비판단적 방법으로 환자에게 다가가고 공유된 의사 결정을 만들어 가는 것이 가장 중요함을 말하고 있다. 논의된 또 다른 중요한 주제는 중독 환자의 본질적인 동기가 약물치료에 의해 대체되어 최상의 결과를 얻지 못하게 될 가능성에 대한 관심이다. 이 장은 비판단적이고 열린 대화를 유지하며 환자의 동기를 끊임없이 발견함으로써, 치료진이 이러한 위험을 피할 수 있다고 제안한다. 나는 가장 흔히 사용되는 약물, 약물의 작용기전, 각각의 약물에 적합한 환자의 특성을 요약한 도표들을 특히 좋아한다. 만일 이 도표들이 쉽게 사용 가능한 형태로 있지 않다면, 이 도표들을 코팅된 카드로 만들어 가운 주머니 안에 넣고 다닐 수 있기를 희망한다. 종합하면, 나는 중독 환자의 약물치료에 대해 접근하는 방법, 잠재적 위험을 피하는 방법, 치료 성공 가능성을 높이는 기술에 대해서 많은 것을 배울 수 있었다.

제9장

다문화사회에 동기강화상담 적용하기

Brian Hurley, M.D., M.B.A., DFASAM
Jeffrey DeVido, M.D., M.T.S.

> 차이점은 그저 우리가 그 반대편에 도달할 때까지 풀리지 않는 호기심의 털실처럼 작용할 뿐이다.
>
> —Ciore Taylor

동기강화상담 전문가들은 응급실에서부터 외래 진료실, 치과 진료실, 그리고 심지어 교실이나 내원환자나 수술환자의 약물 사용치료를 위한 특정 프로그램에 이르기까지 수많은 임상 환경 속에서 동기강화상담 사용법을 연구해 오고 있다. 이와 관련된 많은 연구들은 알코올이나 오피오이드 등의 사용장애나 당뇨환자나 약물 중독 환자들의 식단 관리와 같은 특정 표적 행동과 같은 특정 진단 범주 중심으로 진행되어 왔으며, 환자—또는 국적, 문화, 나이, 인종과 민족성, 성(性)적 성향, 성별, 종교, 종교적 성향이나 소속 집단과 같은 환자별 특성—에 초점을 맞춘 동기강화상담의 효과와 적용에 대한 연구는 상대적으로 적게 이루어져 왔다. 이러한 이유로 동기강화상담의 사용 결정에 고려해야 할 환자별 요인들에는 어떤 것들이 있으며, 어떻게 이러한 요인들에 기초하여 동기강화상담 개입을 조정할 수 있는 것인가 등의 내용은 여전히 의문으로 남아 있다. 이번 장에서는 이처럼 다양한 환자들과 환자별 요인과 관련된 동기강화상담에서 참고할 만한 문헌들을 훑어보려 한다. 이 자료들을 바탕으로, 우리는 환자의 특정 요인을 염두에 두고 고려해야 할 몇 가지 팁과 환자 또는 내담자에 맞춘 특정 방식의 동기강화상담 이행 사례를 제공하려 한다.

국적과 언어

누구나 한 번쯤은 문화, 인종, 민족성 등 환자나 내담자의 다양한 특성과 마주친 경험이 있을 것이다. 이러한 다양한 특성과 정확히 같은 의미는 아니지만, 동기강화상담이 실행되었거나 지금도 실행되고 있는 다양한 국가와 언어의 배열은 적어도 동기강화상담에 도달할 수 있는 범위를 제공할 수 있다. 한 가지 본보기로 동기강화상담 기술을 다른 사람들에게 적극적으로 훈련시키는 의료진들을 연결시키는 것을 목표로 하는 전 세계적 조직인 동기강화상담 트레이너 조직(The Motivational Interviewing Network of Trainers: MINT)을 들 수 있다. 현재 이들은 웹 사이트(www.motivationalinterviewing.org/trainer-listing)를 통해 적어도 30개국에 있는 강사 목록을 제공하고 있다. 또한 동기강화상담의 기초를 닦은 William Miller와 Stephen Rollnick의 『동기강화상담: 변화 함께하기(3판)(Motivational Interviewing: Helping People Change, 3rd ed.)』(Miller & Rollnick, 2013)은 이제 9개 국어로 출간되었고, 동기강화와 연관된 여러 분야의 책들도 최소 19개 국어로 찾아볼 수 있다. 대부분의 문헌들은 영어권 국가에서 출간되고 있지만, 동기강화상담 연구는 전 세계에 걸쳐 다양한 언어로 연구되고 있다. 최근까지도 특정 지역이나 특정 언어에 대해서는 동기강화상담이 적용되지 않을 것이라는 소수의 의견이 있었지만 동기강화상담과 관련된 교육자료나 멘토링, 연구자료 등의 접근성의 세계적 확장은 ① 이러한 참여 기법이 국적과 언어의 벽을 넘어서 얼마나 적용될 수 있는지, 그리고 ② 동기강화상담을 다른 언어 또는 다른 국가/지역에서 적용했을 때 특정 기술이나 접근성에 대하여 효과가 있을지와 관련된 우리의 이해를 높이는 데 큰 기여할 것으로 기대되고 있다.

나이

동기강화상담 연구는 성인뿐만 아니라 소아나 청소년, 노인층까지 적용되는 유용성을 보여 주고 있다.

연구원들은 소아 · 청소년들의 약물사용장애, 소아 비만 예방과 관리, 약물 치료(특히, 1형 당뇨병)와 같은 표적 행동들에 관한 수백 개의 동기강화상담의 연구 결과들을 논문으로 출판하였다. 이러한 연구들은 대부분 동기강화상담 요법이 청소년들의 행동을 긍정적으로 변화시키는 데 효과가 있다는 주장을 지지한다. 예를 들어, 동기강화상담을 통해 청소년들의 약물 사용을 미사용 행동으로 변화시키는 효과에 초점을 둔 특정 논문들의 메타 분석은 작지만 의미 있는 추후 개입 효과를 대조군과 비교하여 입증했다(Cusing et al., 2014). 현재까지 이루어진 소아 · 청소년들의 약물사용장애와 동기강화상담의 효과와 관련된 연구의 결과는 일치하지 않았다. 예를 들어, 알코올 남용에 대한 66개의 무작위 동기강화상담 대조 시험을 포함한 코크란 체계적 문헌고찰(Cochrane systematic review, 2014)은 "알코올 남용 예방에 대한 동기강화 요법의 개입은 의미 있는 효과를 보이지 않았다."라는 결론을 내렸다(Foxcroft et al., 2014). 하지만 여러 연구자들은 이러한 연구 결과를 설명할 수 있는 데이터 세트나 분석들 속에 존재하는 이질성, 또는 잠재적 선입견 등을 인지하기도 했으며, 결국 이 연구는 인식된 문제점 등으로 인해 2015년도 데이터 뱅크에서 제외되기도 했다. 이와는 달리, 다른 연구들에서는 다양한 장소—응급정신질환(Bagoien et al., 2013)이나 응급 상황(Cunningham et al., 2015), 특정 약물치료 집단(마리화나 · 대마)(D'Amico et al., 2015), 그리고 초범

치료 프로그램—에서 소아 · 청소년의 약물 사용 행동과 관련된 동기강화상담에 대해 아주 중요한 효과를 설명하고 있다. 동기강화상담의 접근 방식이 이중성과 저항성 모두를 정상화시키는 데 목적을 둔 것을 고려할 때, 성장 과정 중 적절한 이중성과 좌절감을 통해 성숙해지는 소아 · 청소년들에게 이러한 접근 방식은 이롭고 발전적이라 생각할 수 있다. 하지만 다른 한편으론 청소년들은 안정적인 정체성의 확립이나 행동 패턴을 보이지 않기 때문에 건강한 방향으로의 행동 변화를 유지하는 데 더 큰 어려움을 느낄 수 있다고 생각할 수도 있다. 이러한 수수께끼들은 이후의 연구 결과들이 의심의 여지없이 분명하게 정의해 줄 것이다.

비교적 적은 수의 연구들은 노년층 인구를 구체적으로 관찰해 왔다. Cummings와 그의 동료들(Cummings & colleagues, 2009)이 2009년에 발표한 리뷰 논문은 노년층의 환자들에게서 향상된 체육 활동, 식단, 콜레스테롤, 혈압과 혈당 조절, 증가한 금연율을 포함한 표적 행동의 범주를 토대로 동기강화상담이 효과를 보이는 15개 연구들을 요약했다. 심지어 몇몇 연구자들은 노년층 고객과 전화기 너머로 일하는 직장에서 동기강화상담을 적용했을 때 나타난 효과를 입증하는 연구를 진행하기도 했다(Kolt et al., 2007). 하지만 Cummings와 그의 동료들의 리뷰 논문에서 동기강화상담의 개입효과는 일정 기간에만 나타났으며, 연구 참여자 대부분이 백인으로 인구 다양성 측면에서도 좁은 범위에 적용되는 경향성을 나타냈다. 또한 연구에서 발견한 내용의 일반화 가능성에 대해서는 '자기 보고적 결과(self-reported outcomes)'에 의존한 한계가 있다고 밝혔다. 다른 논문들에서 연구자들은 노년기의 남성과 여성에게서 알코올과 약물 중독 행동의 변화를 위해 인지행동치료(Cognitive Behavioral Thearpy: CBT)와 동기강화상담을 통합하는 전략을 강조하기도 했다(Cooper, 2012). 이러한 주장을 한 연구자들은 의도적으로 "알코올이나 다른 약물들의 사용과 관련된 명백한 노화의 결과"[예를 들어, 노년층에서 약물 사용으로 초래되는 건강상의 위험과 관련된 교육자료]를 동일한 표본 인구층에 제공하여 동기강화상담의 적용 과정 가운데 긍정적인 효과를 얻었음을 명시했다. 이러한 연구적 성과는 동기강화상담에서 환자나 환자의 특이 사항을 인지하고 다루기 위한 좀 더 포괄적 차원의 힌트를 제공하고 있는지도 모른다.

사실, 이러한 연구 자료들은 동기강화상담 전체에 반영된다. 다시 말해, 동기강화상담은 소아 · 청소년층과 노년층 모두에 폭넓은 가변성을 가지고 있으며, 앞으로의 연구들은 전체 연령을 아우르는 동기강화상담의 효과를 제시할 필요가 있다. 하지만 더욱 중요한 것은 두 연령층에서 환자 또는 내담자가 처한 다양하고 폭넓은 사회적 · 발달적 배경에 대한 인지가 그들과의 동기강화상담에 가장 효과적으로 접근하기 위한 중요한 도구가 될 수 있다는 사실이다.

인종과 민족성

이 책의 목적을 확실히 하기 위해, **인종**이라 일컫는 것은 한 개인의 신체적 특징(피부색과 같은)을 의미하고, **민족성**이라 일컫는 것은 문화적 요인(언어, 국적, 지역 문화 의식과 같은)을 의미함을 밝힌다. 한 개인의 인종과 민족성은 개인이 자아 정체성을 확립하는 데 상당하게 중요한 역할을 하며, 이는 개인이 가지고 있는 중심적인 가치관에도 기여함을 알 수 있다. 일반적으로 **행동 개입**(behavioral interventions)의 경우 근거 중심 치료들이 특정 집단에 적용되지 않을 때 문화의 차이를 설명하기 위해 각색될 필요가 있다(Lakes et al., 2006; López & Guarnaccia, 2000). 따라서 개인의 인종과 민족성 측면의 통합은 공감과 확신, 동기강화상담을 접하는 일들의 참여를 용이하게 하며, 더 나은 대화의 변화와 더 나은 행동의 결과를 이끄는 가치관에 대한 깊이 있는 대화를 조성하는 데 도움이 될 수 있다. 이 분야에 대한 최근의 연구에도 불구하고 앞으로의 연구는 더욱 치열하게 이 개념에 대한 입증과 반박에 초점을 맞추어야 한다.

상담가와 환자·내담자의 민족성이 일치될 경우 더 좋은 임상 결과를 산출할 수 있다고 제안하는 몇몇 증거가 있다. 2005년에 미국 기반의 메타 분석에서 동기강화상담의 효과가 미국의 소수 민족, 특히 미국 원주민(인디언) 집단에서 더 크게 나타남을 발견했다. 연구에서는 그들의 의사소통 방식의 유사성에서 그 이유를 찾았는데, 내담자 중심적이고 지지적이며 직면시키지 않는 방식의 규범적 대화 방식이 동기강화상담의 방식과 비슷함을 발견했기 때문이다(Hettema et al., 2005). 더불어 Field와 Caetano(2005)는 알코올 중독과 관련된 부상을 통해 외상 치료 센터를 찾은 라틴 아메리카계(히스패닉) 환자 또는 내담자들(*N*=537)을 위한 간단한 동기강화상담적 개입을 발표했다. 이 간단한 동기강화상담적 개입은 히스패닉 상담자와 히스패닉이 아닌 상담자 모두에 의해 시행되었는데, 히스패닉 상담자들과 같은 민족인 히스패닉 환자 또는 내담자들이 그렇지 않은 집단에 비해 12개월 동안의 추적관찰 기간 동안 상대적으로 더 나은 결과를 얻었음을 발견했다. 2015년에 연구 결과를 발표한 Field와 동료들은 현재 더욱 구체적인 대규모 연구를 통해 이 현상을 검토하고 있다. 이 연구에서 Field와 동료들은 자신들이 발견한 특징들을 설명하기 위해 한 가지 이론을 제안하였는데, 그것은 동일한 공동체 구성원들에 의해 공유된 특정 문화 경험들은 암암리에 '문화적으로 적절한 대화 방식'을 통해 전해져서 공유되고 있다는 것이다(Field et al., 2015, p. 2).

많은 연구자들이 아프리카계 미국인 집단에서 발견되는 다수의 표적 행동과 동기강화상담의 효과에 대한 혼재된 연구 결과를 조사하고 있다. 예를 들어, 동기강화상담이 비만인 아프리카계 미국인 여성을 위한 체중 감량 프로그램에선 효과가 없었으나(Befort et al., 2008), 2형 당뇨병을 앓고 있는 아프리카계 미국인에게서는 동기강화상담이 포도당 수치와 체지방 지수의 감소, 그리고 더 나은 운동 순응성(상담가의 인종이나 민족성은 특별히 명시되지 않음)에 유의미한 효과가 있음을 발견했다(Chlebowy et al., 2015). 아프리카계 미국인을 대상으로 한 항고혈압 약물치료 연구(Ogedegbe et al., 2008)와 아프리카계 미국인 청소년층을 대상으로 한 천식 약물치료 연구(Riekert et al., 2011)

에서도 동기강화상담이 효과가 있음을 설명하고 있다.

미국 원주민(인디언)들은 약물 중독에 불균형적으로 영향을 받는 것으로 알려져 있으며 그들의 문화를 고려할 때, 적절한 예방과 개입 혹은 치료 프로그램의 적용은 상당히 어렵지만 반드시 필요한 것으로 인식되고 있다. 다행히 앞서 언급했듯이 미국 원주민 집단에 대한 동기강화상담을 분석한 자료들은 존재한다. 알코올 중독을 극복하기 위한 대규모의 정신 치료 연구의 2차 분석에서는 미국 원주민 참여자들이 동기강화상담보다 CBT나 12단계 간이 치료에서 더 잘 반응했다고 나타났다. 또한 Venner와 동료들(2008)은 미국 원주민 문화에 맞추어 각색된 동기강화상담 지침서를 개발하기도 했다. 이들은 미국 원주민 내담자들을 위한 동기강화상담 지침서에서 몇 가지 특별한 문화적 권고 사항을 제안했다. 권고 사항은 다음과 같다. 상담자들은 ① 고정관념을 조심해야 한다. ② 그들이 어떤 언어를 사용하는지를 포함하여 스스로를 충분히 소개할 수 있도록 하며, 자신의 부모님과 가족들에 대해서도 설명하도록 한다. ③ 대부분의 종교적 관행은 개인적이며 신성한 부분이기에 이와 관련해서는 구체적으로 물어보지 않는다. ④ 그들의 역사적 트라우마를 알고 있어야 한다. ⑤ 그들의 구체적인 문화적 특징과 그들과 연결된 집단의 문화적 관습을 배워야 한다. Dickerson과 동료들(2016)도 이와 비슷한 목적의 연구를 진행하였는데, 전통적인 미국 원주민(인디언) 문화의 관습과 신념에 대한 인식을 도시에서 자란 인디언 청년들에게 적용하기 위한 통합 전략을 개발하였다. 이들은 구체적으로 이주와 관련된 역사적 트라우마나 강압적인 이주로 인해 많은 인디언 청년들이 그들의 문화유산과 단절된 기분을 느끼게 되었다는 사실을 강조했다. 이들은 구슬 꿰기, 기도회나 신성한 의식, 전통적인 형식의 동기강화상담을 통한 통합적 접근은 약물사용장애와 관련하여 인디언 청년들이 더욱 친밀하게 치료에 참여할 수 있다고 보고했다.

인종이나 민족성에 따른 동기강화상담의 전반적인 효과와 역할은 여전히 연구 중에 있다. 그러나 이미 몇몇 소수 민족과 인종 집단과 관련된 최근 논문들은 민족성과 인종적 요인이 동기강화상담의 효과에 있어 무척이나 중요한 역할을 할 수 있다고 제안한다. 예를 들어, 연구자들은 라틴 아메리카계 인구 집단에서 그들과 비슷한 민족적 · 인종적 요인을 지닌 히스패닉 배경의 상담가들로부터의 동기강화상담이 더 큰 효과를 보여 주고 있음을 밝혔다. 또한 미국 원주민(인디언) 집단에서의 연구를 볼 때 전통적인 관습이나 문화가 동기강화상담 대화 방식에 통합될 때 더 큰 효과가 나타남을 알 수 있다. 이러한 자료들을 통해 우리는 다음의 사항을 다시금 확인할 수 있다. ① 언어로는 표현할 수 없는 복잡 미묘한 문화적 특징들은 상담가–환자 관계에 있어 중요하며 환자의 변화를 이끌어 내는 데 큰 도움을 줄 수 있다. ② 환자나 내담자의 인종이나 민족성과 같은 다양한 요인에 대비할 수 있도록 동기강화상담은 창조적으로 그 범위를 늘리기도, 혹은 제한하기도 하는 유연함을 가져야 한다.

성 소수자: 동성애자, 양성애자, 그리고 트렌스젠더

성적 성향, 성 정체성, 인간의 경험의 폭에 따른 성적 표현과 성적 발달의 다양성은 전 세계에 있는 사람 수만큼 어마어마하게 다양하다. 대체적으로, **성적 지향성**이라 함은 성적 흥분과 끌림, 그리고 정체성이 표현되는 행동과 내적 감정 요소를 소유하고 있는 것을 의미한다. **성 정체성**이라 함은 성별에 대한 한 사람의 내적 정체성을 의미하고, **트렌스젠더**라 함은 대개 출생 시의 성별과는 다른 성을 선택하는 것을 말한다. **성적 표현**은 행동 특성, 옷 선택 그리고 자신이 속한 사회적 규범에 허용이 될 수도, 그렇지 않을 수도 있을 여러 가지 성적 소통 방식들을 포함한다. **성적 발달**은 남성–여성의 해부학적 및 생리학적 영역에서 차이점을 만들어 내는 행동 특성의 총 집합체이다. 성적 성향, 성 정체성, 성적 표현, 그리고 마지막으로 성적 발달은 인류 모두에게 있어 개개인에게 각각 독립적으로 작용하며, 모든 인류는 이러한 영역에서 동일한 것들을 공유하지 않는다는 것을 이해하기 위한 기초를 제공한다

(Shively & De Cecco, 1977).

이성애자, 동성애 혐오자, 그리고 트렌스포비아(트렌스젠더에 대한 혐오증을 갖는 사람들; 옮긴이)들은 레즈비언, 또는 게이, 양성애자(DiPlacido, 1998), 트렌스젠더(Hendricks & Testa, 2012)라고 밝힌 사람들의 경험을 비난한다. 특별히, 레즈비언, 게이, 양성애자, 트렌스젠더들은 일반인들과 다른 특징적인 건강 불균형을 경험하게 되는데, 이들에게 최적의 치료를 제공하기 위하여 의사들은 이들의 '역사적 낙인'을 인지하고 이에 대하여 세심해져야 하며, 이들을 치료하기 위해선 끊임없는 어려움이 있음을 알아야 하고, 이들에게서 특징적으로 나타나는 질병 요소와 유병률 그리고 건강 상태 등을 인지해야 한다. 마지막으로, 의사는 이들이 다른 LGBT(Lesbian, Gay, Bisexual, Transgender) 환자들과 여러 형태의 교류한다는 것을 문화적 측면에서 이해하는 것이 필요하다(Mayer et al., 2008, p. 990).

이 문맥 안에서 동기강화상담이 가지는 협동정신, 수용(자율성을 포함한), 연민, 그리고 유발성에 대한 기술 등을 고려한다면, 자신을 LGBT 중의 하나로 밝힌 사람들을 치료의 자리로 초대하는 이상적인 수단으로 동기강화상담을 생각할 수 있다. 동기강화상담에서 의료진은 환자 · 내담자나 또는 그들과 함께 일하는 사람들의 성적 성향이나 성 정체성에 대한 오해나 선입견들을 배제할 수 있도록 순수한 호기심의 태도를 고수해야 한다. 이를 통해 의료진은 LGBT라고 표명된 사람들을 만날 때 그들의 성적 성향이나 성적 정체성들, 그리고 성적 표현과 성적 발달에 대해 열린 마음을 유지할 수 있으며, 결과적으로 이들을 위해 최적화된 치료를 제공할 수 있다. 기억해야 할 것은 그 어떤 논문에도 남성이든, 여성이든 혹은 다른 어떠한 성적 성향을 가진 사람들도 동기강화상담에 다르게 반응한다는 내용은 없기 때문이다.

LGBT 집단 내에서의 동기강화상담과 관련된 연구는 주로 게이나 남성 양성애자에 초점을 맞추어 이루어져 왔다. 몇 가지 연구들은 동기강화상담이 남성과 성관계를 가진 남성에게서 HIV 감염의 위험 행동을 줄여 주는 데 효과가 있다고 밝혔으며(Chariyeva et al., 2012; Harding et al., 2001; Naar-King et al., 2006; Parsons et al., 2014; Rutledge et al., 2001), 후속 연구에서는 동기강화상담이 알코올사용장애를 가지고 있는 남성과 성관계를 가진 남성에게서 알코올 사용의 감소에 효과가 있다는 결과를 얻었다(Morgenstern et al., 2007). 물론 LGBT 집단에서 진행된 동기강화상담 연구들이 늘 긍정적인 결과를 보여 준 것은 아니었다. 남성과 성관계를 가지는 남성들을 대상으로 진행된 메타 분석의 경우 동기강화상담이 그들의 HIV 감염 위험 행동에 끼친 영향은 미비하다고 결론짓기도 했다(Berg et al., 2011). 하지만 앞에서 언급한 메타 분석이나 동기강화상담의 효과를 부정적으로 평가한 연구들의 경우 동기강화상담의 참여에 대한 충실도가 배제된 채 이루어졌다는 비판을 받았으며, 최근 발표된 네 가지 메타 분석에 의하면 일반적으로 LGBT 집단을 대상으로 이루어진 동기강화상담의 경우 환자·내담자의 치료 참여도를 높이며, 위험 행동을 감소시키는 데 긍정적인 효과를 나타낸다고 이야기하고 있다(Lundahl & Burke, 2009).

레즈비언이나 여성 양성애자를 대상으로 동기강화상담의 효과를 구체적으로 조사한 연구는 많지 않다. 하지만 이 연구들은 레즈비언이나 여성 양성애자라는 이유로 동기강화상담으로부터 다른 LGBT 집단과 차별된 효과를 볼 것이라고 제안하고 있지는 않다. 연구 대상의 표본 수가 적어 연구 결과가 일반적인 레즈비언과 청소년 양성애자들의 특성을 대변하기에는 한계가 있다는 연구가 있다. 이러한 한계에도 불구하고, 이 연구는 레즈비언과 청소년 양성애자를 포함하는 가출 청소년들에게 동기강화상담을 제공하였을 때, 통제 집단에 비해 불법 마약(마리화나 이외의) 사용 횟수가 감소했음을 밝혔다(Peterson et al., 2006). 우리는 많은 증거들을 통해 레즈비언과 여성 양성애자들이 중중 알코올 중독이나 알코올과 관련된 다른 문제에 처할 위험에 놓여 있다는 사실(Green & Feinstein, 2012)을 알고 있기에 이들의 알코올과 관련된 행동을 다루기 위해 동기강화상담을 적용시킬 기회가 주어졌다는 것 또한 알고 있다. 일반적으로 연구자들 사이에서, 동기강화상담은 레즈비언과 여성 양성애자가 포함된 LGBT 집단에서 의료적 접근 방식의 표준치료법으로 논의되고 있다(Anderson, 2009).

트랜스젠더와 성 비순응자(gender-nonconforming) 집단의 건강 증진을 위한 방법론적 연구는 드물다. 하지만 개념상으로는 동기강화상담에 깊이 있게 참여하는 트랜스젠더나 성 비순응자(gender-nonconforming) 치료 모델이 존재하며, 동기강화상담이 시스젠더(cisgender: 신체적 성과 사회적 성이 일치하는 사람들; 옮긴이)에게 유용한 만큼 트랜스젠더 집단에게도 유용할 것이라 예상하고 있다(Hendricks & Testa, 2012). 동기강화 정신은 협동정신, 수용(자율성을 포함한), 연민, 유발성과 같은 원칙들을 기초로 하고 있으며, 이 원칙들은 의료진들이 트렌스젠더나 성 비순응자인 환자 · 내담자를 치료함에 있어 도움을 줄 수 있다.

동기강화상담은 LGBT 집단을 치료함에 있어 기초가 되어야 근본적인 정신과 일치된다. 훌륭한 의료진은 동성애 혐오증, 트렌스젠더 혐오증, 이성애증으로부터 자유로워야 하며 환자를 위한 긍정적인 관심을 가지고 있어야 한다. 또한 치료적 환경 안에서 성 지향성과 성 정체성에 대한 개방성을 환영하고 장려하며 LGBT 집단이 흔하게 직면하는 문제들에 대해 잘 알고 있어야 한다(Lee, 2015).

다양한 사회 안에서의 MI 사용 예시

다양한 인구집단에서 동기강화상담을 적용하기 위한 4단계는 관계 형성하기, 초점 맞추기, 유발하기, 계획하기로 정의할 수 있다.

관계 형성하기

- 환자 · 내담자가 사용하고 싶어하는 성별 대명사(그 또는 그녀) 정하기
- 환자 · 내담자의 나이, 종교, 성별, 국적 이해하기

- 환자 · 내담자가 속한 집단에서 사회적 통념으로 알려진 건강 및 위험 행동에 대해 논의하기
- 의사와 환자 · 내담자 간 문화 차이로 발생한 동맹관계 혹은 불화를 알아가기
- 환자 · 내담자가 그들의 문화적 배경이나 성적 성향, 또는 성 정체성에 대해 논의하기를 원한다면 그것들을 알아가는 것에 있어 늘 열린 마음을 유지하기

초점 맞추기

- 건강 및 위험 행동에 대한 문화적 정보를 바탕으로, 환자 · 내담자가 정의한 개념을 통해 그들과 상호 동의할 만한 행동으로 그들의 눈높이 맞추기

유발하기

- 개인의 특정 나이 또는 발달 단계 차이, 인종 차별주의, 성 차별주의, 트라우마, 동성애 공포증, 내적 또는 외적 갈등, 혹은 내적으로 편안함을 느끼는 정체성 등에 대한 경험이 건강 행동에 대한 의사 결정을 형성한다는 사실을 이해하기

계획하기

- 의사 결정에 있어 환자 · 내담자에 의해 공유되고 정의될 수 있도록 문화적으로 반응성이 좋은 접근 방식을 계획하기
  이 접근 방식에는 본질적으로 환자 · 내담자의 정체성, 이해 및 신념의 교집합이 포함된다.

구조적으로 유능한 치료에서의 MI 사용

인종, 문화, 민족성, 성적 취향, 성별, 성 정체성을 기반으로 건강 차이를 유발하는 구조적 수준(structural-level)의 건강 결정 요인들이 있다. 이러한 구조적 수준의 결정 요인을 다루는 것을 구조적 역량(structural competency)이라고 한다(Hansen & Metzl, 2016). Cross와 그 동료들(1989)은 다양성의 가치, 문화적 자기 평가, 문화적 상호 작용의 역동성에 대한 의식, 문화 지식의 제도화, 다양성에 대한 적응 등 시스템에서 문화적 (또는 구조적) 역량의 다섯 가지 핵심 개념을 확인했다. 이러한 핵심 요소들은 동기강화상담의 적절한 적용에 공명을 일으킨다. 〈표 9-1〉은 구조적 역량의 다섯 가지 개념을 따라 동기강화상담 원칙의 적용에 대해 설명하고 있다.

표 9-1 구조적 역량 관점에서의 동기강화상담 사용

구조적 역량의 개념	동기강화상담 적용
다양성의 가치	다양성을 중시하는 것은 동기강화상담의 자율성과 환자 · 내담자 중심적 방식에 의해 지지된다.
자기 평가 실행	동기강화상담 과정에서 사용된 반영은 의료진의 가정한 것들을 확인하는 역할을 하며, 의료진은 이 작업에 주의를 기울여야 한다. 만일, 동기강화상담에서의 관계에 불화가 생길 경우, 의료진은 자신의 행동을 변화시켜야 한다.
차이점의 역동성(dynamics of difference) 관리	차이점의 역동성은 '다름'에도 불구하고 자율성 및 협동정신을 비롯한 동기강화상담의 수용 정신에 의해 관리될 수 있다.
문화 지식의 습득과 통합	동기강화상담은 환자 · 내담자를 중심으로 목표, 가치관, 그리고 이해를 불러일으킨다.
의료진에게 치료를 받고 있는 개인의 다양성과 문화적 맥락에 대한 적응	초점 맞추기 및 계획하기 단계에서는 공유된 의사 결정과 문화적 맥락에 대한 공유된 이해부터 주어지는 혜택이 요구된다. 반영의 경우 문화적 맥락에 따라 제공된 환자 · 내담자 정보에 적응하는 것이 요구된다.

핵심 포인트

- 동기강화상담은 수많은 언어로 전 세계에서 사용되고 있다.
- 청소년층에서의 동기강화상담의 효과를 뒷받침하는 믿을 만한 연구 결과가 발표되었으며, 몇몇 연구들은 동기강화상담이 노년층에 긍정적인 영향을 미친다고 제안하고 있다.
- 동기강화상담에서 의료진과 환자 · 내담자의 인종 · 민족성 일치가 그 효과를 향상시킨다는 것을 보여 주는 몇 가지 연구 결과가 있다.
- 문화적 규범을 현명하게 통합한 동기강화상담은 참여 단계에서 효과를 향상시킬 수 있다.
- 동기강화상담이 레즈비언, 게이, 양성애자 및 트랜스젠더(이하 LGBT) 환자에서 일반 인구보다 더욱 혹은 덜 효과가 있다는 연구 결과는 없다.
- 협동정신, 수용, 연민, 그리고 유발성에 중점을 둔 동기강화상담은 LGBT 환자를 치료하는 의료진이 그들에 대한 오해나 가정을 피하게끔 하는 데 도움을 준다.
- 훌륭한 의료진들은 동성애 혐오증, 트랜스젠더 혐오증, 그리고 이성애증으로부터 무척이나 자유로워야 하고 환자를 위해 긍정적인 관심을 갖고 있어야 하며, 치료 환경에서 성 지향성과 성 정체성에 대한 개방성을 환영하고 장려하며, LGBT 사람들이 직면한 많은 문제에 대해 잘 알고 있어야 한다.
- MI 요법은 구조적으로 유능한 진료와 일치한다.

연습문제

1. 동기강화상담이 청소년들의 마약 · 알코올과 관련된 행동 변화를 뒷받침한다는 증거에 대해 어떻게 설명하겠는가?

   A. 그 증거는 혼재되어 있다(일부 연구는 그 효과를 보여 주고, 다른 연구는 효과가 없다는 것을 보여 준다.).

B. 그 증거는 일관되게 긍정적이다(강력한 긍정적 효과).

C. 그 증거는 압도적인 피해를 보여 준다(강력한 해로운 효과).

D. 그 증거는 일관되게 청소년의 약물 또는 알코올 사용에 대해 효과가 없다는 것을 보여 준다.

2. 미국에 거주 중인 소수 인종 및 민족에게 나타난 동기강화상담의 효과는 일반 대중에게서 나타난 효과와 어떤 비교가 가능한가?

A. 동기강화상담은 소수 인종 및 민족에게 더 유해한 것으로 나타난다.

B. 동기강화상담은 소수 인종 및 민족에게 더 강력한 긍정적 효과가 있다.

C. 동기강화상담은 한쪽에 더 긍정적이거나 부정적이지 않고 일관되게 작용한다.

D. 동기강화상담이 긍정적 효과를 나타내기 위해선, 환자·내담자와 의료진이 동일한 인종·민족성을 가지고 있어야 한다.

3. 다음 상황 중 동기강화상담이 가장 강력한 영향을 미치는 상황은 무엇인가?

A. 미국 원주민(인디언)들이 그들의 종교 의식에 대한 질문을 받을 때

B. 아프리카계 미국인 환자·내담자들이 아프리카계 미국인 의료진에게 치료 받을 때

C. 의료진과 환자·내담자들이 미묘한 문화적 공감과 비언어적 단서를 공유할 때

D. 동기강화상담이 엄격한 지침에 따라 제공될 때

4. 게이와 남성 양성애자를 중점적으로 다루는 동기강화상담 연구의 주요소는 무엇인가?

A. 흡연

B. 식습관

C. 알코올 중독

D. HIV 위험 행동

5. 환자 · 내담자가 어떤 성(性) 대명사를 사용할지 결정하는 것은 동기강화상담의 어느 단계인가?

A. 관계 형성하기

B. 초점 맞추기

C. 유발하기

D. 계획하기

• 참고문헌 •

Anderson SC: Substance Use Disorders in Lesbian, Gay, Bisexual, and Transgender Clients: Assessment and Treatment. New York, Columbia University Press, 2009

Bagoien G, Bjorngaard JH, Ostensen C, et al: The effects of motivational interviewing on patients with comorbid substance use admitted to a psychiatric emergency unit-a randomised controlled trial with two year follow-up. BMC Psychiatry 13:93, 2013

Befort CA, Nollen N, Ellerbeck EF, et al: Motivational interviewing fails to improve outcomes of a behavioral weight loss program for obese African American women: a pilot randomized trial. J Behav Med 31(5):367-377, 2008 18587639

Berg RC, Ross MW, Tikkanen R: The effectiveness of MI4MSM: how useful is motivational interviewing as an HIV risk prevention program for men who have sex with men? A systematic review. AIDS Educ Prev 23(6):533-549, 2011 22201237

Chariyeva Z, Golin CE, Earp JA, et al: Does motivational interviewing counseling time influence HIV-positive persons' self-efficacy to practice safer sex? Patient Educ Couns 87(1):101-107, 2012 21890300

Chlebowy DO, El-Mallakh P, Myers J, et al: Motivational interviewing to improve diabetes outcomes in African Americans adults with diabetes. West J Nurs Res 37(5):566-580, 2015 24733233

Cooper L: Combined motivational interviewing and cognitive-behavioral therapy with older adult drug and alcohol abusers. Health Soc Work 37(3):173-179, 2012

Cross T, Bazron B, Dennis K, Isaacs M: Towards a Culturally Competent System of Care, Vol I. Washington, DC, Georgetown University Child Development Center, CASSP Technical Assistance Center, 1989

Cummings SM, Cooper RL, Cassie KM: Motivational interviewing to affect behavioral change in older adults. Res Soc Work Pract 19(2):195-204, 2009

Cunningham RM, Chermack ST, Ehrlich PF, et al: Alcohol interventions among underage drinkers in the ED: a randomized controlled trial. Pediatrics 136(4):e783-e793, 2015 26347440

Cushing CC, Jensen CD, Miller MB, et al: Meta-analysis of motivational interviewing for adolescent health behavior: efficacy beyond substance use. J Consult Clin Psychol 82(6):1212-1218, 2014 24841861

D'Amico EJ, Hunter SB, Miles JN, et al: A randomized controlled trial of a group motivational interviewing intervention for adolescents with a first time alcohol or drug offense. J Subst Abuse Treat 45(5):400-408, 2013 23891459

D'Amico EJ, Houck JM, Hunter SB, et al: Group motivational interviewing for adolescents: change talk and alcohol and marijuana outcomes. J Consult Clin Psychol 83(1):68-80, 2015 25365779

Dickerson DL, Brown RA, Johnson CL, et al: Integrating motivational interviewing and traditional practices to address alcohol and drug use among urban American Indian/Alaska Native youth. J Subst Abuse Treat 65:26-35, 2016 26306776

DiPlacido J: Minority Stress Among Lesbians, Gay Men, and Bisexuals: A Consequence of Heterosexism, Homophobia, and Stigmatization. Thousand Oaks, CA, Sage, 1998

Field C, Caetano R: The role of ethnic matching between patient and provider on the effectiveness of brief alcohol interventions with Hispanics. Alcohol Clin Exp Res 34(2):262-271, 2010 19951297

Field CA, Cabriales JA, Woolard RH, et al: Cultural adaptation of a brief motivational intervention for heavy drinking among Hispanics in a medical setting. BMC Public Health 15:724, 2015 26223781

Foxcroft DR, Coombes L, Wood S, et al: Motivational interviewing for alcohol misuse in young adults. Cochrane Database Syst Rev 8(8):CD007025, 2014 25140980

Green KE, Feinstein BA: Substance use in lesbian, gay, and bisexual populations: an update on empirical research and implications for treatment. Psychol Addict Behav 26(2):265-278, 2012 22061339

Hansen H, Metzl J: Structural competency in the US healthcare crisis: putting social and policy interventions into clinical practice. Journal of Bioethical Inquiry 13:1-5, 2016

Harding R, Dockrell MJ, Dockrell J, et al: Motivational interviewing for HIV risk reduction among gay men in commercial and public sex settings. AIDS Care 13(4):493-501, 2001 11454270

Hendricks ML, Testa RJ: A conceptual framework for clinical work with transgender and gender nonconforming clients: An adaptation of the Minority Stress Model. Prof Psychol Res Pr 43(5):460-467, 2012

Hettema J, Steele J, Miller WR: Motivational interviewing. Annu Rev Clin Psychol 1:91-111, 2005

Kolt GS, Schofield GM, Kerse N, et al: Effect of telephone counseling on physical activity for low-active older people in primary care: a randomized, controlled trial. J Am Geriatr Soc 55(7):986-992, 2007 17608869

Lakes K, López SR, Garro LC: Cultural competence and psychotherapy: applying anthropologically informed conceptions of culture. Psychotherapy (Chic) 43(4):380-396, 2006 22122131

Lee SJ: Addiction and lesbian, gay, bisexual and transgender (LGBT) issues, in Textbook of Addiction Treatment: International Perspectives. Edited by el-Guebaly N, Carrà G, Galanter M. New York, Springer, 2015, pp 2139-2164

López SR, Guarnaccia PJ: Cultural psychopathology: uncovering the social world of mental illness. Annu Rev Psychol 51(1):571-598, 2000 10751981

Lundahl B, Burke BL: The effectiveness and applicability of motivational interviewing: a practice-friendly review of four meta-analyses. J Clin Psychol 65(11):1232-1245, 2009 19739205

Mayer KH, Bradford JB, Makadon HJ, et al: Sexual and gender minority health: what we know and what needs to be done. Am J Public Health 98(6):989-995, 2008 18445789

Miller WR, Rollnick S: Motivational Interviewing: Helping People Change, 3rd Edition. New York, Guilford, 2013

Morgenstern J, Irwin TW, Wainberg ML, et al: A randomized controlled trial of goal choice interventions for alcohol use disorders among men who have sex with men. J Consult Clin Psychol 75(1):72-84, 2007 17295566

Naar-King S, Wright K, Parsons JT, et al: Healthy choices: motivational enhancement therapy for health risk behaviors in HIV-positive youth. AIDS Educ Prev 18(1):1-11, 2006 16539572

Ogedegbe G, Chaplin W, Schoenthaler A, et al: A practice-based trial of motivational interviewing and adherence in hypertensive African Americans. Am J Hypertens 21(10):1137-1143, 2008 18654123

Parsons JT, Lelutiu-Weinberger C, Botsko M, et al: A randomized controlled trial utilizing motivational interviewing to reduce HIV risk and drug use in young gay and bisexual man. J Consult Clin Psychol 82(1):9-18, 2014 24364800

Peterson PL, Baer JS, Wells EA, et al: Short-term effects of a brief motivational intervention to reduce alcohol and drug risk among homeless adolescents. Psychol Addict Behav 20(3):254-264, 2006 16938063

Riekert KA, Borrelli B, Bilderback A, et al: The development of a motivational interviewing intervention to promote medication adherence among inner-city, African-American adolescents with asthma. Patient Educ Couns 82(1):117-122, 2011 20371158

Rutledge SE, Roffman RA, Mahoney C, et al: Motivational enhancement counseling strategies in delivering a telephone-based brief HIV prevention intervention.

Clin Soc Work J 29(3):291-306, 2001

Shively MG, De Cecco JP: Components of sexual identity. J Homosex 3(1):41-48, 1977 591712

Venner KL, Feldstein SW, Tafoya N: Helping clients feel welcome: principles of adapting treatment cross-culturally. Alcohol Treat Q 25(4):11-30, 2008 20671813

학생 시절 회상

David Kopel

럿거스 뉴저지 주립대학 의과 대학원 4학년

환자의 다양성은 모든 의사의 임상적인 상호작용에 영향을 미치지만, 모범적인 치료 제공자에게서조차 종종 간과되기도 한다. 다양성에 대한 지식과 반응은 치료 제공자 측의 적극적인 노력을 필요로 한다. 다시 말해, 인종 차별이나 트렌스젠더 혐오증과 같은 악의적인 편향을 그저 거부하는 것만으로는 충분하지 않다는 것이다. 오히려 그들에게 포괄적인 건강관리를 제공하기 위해서는 의사는 개개인의 임상적 시나리오의 다양성과 관련된 사항들을 인식하고 적절하게 반응해야 한다. 특별히 동기강화상담의 맥락에서 신뢰가 무엇보다도 중요하다. 이런 의미 가운데, 이 장의 결론은 의료진들에게 안도감과 도전 정신을 동시에 제공한다.

효과적인 동기강화상담에 내재된 전략과 가치는 넓고 다양한 연령과 배경에 적용할 수 있다. 예를 들어, 노인이나 동성애 환자라고 해서 효과적인 동기강화상담의 혜택을 받지 못할 것이라 염려할 필요는 없다. 반면에 LGBTQ와 관련된 논쟁들에 대한 익숙함이 신뢰적 분위기를 조성한다는 결과는 의사에게 그 논쟁들이 그들의 환자가 선호하는 대명사로 변하는 것이든지, 성 전환자 공동체가 직면한 특정 종류의 폭력이든지, 또는 사전 노출된 HIV 예방의 사용에 대한 징조이든지 간에 이 모든 것을 배워야 한다는 부담을 안겨 주기도 한다. 특별히 흥미로운 것은 치료 제공자와 환자 간의 인종적 · 민족적 일치가 동기강화상담의 효과를 증가시킨다는 주장을 입증하는 증거들이다. 이러한 주장들에 대한 증거는 완전한 결론을 얻을 때까지 계속해서 추가적인 검증을 받아야 하겠지만, 적어도 다양한 직원을 고용한다거나 다양한 문화적 관습과 규범을 교육하기 위해 의식적으로 노력하는 의료진들에게 사전에 약간의 지원을 제공할 충분한 근거가 될 수 있다. 궁극적으로 연민과 존중이 효과적인 치료관계의 주춧돌로 남아 있지만, 이 장에서는 이러한 가치를 문화 학습을 위한 적극적인 노력으로 전환해야 할 필요성을 강조한다.

MOTIVATIONAL INTERVIEWING FOR CLINICAL PRACTICE

제3부

동기강화상담의 고급 지식 습득하기

제10장

동기강화상담 가르치기

Carla Marienfeld, M.D.
Caridad C. Ponce Martinez, M.D.
Curtis Bone, M.D., M.H.S.

> 나에게 말하라, 그러면 나는 잊을 것이요. 나를 가르치라, 그러면 나는 기억할 것이요. 나를 참여시켜라, 그러면 나는 배울 것이다.
>
> –Benjamin Franklin

> 가르침은 지식을 전하는 것 이상의 의미를 부여하며 변화를 불러 온다.
> 배움은 있는 사실을 흡수하는 것 이상으로, 기술을 습득하는 것이다.
>
> –William Arthur Ward

이번 장에서는 동기강화상담의 4단계 과정(관계 형성하기, 초점 맞추기, 유발하기, 계획하기)의 뼈대와 그것들이 사용된 사례를 통하여 실용적인 교육 전략을 제공할 것이다. 교육 전략에는 교훈적이고 경험적인 학습과 그 뒤에 따라올 감독(supervision), 모니터링, 그리고 피드백이 포함된다. 이러한 교육 전략들의 목표는 동기강화상담에 대한 정신을 되새기기 위함이다.

시작하기에 앞서, 정신치료를 가르치기 위한 우리의 생각과 접근법을 고려해 보자. 훌륭한 교사(effective teacher)의 자질은 무엇이고 훌륭하지 못한 교사(ineffective teacher)의 자질은 무엇일까? 이것들은 수사적인 질문이 아니다. 오히려, 이러한 질문들은 '동기강화상담을 가르친다는 것'에 대한 진지한 고민으로 당신을 초대하는 열린 질문들이다. 자신의 사고의 확장과 관련하여 어떠한 교사가 훌륭한 교사인지 혹은 훌륭하지 않은 교사인지에 대한 의견을 공유하자. (당신이나 다른 독자들에게 이 질문에 대한 응답을 듣기 어려운 경우, 우리는 인터넷 검색을 통해 얻은 결과로 여러분의 답변을 대체하려 한다.) 훌륭하지 못한 교사들은 학생의 성장과 변화를 용납하지 않거나(MI에 매우 치명적임) 그들이 교육받는 것을 허락하지 않는다. 훌륭하지 못한 교사들은 개인의 문제 해결 시도나 혁신적인 생각을 막거나 무시하고, 학생이나 특정 주제에 대한 제한적인 시각을 가진다. 그들은 학생보다는 교사 중심적인 방법을 사용하고 자신의 교육법에 대한 변화나 적용에 있어 결단력이나 동기부여가 부족하다. 또한 그들은 자신의 제한적인 효과성에 대한 통찰력이 부족하다. 반면, 훌륭한 교사들은 학생들을 참여시키고, 다른 환경에 적응시킬 수 있는 능력을 소유하고 있으며, 명확한 학습 목표를 제시한다. 그들은 자신의 생각과 지식을 분명히 전달하고, 학생에게 집중하며, 그들에게 최고의 모습을 기대하고, 그들과 협력한다. 또한 그들은 자신감과 겸손 사이의 균형을 잘 유지하고, 열정, 지식 및 공감대를 전달한다.

동기강화상담 교육의 목표는 학생들에게 동기강화상담의 정신과 과정, 그리고 관련된 기술을 효과적으로 전달하고 그들이 유능한 동기강화상담의 실무자가 되도록 도와주는 것을 포함한다. 당신은 어떠한 방법으로 훌륭한 교사가 될 계획인가? 또한 어떠한 방법으로 당신이 동기강화상담을 효과적으로 가르쳤는지 평가할 수 있는가?

이번 장에서 네 단계를 통해 동기강화상담 교육 전략을 소개할 것이다. 또한 훈련 기간 전체에 걸쳐 학생들의 참여와 동기를 강화시킬 수 있는 구체적인 교육 전략에 대한 예시를 제시하고자 한다. 추가적으로 동기강화상담과 일치하는 교육접근 방식을 가지고 있는 점진적 책임 이양 모델(Gradual Release of Responsibility Model)—흔히 '나는 한다, 우리는 한다, 너는 한다'로 소개된(Frey et al., 2009)—를 소개하려 한다.

- '나는 한다(I do)' 모델링: 교사는 기술을 소개하고, 그 기술을 행동으로 보여 주며, 예시를 들어주고, 사용법을 설명한다.
- '우리는 한다(We do)' 협동/모니터링: 교사는 실습생의 기술 실습에 참여하여 그들과 함께 소집단을 이루어 실습을 지도한다. 실습생들이 연습하는 것을 들어주고 적절한 정보와 충고를 해 주기도 하고 함께 역할극을 하기도 한다.
- '너는 한다(You do)' 감독/피드백: 실습생에게는 독립적으로 기술을 연습해 보고, 실수를 범해도 되는 시간이 주어진다. 교사는 (실습시간과 그 후에) 그들의 기술 사용을 관찰하고, 실습생에게 경험을 추가해 보도록 요청하고, 피드백을 통해 잘 수행된 기술에 대한 칭찬 및 요약을 제공한다. 또한 교사는 실습생의 발전을 위해 그들을 관찰하고 그들에게 알맞은 기회들을 적절히 제공해 줄 수 있다.

예시: 열린 질문

'나는 한다(I do)'-교사는 열린 질문의 정의와 예시로 시작할 수 있다. 이렇게 함으로써 그들은 열린 질문과 닫힌 질문을 구분하는 방법을 형상화한다.

'우리는 한다(We do)'-그 후 교사는 실습생들이 닫힌 질문과 열린 질문의 차이를 직접적으로 경험할 수 있도록 참여시킨다. 정보 제공 및 지도가 필요에 따라 제공된다.

'나는 한다(I do)'-교사는 닫힌 질문에서 열린 질문으로 어떻게 변형하는지에 대한 모델을 제시한다.

'너는 한다(You do)'-교사는 실습생에게 닫힌 질문의 예시를 제공하도록 요청할 수 있으며, 실습생 집단이 이를 열린 질문으로 변환시키도록 기회를 제공할 수 있다. 실습생 집단은 그 안에서 짝을 지어 닫힌 질문을 열린 질문으로 변환시키는 연습을 할 수 있으며, 교사는 이를 듣고 피드백을 제공한다. 이와 같은 과정은 인정하기(Affirming), 반영하기(Reflecting), 요약하기(Summarizing)에도 동일하게 적용될 수 있다.

앞에서 다룬 교육 모델 중 '우리는 한다' 부분을 좀 더 자세히 살펴보고 구체적인 몇 가지 교육 전략을 소개해 보도록 하겠다. 대부분의 진행자들은 기술을 설명하거나 모델링하고('나는 한다'의 일부) 독립적인 실습을 요구하는 데('너는 한다'의 일부) 익숙하다. 반면에 실습생들을 집단을 만들어 교육하도록 참여를 유도하는 데에는 어려움을 가지고 있다('우리는 한다'의 일부). 심지어 이미 배우고자 하는 동기를 가지고 있는 성인 실습생을 가르칠 때에도 집단을 만들어 참여하도록 유도하는 것이 어려울 수 있다. 이러한 어려움에도 불구하고 이 교육 전략은 교육에 참여하는 모든 실습생이 실수로부터 배우고 그로 인해 자신이 독립적으로 작업을 하기 전에 좀 더 자신이 배우는 작업에 익숙해질 수 있는 기회를 제공하기에 필수적이다. 이 과정을 통해 실습생들은 보다 더 독립적인 역할극 등을 할 수 있는데, 상호작용의 방법을 다양화시키는 것은 집단 실습에 있어 익숙함과 즐거움을 더욱 풍성하게 할 수 있다. 이 전략의 예시에는 '라운드 로빈(round-robin)', '팝콘 스타일(popcorn style)', '어항 기술(fishbowl technique)' 그리고 '태그팀(Tag team)'이 있다. 상호작용 방법을 다양화함으로써 실습생은 집단 실습에 더욱 집중해서 참여할 수 있다. 많은 실습생이 참여할수록 집단 실습 중에 그들이 바랐던 기술을 습득할 가능성이 더 높아질 것이며, 이러한 집단 실습을 통해 실습생들은 각 기법에 대한 이해를 보강하고 개선할 수 있다.

예시: OARS

OARS(열린 질문하기: **O**pen question, 인정하기: **A**ffirming, 반영하기: **R**eflecting, 요약하기: **S**ummarizing)를 가르칠 때, 교사는 실습생들이 열린 질문에 대해 질문해 보는 연습을 마치고 나면 인정하기 단계로 넘어가도록 한다. 교사는 "나는 도저히 금연을 할 수 없습니다. 계속 금연을 시도하고 있지만, 참을 수가 없어요."라는 진술로 시작할 수 있다. '나는 한다(I do)' 단계에서 교사는 "당신은 계속 금연을 시도하고 있어요. 아직 포기하지 않았잖아요. 이미 이 자체로 당신은 불굴의 용기를 보여 주고 있어요."

라고 이야기하며 인정하기의 모델을 제시할 수 있다. '우리는 한다(We do)'의 집단 실습의 경우에 학급에 속해 있는 각 실습생이 앞에서 언급한 '나는 한다(I do)'를 직접 해 보게끔 권유해 볼 수 있다.

학생들에게 자발적으로 실습에 참여하자고 권유하는 것은 어색한 침묵과 불편함만 유발할 수 있다. 이러한 방법보단 비교적 작은 규모의 수업인 경우 모든 실습생들에게 차례대로 실습으로 특정 문장을 만들어 보거나 남들 앞에서 발표해 볼 것이라고 미리 말해 주는 방법이 도움이 될 수 있다. 집단이 크더라도 그 안에서 새로운 소집단을 설정해 주어 한 학급에 포함된 모든 학생이 교사가 예시를 들어준 문장에 대해 스스로 인정하기 단계를 연습할 수 있도록 도울 수도 있다. '우리는 한다(We do)' 단계 중에는 교사가 학생들을 무작위로 지정하여 참여를 유도시키는 팝콘 질문 방법을 선택할 수 있으며, 이름을 부르거나, 손으로 지목하는 등 여러 방법을 시도할 수 있다. 또 다른 팝콘 방식 기술은 공을 사용하는 것이다. 교사는 실습할 첫 번째 학생에게 공을 던질 수 있다. 그러면 그 학생은 같이 실습을 해 볼 학생에게 그 공을 던진다. 이 놀이는 교사가 공을 자신에게 가져와 달라고 하거나 실습을 종료할 때까지 계속된다. 어항 연습은 긴 역할극에 적합하고 이는 보통 반영하기와 요약하기를 가르칠 때 사용된다. 어항 연습에선 전체 학급은 역할극에 참여하는 두 명을 지켜본다. 그러면 교사는 일정한 시간 간격에 따라 역할극을 중단하고 학급에게 그 상황에서 의사와 환자에 대해 코치를 해 보도록 지도한다. 또 다른 방법으로 태그팀 기법을 사용할 수도 있다. 이 방법은 교사가 환자처럼 행동하고 4명의 학생들이 한 팀(태그팀)을 이루어 실습하도록 하는 방식이다. 이 방법은 첫 번째 학생이 환자의 역할을 하는 교사의 반응에 열린 질문을 하며 시작이 된다. 두 번째 학생은 열린 질문에 대한 교사의 답변에 대한 인정하기 단계를 시도하고 세 번째 학생은 반영하기 단계를, 네 번째 학생은 요약하기 단계를 맡는다.

동기강화상담(MI)의 정신 가르치기

MI 훈련 동안, 우리는 학생들이 환자와 함께 있는 것, 행동하고 대화하는 것에 대한 기존의 방식(그들이 환자들과 소통하는 방식)을 변화시키고, 전문가라는 역할에 얽매이지 않도록 계속해서 질문을 던진다. 이러한 까닭에 학생들의 입장에서 동기강화상담의 정신을 받아들이는 것은 기존에 자신이 가지고 있는 것들을 변화시키는 자연스러운 과정이다.

우선, 교육 정신에는 협동정신, 수용, 연민, 그리고 유발성이 포함된다는 사실을 기억하자. 교사로서 당신은 과거 당신이 MI를 배웠을 때를 떠올리며 학생들에게 동정을 느끼고, 배우는 사람으로서의 그들의 역할을 강조할 수 있다. 학생들의 학습 단계나 학습 스타일, 학습 활동을 편안하게 생각하는지 등에 대한 마음챙김(Mindfullness)을 유지하는 것은 당신이 학생들의 현재 수준을 파악하는 데 도움이 된다. 배움에서 협동정신은 당신의 가르치는 방식을 통해 형상화된다. 당신은 학생들과 파트너가 되기 위해서 훈련의 진행자와 참여자라는 두 역할을 모두 구현할 수 있다. 결국, OARS과 MI를 통해 학생들의 기존의 행동과 대화법을 변화하도록 요구하는 것은 학생 스스로 자신이 배우고 있는 것과 배우고 싶은 것을 정리하는 데 도움을 준다. 교사는 MI를 사용하여 '어려운 환자들'에 대한 질문을 해결해 나가듯이, 학생들이 MI 정신을 통해 '그들의 방식에 맞게 MI를 사용하는 것'에 대해서도 MI를 사용하여 세심하고 능숙하게 다룰 수 있다. 보통의 경우 MI 사용을 보여 주는 상호작용의 예와 다양하고 전형적인 예시를 보여 주는 온라인 동영상을 선택하도록 한다. 그 후, 교사는 MI 정신을 언급하며 동영상에서 어떤 부분이 잘된 것 같은지, 환자는 어떤 식으로 반응을 했는지 그리고 떠올릴 수 있는 다른 주제들은 어떤 것이 있을 수 있는지 등을 함께 토론해 볼 수 있다.

연습: 이 방법은 동기강화상담과 무엇이 다를까요?

학생들에게 둘씩 짝을 이루도록 한 뒤, 한 명이 말하는 역할을 맡도록 지도한다. 말하는 역할을 맡은 사람은 현실적으로 그들의 삶에서 변화를 고려해 볼 만하지만 다소 양가적인 고민이 있는 것에 대하여 떠올린다. 이제 파트너의 역할은 말하는 역할을 맡은 사람이 변화를 결심하도록 확신시키고 설득하는 것이다. 만약 설득을 하다가 말하는 사람의 저항에 부딪히게 되면, 더 강력하게 설득하는 것이 임무이다. 연습은 5분에서 10분 사이로 제한한다. 연습 이후 양쪽 참여자들이 느낀 것들에 대해 질문하라. 이 연습의 목표는 MI와는 반대로 행동의 변화를 일으키기 위해 사용되는 '설득하기'에 대해 학생들이 경험을 쌓는 데 있다.

동기강화상담(MI) 과정 가르치기

관계 형성하기

일관성 있는 MI 방식으로 당신의 학생들을 파악하고 탐구하기 위해 접근하라. 우리가 원하는 긍정적인 행동의 변화는 MI를 능숙하게 해내는 것이다. OARS 방식을 사용하여 MI와 관련된 지식, 기술 및 역량을 습득하기 위한 동기를 학생들에게 제공하라. 이미 특정 부분에서 학생들은 숙련되어 있을 수 있다. 이런 경우, 학생의 숙련된 부분을 어떻게 그들의 MI 역량의 발전을 위해 사용할 수 있을까? 결국 학생에 대한 호기심을 유지하는 것이 중요하다.

예시: 열린 질문하기

"MI에 대해 이미 알고 있는 것은 무엇입니까?"

"당신이 오늘 배우고 연습하기를 바라는 기술은 무엇입니까?"

"향상된 MI 역량을 어떻게 업무에 적용할 수 있겠습니까?"

연습: 질문 전환하기

학생들에게 닫힌 질문을 열린 질문으로 바꾸는 연습을 시켜 보자. 연습을 시작하기 위해 몇 개의 닫힌 질문을 제공할 수 있다. 이후 한 학생에겐 닫힌 질문을 제공하고 다른 학생에게 변경해 보도록 요청한다. 다른 방법으로는 면담 비디오나 실제 상황을 시청하면서 근감각 신호를 사용하는 것이다. 자료를 시청할 때, 닫힌 질문이 사용되면 학생들에게 두 손을 모아 달라고 요청하고 열린 질문이 사용될 때마다 학생들에게 팔을 활짝 벌리도록 요청해 보자.

예시: 인정하기

"면담에서 보여 준 당신의 '반영하기'는 탁월하군요."
"지난번 MI 수업을 아주 잘 요약했어요."
"당신은 환자를 돕고 싶어 하는군요."

연습: 인정하기의 힘

학생 집단에게 치료에 참여하는 환자들의 강점을 확인하게 하고, 그것을 칠판에 적게 한 뒤 적혀진 강점에 학생들을 배정한다. 이후 학생 중 한 사람에게 적혀 있는 강점들을 잘 숙지한 뒤 대규모 단위의 집단에게 전달하도록 한다. 강점들을 각 집단에 배정하고 이 강점들을 도출하기 위한 열린 질문을 떠올리도록 요청한다. 그 후 각 집단에서 제시한 열린 질문들에 대해 인정하기를 제공한다. 수업으로 각 집단으로부터 예시를 이끌어 내고 토론해 보자.

예시: 반영하기

"당신은 MI의 아이디어를 좋아하고, 이것을 환자와 함께 사용할 때 자연스럽게 느낄 수 있는 방법을 찾고 있군요."

"당신은 스스로 행동을 바꾸기 위해 고심하는 환자와 소통하는 과정 속에서 MI가 더 수월해지기를 원하고 있군요."

"당신은 MI가 환자의 모든 문제를 해결할 수는 없을지도 모르나, 유용하게 사용될 곳을 발견할 수 있겠다는 기대를 가지고 있군요."

연습: 반영하기를 향상시키기

학생들을 4명씩 한 집단으로 만들어라. 첫 번째 학생이 미리 준비된 문장(예를 들어, "나는 사람들이 항상 나에게 해야 할 것을 말하는 것에 질리고 지쳤어. 사람들은 어디서 그런 말을 할 권리가 있다고 생각할까?")을 읽는다. 그 오른쪽에 있는 학생이 '단순 반영'을 제시하고 그 옆에 사람은 그것을 토대로 좀 더 구체적인 반영을 제시한다. 이후 세 번째 사람은 더 깊고 복합적인 반영을 제시한다(즉, 독자들은 반영하기의 발전 단계를 세 번 읽는 것이다.). 모든 학생들은 교대로 모든 역할을 수행한다. 큰 집단일 경우, 모든 참여 학생들의 경험을 논의하고 잘 수행된 반영의 예시들을 뽑아 볼 수 있다.

예시: 요약하기

"전반적으로 여기 있는 대부분의 사람은 MI에 대해 읽어 본 적이 있고, 기본적인 과정을 이해하고 몇 가지 기술을 익혀 본 적이 있다. 하지만 당신은 MI를 사용하는 당신의 능력에 좀 더 자신감을 가지고 싶어 하고 당신의 환자들에게서 변화를 보고 싶어 한다."

연습: 요약 나누기

학생들을 짝지어 나누어라. 첫 번째 학생이 현실에서 그들이 변화를 고려하고 있는 안전 행동에 대해 90초 동안 말한다. 다른 사람은 듣고 이야기 나눈 것들을 요약한다. 역할을 바꾸어 반복한다. 하지만 두 번째 역할극에서는 이야기 속 내재된 의미나 감정, 또는 딜레마 등을 반영해 보자. 집단이 클 경우, 경험을 논의하고, 잘 수행된 반영과 요약의 예시를 뽑아 볼 수 있다.

초점 맞추기

방금 설명한 네 단계의 과정을 통해 세션의 공통 목표에 도달해 보자. 예시들은, 첫째, MI의 기초를 이해하는 데 집중하는 것과 둘째, 학생들이 직면한 어려운 상황들을 해결하기 위해 일관된 MI 방법을 협동을 통해 제안하는 것, 그리고 마지막으로 동료들로부터 관찰과 피드백을 받으며 독립적으로 역할극을 연습하는 것을 포함할 수 있다. 이것은 당신이 어떻게 하면 환자뿐 아니라 당신의 학생들과도 초점 맞추기 단계를 더욱 유용하게 사용할 수 있을지에 대해 도움을 줄 수 있다.

연습: 초점 맞추기

3개월 우선순위: 학생들에게 두 명씩 짝을 지어 한 명은 내담자가 되고 한 명은 상담자의 역할을 맡게 한다. 그 후 내담자의 다음 3개월의 우선순위 목록을 작성하게끔 한다. 우리가 권장하는 대부분의 연습에서처럼 실제 삶에서의 안전한 주제들이 역할극에서 선호된다. 상담자는 내담자가 유발하기, 계획하기 과정이 아니라 자신의 목표와 그것들의 중요성을 명확히 하는 초점 맞추기를 하는 것을 돕는다. 그 후, 좀 더 큰 집단에서 토론을 통해 상담자가 그들의 우선순위에 초점을 맞추는 데 도움이 되는 기술들을 다룰 수 있다.

피드백 기회: 내담자는 상담자의 일관된 MI 행동을 기록할 수 있고 이것을 집단과 공유할 수 있다.

의제 도식화하기: 학생들을 2인 1조로 나누어 보자. 우선 칠판이나 큰 종이에 원들을 그리도록 하고, 한 학생에게 그려져 있는 여러 원 안에 훈련 의제 중 일부인 토론할 만한 주제를 채우도록 한다(예를 들어, 면담 중 나타날 수 있는 흔한 어려움이나 일관된 MI 방식으로 피드백을 주는 방법). 첫 번째 학생의 활동 후 비어 있는 원은 그대로 놔둔 상태에서 다른 학생이 같은 방법으로 남은 원을 채우도록 한다. 아직 특정 주제에 초점을 맞추지 않은 상태에서 자신들이 적은 주제와 각 주제의 중요성에 대해 서로 협동적으로 토론하도록 하라. 토론 방식을 기본으로 하여, 토론을 할 첫 번째 주제를 다루기 시작할 때 열린 질문을 하게끔 한다.

유발하기

MI 역량 및 기술에 대한 변화를 이끌어 내보자. 우선 MI 방식과 기술을 연습하기 위한 역할극과 실제 상황극(Real-play)에 자신감과 중요성 측정표(제5장의 [그림 5-2], [그림 5-3] 참고)를 사용하도록 한다. 학생 중 한 명은 더 숙련된 학습에 참여하기 위한 동기를 이끌어 내고, 다른 학생들은 그것을 반영하거나 요약한다.

예시

"중요도에 대해 0점에서 10점까지의 점수를 줄 수 있다면, 당신은 MI 사용을 배우기 위해 역할극을 하는 것에 몇 점을 줄 수 있나요?" 만약, 한 사람이 4점이라고 말했다고 해 보자. 그러면 당신은 "4점이요? 왜 2점이 아닌 4점인가요?"라고 물을 수 있다. 그렇다면 당신은 답변으로 "환자에게 직접 사용하기 전에 연습을 하는 것이 안전하기 때문이죠." 또는 "이 기술은 단순히 읽기만 한다고 완성되는 것은 아니잖아요." 또는 "민망하더라도 누군가에게 피드백을 받는 것은 좋은 방법이라고 생각해요." 등을 들을 것이다.

연습: 유발하기

변화를 위해 두드려라: 변화 준비 및 실행, 유지 대화, 그리고 다른 진술들을 포함한 진술 목록을 준비해라. 각 진술을 크게 읽어라. 훈련자들이 유지 대화를 들으면 침묵하고, 변화준비언어(열망, 능력, 이유, 필요)를 들으면 그들의 무릎을 약하게 치고, 변화실행언어(결심공약, 실행활성화, 실천하기)를 들으면 북을 크게 치거나 박수를 치도록 지도하라. 관중들로부터 혼합된 답변이 있는 진술들에 대해 논의하도록 하라.

양가감정의 파도로부터 변화의 대화를 가로채라: 적어도 2개의 유지 대화(sustain talk)가 내재된 변화의 대화에 대한 진술의 목록을 준비하라. 학생들이 선택을 한 뒤 양면 반영을 하기보다 변화의 대화를 반영하도록 지도하라.

피구: 연수생들은 두 팀으로 나누어라. 한 팀은 그들이 들은 저항 진술이나 유지의 대화를 구두로 '던진다'. 상대 팀은 일관된 MI 방식(열린 질문하기, 인정하기, 반영하기, 요약하기)으로 대답함으로써 저항을 '피한다'. 그러고 나서 양 팀은 역할을 바꾼다. 이후 대규모 집단으로 모여 잘 적용된 사례를 토론하게 하라.

계획하기

효과적인 교사의 자질은 사고의 유연성과 학생들로부터 아이디어를 끌어내는 능력을 포함한다. 추가로, 여러 스트레스들을 잘 조직화하고 목표를 명확히 하는 것 또한 중요한 자질이다. 일단 여러분이 참여적인 청중, 집중된 주제, 그리고 그들이 MI를 배우고 수행하기를 원하도록 동기를 강화하는 것과 관련된 감각을 갖게 되면, 여러분은 자신의 배경, 지식, 그리고 임상 도구를 사용하여 학생들의 필요와 욕구를 결합한 공동의 교육 계획을 세울 수 있다. SMART 계획(구체적인; Specific, 측정 가능한; Measurable, 행동 지향적인; Action-oriented, 현실적인; Realistic, 시간제한 있는; Time-bound)이 교육 계획을 구상하는 데 도움이 될 것이다.

예시

"집단을 만들어 다음 30분 동안 '조언 안 하기(give-no-advice) 활동'을 완성함으로써 조언을 주지 않는 것을 연습해 봅시다. 그러고 나서 어떻게 진행되었는지 토론하기 위해 모이도록 하겠습니다."

"우리는 지금부터 10분 동안 '효과가 없는 반영하기'와 '더 많은 변화의 대화를 끌어낸 반영하기'의 사례를 보여 주는 비디오를 시청할 겁니다. 그러고 나면 우리는 집단을 만들어 변화의 대화를 더 많이 이끌어 내기 위해 고안된 반영하기를 연습할 것입니다. 이후, 각자의 경험과 잘 적용된 것들을 토론하기 위해 집단으로 모이도록 합시다."

연습: 계획을 위한 열린 질문

학생들은 두 명씩 짝을 지어 그들이 변화되고 싶은 부분에 대해서 실제 상황극(real-play) 연습에 참여한다. 내담자 역할을 맡은 학생은 자신이 무엇을 바꾸고 싶은지 공유한다. 상담자 역할을 맡은 학생은 OARS 기술을 사용하여 다음 질문에 초점을 맞추어 계획을 용이하게 한다.

"당신이 성취하고 싶은 것은 무엇입니까?"

"얼마만큼의 기간을 생각하고 있습니까?"

"어떤 단계를 거칠 것인가요?"

"누가 당신을 어떻게 도와줍니까?"

"어떤 어려움과 직면할 것이 예상되나요? 그리고 그것을 어떻게 해결하겠습니까?"

"당신의 변화 계획이 성공적인 성과를 얻을 수 있다는 것을 어떻게 알 수 있을까요?"

"당신은 이 계획을 수행할 준비가 되었습니까?"

이후에 학생들은 역할을 바꾼다.

피드백 기회: 관찰자는 일관된 MI 기술과 변화 동원의 대화를 찾아내기 위해 개입될 수 있다.

이외 고려 사항

전반적으로, MI를 배우는 것은 경험적 과정이어야 한다. 당신이 개인적으로 코칭하거나 큰 집단을 가르치더라도, 경험 학습과 연습을 위한 방법을 찾는 것이 중요하다. 당신은 MI 철학과 방식을 롤모델링을 통해 가르칠 수 있다. 특정 기술 습득에만 집중하는 것이 아니라, 학습과정의 발전과 관련된 내용을 지시하는 것이 학생들에게 그들의 특정 요구 사항 및 환경에 맞게 MI를 사용하고 조정할 수 있는 능력을 제공할 것이다.

연습상자에 들어 있는 예시들은 MI를 가르치기 위한 여러 기술들 중 일부이다. 이번 장이 끝나고 더 포괄적인 교육적 자료 목록을 원한다면, 다음의 '자료' 부분을 참조하라(www.motivationalinterviewing.org).

연습: 컨설팅 팀과 함께하기

학생들에게 역할극을 해 볼 두 명의 자원자를 요청한다. 한 학생에게는 내담자 역할을, 그리고 다른 학생에겐 상담자 역할을 맡게끔 하고 둘이 서로 마주 보고 앉게끔 한다. 반면에 '컨설팅 팀'은 상담자 뒤에 앉도록 한다. 상담자 역할을 맡은 학생은 자신의 뒤에 앉은 '컨설팅 팀'의 대변자 역할을 한다. 내담자 역할을 맡은 학생은 자신의 변화에 대한 양가적인 태도를 취하여 '어려운 환자'로 인식되게끔 한다. 이러한 방법을 사용하여 MI의 네 가지 단계 모두에 집중하고 연습해 보고 이를 통해 보다 철저한 MI 사용에 대해 살펴보자. 무엇이 관찰되었고 무엇이 잘 적용되었는지 검토해 보는 것을 끝으로 연습을 끝마쳐라.

훈련 끝내기

이론적으로는 MI 훈련은 절대 끝나지 않는다. 대부분의 전문가들이 이것에 동의하며, 자신의 분야에서 성공한 대부분의 사람들(그것이 운동선수, 예술가, 학자이건 상관없이) 또한 비슷한 신조(credo)를 가지고 있다. MI는 한 잔의 커피 또는 한 가지 교훈적 경험으로 완전히 전할 수 없는 복잡한 의사소통 기술이다. 그리고 매우 중요한 것은, "당신이 이 의사소통 기술을 사용하지 않는다면, 곧 이 기술을 잃어버릴 것이다."라는 것이다. 외국어나 춤, 골프 스윙을 배우는 것, 항해하는 것, 또는 외과의사가 수술실로 매듭을 묶는 방법을 훈련하는 것과 마찬가지로, 대부분의 배우는 사람들은 언어 구사력, 시각적 모델링 및 독립적인 연습을 조합하여 숙련도와 자신감을 얻을 수 있다. MI 숙련도에 대한 수준은 내재된 능력과 연습, 그리고 적절한 코칭 및 피드백을 기초로 하여 성장할 수 있다.

MI 숙련도는 숙련에 대한 자기 인식과 늘 관련이 있는 것은 아니며, 기술을 '습득'하거나 '지식을 학습했다'는 믿음은 계속되는 훈련에 대한 관심을 감소시킬 수 있다. 배울 준비(문서를 읽음으로써)가 되어 있고, 강력한 MI 순응도를 보인 보건의료 전문가(Health care professionals)도 이틀간의 훈련 후 뒤이은 4개월 동안 엄청난 기술 수준의 위축을 경험했다. 동시에, 똑같은 교훈적 교육을 받았지만 첫 번째 교훈 이후에 일정 시간이 지나고 코칭 및 피드백을 받고 유사하게 동기부여 받은 사람들은 4개월간의 후속 관찰에서 그들의 기술 수준을 유지했고 그 이후에도 계속 성장했다(Miller et al., 2004).

어떤 사람들은 MINT(Motivational Interviewing Network of Trainers)를 그들 분야의 정점에 서 있고 MI를 모델링하고 훈련을 지도할 수 있는 개인들의 집단으로 본다. 'MINTees(MINT들)' (그리고 성공한 모든 MI 종사자들)은 지속적으로 연습하고, 가르치고, 그들의 기술을 다듬어 간다. MI의 이러한 견해를 공유하는 것은 연수생들의 초기 교훈적인 기간의 목표와 관련하여 그들에게 적절한 기대치를 설정하기 때문에 학습의 중요한 구성 요소이다. 이런 견해는 또한 빈번한 실천의 중요성을 전달하고 재교육의 필요성을 정상화하며 평생 학습의 이상적인 목표를 설정한다. 본인의 기술 실력이나 교육생들의 실력을 평가하는 데 관심이 있는 독자라면 Motivational Interviewing Treatment Integrity(MITI) 등급(www.motivationalinterviewing.org/content/miti-31)을 참고하라. 그 등급표에는 그것의 사용법이 포함되어 있다. 등급 범위를 보면 MI 기술이 객관적으로 평가될 수 있다는 생각뿐만 아니라 기술 수준이 시간에 따라 발전하거나 위축될 수 있다는 사실이 강화될 수 있다. 연수생이 초반에 시간적으로 제한된 교육이 필수적인 기초를 다지거나 그들의 환자와 상호작용하는 새로운 방법에 촉매 역할을 하기 위한 것임을 인지하도록 도와주는 것은 학생들이 MI로 일생의 성공을 이룰 수 있도록 세우는 데 가장 중요한 요소이다.

자료

동기강화상담 연습

- 동기강화상담 훈련자들 연결망: *Motivational Interviewing Training New Trainers Manual*. 2014년 9월. http://www.motivationalinterviewing.org/sites/default/files/tnt_manual_2014_d10_20150205.pdf에서 열람 가능. 2015년도 10월 12일 기준.

2014년도에 마지막으로 업데이트 되었고 MI에 대한 Miller와 Rollnick의 책의 제3판 발행 후, 이 훈련 지침서는 교육 아이디어, 실습 및 MI 훈련 동안 통합시키는 활동을 포함하는 아주 귀중한 자료이다. 이 지침서는 훈련자가 연수생이 특정 기술이나 개념을 익히는 데 사용될 수 있는 다양한 활동과 실습에 익숙해지도록 MI 구성 요소로 유익하게 나누어져 있다. 여러 가지 학습 방식을 다루기 위해 역할극에서부터 쓰기 훈련에 이르는 다양한 교육 방법들이 통합되어 있다. 중요한 것은, 도입부의 William Miller의 주의 사항에 따라 이러한 기술들은 누군가의 특정 방식 및 교육 상황을 위한 훈련의 조정을 위해 훈련자로부터 시도되고 실습되며 통합되어야 한다.

- Berg-Smith SM: *The Art of Teaching Motivational Interviewing: A Resource for MINT Trainers.* [변경된 웹 사이트를 위해] 2014. http://berg-smithtraining.com/pdf/The%20Art%20of%20Teaching%20MI%201.3.pdf에서 열람 가능. 2015년도 12월 12일 기준.

이 지침서는 MI 훈련에 포함된 내용이 아닌 교육과정에 대해 토론하기 때문에 MI 훈련자들을 대상으로 한다. 이것은 유인물을 준비하거나 시청각 도구를 사용하는 것과 같은 훈련 계획 및 실시에 관한 실용적인 정보를 제공한다. 또한 이것은 훈련자가 개별적인 방식의 훈련을 개발하도록 권장하지만, 그래도 MI 정신을 포함하고 있다.

동기강화상담 훈련

- Miller, W., Yahne, C., Moyers, T., et al.: "A Randomized Trial of Methods to Help Clinicians Learn Motivational Interviewing." *Journal of Consulting and Clinical Psychology, 72*(6), 1050-1062, 2004.

이 자료에서, Miller 외 저자들은 네 가지 서로 다른 MI 훈련 체계에 노출된 학생들 사이의 결과를 비교한다. 결과는 다음을 포함한다. 학습할 준비가 된 학생(MI에 대한 기본 지식을 가지고 있는)은 지식의 바탕선이 없는 사람보다 MI 교육에서 더 많은 것을 얻을 수 있다. 머리말 가르침과 피드백에 노출되는 것의 반복은 숙련도를 유지하는 데 필수적이다. 나쁜 습관(공격적인 언어와 같은)을 없애기 위해 학생들을 가르치는 것은 그들에게 새로운 기술(열린 질문하기, 인정하기, 반영하기, 요약하기[OARS])을 가르치거나 새로운 습관을 기르는 것만큼 중요할지도 모른다. 훈련을 위한 추가적인 비책들은 이 학술지에 흩어져 있다. 우리는 모든 잠재적인 강사가 전문을 읽도록 강력히 권장한다.

- Söderlund, L., Madson, M., Rubak, S., et al.: "A Systematic Review of Motivational Interviewing Training for General Health Care Practitioners." *Patient Education and Counseling, 84*(1), 16-26, 2011.

이 체계적인 문헌고찰은 일반 건강관리 전문가들을 위한 MI 훈련의 서로 다른 양상을 비교하는 연구들을 평가한다. 전형적인 MI 훈련 기간은 4시간에서부터 며칠까지 다양했으며, MI 훈련에 포함된 공통 요인들은 MI 정신 육성하기, 기본 기술(OARS) 연습하기, 변화 대화를 인지하고 강화하기, 저항에 적응하기, 그리고 동기 강화하기였다. 몇몇 훈련 기간은 대화 기술의 연습을 위해 훈련된 배우들을 포함시켰다. 다른 훈련에서는 강의 참석자들끼리 서로 연습했다. 훈련 기간에 배우를 포함시키는 것에 대해 측정할 수 있는 이익은 없었다. 대부분의 연구는 후속 훈련을 포함했다. 후속 훈련을 포함하지 않은 연구들은 상당한 기술 위축을 목격했다. 이 자료는 독자들이 훈련 과정 및 훈련 지속 기간 안에 포함시키고 싶어 하는 내용을 고려할 때나 연수생들이 첫 훈련을 마친 후 자신의 기술을 유지하고 개선하기 위해 그들과 후속 훈련을 조직하려는 시도를 고려할 때 유용할 것이다.

- Martino, S., Ball, S., Nich, C., et al.: "Teaching Community Program Clinicians Motivational Interviewing Using Expert and Train-the-Trainer Strategies." *Addiction, 106*(2), 428-41, 2011.

이 연구는 MI 훈련의 지도자를 교육시키는 데에 다양한 접근 방법이 학생 결과에 미치는 영향을 평가했다. 이 질문은 MI 훈련 기간이 전문가나, 구조화된 '훈련자 훈련하기' 교육 기간을 수료한 지도자, 또는 자기주도학습 계획서를 완성한 지도자에 의해 실시되었을 때, 그로부터 학생 결과들을 비교함으로써 해결되었다. 한 가지 중요한 고려 사항은 극소수의 자기주도학습 그룹의 지도자들이 계획대로 그 계획서를 실제로 완성했다. 그럼에도 불구하고 이 연구는 MI 순응도, 역량, 그리고 MI 표준, 이후 작업장, 이후 지도 및 12주 후속 조치를 모두 충족한 학생의 비율을 비교했다. 전문가로부터 훈련받거나 체계적인 '훈련자 훈련하기' 경험으로 훈련된 학생들은 자기주도학습 계획서를 요구한 지도자들에게 훈련받은 학생들보다 MI 전략에 대한 상당히 높은 순응도와 대화 기술을 갖추고 있었다. 이 연구는 MI 시간을 수행하는 것을 고려하는 누구든지 흥미를 느낄 수 있으며, MI 훈련을 수행하는 사람의 훈련을 고려하는 데에 가치가 있다고 제안한다.

- Madson, M., Loignon, A., Lane, C.: "Training in Motivational Interviewing: A Systematic Review." *Journal of Substance Abuse Treatment, 36*(1), 101-109, 2009.

이 학술지에서는 Madson 외 두 명이 28가지 연구를 검토했고 대부분의 연구들에서는 9～16시간의 구조화된 학습을 포함했지만, 이러한 연구들에서 훈련 기간은 하나의 20분짜리 비디오부터 5주에 걸친 훈련까지 다양했다. 특강과 머리맡 피드백(bedside feedback) 감독은 대부분의 훈련 계획서에 포함된다. 이 검토의 학자들은 MI 훈련자들에 의해 지지되는 공통된 8단계 진행을 설명했다. 대부분의 강의는 MI 정신 또는 철학을 가르침으로써 시작하고, 잇따라 기술 훈련 지도, 내담자 중심 상담, 변화 대화의 인지와 강화, 변화의 대화 이끌어 내기, 저항의 인지와 적응, 계획 개발하기, 그리고 환자가 결단한 일을 발전시키도록 도와줌으로써 진행된다. 그 마지막 단계는 MI와 다른 전략의 통합에 대해 생각하는 것을 포함한다. 저자 Miller와 Rollnick의 MI 서적 제3판이 출간된 이후로 약간의 차이가 있을 수 있지만, 이 정보는 일반적인 주제를 이해하는 데 유용하다.

강의

- Brown, G., Mangoue, M.: "AMEE Medical Education Guide No. 22. Refreshing Lecturing: A Guide for Lectures." *Medical Teacher, 23*(3), 231-244, 2001.

이 자료는 의학 교수들이 그들의 강의 체계와 질을 강화하기 위한 가이드이다. Brown과 Mangoue는 강의 중 학생들의 참여도를 유지하기 위해 교수 전략을 달리해야 되는 중요성에 대해 특별한 주의를 기울인다. 더불어 문헌을 통해 이 핵심 개념을 보강하기 위해서 저자들은 그 개념을 실천으로 옮길 수 있는 구체적인 방법을 제공한다. 이 자료는 초보자와 숙련된 교육자 모두에게 유용한 매우 종합적인 자료이다.

- Hafler, J.: "Effective Presentations: Tips for Success." *Nature Immunology, 12*(11), 1021-1023, 2011.

이 자료는 "대부분의 교수진은 교육 원리와 교수 전략에 대한 지식이 부족하며 원칙 기반의 교수 역량이 교육의 모든 형식에 적용되도록 제안되었다." 라는 이해를 기반으로 쓰였다. 게다가 저자는 교수가 학습 환경의 조성, 학생 참여를 위한 준비된 전략의 사용, 본인의 교육법에 대한 자기 평가 방법 개발을 포함하여 효과적이게 되도록 몇 가지 과제를 수행해야 한다고 주장한다. Hafler는 교육 원칙 안에서 올바른 훈련은 프레젠테이션의 효율성을 향상시킨다고 단언한다. 저자는 적절한 학습 환경 조성, 교육 기간에 집중하는 방법, 학생 참여 방법, 그리고 일생의 개선이 될 수 있는 사색적 기술을 발전시키는 방법의 해답을 설명함으로써 말을 이어 간다. 본문의 가장 흥미로운 부분들은 토론, 집단 활동, 브레인스토밍 및 투표; 그리고 강의의 질을 보장하기 위한 체크리스트; 그리고 마지막으로 참여도를 증진시키고 학습을 용이

하게 하기 위한 보디랭귀지, 어조, 음량의 중요성에 대한 실용적인 팁과 같은 적극적인 학습 전략에 대한 논의를 포함한다.

크고 작은 집단 연습

• Lake, F., Vickery, A., Ryan, G.: "Teaching on the Run Tips 7: Effective Use of Questions." *Medical Journal of Australia, 182*(3), 126-127, 2005.

"당신이 질문할 때, 그들은 배울 것입니다."와 "당신(선생님)이 더 많이 말할수록, 그들(당신의 학생들)이 배우는 양은 더 줄어듭니다."는 MI 철학과 일치하고 훌륭한 교육법의 핵심에 있다. 이 자료에서 Lake 외 두 명은 체계가 없는 교육을 위해 임상의 전략을 제시한다. 이런 점에서 유용하지만, 이 자료는 의문점을 남기는 기술들에 초점을 맞추기 때문에 체계화된 교육에서도 뛰어난 자료로 활용될 수 있다. 유용한 전략들은 지식의 계급을 통합하고 학생의 지식을 결정하기 위한 질문의 예시들을 제공하며 고차원적 사고를 자극하기 위해 질문의 여지를 남기는 기술을 사용하고 선생님이 제기한 사려 깊은 질문으로부터 학생들이 가장 많은 이득을 얻는 것을 보장하는 간단한 기술의 묘사를 포함한다.

• Jaques, D.: "Teaching Small Groups." *BMJ, 326*(7387), 492-494, 2003.

이 간결한 자료에서 강한 시각적 자료와 명확한 조언이 저수준 강의에서 고수준인 대화형 교육 경험으로 학습 경험을 전환시키는 데 도움이 된다. 게다가 교육 이론에 대한 시각을 제공하기 위해서 그는 집단 라운드, 토론 그룹, 스노볼 집단, 어항식 전략, 교차 집단, 순환적 질문과 같은 실용적인 전략에 대해 논의한다. 그 전략들은 교육자가 대집단 강의와 소집단 연습 사이를 반복해서 전환하도록 강요되는 기술 쌓기 기간에 유용하다. 이 자료 안에 제시된 전략들은 학습자가 계속 참여하도록 도와주고 발표자에게 기술 숙련도를 평가할 수 있는 기회를 준다.

피드백 제공하기

- Rider, E., Longmaid, E.: "Giving Constructive Feedback." *JAMA*, *274*(11), 876, 1995.

이 자료에서 Rider과 Longmaid는 피드백을 제공하기 위한 구체적인 구조와 전략들을 논의한다. 이러한 전략들은 머리맡 교육이나 다른 일상적인 지도 동안에 사용될 수 있다. 전략들은 학습자가 교육적인 목표를 세우고, 학습자가 피드백을 환영하는 신뢰 분위기를 의도적으로 만들며, 학습자가 지속적인 피드백을 받을 것을 확인해 주고, 학습자들이 잘한 것을 이끌어 내는 것을 포함한다. 가능한 한 구체적이고 학습자와 연관된 비판적이지 않은 언어를 사용하는 것을 권장한다.

핵심 포인트

- 동기강화상담(MI)을 가르치는 것은 MI 정신을 사용하고 훈련을 진행하기 위한 뼈대 역할로서 MI의 네 가지 과정 모델을 사용하는 데 훌륭한 기회이다.
- 가르침의 틀을 잡기 위해 사용되는 MI의 네 가지 단계 모델 이외에 또 다른 유용한 뼈대는 MI 형식으로 일관적이고, 보통 "나는 한다, 우리는 한다, 너는 한다."로 이해되는 점진적 책임 이양 모델(Gradual Release of Responsibility Model)로 알려져 있다.
- 몇 가지 활동들은 교육생들이 네 가지 MI 과정 또는 이번 장과 www.motivationalinterviewing.org의 MI 훈련 자료에서 찾아볼 수 있는 다양한 MI 기술을 배우고 연습하는 것을 도울 수 있도록 개발되어 왔다. 많은 핵심 부분을 그려내고 교수 방법들을 다양화하는 데 유

용한 MI–일치적, 그리고 MI–불일치적인 면담자에 관한 많은 영상 설명들이 있다.

• MI 훈련 기간이 끝나더라도, 영속적인 훈련 과정 및 기술 연습, 감독, 반영, 그리고 정제하는 방법으로써 MI 학습에 대해 생각해 보는 것이 도움이 된다.

연습문제

1. 다음 중 점진적 책임 이양 모델(Gradual Release of Responsibility Model) 요소의 이름과 정확한 설명이 올바르게 짝지어진 것은 무엇인가?

A. '나는 한다' **감독/피드백**. 교육생에게 독립적인 연습과 실수를 범할 시간이 주어진다. 훈련자는(실제 시간과 그 후에) 기술의 사용을 관찰하고, 교육생에게 경험을 추가해 보도록 요청하고, 교육생에 대한 피드백을 반영하며, 잘 수행된 기술을 확인하고, 요약을 제공한다. 훈련자는 또한 발전을 위한 관찰과 기회들을 적절히 제공해 줄 수 있다.

B. '우리는 한다' **협동/모니터링**. 선생님은 기술 실습에 교육생과 함께 참여한다. 교육생은 연습을 이끌어 주는 훈련자들과 함께 소규모 집단에서 기술을 연습한다. 교육생들이 연습하는 것을 들어주고 적절한 정보와 충고를 해 줄 훈련자와 함께 교육생들은 그들끼리 역할극을 한다.

C. '너는 한다' **모델링**. 선생님은 기술을 소개하고, 그 기술을 행동으로 보여 주며, 예시를 들어주고, 사용법을 설명한다.

D. '우리는 한다' **모델링**. 선생님은 기술을 소개하고, 그 기술을 행동으로 보여 주며, 예시를 들어주고, 사용법을 설명한다.

2. 다음 중 MI 정신의 개념과 MI 훈련 동안 그것을 어떻게 사용하는지에 대한 예시가 올바르게 짝지어진 것은 무엇인가?

A. **연민**–몇 가지 기억을 돕는 방법만 기억하면 MI는 배우기 쉽고 한두 번 연습하

면 금방 유능해진다는 태도로 학습자에게 다가가기

B. **수용**–학생들은 환자와 대화하는 법에 대해 이미 훈련을 받은 적이 있어서 MI가 그들에게 유용할 수 있다는 것을 이미 알고 좋은 MI 행동을 발전시키기 위해 수고하는 데서 이득을 볼 수 있다는 것을 이해하기

C. **협동정신**–학습자들에게 당신이 전문가라는 것과 당신이 하는 것을 그대로 따라 하는 것이야말로 MI를 배우는 방법이라는 것을 상기시키기

D. **유발**–열린 질문과 MI에 대한 그들의 지식, 그것이 유용하다는 것을 발견할 수 있는 방법을 사용하여 학습자에게 권유하기

3. 다음 활동 중 초점 맞추기 단계를 연습하기 위해 가능한 상호 소통 훈련은 무엇인가?

A. **의제도 작성하기**: 참여자들을 2인 1조로 집단을 나누어라. 칠판이나 큰 종이에 동그라미를 그리고, 파트너에게 훈련 목록 중 일부로써 원 안을 토론 주제로 채우도록 하라(예를 들어, 내담자와 이야기할 때의 공동 과제나 일관된 MI 방식으로 피드백을 주는 방법). 일부 비어 있는 원을 그대로 남겨두고, 다른 파트너에게 그곳을 채우도록 하라. 이 주제들과 그들의 중요성에 대해 아무 특정한 초점을 잡지 않은 상태로 협동적인 토론을 가져라. 토론을 기반으로 첫 번째로 시작할 주제에 대해 자유 질문을 던져라.

B. **변화를 위해 두드려라**: 변화준비언어 및 실행언어, 유지 대화, 그리고 다른 진술들을 포함한 진술 목록을 준비해라. 각 진술을 크게 읽어라. 훈련자들이 유지 대화를 들으면 침묵하고, 변화준비언어(열망, 능력, 이유, 필요)를 들으면 그들의 무릎을 약하게 치고, 변화실행언어(결심공약, 실행활성화, 실천하기)를 들으면 북을 크게 치거나 박수를 치도록 지도하라. 관중들로부터 혼합된 답변이 있는 진술들에 대해 논의하라.

C. **양가감정의 파도로부터 변화 대화를 가로채라**: 적어도 2개의 유지 대화가 내재된 변화 대화를 포함하는 진술의 목록을 준비하라. 당신의 참가자들이 선택하고 양면 반영보다는 변화 대화를 반영하도록 지도하라.

D. **피구**: 연수생들을 두 팀으로 나누어라. 한 팀은 그들이 들은 저항 진술이나 유지 대화를 구두로 '내뱉는다'. 상대 팀은 MI와 일치하는 방식(열린 질문하기, 인정하기, 반영하기, 요약하기와 같은)으로 대답함으로써 저항을 '피한다'. 그러고 나서 양 팀은 역할을 바꾼다. 큰 조가 잘 적용된 사례를 토론하게 하라.

4. 어떤 방식으로 MI 훈련을 마치는 것이 가장 좋은가?

A. 관찰자의 피드백과 환자 및 의료진 두 역할을 연습할 기회와 함께 '실제 연극' MI 전 과정 완료하기

B. 실제 MI 과정을 기록하고 당신의 MI 사용법과 준수율에 대한 관찰자 평가 받기

C. 숙련도를 유지하기 위해 계속해서 MI를 훈련하고, 연습하고, 사용하기

D. 좋은 MI 기술을 습득했을 때 그것을 인지하고, 만난 모든 환자들과 비슷하게 그 기술들을 계속 사용하기

5. MI의 사용을 객관적으로 평가하는 데 사용될 수 있는 도구는 무엇인가?

A. Special Education Against Resistance in MI Network(SpEAR MINt)

B. Motivational Interviewing Treatment Integrity(MITI) 척도

C. Motivational Interviewing Group Help Training Yield(MIGHTY) 척도

D. Motivational Interviewing National Training Team Education Assistance(MINT TEA)

• 참고문헌 •

Frey N, Fisher D, Everlove S: Productive Group Work. How to Engage Students, Build Teamwork, and Promote Understanding. Alexandria, VA, Association for Supervision and Curriculum Development, 2009

Miller WR, Yahne CE, Moyers TB, et al: A randomized trial of methods to help clinicians learn motivational interviewing. J Consult Clin Psychol 72(6):1050–1062, 2004 15612851

학생 시절 회상

Melissa Thomas

예일 대학교 의학 대학원 2학년

의사가 되기 위해 공부 중인 의학도로서, 이 장을 읽고 난 뒤, 나는 이전 장에서 제시된 MI 기술을 사용하는 것뿐만 아니라 이 기술들을 다른 사람들에게도 가르쳐 줄 수 있다는 사실을 깨달았다. 나는 여러 1차 진료 혹은 응급실과 같은 초기 진료 환경에서 전문 분과 수련 과정을 통해 중독, 비만, 당뇨병 등으로 자신의 삶에서 고군분투하는 환자들을 만나는 것이 잠재적으로 그들의 변화에 큰 영향력을 행사할 수 있는 가치 있는 경험이라는 사실을 알고 있다. 특별히 정신건강 분야의 의료진은 여러 치료 방법들을 보완한 특별한 치료 방법을 인식하고 있을지도 모른다. 특별히 나는 스스로 전문적인 역할을 해야 한다거나, 변화에 대해 계획을 하거나 해결책을 제시하는 것에 부담을 느끼고 싶지 않은 사람들에게 이 기술을 훈련하는 것이 도움을 줄 수 있다는 아이디어가 마음에 든다. 이러한 까닭에 MI를 가르치는 것은 재향군인 건강지원 기관(Veterans Affairs health care setting)에서 동료 멘토를 훈련시키는 데 특별히 유용할 것이라 생각한다. 동료 멘토들은 공식적인 면허가 없으므로 전문가적인 역할을 하는 것보다 양가감정을 탐구하거나 구체화시키는 MI 사용에 더 적합할 것이다. MI를 가르침으로써 나는 그들이 수용과 연민에 더 중점을 두도록 훈련시키고 환자들이 스스로 이해한 변화하고자 하는 그들의 바람을 이끌어 낼 수 있었으며, 환자들을 특정한 연습으로 훈련시키기보다 그들이 가진 강점을 지원하는 데 집중할 수 있었다. 나는 이번 장에서 쉽게 따라 하고 쉽게 이해할 수 있는 교육 방법으로 소개된 방법 중 '나는 한다, 우리는 한다, 너는 한다' 모델을 알게 되었고, 참여도를 높이기 위해 제시된 예제들에 대해 감사한 마음이다. 지금에서야 나는 가르치는 것을 통해서 동료들과 서로 힘이 되어 주고 협력적인 관계를 경험하며 나만의 기술을 혼자 연습만으로 달성할 수 있는 것보다 훨씬 더 많이 향상시킬 수 있다는 사실을 이해하게 되었다.

제11장

행정, 관리, 리더십에서 동기강화상담

Petros Levounis, M.D., M.A.
Elie G. Aoun, M.D.

좋은 이론만큼 실용적인 것은 없다.

—심리학자 Kurt Zadek Lewin(1890~1947)

의료진들은 환자 치료 이외에도 다양한 일을 한다. 학제 간 팀 관리에서부터 부서 및 병원 통제, 기업 컨설팅에 이르기까지, 우리는 종종 행정 및 지도부 직무를 수행하도록 요구받는다. 우리는 주로 인간 행동에 대한 훈련과 다른 사람의 말에 대한 깊은 관심 때문에 정기적으로 그러한 역할을 수행하게끔 인도된다. 우리는 가끔씩 경영 업무에 대해 눈살을 찌푸릴 때가 있지만—"나는 회의 소집하는 법을 배우기 위해 의학 대학원에 진학하지 않았다!"—우리 중 대다수가 이 책에서 논의된 원리가 정신치료적 요법을 넘어서 다양한 활동들에 적용된다는 것을 발견하고 있다. 더불어 인본주의적 관점에서 사람들을 관리하는 것은 환자를 치료하는 것만큼 보람 있고 만족스러울 수 있다.

새로운 업무 일정을 실험하기 위한 업무 환경에 있는 팀원들의 동기를 강화하거나 중독자의 마음에 양가감정의 씨앗을 심든 간에 사람들이 변하는 것을 돕고 그들이 습득한 것을 유지하도록 도와주는 방법은 비슷하다. 새로운 계약 조건(종사자의 것 혹은 당신의 것 둘 중 하나)을 협상하는 것은 환자가 응급실에 오도록 설득하는 것과 다를 바 없다. 궁극적으로 공감을 표현하고 저항을 잘 견더내는 것과 같은 기본적인 동기강화 기술은 사람들이 의료적이거나 비의료적인 상황에서 그들의 행동을 변화하게 도와준다.

이번 장에서 우리는 첫 번째로 의료기관의 문화를 변화시키는 시도에 대한 사례 연구를 소개할 것이다. 이 사례는 행동 과학이 동기강화와 변화를 다루는 것 외에 다른 사람을 어떻게 훈련시켰는지 관찰함으로써 연구되었다. 그러고 나서 우리는 의료 서비스 세계(이전 장의 주제)에서부터 인간 집합체의 큰 체계 문화를 변화시키는 일까지 동기강화에 대한 개념과 제안을 적용한다.

Recovery Central에서 재등록 금지[Do Not Readmit: DNR] 사례

이 책에서 다루어지고 있는 개념을 설명하기 위해서 우리는 복합적이고 소설화된 사례연구를 소개한다.

우리는 입학 인원을 늘리고 그에 따라 변동하는 재정 상태가 개선되기를 원하는 지역 정신건강기관인 'Recovery Central'을 위해 상담팀을 이끌어 가도록 요구받았다. 우리는 그 문제가 외적인 것이 아니라 (치료를 위해 나타나는 환자들이 많다.) 내적인 것임을 빠르게 깨달았다. 다수의 환자들은 직원에 의해 치료될 수 없거나 달갑지 않은 환자로 여겨져 돌려보내졌다. 대부분은 과거에 같은 기관에서 치료받았지만 재발되거나 악화된 환자들이다. 한 직원은 우리에게 자랑스럽게 말했다. "저희는 여기에 재등록해 드리지 않아요. 그게 의미가 있나요? 저희가 제공하는 것을 이용하지 못하는 사람들을 위해 회전문을 돌리는 데 관심 있지 않아요." 이 태도는 나머지 직원들에 의해 널리 퍼졌다. 우리의 과제는 명확했다. 여러 기관들이 단순히 "아니요"에서

"네"로 말하는 방식을 바꾸는 데 도움이 필요했다.

우리는 여러 직원들이 약물 중독과 다른 정신질환의 치료에 대하여 오해를 가지고 있음을 확인했다. 만성 재발 질병과 같은 중독의 개념은 의료진들에게 잘 알려진 것과는 거리가 멀다. 우리는 해체해야 할 다른 수송 장벽과 극복해야 할 장애물 목록을 작성하여 환자가 쉽게 기관에 입사하고 적절한 치료를 받을 수 있도록 했다. 우리는 정신건강 전문가를 초청하여 현직 세미나 병례 검토 강의를 제공했고, 교육 행사에 의무적으로 참석했으며 모든 사람들이 왜 자신의 태도가 시대에 뒤떨어지고, 정보가 없거나 단순히 잘못된 것인지 이해하도록 만들었다. 그리고 그들은 변화해야 했다.

우리는 직원들의 지식을 확인하기 위해 시험지를 작성하고, 직원들이 시험을 치르도록 했으며(다시 한번 말하지만, 이것은 필수 항목이다.), 직원들의 점수를 영구적으로 직원 파일에 적어 놓았다. 우리는 감독관들에게 입사에 부적절하다고 판단되는 모든 사례를 검토하도록 요청하고 입원 환자 수에 따라 직원에게 보너스를 제공하여 변화를 가져 올 수 있도록 장려했다.

그러고 나서 1년 후, 직원들은 알코올사용장애에 대한 DSM-5 진단 기준을 낭독할 수 있었고, 동기강화상담(MI)에 대해서도 이야기할 수 있었다. 그러나 등록 수는 완만하게 개선되었으나 긍정적으로 기준선으로 되돌아왔다. 거절된 사례에 대한 감독관의 검토는 재방문 환자를 거부하는 직원 본래의 선택에 동의했다.

우리의 전체 상담 훈련은 모든 사람으로부터 높은 찬사를 받고 그들을 우리를 좋아했다. 평가 결과 직원들은 우리의 자질과 전문성에 깊은 인상을 받았다. 그들은 우리를 '역동적인', '예지력 있는', 그리고 '영감을 주는' 존재로 생각했지만 변화는 이루어지지 않았다.

무엇이 잘못되었는가

모든 것이 잘못되었다. 잠시만! 그것은 완전히 정확하지 않다. 우리는 직원에게 엄청 많은 좋은 사상을 가르쳤고(당신이 손에 들고 있는 책에 있는 것과 다르지 않다.) 실용적인 훈련을 제공했다. 우리는 검토와 피드백 메커니즘을 통해서 노력의 영향을 확인했다. 그러나 우리는 그 흔적을 놓친 것 같다.

사람이 변화하고 이익을 유지하도록 동기를 강화하는 것은 정신치료에 유일한 과제가 아니다. 몇몇 노력은 비슷한 열망과 유사한 기술을 공유한다.

- 군대 작전에서 병력들에게 영감 주기
- 산업 생산성 증대
- 가르침과 육아
- 스포츠 코칭
- 기업 주도하기
- 소셜 미디어 작업

기업 세계에서는 성공적으로 직원들의 동기를 강화시키는 것이 행정, 관리, 그리고 리더십의 핵심 임무가 되었다. 농구부 코치의 일상은 전문 기업 코치의 삶과는 매우 다르겠지만, 사람들이 최고에 도달하도록 동기강화하는 데 있어서 그들의 기본적인 목표와 과정은 본질적으로 같은 것이다.

Recovery Central에서 발생했을지도 모르는 전통적인 설명들을 살펴보자.

군사: 손자병법(기원전 500년경)

군사 전술에서 가장 오래 되었고 가장 유명한 논문인 『손자병법』에 의하면 손자는 병사들의 동기를 강화하기 위해서 사령관과 군사가 도(道) 안에서 하나가 되는 것이 필요하다고 제안한다(손자 기원전 500년경/2003). 그는 이 같은 경우에서 도(道)와 하나됨은 사람들과 그들의 상급자가 공통 목표를 위해 노력하는 것과 같은 의미라고 설명한다. 이러한 개념이 자명하게 보일지라도 그것은 사람들의 동기를 강화시키는 오늘날의 접근법인 '빵과 버터'와 비슷한 '당근과 채찍' 전략의 대안과는 현저한 대조를 보인다.

[그림 11-1] 아메바 경영 이론

아메바는 바늘로 찔리거나 설탕으로 보상을 받으면서 원하는 방향으로 움직인다.

출처: Flaherty, 2005. 그림 Lukas Hassel.

James Flaherty(2005)는 동기강화의 당근과 채찍 전술에 또 다른 이름을 붙였다. 그는 이를 '아메바 경영 이론'이라고 불렀다. 고등학교 때 생물 실험에서 아메바 실험을 기억하는가? 당신은 아메바를 바늘로 뒤에서 찌르거나 이 원생동물 앞에 설탕을 놓으면서([그림 11-1]) 아메바를 특정 방향으로 움직이게 할 수 있었다. 여기서 문제는 이러한 기술들이 아메바 스스로의 내적 열망이나 두려움, 소망, 그리고 목표를 모두 무시한다는 것이다. 그리고 사람들은 아메바가 아니다. 사람들을 두려움과 처벌(바늘)로 동기부여하려는 것은 결국 분개와 혁명을 자아낸다. '리더십: 카리스마 대(對) 잔인한 사실(2000년대)' 편에서 논의한 것처럼 카리스마와 유혹(설탕)으로 이끌기를 바라는 것은 환멸감과 비밀로 이어지게 된다.

우리가 손자의 관점을 이해했기 때문에, 우리는 Recovery Central에서 말하는 것보다 듣는 것에 더 노력했을지도 모른다. 우리는 분명하게 상향식 접근 대신 하향식 접근을 택했다. 효과적인 동기강화와 변화를 지속시키는 것은 직원의 어려움을 이해하고 공통 목표를 기반으로 관계를 구축하는 데 달려 있다.

산업: 호손 효과(1920년대)

1924년에서 1932년 사이에 일리노이주(州)의 제조업체인 호손 공장에서 일하는 근로자와의 일련의 연구에서 연구 기간 동안 생산성이 극적으로 향상했지만 연구원들이 공장을 떠난 후에는 기준선으로 돌아왔다(Mayo, 1949).

이 발견에 대한 고전적 해석은 근로자들이 연구되고 있기 때문에 동기부여되고 열심히 일했다는 것이다. 아마 그들은 그들이 더 정밀한 조사를 받고 있는 것에 두려움을 느끼거나, 더 높은 목표를 향해 팀으로 일함으로써 실험 조건에 반응하거나, 아니면 그들의 상사가 자신을 부른다고 느꼈을 것이다. 호손 효과는 본질적으로 약학 연구에서 잘 설명된 위약 효과와 사회학적으로 동일하다.

Recovery Central에서 직원들은 두려움과 좋은 의도를 포함하여 우리의 상담에 응답했을 것이다. 그 결과 등록 태도 및 등록 수의 완만한 향상을 보였다. 그러나 긍정적인 결과는 짧았고 우리가 상담을 마친 후에 다시 기준선으로 되돌아갔다.

교육: 당신이 기대하는 것은 당신이 얻은 것이다(1960년대)

1960년대에 Rosenthal과 Jacobson(2003)은 호손 연구 사상을 전 세계 교육과 육아 부분까지 확장시켰다. 그들은 초등학교 교사 집단을 의심하지 않는 대상으로 놓고 실험했다. 학기 초반에 연구원들은 선생님들에게 몇몇 학생들이 특별히 더 밝다고 말했다. 그들은 나머지 학급들과 비교했을 때 '우등생'이었다. 사실은 재능 있다고 불리는 학생들은 무작위로 뽑힌 아이들이고 두 집단 사이의 다른 차이점들은 오로지 교사들의 마음속에 남아 있다. 학기 후반으로 가서 지목된 우등생들은 표준 IQ 시험에서 재능이 적다고 판단되는 아이들보다 상당히 높게 평가되었다. Rosenthal과 Jacobson은 이러한 자기 충족적 예언을 자신의 상아색 조각상과 사랑에 빠진 그리스 신화 속 조각가의 이름을 따서 '피그말리온 효과'라고 명명했다.

아마 Recovery Central의 직원에 대한 우리의 기대는 변화를 가져 올 만큼 높지 않다. 더 정확하게 우리는 그들이 우리가 원했던 대로 변화시켜 주는 것을 바랐었을지도 모르지만, 그들이 진짜로 변화하려는 의지(또는 변화할 수 있는 능력)를 믿는 데는 실패했다.

스포츠: 자기 결정성 이론(1980년대)

스포츠 심리학 관점에 따르면 운동 목표 성취를 위한 동기강화는 전통적으로 외적 보상과 내적 결심의 힘에 의해 좌우된다고 본다. 외적 작용은 Flaherty의 아메바 이론과는 달리 자발적인 조건이 바탕이 된다. 보상을 찾고 처벌을 피함으로써 사람들은 그들의 행동의 결과로부터 배우고 환경적 단서에 반응한다. 스포츠와 운동심리학 분야가 본격적인 과학 분야가 된 1984년 로스앤젤레스 하계 올림픽 때까지 내적 작용은 완전하게 인식되지 못했다.

1980년대에 Edward L. Deci와 Richard M. Ryan에 의해 공식적으로 소개된 자기 결정성 이론은 운동선수의 행동이 주로 자기 지지적이고 자기 결정적이기 때문에 동기부여 노력의 초점을 외적 요인에서 내적 요인으로 옮긴다고 가정한다(Deci & Ryan, 1985). 호손과 피그말리온 효과가 사회적 위약의 힘을 나타낸다면, 자기 결정성 이론은 우리에게 인간은 여전히 자율성과 자유 의지의 정도를 유지한다는 것을 다시 한번 말해 준다.

Recovery Central에서 상담팀은 기관의 문화적 사정이나 역량 및 자기 실현을 위한 직원 자신의 필요성을 인정하지 않았다. 우리는 내적 및 외적 힘 모두를 잡는 굉장히 직접적인 접근법을 확고하게 주장했다.

리더십: 카리스마 대(對) 잔인한 사실(2000년대)

1990년대부터 Jim Collins의 작업은 비즈니스 분야에서의 동기부여와 변화에 대한 우리의 생각을 알려 주고 변화시켰다(Collins, 2001, 2005, 2009; Collins & Porras, 1995). 그는 "사람들을 '동기부여' 시키기 위해 시간과 힘을 쏟는 것은 노력 낭비이다"라고 단언했다(Collins, 2001, p. 89). 잔인한 사실에 직면한 사람들을 돕는 것은 영감을 주는 격려보다 훨씬 더 도움이 된다.

오늘날 기업의 성공 여부에 대한 광범위한 연구를 바탕으로, Jim Collins는 강력하고, 카리스마 있고, 높은 동기를 가지고, 선견지명이 있는 리더가 긍정적인 변화를 위한 필수 요소라는 기존 아이디어에 도전한다. 사실상, 카리스마 있는 지도자는 다른 사람들을 보호하려는 경향이 있기 때문에—더 중요한 것은 그들은 종종 언짢은 진실을 피한다는 것이다—덜 카리스마 있는 상대보다 효과가 덜한 지도자가 된다.

Recovery Central에 있는 직원들은 상당한 자존심의 힘과 (물론 자부심도) 활력 있는 성격을 지니고 존경받는 교수를 포함하는 상담 팀과 이야기할 때 그들의 엉망이 된 일상 업무의 현실에 대해 완전히 제시할 가능성은 없다. 우리가 인상적이고 감명을 주는 존재로서 어떻게 평가되는지 기억하는가? 카리스마는 지속적인 변화를 가져오기 위한 자산보다 오히려 골칫거리가 되었을지도 모른다.

소셜 미디어: 마케팅 독창성(2010년대)

지난 10년 동안 기술 발전은 사람과 사람 간 혹은 그들의 문화 환경 간 교감과 상호 교류하는 방식에 혁명을 일으켰다. 페이스북(Facebook)과 인스타그램(Instagram)은 일기장, 사진첩, 그리고 신문을 대신한다. 구글(Google)은 옐로 페이지(Yellow Pages: 업종별 전화번호부; 옮긴이)를 대체하고, 틴더(Tinder: 외국인 친구 사귀기 어플; 옮긴이)와 그라인더(Grindr: 게이와 남성 양성애자를 위한 채팅 어플; 옮긴이)는 사회적, 낭만적, 성(性)적 파트너를 만날 수 있는 사회 교류의 장에서의 만남을 대체한다. 어울림 때문에 우리는 웹 페이지에서 우리의 선호도나 삶의 하이라이트, 그리고 개인적인 생각과 감정 상태를 공유하고 정보를 얻는 것에 점점 더 편안해지고 있다.

상황 판단이 빠른 개발자와 데이터 엔지니어는 소중한 개인 정보를 추출하여 마케팅 전략을 개별화하기 위해 이러한 사회 교류의 장의 사용을 자본화했다. 따라서 특정 제품을 구매할 확률이 더 높거나 특정 정치적 성향으로 주어진 뉴스 기사를 읽을 가능성이 높은 사람을 목표 대상으로 잡는 것이 가능해졌다. 예를 들어, 당신이 당신의 갓난아기 사진을 올리는 것은 값비싼 기저귀 브랜드 광고를 받을 가능성을 더 높인다는 것이다. 비슷하게 보수적인 사회 인물을 따르는 것은 선거 해에 보수 정치인들의 선거 운동을 위한 표적이 되고, 그라인더(Grindr)에서 파트너를 찾아다니는 것은 특정 게이 바나 게이 남성을 겨냥한 상업 용품의 초대를 받게 될 것이다.

소셜 미디어 마케팅의 효과는 Taylor Buckner의 1965년 소문 전파 이론(Buckner, 1965)에 의해 설명될 수 있다. Buckner는 의견을 표현하는 효과는 네트워크 구조뿐만 아니라 네트워크 속 개인의 정신 자세와도 연관성이 있다고 주장했다. 가족과 친구, 또는 이웃(대중매체와는 대조적으로) 사이의 자연스러운 소문의 사용은 특정 정보가 정확하다고 확신시킬 가능성을 높이거나 특정 제품을 구매하도록 하는 구매 동기를 강화한다. 이와 같이, 소셜 미디어는 소문의 21세기 형태로 생각될 수 있다.

자기 노출에 의존하는 소셜 미디어 마케팅은 개인의 의사 결정에 영향을 줄 수 있는 가까운 관계를 형성하기 위해 소문 전파 이론이나 사회 교환 이론(Homans, 1958), 또는 사회 침투 이론(Altman & Taylor, 1973)을 사용한다. 실제로 소셜 네트워크는 개별화된 정보가 기업에 홍보 수단을 제공하는 복잡한 그물망을 나타낸다.

Recovery Central에서 앞에 언급한 원칙들을 우리들의 상담 업무에 적용하려면 시간을 내서 개별 직원을 파악하고 그들이 진심으로 무엇에 관심을 갖고 있는지 이해해야만 했다. 예를 들어, 우리는 초기 조사에서 발견한 문제를 해결하는 데 앞장서고 전문지식을 개발할 수 있었던 사람들을 찾아내는 데 실패했다. 그렇게 하는 것은 기존의 재능을 활용하고, 필요에 따라 자원을 연결시키고, 널리 적용되도록 만든 접근 방식을 사용하는 대신 모든 사람에게 우리의 작업을 개별화하는 것을 허락했다. 뚜렷한 교육 내용과 실습 충고를 가진 여러 직원이 참여한다면 결과가 개선될 수 있을 것이다.

우리가 할 수 있는 것

개별 환자와 협력하여 얻은 동기와 변화에 우리들의 치료 전문지식을 시스템 문화의 변화를 위해 적용할 수 있을까? 우리는 그렇게 믿는다. 그러면 어떻게 할 수 있을까? 첫 번째로, 우리는 그 변화가 인간에, 그리고 더 나아가 인간 시스템에 자연적이고 본질적인 MI의 기본 전제를 포용해야 한다. 협동정신을 수용하며 변화가 필요한 체제 속에 있는 사람들의 어려움에 대해 진실된 감정을 표현함으로써 우리는 MI 기술과 전략들을 전체적인 문화적 시스템을 변화시키는 더 큰 임무에 적용시킬 수 있다. 이 책의 이전 장(제3장부터 제6장 참고)에 소개된 치료 권고를 반복하지 않고 지금부터 우리는 특정한 체제나 기관에서 일할 때 유용할 수 있는 몇 개의 동기강화적인 방법을 나누어 보려 한다. 우리는 ① 초이론적 모델을 통해 변화하도록 동기 강화하기,

② 네 가지 변화 단계에 따라 변화하도록 동기 강화하기(Miller & Rollnick, 2013)의 두 가지 방법론에 따라 이 주제를 정리했다.

초이론적 모델을 통해 사람들이 변화하도록 동기 강화하기

변화의 초이론적 모델(Prochaska & DiClemente, 1984) 관점에서 보면 Recovery Central에서 우리의 상담은 주로 우리가 변화 단계 모델을 잘못 진단했기 때문에 근본적으로 실패한 것처럼 보였다. 더 정확하게 우리는 그 기관에서 변화 단계 모델을 명확하게 하려는 시도조차 하지 않았다. 우리는 현실과는 꽤 많이 달랐지만 Recovery Central이 마치 치료법에 대한 새로운 접근 방식에 충분히 준비된 것처럼 행동했다. 그 방식은 변화 단계 모델의 준비 단계보다도 못 미치는 전숙고 단계 수준이었다.

정확하게 변화 단계 모델을 알아가는 것은 그것의 전체 과정인 전숙고 단계, 숙고 단계, 준비 단계, 실행 단계, 유지 단계, 재발 단계를 성공적으로 거쳐 가는 것을 돕는 데 필수적이다.

전숙고 단계

전숙고 단계에서 어느 기관과 함께 일하는 본질은 양가감정의 씨앗을 심는 것과 같다. 구체적으로 우리는 그 체제가 위치해 있는 곳과 우리가 있기를 바라는 곳 사이의 차이를 알아가려고 노력한다. 예를 들어, Recovery Central에서 직원은 '상습범'이나 '단골 고객'을 받아들이는 데 별 관심이 없었을지도 모르지만, 그들은 여전히 이러한 환자들의 문제점에 해결점을 주고 싶었을 것이다. 못되게 구는 것을 좋아하는 사람은 거의 없고, 기회가 주어졌을 때, 직원들은 입사에 대해 상호 수용 가능한 대안을 제시할 수 있기를 바랐을 것이다.

이 단계에서 시스템을 평가하기 위한 또 다른 방법은 일상적인 날에 대한 설명을 요청하는 것이다. 사람들은 언제나 그들이 무엇을 경험했는지나 그들이 무엇을 경험하기를 바라는지에 대해 말한다. 현실과 완벽 사이의 가장 작은 차이를 극대화시키고 결국에는 그것을 통해 쐐기를 박는 것은 이 시스템을 전숙고 단계에서 숙고 단계로 넘어가게 하는 효과적인 방법이다.

숙고 단계

변화 단계 모델의 숙고 단계에서 시스템들은 손익 분석을 보여 주도록 요구된다. 의사 결정 균형 활동지나 2×2 표를 그려 사용해도 된다. 세로 줄(열)에는 긍정적인 결과와 부정적인 결과를 나타내고 가로 줄(행)에는 제시된 변화의 유무에 따라 무엇이 어떻게 비춰질지 그려 본다. 관례적으로 우리가 시스템을 바꾸려고 시도할 때 우리는 만약 행동 변화가 보이지 않는다면 초래될 부정적인 결과 칸과 가끔씩 행동 변화가 있다면 나타날 아름다운 모습들에 집중하려는 경향이 있다. 하지만 모든 사분면을 연구하는 것은 행동 변화 단계를 더 효과적으로 진행할 수 있게 한다.

예를 들면, 동성애 혼인 수용을 고려하고 있는 한 교회는 만일 레즈비언, 게이, 양성애자, 그리고 트렌스젠더(LGBT) 개체들이 그들의 교회에서 결혼하기 시작할 때 부정적인 언론이나 천벌에 대한 신자들의 염려를 탐구하기 위해 이 체제를 사용할 수 있다. 아이러니하게도 교회는 양측에 충분히 귀 기울이기 위해 이의 있는 의견들을 받아들임으로써 동성애 결혼을 위한 준비에 한 걸음 더 가까워질 것이다. 왜냐하면 이러한 의견들은 LGBT 혼인과 연관된 공포스러운 대참사에 대한 근거를 거의 드러내지 않을 것이기 때문이다.

준비 단계

변화를 위한 동기강화적인 접근법의 필요성을 인식하기 전에—그리고 본질적으로 동기를 강화시키기 위한 효과적인 방법을 발전시키기 전에—모든 분야의 도우미들은 "당신이 준비가 되었을 때 저를 보러 오세요."라고 말하려는 경향이 있다. 이와 같은 경멸적인 표현은 종종 그 업무를 돕는 것에 대한 무관심보다 변화 단계 모델의 초기 단계에서 사람들 및 여러 시스템들과 함께 일하는 데 있어서 방법론의 부족 상황을 더 많이 막는다. 기존의 코치들과 상담자들은 능숙함을 더 느끼기 때문에 이미 변화에 준비가 되어 있는 사람들을 동기부여시키는 일에 더 편안하다.

H. A. Dorfman(2003)의 『Coaching the Mental Game: Leadership Philosophies and Strategies for Peak Performance in Sports-and Everyday Life』와 Max Messmer(2011)의 『Motivating Employees for Dummies』는 세상에 영감을 주는 충고들이 가득 차 있다고 말했고, 그들은 사람들에게 그것을 받아들일 수 있도록 도움을 주었다. 그럼에도 불구하고 임상 환경에서 우리의 전문 기술은 문화 변화에 대한 독특한 통찰력과 권고를 제공할 수 있다.

준비 단계에서 동기강화적인 일은 문제를 예상하고 해결책을 인지하는 현실적인 행동 계획을 발전시키는 데 초점을 맞춘다. 하지만 이 시간 동안 시스템은 뜻밖의 문제나 절망적인 장벽에 부딪히게 되면 변화 단계의 숙고 단계로 되돌아갈 위험에 처해 있다.

예를 들어, 업무 규모에 압도되어 있고, 그들의 건강관리 체제를 바꾸는 데 충분히 준비된 국가는 그들의 결심의 현명함에 대해 다시 생각해 보기 시작할 것이며, 양가감정이 다시 나타날 수 있다. 이 경우 숙고 단계 전략들을 다시 모아 보는 것이 가장 효과적인 접근 방식이 될 수 있다.

실행 단계

실행 단계라는 새로운 현실에 적응하는 것은 논리적으로 복잡하고 감정적으로 부담이 클 수 있다. 새로운 집이 그 전보다 더 좋은 집이라 할지라도 새집에 들어가 사는 것은 스트레스가 많이 생긴다. 전 단계로 돌아가려는 계기를 인식하고 피하거나 그대로 따라 하는 인지행동적 방법은 환자와 기관 모두에게 다음 단계로 넘어가는 데 굉장히 유용할 수 있다. 더불어, 이 단계는 본질적인 동기강화와 외적 강압의 통합을 위한 최적의 시간일지도 모른다.

예를 들어, 최근 전체 생산을 온라인으로 옮긴 신문은 경제 안정을 동반한다 하더라도 근로자들의 심각한 사기저하를 겪을 수 있다. 수년간의 적자 상황에서 현재는 흑자 상태에 놓인 기관의 기자들에 따르면, 재정적인 행복을 위해서 자격의 대가가 필수적이지 않다고 인식하는 것은 새로운 사상에 대해 문을 열 수 있다. 결과적으로, 이러한 기자들은 종이의 잉크 냄새를 맡는 것처럼 '좋았던 옛 시절'을 갈망하기보다 전자 매체의 뛰어난 기회를 받아들일지도 모른다.

유지 단계

변화된 행동의 이점을 유지하는 데에는 종종 동기강화적이고 인지적 및 행동적 · 통제적 · 수양적인 접근 방식의 조합을 필요로 한다. 승리적인 변화에 대한 흥분이 가라앉은 뒤에, 시스템들은 장기적으로 대비해야 한다.

예를 들어, 그들의 문화 방식을 성공적으로 변화시키고 그들의 관행 내에서 인종 자료 수집을 크게 줄인 법 시행 시스템은 자료 수집 없이 범죄에 계속 맞서도록 하는 직원들의 동기 유지가 어렵다는 사실을 발견할 것이다. 스트레스가 가득한 조건 아래서 생각하는 것과 느끼는 것, 행동하는 것의 옛 방식들은 실망과 좌절을 먹고 힘을 키워 이전 상태로 다시 돌아가는 것으로 이 시스템을 위협한다.

다음 노력에 기반한 다면적인 프로그램은 효과적인 유지를 위한 기반을 제시한다.

- 퇴보의 초기 증상에 대한 끊임없는 경계
- 재발의 상황에 대한 예상과 계획
- 자기 효능감과 자가 교정 유지를 위한 지속적인 치료

더불어 장기적인 성공은 시스템이 마음을 터놓거나 이의 엄격한 경계선 밖으로 나가 보기, 침묵의 벽 깨기, 그들의 구성원들을 더 큰 공동체에 참여할 수 있게 하는 데 충분히 용감해질 것도 요구한다. 우리의 한 예시에서 경찰이 공동체의 문화 변화를 유지하기 위해서는 수많은 공동체 이해 당사자들(때때로

권리 박탈되고 화나는)은 참여하고, 경청하고 진정으로 이해되어야 한다.

재발 단계

실망하지 않는 것이 어려운 만큼 재발을 변화 과정의 일부로 받아들이는 것이 가장 좋다. 우리는 종종 중독을 만성적이고 재발하는 병이라고 말하며 동일한 수용의 원칙이 새로운 정체성과 문화를 유지하기 위해 노력하는 더 큰 시스템에도 적용된다. '유지 단계'의 세부 항목에서 우리는 재발에 대한 경계 태세, 예상, 그리고 준비의 중요성에 주목했다. 그 두려운 재발의 마음이 발생하게 되면 가능한 한 빨리 변화의 단계로 다시 돌아가서 다시 참여하는 것이 필요하다.

게다가, 재발을 유발했을 만한 요소를 확인하고 다음번에는 다르게 시도해 볼 기회를 잡는 것은 또 다른 향상과 변화된 문화의 더 강해진 안정성을 얻게 할 수 있다. 예를 들어, 파괴적인 시민들을 스포츠와 예술에 참여하도록 자율권을 줌으로써 지하철 체계에 낙서를 거의 없앨 수 있었던 도시를 생각해 보라. 마치 종종 발생하는 것처럼 이런 획기적인 프로그램들을 위해 자금을 마련하는 것이 갑자기 사라지고 낙서가 다시 시작되었다. 시의원들이 더 빨리 처음 상태로 되돌아가서 적은 비용의 대안 프로그램(자금 복원을 위해 로비하는 것을 따라)을 개발할수록 도시 교통 체계의 얼굴을 바꾸는 실행 단계에 다시 성공적으로 들어갈 가능성이 더 높아진다.

네 가지 과정을 통해 사람들이 변화하도록 동기 강화하기

의료 환경에서의 MI 접근 방식과 달리 제3장에서부터 제6장에 걸쳐 소개된 네 가지 핵심 단계는 행정 및 관리 환경에 성공적으로 적용할 수 있다. 실제로 고용자들이 그들의 직장에서 추가적인 업무를 맡도록 동기를 강화하는 것(또는 고용자들에게 그 업무에 대한 급여 인상을 해 주도록 대표를 설득하는 것)은 집에서 산소를 사용하기 시작한 할머니께 금연을 하도록 돕거나 추수감사절 저녁 식사자리에서 주사를 한껏 부리고 난 삼촌의 금주를 돕는 것과 별반 다르지 않다.

관계 형성하기, 초점 맞추기, 유발하기, 계획하기 단계들을 통한 적극적인 경청과 사려 깊은 지도는 효과적인 변화를 바라는 사람들에게 필수적인 자질이다.

관계 형성하기

MI가 행정 및 관리에 적용될 때 관계 형성하기 단계는 상호 관계 구축의 의료적 개념과 동등한 비즈니스 육성을 의미한다. 관계 형성하기는 상호 간의 협의되고 동의된 목표에 대해 같이 일하는 것뿐만 아니라 이러한 목표를 성취하기 위해 요구되는 과제도 포함한다. 이와 같이 서로 신뢰하고 서로 존중하는 작업 관계는 다른 치료적 관계 속에 내재되어 있는 역동성의 쇠약으로 이어질 수 있다. 당신이 동기를 부여하려는 사람들에게 자율 권한을 주는 것은 자율감을 조성하고 그들이 원하는 목표를 향해 주도권을 갖도록 격려한다. 자신의 가치관, 욕구, 목표, 긍정적인 태도, 기대감 및 희망을 탐구하는 것은 관계 형성을 조장한다. 다른 한편으로는 문제가 되는 행동을 신속하게 파악하고 그들을 변화시키는 것에 조급하게 집중하는 것은 오히려 그들의 참여를 방해한다.

시스템 운영을 개선하기 기대하는 대규모 행정 및 경영 시스템에 관계 형성의 원리를 적용하는 것은 다음을 포함한다.

- 종종 작전 수행의 현실적인 측면에 대한 깊은 이해를 끌어내고 변화를 가로막는 장애물에 대해 소중한 관점을 제시할 수 있는 직원들로부터 피드백 이끌어 내기
- 헌신에 대한 보상과 주도권 잡기

직원을 그 과정에 끌어들이고 그들의 노력에 보상하는 것은 지속적이고,

리더십 목표 성취를 용이하게 하는 효과적인 실질적 변화를 위해 허락된다. 예를 들어, 두 병원이 병합되면 직원은 더 큰 체제에 적합하게 그들의 행동을 맞추도록 기대된다. 만약 합병에 대한 그들의 시선을 공유하고 협력 방법에 대한 의견을 제시하며 그들의 걱정과 우려를 표명할 수 있는 공간을 제공 받는다면 그 전환에 참여할 가능성이 더 크다. 행정부는 직원에게 그들의 폭넓은 관점을 가져 오도록 유도하는 자유 질문을 함으로써 그들의 참여를 용이하게 할 수 있다. 의료 환경에서의 관계 형성하기 단계와는 달리(제3장 '관계 형성하기'에 더 자세히 설명되어 있다.), 인정하기, 반영하기, 요약하기는 그들이 행정부에 대해 연민이 가득하고 신뢰 가능하며 지식이 많다고 생각을 굳히는 데 도움이 된다.

초점 맞추기

MI에서 초점 맞추기는 변화의 방향을 추구하고 유지하는 인내의 과정이다. 이는 변화의 측면에서 목표를 상세히 그리고 소통의 방향을 추가하는 구체적인 안건을 발전시킬 것을 요구한다. 초점 맞추기 단계에서 변화를 일으키는 것은 권위적인 소통보다 대화적인 소통을 말하며, 여기서 변화의 목표는 예측되기보다 협상되는 것을 말한다. 이러한 소통은 양 당사자가 미래 결과에 대한 불확실성을 용인하는 데 편하게 생각할 수 있도록 도와준다. 초점 맞추기 단계는 변화 대화의 아주 작은 단서를 관찰하고 그 힘을 격려하며 변화를 위한 개방을 추구하는 것에 의존한다. 구체적으로는 다음과 같은 원칙이 있다.

- 양자 합의된 목표들 개발하기
- 변화에 대한 개인의 내적 동기부여를 극대화하고 격려하기
- 목표 달성에 필요한 작지만 실용적인 단계 파악하기
- 한쪽이 상대방의 진행 방법에 대한 지원을 견딜 수 있는 협동정신 유지하기

사람들이 변화를 수용하는 것과 그들이 아직 받아들일 준비가 되어 있지 않는 양가감정을 받아들이는 것을 돕는 데 있어 시스템은 외관상으로 이질적인 접근 방식의 다양한 조합을 사용할 수 있다.

- 양자 동의된 안건을 충족시키기 위한 관계의 초점 이끌어 내기
- Rogers 치료(공통점 찾기)와 비지시적이고 지지적인 접근 방식 사용하기
- 개인의 안건을 따르고 그들의 추진력 극대화하기
- 우선순위를 찾는 공동 작업을 발전시키기 위한 안내 방식 따르기

예를 들어, 직원들이 더 오랫동안 일하고 주도권을 잡도록 격려하면서 생산성을 높이려고 노력하는 실리콘 밸리 사업의 예시를 생각해 보자. 그들의 고용자들에게 자율성을 주기 위해서 임원진들은 생산성을 가로막는 장애물을 탐구하고 실행 가능한 해결책을 논의하기 위해 전체 직원들과 정기적으로 모임을 갖는다. 그들은 삶의 질과 직원들의 만족도를 향상시킴으로써 생산성을 증가시키는 목표를 발견한다. 그 목표를 달성하기 위해서 고용자들은 그들의 리더십에 대한 다양한 제안을 제시한다. 한 사례로 야근하는 두 집단의 모든 사람들을 위해 저녁 식사를 제공하는 데 동의한다. MI 관점에서 직원들은 다음을 정의함으로써 지도 받는다면 성공할 가능성이 더 높아질 것이다.

- 그들이 무엇을 하는지 보는 것
- 고용주와 자신의 직장에서 이득을 얻기 위해 그들의 새로운 특권을 사용할 수 있는 방법

유발하기

초점 맞추기 과정에서 확인된 변화의 방향과 목표에 따라 유발하기 단계는 변화에 대한 자신의 동기 탐구를 가능하게 한다. 변화 대화의 '흙탕물'을 조사할 때, 사람들은 일반적으로 그들의 요구, 능력 및 변화 동기의 이유를 받아

들인다. 또한 유지 대화는 오래된 습관과 현재 상태의 유지에 대해 변화 대화와 극명히 대조되게 나타난다. 실제로 그러한 모순되는 동기의 본질적인 심리적 불편함은 변화를 이끌어 내는 촉진제를 제공할 수 있다. 이와 같이, 양가감정은 유발하기 단계에서 가장 많이 발생하며, 사람들을 종종 교착 상태에 빠진 것처럼 느끼게 한다.

우리는 이와 같은 갈등이 시간이 길어질수록 침체로 이어질 수 있음을 알아냈다. 변화 대화는 상기적인 열린 질문, 개인의 강점에 대한 확인, 유지 대화를 지속하는 데 종종 도움이 되는 두려움에 대한 탐구 및 건강한 열망에 대한 축하에 의해 촉진된다. 양가감정의 문제를 해결하기 위한 구체적인 기술은 다음과 같다.

- 희망과 자신감 떠올리기
- 과거 성공 강조하기
- 어려움을 이겨내기 위한 브레인스토밍 지지하기
- 결단의 언어 끌어내기

이러한 일은 자신만의 동기를 강화함으로써 불일치감을 만들고 양면성의 해결책을 이끌어 낸다. 예를 들어, 수자원 보존을 위한 노력에 어려움을 겪고 있는 국가는 농부들에게 더 효율적이지만 값비싼 농업 급수 기술을 사용하도록 요구하는 새로운 규정을 통과시킨다. 주요 농업 조합들은 이러한 규정이 바뀌지 않는다면 해외로 이전될 것에 두려워하고 있다. 이러한 위협은 그들의 주(州)정부와 그 행정부에 대한 양가감정을 불러일으킨다. 그들이 로비스트의 요구에 굴복하는 것을 고려하기 시작하면서 수자원 부족과 그에 대응하는 장기적인 결과에 대한 근본적인 우려를 검토한다. 이러한 경우, 양가감정은 저항으로 드러나고, 적절한 상담을 통해 그들은 새로운 법안에 찬성하는 논쟁과 나란히 놓인 제안된 변화에 대해 잠재적인 부정적인 결과들을 고려한다. 이런 시행은 정부와 이의 행정부가 변화에 대한 그들의 양가감정을 해결하고 수자원 절약에 대한 그들의 약속을 재개하는 것을 돕는다. 그들은 또한 과거 비슷한 상황(내진 구조를 요구하는 입법부를 포함하여)을 통해 얼마나 어려움을 겪었는지, 그리고 궁극적으로 생명을 보호하는 성공을 통해 얼마나 변화되었는지 그들 스스로를 상기시킨다. 주(州)정부와 그 행정부는 법령을 뒤바꾸는 것 대신에 대안책을 찾기 위해 브레인스토밍을 하고 결국에는 새로운 규율을 따르는 사람들에게 혁신적인 우대책을 제공한다.

계획하기

사람들은 개별적으로 변화 대화의 양과 강도를 늘리고 무엇이 변화를 만들어 낼지 연구함으로써 변화에 대한 동기가 증가하고, 급증된 양가감정의 해결책에 신호를 보낼 수 있다. 사람들은 종종 변화를 향한 자발적인 작은 단계를 시작하고 변화를 따라 사는 그들의 삶을 상상하기 시작한다. 이 단계를 돌파하기 위해 유혹에 저항하고 단계적 목표 달성 등급표를 따르는 것은 원하는 목표와 함께 행동 일관성에 참여하는 효과적인 뼈대가 될 수 있다. 이 단계를 통해 그 과정을 강화시키기 위한 필수적인 요소는 다음과 같다.

- 한 사람의 과정에 대한 위협적이지 않은 평가
- 지속적인 문제 해결
- 목표와 전략의 재정비
- 양가감정의 부활에 대한 편안함

예를 들어, 광고팀의 CEO(최고 경영자)가 회사의 가장 소중한 고객과의 강한 유대감을 형성하기 위해 헌신적인 고객을 위한 새로운 서비스 계획을 소개한다. 이 전략은 초기에는 더 큰 비즈니스 유지로 이어지지만, 일부 고객은 새로운 계획이 다시 영향을 미치기 시작하는 것에 대해 양면적인 태도를 보이면서 경쟁자들에게로 이동하기 시작한다. 만약 당신이 귀 기울여 들어 보면, 의심의 재현을 들을 수 있다. "제가 진짜로 필요로 하지 않는 서비스에 돈을 지출하고 있습니까?"라고 고객들이 묻는다. "저희가 헌신적인 고객 서비스를 단지 하나의 술책으로 시작했던 건가요?"라고 CEO(최고 경영자)가 묻는다. MI 관점에서 보면 회사는 계획하기 단계에서 그들의 전략을 평가, 재평가, 문제 해결 및 요약하는 것을 계속해야 할 것으로 보인다. 하지만 CEO(최고 경영자)는 그들의 고객뿐만 아니라 자신의 되살아나는 양가감정을 편안하게 받아들임으로써 많은 것을 얻게 될 것이다.

마지막으로, 우리는 조심이라는 단어를 제시하고 싶다. 임상 및 비임상적 동기강화 작업 모두에서 가장 큰 도전 중 하나는 돕는 자(helper)로서의 야망을 절제하는 것이다. 조언을 주는 입장의 사람들은 자신의 삶에서 목표를 달성하는 데 있어 상당히 효율적이고 효과적이며 다른 사람들에게 즉각적인 변화를 바라는 경향이 있다. 대개 단순히 문제를 식별하고, 개인이나 문화를 약간 앞서가게 하며, 그들의 새로운 단계에서 그들을 응원하고 뒤쫓아 가는 것이면 충분하다. 보다 빠르고 야심찬 시간표는 도를 넘어가는 것의 위험을 발생시킨다. 궁극적으로 의사소통, 협동 및 사람들의 변화를 위한 내재적 동기의 강화에 초점을 맞춘 인간적 접근이 종종 성공의 열쇠가 된다.

핵심 포인트

- 개인의 변화를 용이하게 하기 위해 개발된 동기강화상담(MI)은 개인들로 구성된 시스템의 문화를 바꾸기 위해 적용될 수 있다.
- 초이론적 모델을 사용할 때, 다음을 적용하여라.
  1. 전숙고 단계에서, 양가감정의 씨앗을 심어라.
  2. 숙고 단계에서, 문화 속에 제안된 변화의 유무에 따른 삶의 긍정적 및 부정적인 측면을 탐색하라.
  3. 준비 단계에서, 문제를 예상하고 해결방안을 발견하는 현실적인 행동 계획을 개

발하라.

4. 실행 단계에서, 외부 압박과 함께 내적 동기를 굳혀라.
5. 유지 단계에서, 바랐던 변화의 유지를 위해 다양한 동기부여적 및 심리사회적 접근방법을 사용하라.
6. 재발 단계에서, 처음부터 다시 시작하고 다시 생각하며 전보다 더 강하게 재현할 수 있는 기회로써 이를 받아들여라.

- 네 가지 과정 모델을 사용할 때, 다음을 이행하라.
  1. 사람들을 상호 간에 협의되고 동의된 목표와 그 목표를 이루기 위해 요구되는 과제들에 참여시켜라.
  2. 변화의 본질적인 불확실성을 용인하는 동안, 변화의 방향을 추구하고 유지하는 것에 초점을 맞추어라.
  3. 변화 대화를 불러일으키고 유지 대화를 관리하라. 불일치를 만들어 내고 동기를 강화시키며, 양가감정을 해결하라.
  4. 달성할 수 있지만, 점진적으로 도전적인 목표를 설정함으로써 장기 계획을 세워라.
  5. 전 과정에 걸쳐, 소통과 협동, 그리고 개인의 내재적 동기를 축하하라.

연습문제

1. 한 그리스 가정은 그들의 요리 전략을 다시 생각한다. 저지방 식이요법의 건강상의 효능은 잘 이해되고 인정되고 있다. 다른 한편으로는, 올리브유가 듬뿍 뿌려지지 않은 파솔라키아 라데라(Fasolakia ladera)*는 진정한 라데라(ladera)가 아니다. 가족 내에 양가감정과 긴장감이 가득하다. 이때의 변화 단계는 무엇인가?

   A. 전숙고 단계
   B. 숙고 단계
   C. 준비 단계
   D. 실행 단계

2. 끝나지 않던 논쟁이 있고 몇 주 후에, 당신의 상사가 말한다. "당신이 나에게 요구한 것처럼 당신의 임금을 20% 올려 줄 수 있는 방안을 생각하려고 합니다. 한 가지 방안은 당신이 더 일하도록 하는 것이지만, 최고 재무 담당자(CFO)가 그 결정에 만족해하지 않을까 우려됩니다." 이 상황은 MI의 어떤 과정에 대한 예시가 되는가?

A. 관계 형성하기

B. 초점 맞추기

C. 유발하기

D. 계획하기

3. 세 명의 친구들이 그들의 휴대전화 없이 엘리베이터에 갇혀 있다. 다른 사람들이 출구를 찾아다닐 동안 셋 중 한 명은 비상벨을 계속 누르고 도와달라고 소리친다. 세 번째 친구는 다른 두 명이 이 상황을 해결하도록 내버려둔다. 이 상황은 무엇에 대한 예시인가?

A. 호손 효과

B. 피그말리온 효과

C. 자기 결정성 이론

D. 소문 전파 이론

4. Jim Collins의 성공한 회사에 대한 분석에 따르면, 다음 중 지도자의 카리스마를 설명한 것은 무엇인가?

A. 자산보다는 법적 책임에 가까운 것

B. 법적 책임보다는 자산에 가까운 것

* 파솔라키아 라데라(Fasolakia ladera): 올리브유, 토마토, 양파, 그린빈, 허브 등을 함께 끓인 그리스 고전 요리.

C. 성공 또는 실패와는 무관한 것

D. 사람을 동기 강화하는 데 사실보다 더 중요한 것

5. 당신 제품의 품질을 향상시키기 위해 그래픽 디자이너에게 3-D 과정을 수강하도록 설득하기 위해 몇 달을 보낸 후 마침내 그가 동의한다. 이틀 후, 그는 돌아와 마음이 바뀌었다고 말한다. 다음 전략 중 무엇이 그의 동기를 강화하는 데 가장 도움이 되는가?

A. 자신의 강점 확인하기

B. 지속적인 문제 해결과 목표의 반복

C. 지도 방침 따르기

D. 불일치감을 만들어 내고 양가감정 해결하기

• 참고문헌 •

Altman I, Taylor DA: Social Penetration: The Development of Interpersonal Relationships. New York, Holt, Rinehart & Winston, 1973

Buckner T: A theory of rumor transmission. Public Opinion Quarterly. 65(29):1, 54-70, 1965

Collins J: Good to Great: Why Some Companies Make the Leap...and Others Don't. New York, HarperCollins, 2001

Collins J: Good to Great and the Social Sectors: A Monograph to Accompany Good to Great. Boulder, CO, Jim Collins, 2005

Collins J: How the Mighty Fall: And Why Some Companies Never Give In. Boulder, Co, Jim Collins, 2009

Collins J, Porras JI: Built to Last: Successful Habits of Visionary Companies. New York, HarperCollins, 1995

Deci EL, Ryan RM: Intrinsic Motivation and Self-Determination in Human Behavior. New York, Plenum, 1985

Dorfman HA: Coaching the Mental Game: Leadership Philosophies and Strategies for Peak Performance in Sports-and Everyday Lfe. Lanham, MD, Taylor Trade Publishing, 2003

Flaherty J: Coaching: Evoking Excellence in Others. Oxford, UK, Elsevier, 2005

Homans GC: Social behavior as exchange. Am J Sociol 63:597-606, 1958

Mayo E: Hawthorne and the Western Electric Company, The Social Problems of an Industrial Civilization. London, Routledge, 1949

Messmer M: Motivating Employees for Dummies. New York, Wiley, 2011

Miller WR, Rollnick S: Motivational Interviewing: Helping People Change, 3rd Edition. New York, Guilford, 2013

Prochaska JO, DiClemente CC: The Transtheoretical Approach: Crossing Traditional Boundaries of Therapy. Homewood, IL, Dow Jones-Irwin, 1984

Rosenthal R, Jacobson L: Pygmalion in the Classroom: Teacher Expectation and Pupils' Intellectual Development. Norwalk, CT, Crown House, 2003

Tzu S: The Art of War (circa 500 B.C.). Translated by Lionel Giles and edited by Dallas Galvin. New York, Barnes and Noble Classics, 2003

학생 시절 회상

Jose Medina, M.S.W.
럿거스 뉴저지 주립대학 의과 대학원 2학년

의과대학은 우리가 4년간의 훈련을 통해 거쳐 온 수업활동, 임상 실습(clerkship) 및 어웨이 로테이션(away rotation: 의과대학 3학년 때 본인에게 적합한 레지던스 프로그램을 찾기 위해 하는 것; 옮긴이)의 조합 이상의 것이다. 학생으로서 우리는 캠퍼스 조직, 연구과제, 지역사회 봉사 등을 주도한다. 이 장에서 설명된 것과 마찬가지로 이러한 노력의 성공은 관련된 모든 사람들로부터 구축된 결속력, 관계 및 공통적인 목표 설정에 달려 있다. 나의 캠퍼스에서의 학생 리더로서 비록 선의이지만, 나는 나의 많은 과제들이 기대에 미치지 못했던 것을 발견했다.

이 장에서 Recovery Central의 예를 사용하여 대규모 의료 체계에서 변화를 유도하는 시도의 위험성을 그렸지만, 나는 네 가지 과정을 사용하여 자원봉사자 단체에 동기부여하기 위한 이전 프로젝트와 시도를 분석할 수 있었다. 이런 훈련을 통해 나는 리더십에서 그 방법을 따라 내가 저지른 실수를 받아들일 수 있었다. 하지만 더 중요한 것은 이 장을 읽고 사람들과 시스템에 변화를 가져 오기 위해 제공된 개요를 사용하면서, 나는 우리가 새로운 학기 시작을 계획한 것처럼 동문 지도자들과 조직원들과의 관계 형성에 있어서 순조롭게 시작할 수 있었다. 의사소통과 모든 집단 구성원들의 목표, 기대, 희망을 알아가기 위해 헌신된 시간과 노력을 통해 전례 없는 매입과 주도권을 쌓을 수 있다.

나는 의학 경력의 후반부 내내 의사소통과 관계 구축을 중요시하며, 사람들을 내 주변에 있는 팀으로 끌어들이는 내적 동기부여자에 대해 배우는 것은 전체 팀이 상호 간 설정한 목표를 달성하는 데 성공할 수 있는 최고의 기회를 갖기에 확실한 열쇠가 될 것을 암시한다.

제12장

동기강화상담 과학

Michelle C. Acosta, Ph.D.
Angela R. Bethea-Walsh, Ph.D.
Deborah L. Haller, Ph.D.

동기강화상담(MI)은 정신치료 요법 중 하나이며, 이것은 특별히 잘 연구되고 있다. 이번 장에서 우리는, ① 만약 또는 어떻게 MI가 적용되는지를 포함하여 MI에 초점을 맞춘 연구들을 살펴보고, ② 유능한 MI 의료진과 또는 연구원이 되기 위한 단계를 제시하며, ③ MI를 사용할 때의 변화를 평가하기 위해 결과들이 어떻게 측정되는지 확인하고, ④ 연구 자료에 기반한 치료 환경에서의 MI 시행에 대해 논의해 볼 것이다.

의료진들이 근거 기반 치료를 제공해야 할 필요성은 커지고 있다. 그러나 무엇이 근거 기반 치료이며 그것들은 표준치료와 어떻게 다른가? 근거 기반 치료는 과학적으로 연구되고 있고 통제된 연구에서 아주 효과적인 것으로 밝혀져 있다. 통제된 연구는 모든 의료진들이 잘 훈련되고 치료 계획서를 따르며 가까이에서 감독되기 때문에 거의 최적의 결과를 기대할 수 있는 연구이다. 표준치료(또는 또 다른 근거 기반 치료)와 비교했을 때 그 치료의 효과는 각각의 접근 방법을 사용하여 치료된 환자에게 미리 결정된 결과가 충족되는 정도를 평가함으로써 결정된다. 환자 결과가 실험적인 치료를 받는 사람들에게 더 좋을 때, 우리는 이 치료가 성공 가능성과 효능이 있다고 말한다. 실험치료 결과가 다른 방법에 의해 이루어진 것과 비슷할 때, 우리는 실험적인 치료가 이미 사용되고 있는 접근 방법(표준 치료)만큼 좋다는 것을 보여 줄 수 있다.

근거 기반 치료를 사용함으로써 우리는 효과를 볼 수 있는 최고의 기회를 가진 치료를 환자에게 제공한다. 또한 제3자 내담자는 종종 제공자에게 근거 기반 치료를 사용하고 객관적인 시선에서 임상적인 변화를 측정하도록 요구한다. 뿐만 아니라 많은 의료진들은 자신의 능력에 대한 피드백을 사용하여 그들의 기술과 환자를 도울 수 있는 능력을 향상시킬 수 있다. 마지막으로, 프로그램 운영자와 관리자는 최단 시간 및 최저 비용으로 최상의 결과를 보여 줄 가능성이 가장 높은 치료 방법을 알고자 한다. 과학 연구로부터 제공된 정보는 이러한 의문점에 답하고 환자 결과, 치료사의 기술 및 프로그램 개발을 향상시키는 데 도움이 될 수 있다.

동기강화상담이 무엇인지(그리고 무엇이 아닌지) 어떻게 알 수 있는가

MI는 부정적인 행동을 바꾸거나 긍정적인 행동을 유도하기 위해 동기를 강화하는 데 중점을 둔 인간 중심적 개입이다(Miller & Rollnick, 2013). 이 과정은 긍정적인 변화를 위한 개인의 주장을 이끌어 내고 그 변화를 가장 잘 지원하기 위해 공감 관계를 발전시킴으로써 발생하는 것으로 본다(Miller & Rose, 2009). 역동적인 접근 방식과 마찬가지로, MI는 변화에 대한 양가감정의 중요성을 인식한다. 그러나 역동적인 접근 방식과 달리 MI는 양면성을 해결하기 위해 대립, 해석 또는 지난 일에 초점을 두지 않는다. MI는 지지적이며 환자 중심의 희망적인 접근법을 사용하지만 전략적이며 목표 지향적이라는 점에서 지지 요법과는 다르다. 인지행동치료와 비교할 때, MI는 수용과 연민을 더 강요하지만 특정 훈련과 전략에서는 덜하다. 예를 들어, MI는 환자의 문제를 해결하는 방법을 지시하는 것과 달리 환자로부터 해결책을 이끌어 내기 위해 노력한다.

전형적인 약물상담과 MI 둘 다 피드백을 이용하지만 서로 다른 경향을 보이기도 한다. 약물상담을 받는 환자들은 약물 검사에서 양성 반응을 보일지도 모르지만, MI 치료 중인 환자들은 상담 결과를 그들의 약물 사용 행동에 대한 변화를 꺼리는 신호로 보도록 권장된다. 게다가 약물상담은 환자를 정신질환, 성격장애 또는 중독자로 표시하는 병리학에 기반을 두는 경향이 있다. 대조적으로, MI는 기존의 강점을 지원하는 데 더 집중하기 위해 그러한 병명을 붙이는 것을 사용하지 않는다. 약물상담과 MI는 목표 지향적이고 변화에 대한 장애물과 이를 극복하는 방법을 식별한다는 점에서 몇 가지 공통점을 가지고 있다.

〈표 12-1〉은 MI 요소들을 다른 일반적인 치료 방법과 비교하고 대조하여 나타낸다. MI는 독립형 치료(오직 MI만 제공된다.), 또는 부속적 치료(일반적으로 치료 참여 또는 순응도를 유도하기 위해 다른 임상적 또는 정신 사회적 치료와 병행하여 선행되거나 일어난다.), 혹은 MI가 단일 개입에 대해 다른 치료 전략과 결합된 개입으로 가장 흔히 사용된다. 출간된 많은 논문들은 MI(또는 혼합된 MI 개입들)의 각색된 모습을 내포한다. 하지만 우리는 명확성을 위해 〈표 12-1〉을 독립형 MI에 대한 연구로 제한했다.

또한 이것은 MI의 정의가 이 장의 원문(Acosta et al., 2010)과 MI 서적 원본으로부터 얼마나 진화되었는지 간단히 살펴보는 데에 도움이 될 수 있다. 주요 변경 사항 중 하나는 MI가 저항의 개념을 어떻게 고려하는지이다. Miller와 Rollnick(2013)은 '변화를 위한 저항'을 현재 행동(예를 들어, 유지 대화 같은)을 유지하기 위한 환자의 다짐과 관계의 불화로 다시 정의 내렸다. 이것은 치료사에게 환자의 동기를 이끌어 내고 관계를 강화시키도록 책임감을 쥐어 준다. 이 변화 이외에도, Miller와 Rollnick(2013)은 MI 정신을 협동정신에 따라 수용과 연민을 환자의 자율성을 불러일으키는 핵심적인 요소로 받아들이는 것까지 확장시켰다. 마지막으로, MI의 원조 네 단계 원칙(공감 표현하기, 불일치 조성하기, 저항 대처하기, 자기 효능감 지지하기)은 관계 형성하기, 초점 맞추기, 유발하기, 계획하기의 네 단계 과정으로 다시 정의했다(Miller & Rollnick, 2013). MI의 이러한 개선점은 임상적으로 그리고 MI 및 MI 개입이 긍정적인 변화를 유도하는 것에 따라 그 메커니즘을 확인하려는 최신 연구를 통해 알려져 있다.

표 12-1 다른 치료 접근법과 동기강화상담(MI)의 요소 비교

치료 요법	MI	역동적 용법	지지요법	인지행동치료 (CBT)	전통적인 약물 상담
인간 중심적인	✔	✔			
사색적인	✔	✔			
비판적이지 않은	✔		✔		
양가감정에 초점을 둔	✔	✔			
해결방향 지향적	✔				
전략적인	✔			✔	✔
대립적인		✔		✔	✔
이해에 초점을 둔		✔			
지도적인/지시적인				✔	✔
기술 구축에 초점을 둔				✔	

주: CBT = Cognitive-Behavioral Therapy.

동기강화상담이 효과가 있는가

MI는 광범위하게 연구되고 다양한 문제 및 다양한 환자층에 거쳐 효과적인 것으로 나타났다. 수백 가지의 연구와 수십 가지 메타 분석 및 논문 조사(발표된 여러 연구 결과를 종합한 논문)에 따르면 MI 및 MI의 각색본은 약물 사용과 HIV 위험 및 도박을 줄이고 개입에 대한 순응도 및 유지, 식이요법 및 운동, 만성질환(즉, 고혈압, 당뇨) 및 정신질환을 포함하는 신체적 · 정신적 건강을 개선하는 데 효과적이라고 보고했다(Dunn et al., 2001; Jones et al., 2014;

Lundahl & Burke, 2009; Lundahl et al., 2010, 2013; Madson et al., 2016; Rubak et al., 2005). 또한 최근 연구들은 MI가 치료 참여나 문제적 행동을 바꾸려는 의도, 그리고 성인들 사이에서 자기 보고된 정신적 고통과 같은 구체적이지 않은 치료 요인들을 개선시킬 수 있다고 설명한다(예: Lundahl et al., 2010). 게다가 MI 내구성에 대한 연구가 더 필요함에도 불구하고, MI의 효과는 치료가 끝나고 몇 달 동안, 가능하게는 2년 동안 길게 유지될 것으로 보인다(Lundahl et al., 2010).

보다 최근의 연구는 점점 더 광범위해지는 환자 집단에 대한 MI 개입을 조사하기 시작했다. MI 개입은 약물 사용을 줄이고 청소년들이나 형사 사법 환경에 관련된 사람, 섭식장애를 가진 사람 및 다른 의료 인구층 안의 신체 건강과 치료 참여를 증진시키는 데 있어 가능성을 보여 주기 시작했다. MI 개입은 청소년 약물 사용을 줄이고 건강상의 문제(성적 위험 행동, 육체적 활동, 다이어트)를 개선하는 데 있어서 좋은 수용성과 효능을 나타냈다(Cushing et al., 2014; Jensen et al., 2011). 그러나 한 연구에 따르면 우울증을 앓고 있는 청소년에게는 MI 효과가 감소한다는 사실이 밝혀졌기 때문에 치료 내 조절 요인을 고려하는 것이 중요할 수 있다(Clair-Michaud et al., 2016). MI 개입이 적극적으로 실험되고 있는 또 다른 환경은 형사 사법 환경이다. 일반적으로, 연구 결과에 따르면 범죄자 및 보호 관찰 대상자를 치료에 참여시키는 데 있어 MI 개입에 대한 긍정적인 결과가 나타났으나 약물 사용을 감소시키는 데에는 그 결과가 다소 명확하지 않다(McMurran, 2009). 더불어, 체계적 문헌고찰에서는 암 환자들 사이에서 생활 습관 및 정신 문제를 관리하는 데 있어 MI 효과에 대한 강력한 도움을 발견했지만, 질병 자기관리에 있어 더 적절한 효과를 발견했다(Spencer & Wheeler, 2016). 또한 연구원들은 MI가 만성 통증을 가진 사람이나(Alperstein & Sharpe, 2016) 섭식장애가 있는 사람들(Macdonald et al., 2012)과 같은 다른 치료 인구층에서의 변화와 치료 참여를 위한 동기를 증가시키는 데 효과적일 수 있음을 보여 준다.

증거는 이러한 영역에서 MI의 효과를 광활하게 지지하지만, 결과는 계속해서 혼재될 것이다. 예를 들어, 일반적으로 구강 건강 개선에 대한 연구는 새로운 편이지만, 이 분야에 있어 MI 효과에 대한 증거는 아직 혼재되어 있다(Cascaes et al., 2014; Gao et al., 2014). 네 가지 메타 분석을 검토한 결과, Lundahl과 Burke(2009)는 비록 MI가 짧은 기간 동안 다른 효과적인 치료법들과 비교했을 때 비슷한 결과를 보여 주었지만, 그런 치료법들과 같은 '강한' 비교 집단과는 달리 표준 치료 또는 대기자 집단과 같은 '약한' 비교 집단과 비교했을 때 그 효능에 대해 확고한 증거를 보였다고 보고했다. 일반적으로 MI 효과의 크기나 강도는 각기 다른 연구들을 관리하기에는 작고 환자의 특성, 개입에 의해 지적받은 행동이나 증상, 또는 개입이 시행되는 형식에 따라 다양해질 수 있다(Lundahl & Burke, 2009; Lundahl et al., 2010, 2013; Madson et al., 2016). 예를 들어, 소수 민족 인구에서 MI가 더 효과적이라는 사실과 함께 민족성 및 소수 민족에 대한 MI 개입의 효과를 조사할 때 그 결과는 혼재된다(Hettema et al., 2005; Lundahl et al., 2010).

환자 특성 이 밖에 연구들은 MI가 전달되는 형식이 그것의 효과에 영향을 끼칠 수도 있다고 밝힌다. 한 메타 분석은 MI의 독립적 사용이 치료의 간단한 도입부(예를 들어, 추후 의학적 치료 또는 다른 행동치료에 참여를 늘리기 위한)로 가장 효과적일 수 있는 반면, 잘 알려진 MI의 각색본인 동기강화 치료법(motivational enhancement therapy)은 그것 스스로에게 효과적인 개입이 될 수 있음이 밝혀졌다(Lundahl & Burke, 2009). 또한 MI는 건강관리 환경에서 검사, 단기 개입, 치료 의뢰(Screening, Brief Intervention, Referral to Treatment: SBIRT) 접근법의 일부로 단일 개입 과정에서 자주 사용된다(Substance Abuse and MEntal Health Services Administration, 2013). MI의 단기 개입은 금연과 위험한 음주를 줄이는 데 긍정적인 결과를 보여 주었지만(Dunn et al., 2001; Vasilaki et al., 2006), 심각한 마약 사용에 대해 다룰 때는 결과가 다소 강력하지 않다(Mardsden et al., 2006; Saitz et al., 2014). 마지막으로, 집단에서의 MI 효과를 관찰하는 연구는 혼재된 결과를 보여 주지만, 집단 형식의 MI는 일대일 상황에서의 MI보다 그 효력이 떨어질 수 있다(D'Amico et al., 2013; Hustad et al., 2014; Lundahl & Burke, 2009).

MI가 효능이 있을지 여부에 대한 질문을 복잡하게 하는 한 가지 문제는 MI 치료 연구에서 그것의 실행과 관련하여 엄밀함이 부족하다는 것이다. 특히, 많은 연구에서 치료 충실도 또는 개입이 의도한 대로 수행되었음을 확인하는 과정에 대한 정보를 제공하지 못했다[예를 들어, MI 전달은 Miller와 Rollnick(2013)에 따른 설명에 충실했다는 것]. 그러므로 일부 연구에서는 의료진이 진실로 MI를 제공하지 않을 때, MI는 효과가 나지 않는다고 보고했을 수 있다. 한 연구에 따르면 공감 및 MI 정신 수준이 높게 나타나는 의사의 담당 환자는 MI 정신에 낮은 충실도를 지녔다고 평가된 의사의 담당 환자보다 상당히 더 좋은 결과를 보인 것을 발견했다(Spohr et al., 2016). 이 문제는 MI가 어떻게 적용되는지에 대해 질문한다. 긍정적인 변화를 유도하는 MI의 필수적인 '요소'는 무엇입니까? 이 질문은 아직 확실하게 답변되지는 않았지만 우리는 'MI는 어떻게 적용되는가?' 부분에서 MI의 '어떻게'에 해당되는 잘 알려진 것들을 살펴보겠다.

요약하자면 연구 문헌은 일반적으로 광범위하고 늘어나고 있는 문제적 행동 및 인구층의 다양성을 위한 효과적인 치료로서 MI와 그 각색된 형태를 지지한다. MI와 그 일반적인 각색본 중 하나인 동기강화 요법은 약물 중독을 위한 근거 기반 치료의 두 가지 주요한 개요서 속 근거 기반 실습으로 기재되어 있다[전국 근거 기반 프로그램 및 실습협회(the National Registry of Evidence-based Programs and Practice)(미국 보건복지부, 약물남용 및 정신건강 서비스청으로부터 후원받음), 그들의 레거시 프로그램(legacy program)의 일부로서 국가품질협회(National Quality Forum)(미국 보건복지부, 미국 의료 보장센터, Assistant Secretary for Planning and Evaluation으로부터 후원받음)]. 어떻게 MI가 적용되고 MI의 어떤 측면이 변화를 유발하는 데 필요한가는 급성장하는 연구 분야를 촉발시킨 질문이다.

어떻게 동기강화상담이 적용되는가

모든 치료법에서 치료 메커니즘을 확인하거나 치료에 필요한 요소를 확인하는 것은 치료를 개선하고 의료진에게 효과적으로 치료하는 방법을 훈련시키는 데 있어서 중요하다. MI가 어떻게 긍정적인 변화를 촉진하는지와 MI 내의 변화를 위한 어떤 메커니즘이 있는지 이해하는 것과 관련된 연구에서 최근에 유의미하게 증가되었다. 대부분의 이전 연구는 MI의 필수 성분을 확인하고 특성화하는 데 중점을 두었다. 특히, Miller와 Rollnick(1991, 2013)의 MI에 대한 설명에 기초하여, 치료사와 환자 절차는 긍정적인 변화를 추구하는 데 필요한 것으로 이론화되었다. 가장 최근에는 MI에 두 가지 필수적이고 유사한 과정이 이론화되었다. 그것은 지지적이고 협력적인 환경을 구축하는 MI 정신과 환자가 준비됐을 때 변화를 유도하는 네 가지 MI 특정 과정인 관계 형성하기, 초점 맞추기, 유발하기, 계획하기이다(Miller & Rollnick, 2013).

MI 정신이 중요한 변화의 메커니즘으로 작용한다는 것을 보여 주는 바람직한 증거가 있다. 체계적 문헌고찰은 1980년으로 거슬러 올라가 5,000명이 넘는 참가자를 포함한 37개의 연구에서 이루어졌다(Copeland et al., 2015). 잠재적인 변화의 메커니즘은 치료사의 행동(공감, MI 정신, 열린 질문하기, 반영하기, MI-일치적 행동, MI-불일치적 행동 같은 것들)과 환자 행동(변화 대화, 유지 대화, 자기 효능감, 자기 점검, 변화의 단계 모델, 동기부여, 계획하기, 치료 협조자, 결단의 강도, 통제감과 같은 것들)을 포함하여 조사했다. 치료사의 행동에 관해서, 모든 치료사의 행동들이 약간의 지지를 받았지만(적어도 한 연구는 관찰되고 있는 치료자의 행동의 의미 있는 매개효과를 보여 주었다.), 긍정적인 결과에 대한 가장 확고한 예측자는 MI 정신이었다. 요약하면, 더 높은 수준의 MI 정신을 보여 준 의사들이 담당하고 있는 환자는 더 좋은 결과를 나타냈다. 마찬가지로, 모든 환자의 행동들이 약간의 지지를 받았지만, 환자의 동기가 MI 치료 환경에서 변화의 가장 강력한 예측자였다. 흥미롭게도, 변화를 위한 자기 효능감은 가장 널리 연구된 잠재적인 변화 메커니즘 중 하나였지만, 그것이 변화를 위한 메커니즘으로 쓰인다고 말하는 증거는 없었다(Copeland et al., 2015). 19개의 연구(Apodaca & Longabaugh, 2009)를 포함하는 두 번째 메타 분석은 잠재적인 개입자로서 치료사의 행동(MI 정신, MI 일치적 행동, MI 불일치적 행동들, 특정 기술의 사용과 같은 것)과 환자 행동들(변화 대화/의도, 변화될 준비, 개입/참여, 저항, 불일치 경험과 같은 것)을 조사했다. Apodaca와 Longabaugh(2009)는 긍정적인 변화의 가장 일관된 예측 인자로 치료사의 낮은 수준의 MI-불일치적 행동과 높은 수준의 환자 변화 대화/의도, 그리고 불일치 경험을 찾아냈다.

구체적인 MI 과정에 대해서 증가하고 있는 연구는 잠재적인 변화 메커니즘처럼 환자 변화 대화를 불러일으키는 임상의들의 능력에 초점을 두고 있다. 오늘날 연구는 의료진의 행동이 환자로부터 변화 대화를 불러낼 수 있다고 보여 준다(Glynn & Moyers, 2010). 한 메타 분석 연구에서 MI 개입 안에서 변화 및 유지 대화에 대한 치료사 행동의 영향력을 관찰했다. 연구원들은 치료사의 MI-불일치적 행동이 낮은 비율의 변화 대화와 높은 비율의 유지 대화를 산출하는 반면, 그들의 MI-일치적 행동은 환자들에게서 높은 비율의 변화 대화를 산출한다고 밝혔다(Morgenstern et al., 2012). 그러나 한 연구에서는 세션 안에서 의사들과 환자 언어 사이의 쌍방 관계를 증명했기 때문에 그 관계가 더 복잡해질 수 있다. 특히, 의료진들은 긍정적인 반영으로 환자 변화 대화를 불러일으킬 수 있었고, 환자는 의료진들로부터 변화 대화로 긍정적인 반영을, 그리고 유지 대화로 부정적인 반영을 이끌어 낼 수 있었다(Bernett et al., 2014). 초기 연구에서 환자 변화 대화가 긍정적인 결과와 관련이 있다는 사실(예: Amrhein et al., 2003; Moyers et al., 2007; Strang & McCambridge, 2004)이 밝혀졌지만, 최근의 메타 분석에 따르면 변화 대화가 결과에 미치는 영향은 일관적이지 않다는 것이 발견되었다(Morgenstern et al., 2012). 이 영역에서의 연구는 계속되고 있으며, 향후 반복 과정을 통해 MI 주요 과정들의 개선점을 파악하는 데 도움이 될 수 있다.

요컨대, MI가 어떻게 적용되는지에 대한 논문은 복잡하고 점차 해당 연구 분야가 확장되고 있지만, 몇 가지 일관성을 나타낸다. 치료사의 MI 정신은 다양한 문제행동과 환자 집단 전반에서 더 나은 치료 참여 및 결과와 관련이 있는 것으로 보인다는 것이다. 또한 환자의 동기와 변화 대화가 긍정적인 변화의 잠재적 메커니즘으로 떠올랐다. 결과가 다소 강력하지 않음에도 불구하고 변화 및 유지 대화를 유발할 수 있는 의료진의 능력은 또 다른 가능성 있는 변화 요인이다. 이 분야에서 지속적인 연구와 가능성 있는 변화 메커니즘이 긍정적인 변화를 고무하기 위해 어떻게 서로 상호작용하는지 미묘한 관찰이 필요하다. 예를 들어, Miller와 Rose(2015)는 긍정적인 변화를 불러낼 수 있는 특정 MI와 일치하는 전략의 능력이 환자의 변화 준비 여부에 달려 있다는 것을 발견했다.

어떻게 동기강화상담을 배우는가

다양한 배경의 사람들이 건강 및 정신건강 전문가(예를 들어, 간호사, 영양사, 상담사, 사회복지사), 성직자, 그리고 동료를 포함한 비전문가들을 포함하여 MI를 배울 수 있다는 강력한 증거가 있다(Lundahl et al., 2010; Madson et al., 2009; Söderlund et al., 2011). 다양한 훈련 및 배경의 사람들이 MI를 배울 수 있다는 증거가 있는 반면, 일부 개인 및 의료진 집단은 다른 사람들보다 MI를 특히 더 쉽게 배울 수 있다는 증거가 있다. 예를 들어, 정신건강 의사, 약물 남용 치료사, 일반 의료서비스 제공자, 그리고 교도관들을 대상으로 한 MI 훈련 연구에서 정신건강 의사는 교육과정 동안 가장 적은 MI-불일치적 행동을, 그리고 교도관은 가장 많은 MI-불일치적 행동을 보였다(Schumacher et al., 2014). 또한 높은 공감 수준을 보이는 사람은 그 수준이 낮은 사람들보다 더 쉽게 MI를 배울 수 있다(Wolfe et al., 2013).

Miller와 Moyers(2006)는 의료진이 MI 철학과 정신에 대해 배우는 데 중점을 둔 초기 단계와 MI의 필수 과정, 특히 변화 대화를 유발하는 데에 더 초점을 맞춘 이후 단계를 통해 사람들이 MI 훈련 중 무엇을 하는지 설명하는 몇 가지 단계의 뼈대를 세웠다. 전형적으로 MI 훈련은 MI 전문가에 의해 대략 이틀에 걸쳐 진행되는 연수회로 시작한다(Madson et al., 2009). 동기강화상담 트레이너 조직(Motivational Interviewing Network of Trainers)이라고 불리는 의사들의 연결망이 있고, 그들은 MI 숙련도를 설명하고 MI 훈련과 감독 안에서 교육 받았다. 훈련은 보통 교수법과 경험적인 연습, 그리고 실제 상황극(예를 들어, 화자가 공유하기 안전하다고 느낄 수 있는 주제와 실제로 그들이 양면적인 감정을 느끼는 주제에 대해 토론하는 도우미와 화자 한 쌍)을 포함한다. 한 번의 MI 연수회가 의사 집단 사이에서 MI 정신을 크게 향상시킬 수 있다고 증명한 연구(예: Brug et al., 2007)가 있는 반면, 다른 연구는 의사들이 MI에 능숙해지는 데 있어 그 연수회는 충분하지 않다고 말한다(Miller & Mount, 2001). 하지만 지속적인 전화 지도나 녹음된 실습 세션에 있는 피드백을 받은 의사들은 그 숙련도를 통달할 수 있다(Miller et al., 2004). 훈련 연구에서 한 메타 분석이 실시되었고, 그 분석은 MI 연수가 연구 전반에 걸쳐 임상의들의 MI 기술에 상당한 이득을 창출했음을 증명했다. 그러나 MI 기술들은 평균 3~4회의 차후 연수회 피드백과 코칭 기간을 통해 유지된다(Schwalbe et al., 2014). 연수 과정에 참석하는 것은 좋은 출발점이 될 수 있지만, 이것은 MI를 진정으로 배우기 위해서 많은 의료진들이 MI를 통달한 사람으로부터 계속되는 감독이 필요하다고 제안한다.

내가 잘하고 있는지 어떻게 알 수 있는가

임상 연구가 표준치료와 다른 점 중 하나는 임상의들이 평가되는 범위이다. 표준치료에서 의료진들은 그들 스스로를 감독하거나 감독자들에게 개입과 환자 과정에 대한 간략한 설명을 제공함으로써 감독자들에게 평가된다.

대조적으로, 대부분의 조사 연구는 의료진들의 수행을 평가하기 위해 감독관과 외부 평가자를 포함한 다른 사람들을 이용한다. 조사 연구의 감독은 종종 테이프에 녹음되거나 비디오로 녹화되고, 피드백은 의료진들에게 제공된다. 반면, 외부 평가들은 일반적으로 연구 의사들에게 직접적으로 피드백을 제공하지 않음에도 불구하고, 그들은 세션 테이프를 듣거나 시청하고 평가 측정표를 작성한다. 조사 연구에서 의사들이 훨씬 더 철저하게 평가받는 이유는 치료 정확도를 보장하기 위함이다. 치료 정확도는 의사가 그 개입을 얼마나 잘 배울 수 있는지, 그리고 그들이 치료 방법, 연구 계획서 또는 이론적 접근 방법에 따라 그 개입을 얼마나 정확하게 전달할 수 있는지에 달려 있다(이번 장 뒤에 있는 〈표 12-3〉 참고). 치료 정확도는 여러 가지 이유로 임상 연구에서 중요하다. 첫째, 만약 의사가 그 개입을 배울 수 없다면, 그 개입은 실행 가능하지 않다는 것을 암시한다. 둘째, 만약 의사가 개입을 적절하게 전달하지 않으면, 환자의 결과가 개입의 결과인지 아니면 다른 요인에 의한 것인지를 아는 것이 불가능하게 될 것이다. 또한 의사가 표준화된 방식으로 개입을 수행할 수 없다면, 다른 연구자 및 의사들은 연구 결과를 사용할 수 없게 된다.

치료 정확도를 보장할 수 있는 첫 번째 단계는 의료진들 훈련시키기이다. "어떻게 동기강화상담을 배우는가?" 부분에 명시되어 있듯이, 훈련의 시작은 전형적으로 연수회를 포함한다. 훈련을 마친 후, 의료진들의 기술은 평가되며 주로 그들에게 '실험' 또는 '시험' 환자가 제공되고 그들이 지시받은 대로 개입을 수행하고 있는지 확인하기 위해 면밀히 관찰된다. 일단 그들이 숙달되면, 그들은 지속적인 감독하에 개입하는 것을 시작할 수 있다. 의료진들은 감독되고 녹음테이프나 비디오테이프, 혹은 직접적인 관찰을 통해 평가된다. 평가자들은 임상의들의 테이프나 관찰된 부분을 평가하기 위해 표준화된 측정표를 사용한다. 그들이 사용할 수 있는 수단들(〈표 12-2〉)이 많고, 그것들은 시간과 내용에 따라 다르다. 평가자는 일반적으로 MI에서 잘 훈련되고 개입에 대한 훌륭한 실무 지식을 갖추고 있다. 대부분의 정확도 측정은 평가자가 테이프를 검토한 다음 여러 항목에 대해 임상의들을 평가하도록 요구된다. 더욱이, 일부 측정표는 의료진이 평가 시간 동안 특정 임상의 행동의 행동 기록을 유지하도록 요구된다.

〈표 12-2〉에 나와 있는 평가 등급들은 일반적인 MI 형식의 도구들이다. 하지만 평가 등급은 그 설명서를 하나의 지침서처럼 사용하면서 개입과는 다른 항목들을 통합하기 위해 사용될 수 있다. 의료진들은 또한 개입 설명서나 개입의 실행을 위한 표준화된 다른 개입 자료들을 사용할 수 있다. 대부분의 연구는 훈련에 도움이 되고 정확도 보장을 위하여 지침서를 제공하지만, MI 연구의 메타 분석은 MI 지침서를 사용하지 않고 환자에 대하여 더 나은 결과를 냈다는 것을 보여 주었다(Hettema et al., 2005). 안타깝게도 많은 의료진들은, 특히 개입이 MI 이외에 다른 전략(예: CBT)을 포함할 때 매뉴얼이나 지침서 없이 개입을 배우는 것을 어려워한다.

또한 지침서와 주기적인 재훈련은 의사가 자신의 방식으로 돌아가 그 개입으로부터 멀어져 가는 표류 상황을 예방하는 데 도움이 된다. 의사들이 잘 훈련되고 개입에 잘 순응하는 상태로 남아 있도록 하는 것 외에도 연구자들은 오염이라고 불리는 것과도 관련이 있다. 오염은 의료진이 다른 개입 조건 요소에 노출되고 그것을 그들의 개입 실행에 포함할 때 발생한다. 연구원들은 임상의들이 별개의 장소에서 다른 개입을 사용하는 것을 포함하여 여러 가지 방법으로 이런 현상이 발생하는 것을 막으려고 한다. 임상의들을 면밀히 관찰하는 것 외에도, 환자·참가자에게 종종 개입과 또는 임상의에 대한 그들의 인식을 평가하도록 부탁받거나 측정표가 주어진다.

표 12-1 치료 참여, 변화 과정, 그리고 치료에 대한 만족을 평가하는 도구

척도 종류	구성 요소	평가 요소
Working Alliance Inventory (Horvath & Greenberg, 1989)	7점 리커트 척도로 평가되는 36가지 항목 치료사용, 내담자용, 관찰자용	과제에 대한 동의, 목표에 대한 동의, 치료사와 내담자 사이의 유대감 정도에 대한 점수

The Working Alliance Inventory-Short Form Revised(Hatcher & Gillaspy, 2006)	5점 리커트 척도로 평가되는 12가지 항목 치료사용, 내담자용	과제에 대한 동의, 목표에 대한 동의, 치료사와 내담자 사이의 유대감 정도에 대한 점수
Helping Alliance Questionnaire-II (Luborsky et al., 1996)	6점 리커트 척도로 평가되는 19가지 항목 치료사용, 내담자용	도움을 준 협조자에 대한 전반적인 점수
California Psychotherapy Alliance Scale (Gaston & Marmar, 1994)	7점 리커트 척도로 평가되는 24가지 항목 치료사용, 내담자용	전반적인 치료 협조자와 네 가지 척도에 대한 점수: 환자 업무/작업 능력, 환자 결단, 치료사의 이해와 참여도, 작업 계획의 의견일치
URICA(Blanchard et al., 2003; McConnaughy et al., 1982)	5점 리커트 척도로 평가되는 32가지 항목	네 가지 변화의 단계 모델에 대한 점수-전숙고 단계, 숙고 단계, 실행 단계, 유지 단계-와 변화에 대한 준비도와 실행 단계를 위한 약속에 관한 점수
Stages of Change Algorithm (Velicer et al., 1995)	3~5단계 질문	개별적인 변화의 단계 모델에 사람을 배치함: 전숙고 단계, 숙고 단계, 준비 단계, 실행 단계, 유지 단계
SOCRATES(Miller & Tonigan, 1996)	5점 리커트 척도로 평가되는 19가지 항목	양가감정, 인지, 단계를 밟는 것에 대한 점수
Decisional Balance Scale (Velicer et al., 1985)	5점 리커트 척도로 평가되는, 행동 변화에 따라 10~20가지 항목	변화에 대한 장단점 점수
Treatment Motivation Scale (Knight et al., 1994)	5점 또는 7점 리커트 척도로 평가되는 29가지 항목	전반적인 치료 준비도 점수
Client Satisfaction Questionnaire (Larsen et al., 1979)	4점 리커트 척도로 평가되는 8가지 항목	치료에 대한 전반적인 만족도 점수

주: SOCRATES = Stages of Change Readiness and Treatment Eagerness Scale; URICA = University of Rhode Island Change Assessment.

동기강화상담이 환자에게 효과를 보이는지 어떻게 알 수 있는가(나의 환자들은 변하고 있는 것인가)

대부분의 개입과 마찬가지로 개별 환자와 환자 집단 모두에게 MI가 효과 있는지 확인하는 몇 가지 방법이 있다. 연구자와 의료진이 개입의 효과 여부를 결정하는 가장 일반적인 방법 중 하나는 특정 환자의 목표 지향적 결과를 뒤쫓는 것이다. 표준치료에서 개인의 목표 지향적 결과는 환자가 변화하거나 개선하기를 희망하는 결과이다. 예를 들어, 환자는 자신의 우울한 증상이나 마약 사용을 줄이고 싶어 할 수 있다. 개인의 목표 지향적 결과는 종종 치료 계획이나 벡 우울 척도(Beck Depression Inventory)(Beck et al., 1996), 또는 소변 독성물질 검사와 같은 임상 도구를 포함한 객관적 평가의 정기적인 사용을 통해 정기적으로 관찰된다. 만일 환자가 그들의 목표 지향적 결과에 변화를 보인다면(즉, 벡 우울 척도에서 낮은 점수를 받은 경우) 개입이 효과가 있다는 것을 암시한다. 그러나 개입이 개인에게 효과를 보이는 정도와 외부 요소가 결과에 영향을 미칠 수 있는 정도를 결정하는 것은 어렵다. 개입이 변화의 주된 요소라는 것에 더 확신을 갖는 한 가지 방법은 환자 집단 내의 변화를 검사하거나 다른 개입을 받는 서로 다른 두 집단의 환자들을 비교하는 것이다. 개인의 목표 지향적 결과를 붕괴시킴으로써 집단 결과를 찾아낼 수 있다. 예를 들어, 알코올 치료 프로그램에서 모든 환자들의 금주일을 추적할 수 있다. 하지만 환자 개개인이 종종 다른 목표 지향적 결과를 낳기 때문에 보다 일반적인 표준치료 환경에서는 이 접근법이 어려울 수 있다.

목표 지향적인 결과 외에도 환자는 과정 결과에 변화를 나타낼 수 있다. 과정 결과에는 치료, 치료 협조, 또는 서비스 만족도에서 환자의 참석/유지가 포함된다. 이러한 일반적인 과정 결과 외에도 변화를 위한 동기강화 및 변화 단계 모델을 포함한 MI 관련 과정 결과가 있다. 변화 단계 모델은 전숙고 단계, 숙고 단계, 준비 단계, 실행 단계, 유지 단계로 구성되어 있다(Prochaska &

DiClemente, 1983). **전숙고 단계**는 환자가 문제가 있다고 믿지 않거나 문제를 인지하지만 변화를 원하지 않을 때를 말한다. **숙고 단계**는 환자가 그들의 문제적인 행동을 고치는 것에 대해 생각하기 시작하는 때이고, **준비 단계**는 환자가 계획을 세우기 시작하거나 변화를 향한 첫 발걸음을 내딛기 시작할 때이다. **실행 단계**는 환자가 행동 변화에 완전히 참여하기 시작하는 반면, **유지 단계**는 행동 변화가 일정 기간 지속될 때 일어난다. 환자는 초기 변화 단계(즉, 전숙고 단계, 숙고 단계) 중 한 단계부터 치료를 시작할 수 있으며, 개입을 평가하는 한 가지 방법은 환자가 변화 단계를 따라 움직이는지 아닌지 결정하는 것이다. 개별 환자의 경우, 치료 시작 시점에서 그들의 변화 단계를 차후 다양한 시점(예를 들어, 3개월에 한 번, 치료 중간 지점, 치료 끝에서)에서의 그들의 변화 단계와 비교할 수 있다. 환자 집단을 관찰할 때 누군가는 치료 초기에 다른 변화의 단계에 있는 환자 비율을 이후 시점에서의 환자 비율과 비교하고 싶어 할지도 모른다. 변화 과정을 측정하는 또 다른 방법은 변화에 대한 준비 상태나 동기에 대한 보다 일반적인 개념을 측정하는 것이다. 변화에 대한 준비는 유동적인 방식으로 모든 단계에 대해 생각하는 방법이다. 전숙고 단계의 환자는 변화의 연속체에 대한 준비 상태가 가장 낮고 준비 단계의 환자는 가장 높다. 변화 과정을 평가하기 위한 표준화된 방법은 〈표 12-3〉에서 볼 수 있다. 대부분의 것들은 매우 짧고 관리와 점수 매기기가 쉽다.

세션 내 과정은 개인이나 집단을 대상으로 실시될 수도 있지만, 이것은 종종 시간이 많이 소요되고 어려운 작업이다. 환자 언어가 행동 변화의 좋은 지침이라는 초기 증거가 있기 때문에 환자가 그 세션 동안 사용하는 언어를 살펴보면서 세션 내 진행 과정을 평가할 수 있다(Amrhein et al., 2003; Apodaca & Longabaugh, 2009; Moyers et al., 2007; Strang & McCambridge, 2004). 환자 언어를 평가할 때, 세션을 녹음 또는 녹화하거나 공식적인 코딩 시스템을 사용하여 변화 대화와 유지 대화의 유무와 또는 의료진의 반영의 가치를 평가하는 것이 필요할지도 모른다.

표 12-3 동기강화상담(MI)을 시행하는 동안 순응도와 능숙도를 평가하는 도구

척도 종류	구성 요소	측정 요소
Motivational Interviewing Treatment Integrity(MITI) Coding Manual 4.2.1[a]	5점 리커트 척도의 세계 점수와 치료사의 행동 점수, 이 두가지 요소를 포함한 행동 코딩 시스템	네가지 관점(변화 대화 양성, 유지 대화 약화, 협동정신, 공감)에 대한 국제적 점수; 행동 기록물(질문, 설득, 반영, MI 순응적 · 불순응적 행동)
Motivational Interviewing Skills Code(MISC; Moyers et al., 2003)	7점 리커트 척도를 사용한 서로 다른 3개의 척도에 대한 녹음/ 녹화 테이프의 세 가지 견해	세 가지 평가 항목: 국제 치료사 평가(수용, 평등주의, 공감, 진실성, 따뜻함, MI 정신), 국제적 상호작용 점수(협력 점수와 상호작용의 이점)
Behavior Change Counseling Index(BECCI; Lane et al., 2005)	5점 리커트 척도로 평가되는 11가지 항목의 체크 리스트	MI의 네 가지 분야의 점수: 안건 설정, 허락 구하기, 행동 변화의 이유와 방법, 전체 상담, 목표에 대한 대화
Yale Adherence Competence Scale(YACS; Carroll et al., 2000)	추가적인 MI 특정 항목을 포함한 모든 정신치료사에게 공통적인 요소를 평가하기 위한 50가지 항목	세 가지 일반 평가(평가, 일반적인 도움, 치료)와 세 가지 구체적인 평가(임상적 관리, 12단계 소통, 인지 행동적 관리); 순응도(기술이 얼마나 자주 사용되는지) 그리고 능숙도(그 기술이 얼마나 잘 사용되는지)에 대한 평가
Independent Tape Rater Scale(ITRS)[b]	YACS가 각색된 7점 리커트 응답 형식의 39가지 항목 척도	세 가지 평가: MI 일치적 개입, MI 불일치적 개입, 일반적인 약물 남용 상담 개입
Sequential Code for Observing Process Exchanges(SCOPE)[c]	MICS와 Commitment Language Coding System (Amrhein et al., 2003)이 각색됨, 환자-치료사의 소통, 치료 과정, 환자 결과에 초점을 맞춘 순차적인 코딩 시스템	치료사 행동 항목(조언, 인정, 직면, 질문, 반영 등); 내담자 행동 항목(질문, 결심 공약, 언어, 능력, 필요, 이유, 실천하기)

Motivational Interviewing Supervision and Training Scale(MISTS; Madson et al., 2005)	7점 리커트 척도로 평가되는 치료사 반응의 행동 점수와 자질, MI 충실도, 치료사 개입의 효과에 대한 16가지 항목 세계 평가	열린 질문, 반영 및 MI 측면에 대한 16가지 국제적 평가(단순 · 복합 반영, 저항에 대한 대처, MI 정신)
Motivational Interviewing Target Scheme(MITS 2.1; Allison et al., 2012)	4점 리커트 척도로 평가되는 10명의 치료사 행동에 대한 행동 점수	10명의 치료사 반응(활동 강조, 태도, 공감, 협동)에 대한 행동 점수
Video Assessment of Simulated Encounters-Revised(VASE-R; Rosengren et al., 2008)	총점과 가상 내담자의 소품문(小品文, vignette)에 대한 응답자 기술의 5개 하위 점수를 산출하는 18개 항목	응답자의 행동(경청, 저항에 대한 대응, 요약, 변화 대화 유도, 불일치 개선) 평가

a: T.B. Moyers, J.K. Manuel, D. Ernst, "Motivational Interviewing Treatment Integrity Coding Manual 4.2.1," 미출간 지침서, 2015년도 6월.

b: S.A. Ball, S. Martino, J.Corvino, et al., "Independent Tape Rater Guide," 미출간 정신치료 테이프 평가 지침서, New Haven, CT, 정신건강 의학 학부, 약물 남용과, 예일 대학교 의학 대학원, 2002년도 2월.

c: T. Martin, T.B. Moyers, J.M. Houck, et al., "Motivational Interviewing Sequential Code for Observing Process Exchanges (MI-SCOPE) Coder's Manual," 미출간 원고, 앨버커키시(市), 뉴멕시코 주립대학교, 알코올 중독, 약물 남용, 중독 센터, 2005. 참고: http://casaa.umm.edu/download/scope.pdf.

동기강화상담을 임상적으로 사용했을 때와 연구 안에서 사용했을 때가 어떻게 다른가

이번 장에서는 MI 과학에서 중요한 많은 측면들을 다루었다. 연구는 MI와 다른 유형의 개입을 구별할 수 있는 능력이 필요하다. 또한, MI는 다양한 문제 행동과 증상에 효과적인 개입이라고 밝히는 많은 연구들이 있다. 임상 실습 대(對) 연구에서 MI 사용과 관련하여 주요 차이점 중 하나는 연구가 표준화된 개입을 필요로 한다는 것이다. 표준화라는 말은 모든 연구 의료진들이 동일한 개입을 수행한다는 것을 말한다. 이것은 종합적인 임상의 교육(시작하거나 진행되고 있는) 및 그들의 역량을 결정하는 평가로 시작된다. 일부 임상의들은 연구에 참여할 만큼 MI에 충분히 능숙해지지 않을 수 있으며, MI는 배우는 데 많은 시간이 소요될 수 있다. 그러나 다양한 배경을 가진 많은 사람들은 성공적으로 MI 훈련을 받았다. 훈련 외에도 치료 충실도가 보장되어야만 한다. 연구 중에 이는 표준화된 평가를 끝마친 평가자에 의해 종종 측정되지만 연구 의료진에게 피드백이 제공되는 경우는 거의 없다. 연구 의료진들은 주로 계속 진행되고 있는 그들의 엄격한 수행평가와 연구를 통해 녹음, 또는 녹화된 집중적인 감독을 받는다.

개입의 사용에 차이가 있는 것 외에도 연구원들은 일반적으로 개별 환자의 변화와 반대로 환자 집단의 변화를 관찰한다. MI 개입에 변화를 나타내기 위해 연구자들은 MI 개입 집단을 다른 유형의 개입을 받은 집단(예: 대조군) 또는 전혀 개입을 받지 않은(예: 통제 집단) 환자 집단과 비교한다. 또한 연구는 기관생명윤리위원회(Institutional Review Boards)라고 불리는 기관위원회의 특별 허가 및 감독이 필요하다. 이 위원회는 연구에 참여하는 환자가 윤리적으로 치료 받을 수 있도록 모든 연구 절차를 검토한다. 연구 참여자의 윤리적인 치료에는 각 참여자의 사전 동의서를 작성할 것과 위험을 넘어서 연구에 참여하는 것의 잠재적인 이점을 확인하는 것이 포함된다. 사전 동의서는 참가자가 연구 절차, 기간 및 연구 중의 위험과 이점에 대해 알고 있는 것을 말한다. 마지막으로, 연구는 임상의와 연구자의 광범위한 독자들과 결과를 공유할 수 있는 능력에서 일반적인 실습과 다르다.

실제 환경에서 동기강화상담이 정확하게 구현될 수 있는가

실행과학(Implementation science)은 통제된 조건하에서 개발된 연구 결과가 얼마나 유망하게 임상 실습 및 건강 보건 정책 속으로 변환되는지 연구하는 것이다. 이 비교적 새로운 조사 분야는 임상의, 관리자 및 기타 이해 관계자의 행동이 MI와 같은 근거 기반 개입의 이행에 어떻게 영향을 미치는지 이해하고자 한다. 실행과학의 의도는 다른 환경에서의 성공적인 실행을 방해하는 장애물(철학적, 사회적, 행동적, 경제적, 시스템 적인)을 확인하고 해결하며 상황이 많이 규제되지 않은 현실 세계에서 새로운 치료 접근법의 효과를 시험하는 것이다.

중독과 다른 문제적 행동에 대한 MI의 효능은 많은 연구 조사를 통해 확인되었다(Lundahl & Burke, 2009; Lundahl et al., 2010, 2013; Madson et al., 2016). 결과적으로 의료진, 치료 시설, 임상 훈련 프로그램은 이러한 접근 방식에 점점 더 관심을 갖게 되었다. 다시 말해, 연구 환경이 아닌 곳에서의 MI 실현은 개입자의 전문성과 제공되는 기관의 지원 정도에 따라 크게 달라진다. 의료진이 MI를 배우기 위한 '어떻게 동기강화상담을 배우는가' 부분에서 언급했듯이, 프로그램은 초기 교육에 상당한 투자를 필요로 할 뿐만 아니라 전문가의 지속적인 도움과 감독을 제공한다. 이것은 예산이 이미 제한되어 있고 높은 빈도의 직원 교체가 관찰되는 많은 치료 환경에 대해 비용이 많이 들 수 있다. 의료진이 MI를 실제 상황에 사용할 수 있는 가능성에 대한 우려로 인해 일부 연구원들은 새롭고 간결하며 가속화된 교육과 감독의 발전을 지지한다(Madson et al., 2016).

한 가지 대안은 MI 개입을 시행할 수 있도록 동료를 교육하는 것이 될 수 있다. HIV 양성 반응 동료가 MI 개입을 진행을 위한 훈련받을 수 있다는 증거가 있지만, 그 동료가 숙달도를 통달하기 위해서는 의사들과 비교했을 때 더 강도 높은 훈련이 요구되며, 동료들은 MI 소통 방식(충고를 주는 것 대신 반영적인 경청과 같은)에 적응하는 데 어려움이 있었다(Wolfe et al., 2013). 또 다른 가능성 있는 대안은 치료 시행에 기술을 통합하는 것이 될 수 있다. 기술 기반(즉, 웹 사이트 기반, 컴퓨터 기반의 방법론과 같은)의 MI 개입에 대한 최근 조사는 환자가 이런 개입의 수용 가능성 및 또는 선호도를 매우 높게 평가했다고 보고했다. 또한, 기술 기반 MI 개입은 일반적으로 효과가 있는 것으로 밝혀졌으며 그들은 긍정적인 행동 및 심리적 변화를 촉진하기 위해 노력했다

(Shingleton & Palfai, 2016). 기술 기반 개입이 바람직한 충실도와 함께(가능하다면 한정적인 의료진 훈련도 함께) 쉽게 접근할 수 있고 가성비 있는 개입을 제공할 수 있다고 가정할 때 , 기술 기반 MI 개입은 환자 결과를 개선하고 치료사 비용과 부담을 최소화하기 원하는 프로그램을 위한 매력적인 선택이 될 수 있다.

결론

MI 이면에 있는 과학은 수많은 중요한 발견들을 포함한다. MI는 치료를 받지 않는 것보다 우월하며 상대적으로 간결함에도 불구하고 다른 활성 치료법과 동등한 수준이다. 개입의 충실도 측정은 임상시험 사이에서 성장하고 있지만, MI 사용을 주장하는 많은 시험들에서 여전히 부족하며, 그 충실도는 정신 및 방법에 대한 능숙한 사용 또는 충실함을 보여 주는 증거를 제시하지 못한다. 마지막으로, MI에서의 결과-과정 관계에 대한 연구는 복잡하며 계속 진행 중에 있다. MI의 방법은 긍정적인 변화를 유도하는 데 중요한 MI 정신에 대한 강력한 도움으로 명확해지고 있다. 잠재적 메커니즘과 환자 특성 사이의 상호작용이 복잡함에도 불구하고, 환자에게 긍정적인 변화를 유도하기 위해 변화 대화를 일으키는 것은 그다지 도움이 되지 않는다. MI에서 결과-과정 관계에 대한 더 많은 정보가 축적됨에 따라 MI의 경험적 모델, 그리고 아마도 심리치료의 발전에 영향을 줄 것이다.

• 참고문헌 •

Acosta M, Haller, DL, Ingersoll K: The science of motivational interviewing, in Handbook of Motivation and Change. Edited by Levounis P, Arnaout, B. Washington, DC, American Psychiatric Publishing, 2010, pp 237-254

Allison J, Bes R, Rose G: Motivational Interviewing Target Scheme (MITS 2.1): An

Instrument for Practitioners, Trainers, Coaches and Researchers. Hilversum, The Netherlands, MiCampus, 2012

Alperstein D, Sharpe L: The efficacy of motivational interviewing in adults with chronic pain: a meta-analysis and systematic review. J Pain 17(4):373-403, 2016 26639413

Amrhein PC, Miller WR, Yahne CE, et al: Client commitment language during motivational interviewing predicts drug use outcomes. J Consult Clin Psychol 71(5):862-878, 2003 14516235

Apodaca TR, Longabaugh R: Mechanisms of change in motivational interviewing: a review and preliminary evaluation of the evidence. Addiction 104(5):705-715, 2009 19413785

Barnett E, Spruijt-Metz D, Moyers TB, et al: Bidirectional relationships between client and counselor speech: the importance of reframing. Psychol Addict Behav 28(4):1212-1219, 2014 24955660

Beck AT, Steer RA, Brown GK: Beck Depression Inventory. San Antonio, TX, Psychological Corporation, 1996

Blanchard KA, Morgenstern J, Morgan TJ, et al: Motivational subtypes and continuous measures of readiness for change: concurrent and predictive validity. Psychol Addict Behav 17(1):56-65, 2003 12665082

Brug J, Spikmans F, Aartsen C, et al: Training dietitians in basic motivational interviewing skills results in changes in their counseling style and in lower saturated fat intakes in their patients. J Nutr Educ Behav 39(1):8-12, 2007 17276321

Carroll KM, Nich C, Sifry RL, et al: A general system for evaluating therapist adherence and competence in psychotherapy research in the addictions. Drug Alcohol Depend 57(3):225-238, 2000 10661673

Cascaes AM, Bielemann RM, Clark VL, et al: Effectiveness of motivational interviewing at improving oral health: a systematic review. Rev Saude Publica 48(1):142-153, 2014 24789647

Clair-Michaud M, Martin RA, Stein LA, et al: The impact of motivational interviewing on delinquent behaviors in incarcerated adolescents. J Subst Abuse Treat 65:13-19, 2016 26517954

Copeland L, McNamara R, Kelson M, et al: Mechanisms of change within motivational interviewing in relation to health behaviors outcomes: a systematic review. Patient Educ Couns 98(4):401-411, 2015 25535015

Cushing CC, Jensen CD, Miller MB, et al: Meta-analysis of motivational interviewing for adolescent health behavior: efficacy beyond substance use. J Consult Clin Psychol 82(6):1212-1218, 2014 24841861

D'Amico EJ, Hunter SB, Miles JN, et al: A randomized controlled trial of a group motivational interviewing intervention for adolescents with a first time alcohol or drug offense. J Subst Abuse Treat 45(5):400-408, 2013 23891459

Dunn C, Deroo L, Rivara FP: The use of brief interventions adapted from motivational interviewing across behavioral domains: a systematic review. Addiction 96(12):1725-1742, 2001 11784466

Gao X, Lo EC, Kot SC, et al: Motivational interviewing in improving oral health: a systematic review of randomized controlled trials. J Periodontol 85(3): 426-437, 2014 23805818

Gaston L, Marmar CR: The California Psychotherapy Alliance Scales, in The Working Alliance: Theory, Research, and Practice. Edited by Horvath AO, Greenberg LS. Oxford, UK, Wiley, 1994, pp 85-105

Glynn LH, Moyers TB: Chasing change talk: the clinician's role in evoking client language about change. J Subst Abuse Treat 39(1):65-70, 2010 20418049

Hatcher RL, Gillaspy JA: Development and validation of a revised short version of the Working Alliance Inventory. Psychother Res 16(1):12-25, 2006

Hettema J, Steele J, Miller WR: Motivational interviewing. Annu Rev Clin Psychol 1:91-111, 2005 17716083

Horvath AO, Greenberg L: Development and validation of the Working Alliance Inventory. J Couns Psychol 36(2):223-233, 1989

Hustad JT, Mastroleo NR, Kong L, et al: The comparative effectiveness of individual and group brief motivational interventions for mandated college students.

Psychol Addict Behav 28(1):74-84, 2014 24731111

Jensen CD, Cushing CC, Aylward BS, et al: Effectiveness of motivational interviewing interventions for adolescent substance use behavior change: a meta-analytic review. J Consult Clin Psychol 79(4):433-440, 2011 21728400

Jones A, Gladstone BP, Lübeck M, et al: Motivational interventions in the management of HbA1c levels: a systematic review and meta-analysis. Prim Care Diabetes 8(2):91-100, 2014 24525286

Knight K, Holcom M, Simpson DD: TCU Psychosocial Functioning and Motivation Scales: Manual on Psychometric Properties. Fort Worth, Texas Christian University, Institute of Behavioral Research, 1994

Lane C, Huws-Thomas M, Hood K, et al: Measuring adaptations of motivational interviewing: the development and validation of the Behavior Change Counseling Index (BECCI). Patient Educ Couns 56(2):166-173, 2005 15653245

Larsen DL, Attkisson CC, Hargreaves WA, et al: Assessment of client/patient satisfaction: development of a general scale. Eval Program Plann 2(3):197-207, 1979 10245370

Luborsky L, Barber JP, Siqueland L, et al: The revised Helping Alliance Questionnaire (HAq-II): psychometric properties. J Psychother Pract Res 5(3):260-271, 1996 22700294

Lundahl B, Burke BL: The effectiveness and applicability of motivational interviewing: a practice-friendly review of four meta-analyses. J Clin Psychol 65(11):1232-1245, 2009 19739205

Lundahl BW, Kunz C, Brownell C, et al: A meta-analysis of motivational interviewing: twenty-five years of empirical studies. Res Soc Work Pract 20(2):137-160, 2010

Lundahl B, Moleni T, Burke BL, et al: Motivational interviewing in medical care settings: a systematic review and meta-analysis of randomized controlled trials. Patient Educ Couns 93(2):157-168, 2013 24001658

Macdonald P, Hibbs R, Corfield F, et al: The use of motivational interviewing in eating disorders: a systematic review. Psychiatry Res 200(1):1-11, 2012

22717144
Madson MB, Campbell TC, Barrett DE, et al: Development of the Motivational Interviewing Supervision and Training Scale. Psychol Addict Behav 19(3):303-310, 2005 16187810
Madson MB, Loignon AC, Lane C: Training in motivational interviewing: a systematic review. J Subst Abuse Treat 36(1):101-109, 2009 18657936
Madson MB, Schumacher JA, Baer JS, et al: Motivational interviewing for substance use: mapping out the next generation of research. J Subst Abuse Treat 65:1-5, 2016 26971078
Marsden J, Stillwell G, Barlow H, et al: An evaluation of a brief motivational intervention among young ecstasy and cocaine users: no effect on substance and alcohol use outcomes. Addiction 101(7):1014-1026, 2006 16771893
McConnaughy EA, Prochaska JO, Velicer WF: Stages of change in psychotherapy: measurement and sample profiles. Psychotherapy: Theory Research & Practice 20(3):368-375, 1982
McMurran M: Motivational interviewing with offenders: a systematic review. Legal and Criminological Psychology 14(1):83-100, 2009
Miller WR, Mount KA: A small study of training in motivational interviewing: does one workshop change clinician and patient behavior? Behav Cogn Psychother 29(4):457-471, 2001
Miller WR, Moyers TB: Eight stages in learning motivational interviewing. Journal of Teaching in the Addictions 5(1):3-17, 2006
Miller WR, Rollnick S: Motivational Interviewing: Preparing People for Change. New York, Guilford, 1991
Miller WR, Rollnick S: Motivational Interviewing: Helping People Change, 3rd Edition. New York, Guilford, 2013
Miller WR, Rose GS: Toward a theory of motivational interviewing. Am Psychol 64(6):527-537, 2009 19739882
Miller WR, Rose GS: Motivational interviewing and decisional balance: contrasting responses to client ambivalence: Behav Cogn Psychother 43(2):129-141, 2015

24229732

Miller WR, Tonigan JS: Assessing drinkers' motivation for change: the Stages of Change Readiness and Treatment Eagerness Scale(SOCRATES). Psychol Addict Behav 10(2):81-89, 1996

Miller WR, Yahne CE, Moyers TB, et al: A randomized trial of methods to help clinicians learn motivational interviewing. J Consult Clin Psychol 72(6):1050-1062, 2004 15612851

Morgenstern J, Kuerbis A, Amrhein P, et al: Motivational interviewing: a pilot test of active ingredients and mechanisms of change. Psychol Addict Behav 26(4):859-869, 2012 22905896

Moyers T, Martin T, Catley D, et al: Assessing the integrity of motivational interviewing interventions: reliability of the Motivational Interviewing Skills Code. Behav Cogn Psychother 31:177-184, 2003

Moyers TB, Martin T, Christopher PJ, et al: Client language as a mediator of motivational interviewing efficacy: where is the evidence? Alcohol Clin Exp Res 31(10suppl):40s-47s, 2007 17880345

Moyers TB, Manuel JK, Ernst D: Motivational Interviewing Treatment Integrity Coding Manual 4.2.1, unpublished manual, June 2015

Prochaska JO, DiClemente CC: Stages and processes of self-change of smoking: toward an integrative model of change. J Consult Clin Psychol 51(3):390-395, 1983 6863699

Rosengren DB, Hartzler B, Baer JS, et al: The Video Assessment of Simulated Encounters-Revised (VASE-R): reliability and validity of a revised measure of motivational interviewing skills. Drug Alcohol Depend 97(1-2):130-138, 2008 18499356

Rubak S, Snadbaek A, Lauritzen T, et al: Motivational interviewing: a systematic review and meta-analysis. Br J Gen Pract 55(513):305-312, 2005 15826439

Saitz R, Palfai TP, Cheng DM, et al: Screening and brief intervention for drug use in primary care: the ASPIRE randomized clinical trial. JAMA 312(5):502-513, 2014 25096690

Schumacher JA, Madson MB, Nilsen P: Barriers to learning motivational interviewing: a survey of motivational interviewing trainers' perceptions. J Addict Offender Couns 35(2):81-96, 2014

Schwalbe CS, Oh HY, Zweben A: Sustaining motivational interviewing: a meta-analysis of training studies. Addiction 109(8):1287-1294, 2014 24661345

Shingleton RM, Palfai TP: Technology-delivered adaptations of motivational interviewing for health-related behaviors: a systematic review of the current research. Patient Educ Couns 99(1):17-35, 2016 26298219

Söderlund LL, Madson MB, Rubak S, et al: A systematic review of motivational interviewing training for general health care practitioners. Patient Educ Couns 84(1):16-26, 2011 20667432

Spencer JC, Wheeler SB: A systematic review of motivational interviewing interventions in cancer patients and survivors. Patient Educ Couns 99(7):1099-1105, 2016

Spohr SA, Taxman FS, Rodriguez M, et al: Motivational interviewing fidelity in a community corrections setting: treatment initiation and subsequent drug use. J Subst Abuse Treat 65:20-25, 2016 26365536

Strang J, McCambridge J: Can the practitioner correctly predict outcome in motivational interviewing? J Subst Abuse Treat 27(1):83-88, 2004 15223098

Substance Abuse and Mental Health Services Administration: Systems-level implementation of screening, brief intervention, and referral to treatment. Technical Assistance Publication Series 33. HHS Publication No (SMA) 13-4741. Rockville, MD, Substance Abuse and Mental Health Services Administration, 2013

Vasilaki EI, Hosier SG, Cox WM: The efficacy of motivational interviewing as a brief intervention for excessive drinking: a meta-analytic review. Alcohol Alcohol 41(3):328-335, 2006 16547122

Velicer WF, DiClemente CC, Prochaska JO, et al: Decisional balance measure for assessing and predicting smoking status. J Pers Soc Psychol 48(5):1279-1289, 1985 3998990

Velicer WF, Fava JL, Prochaska JO, et al: Distribution of smokers by stage in three representative samples. Prev Med 24(4):401-411, 1995 7479632

Wolfe H, Haller DL, Benoit E, et al: Developing Peer Link to engage out-of-care HIV+ substance users: training peers to deliver a peer-led motivational intervention with fidelity. AIDS Care 25(7):888-894, 2013 23230862

학생 시절 회상

Mike Wang

예일 대학 의학 대학원 3학년

미래의 의사로서, 우리는 환자 진료에서 근거 기반 및 표준화된 치료법의 구현이 치료 변화의 객관적인 측정에 중요하다는 점을 인식하여 자신의 치료 성과를 향상시키는 방법에 대한 피드백의 믿음직한 근거를 제공하는 것이 필요하다. 근거 중심의 개입은 또한 의학의 경제적 분석을 간소화하며, 이러한 간소화는 건강관리 비용의 급증 시대에 절실히 필요하다.

청소년의 약물 사용 감소, 건강 행동 개선, 암 환자 사이의 생활 방식 문제 관리 등과 같이 많이 다른 인구층에서 다양한 심리사회적 문제에 대한 효과적인 치료 방법으로써 동기강화상담(MI)의 사용을 뒷받침하는 광범위한 증거가 있다. 이것에 대한 경고는 비록 통계적으로 중요하기는 하지만, MI의 효과 크기는 일반적으로 제한적이며 MI가 다른 효과적인 개입과는 달리 표준치료 또는 대기자 명단 집단과 비교될 때 가장 큰 효능을 보인다는 것이다. 효과 크기가 크지 않은 잠재적 이유는 연구 전반에 걸친 MI 실현의 표준화 및 엄격함의 결핍이며, 이는 향후 연구에서 더 연구될 필요가 있다.

MI의 상대적으로 간결한 시행에도 불구하고 긍정적인 행동 변화를 일으키는 비교적 강력한 도구와 같은 MI 논문 속 근거를 감안할 때, 교습생이자 미래의 의사로서 내가 나의 환자에게 MI를 사용할 것이라는 것은 거의 확실하다. 그러나 MI를 충실히 실천하기 위해 적절한 훈련을 받는 것이 무엇보다도 가장 중요하다고 생각하며, 근거 기반 MI 개입을 벗어나지 않기 위해 지속적인 감독과 피드백이 필요하다. 실생활환경에서 엄격하고 표준화된 MI를 구현하는 데 있어 엄청난 높은 비용 장벽을 가능성 있게 극복하기 위해서는 향후 연구와 개발이 필요하다. MI 개입에서 동료 기반 또는 기술 전달 방식과 같은 새로운 실행 방식의 전망 또한 이 근거 기반 치료의 미래에 대해 매우 흥미롭다.

부록 1

동기와 변화의 핵심 포인트

제2장 동기강화상담의 기본 개념

- 변화는 자연적이고 내재적인 것이며 지지적이면서도 지시적인 접근 방법으로 인해 촉진될 수 있다.
- 동기강화상담(MI)은 환자 중심의 청취기술과 환자의 변화를 위한 동기 및 결심 공약(commitment)을 유도하는 방법을 혼합한 의사 전달 방식을 활용하여 행동의 변화를 위한 내재적인 동기를 발전시키는 접근법이다.
- 임상가는 환자가 지닌 자원 및 변화에 대한 동기와 관련하여 협동정신, 수용, 연민, 유발성으로 특징지을 수 있는 환자와 상호작용하는 정신(spirit)을 채택한다.
- MI는 서로를 기반으로 하여 중첩되는 부분이 있는 관계 형성하기, 초점 맞추기, 유발하기, 계획하기의 네 가지 과정으로 이루어진다.
- MI 핵심 기술은 OARS로 알려진 환자 중심의 경청 기술을 활용하는 것과 'MI에 일치하는 방식'으로 정보 및 조언을 제공하는 것이다.
- 이러한 접근법의 핵심 개념을 고려하면서 변화 대화를 인식하고 이끌어 내는 임상가의 능력은 MI의 효과성 여부를 추정하는 데 활용되는 주요 메커니즘이다.
- MI는 다른 치료법들과 많은 유사점을 가지고 있으며, MI의 변화 중심적 치료를

제공하는 기술은 심리치료를 가르치는 많은 교육기관에서 흔히 볼 수 있다.

- 교육 및 슈퍼비전은 MI의 정신(spirit)과 일치하며 지지적이고 협력적인 방식에서 효과적으로 수행된다. 기술은 적절한 지도 및 감독을 통해 숙달될 수 있다. 실습생에게 변화는 자연스러운 것이다.

제3장 관계 형성하기

▶ 관계 형성하기의 목표

1. 환자가 치료에 참여할 수 있게 한다.
2. 환자가 정보를 공유하기에 안전하다고 느낄 수 있도록 돕는다.
3. 환자가 이해받는 느낌, 존중감, 신뢰감을 가질 수 있도록 한다.
4. 환자가 서로 협력하는 과정에 참여할 수 있도록 돕는다.

▶ 관계 형성하기를 촉진시키는 행동

1. 경청하기
2. 세밀하고 지속적인 관심
3. 눈맞춤과 진실된 표정으로 편안함을 제공하기

▶ 피해야 할 행동

1. 과도한 질문
2. 환자와 임상가 사이의 위계적인 구분
3. 환자의 문제에 대한 성급한 지적
4. 환자를 비난하거나 비난하는 행위
5. 과도한 대화

▶ OARS: 관계 형성하기를 위한 핵심 기술

- 열린 질문하기(Open questions): 우리가 마지막에 만난 이후로 어떻게 지내오셨나요? (넓은 범위의 질문으로 시작, 구체적인 대화로 환자를 초청)

- 인정하기(Affirmations): 당신이 당신의 가족에 대해서 생각하고 계신 점은 대단하다고 생각합니다. (진실되게, 긍정적인 면을 끄집어내며, 환자의 강점과 가치를 인정).
- 반영하기(Reflections): 단순 반영–갈망감이 심하시군요.(환자의 말을 반복하거나, 뜻을 분명히 하기 위해 수정하여 말하기); 복합 반영–당신은 갈망감을 이겨 내기 위해 애쓰고 계십니다. (환자의 말과 연관된 의미, 내용, 감정에 대해서 정보에 기반한 추측을 제공)
- 요약하기(Summaries): 당신은 스트레스에 더 시달리게 되었고, 그것이 갈망을 유발하여 몇 잔의 음주를 하게 되셨네요. 당신이 일상을 되찾기 위해 집단으로 돌아오신 것은 좋은 일이라고 생각합니다. 당신의 가족은 당신에게 중요하며, 당신은 금주를 지속하면서 일을 계속해 나가길 원하고 있습니다.(인정, 반영을 통해 분명하고 간결한 요약, 긍정적인 태도로 마무리)

제4장 초점 맞추기

▶ **초점에는 환자, 치료 환경, 임상가라는 세 가지 요소가 존재한다. 세 가지 흔한 초점 맞추기 시나리오를 살펴보자.**

1. 초점과 방향이 명확하다.
2. 초점을 맞출 수 있는 몇 가지 선택지가 존재한다. (초점이 명확하지 않음)
3. 명확한 초점이 없다. (방향이 불명확함)

▶ **일단 방향을 제시하는 것부터 시작하고 몇 가지 선택지가 보이기 시작하면 초점을 더욱 명확하게 세우기 위해 다음과 같은 전략들을 사용할 수 있다.**

- 의제도 작성하기(Agenda mapping)
- 확대하기(Zooming in)
- 이끌어 내기–제공하기–이끌어 내기(Elicit-provide-elicit)
- 방향 전환하기(Changing direction)

▶ 초점 맞추기를 진행할 때 MI 정신(spirit)의 네 가지 측면을 꼭 기억해 두자.

협동정신(Partnership), 수용(Acceptance), 연민(Compassion), 유발성(Evocation)

제5장 유발하기

▶ 여러 종류의 변화 대화를 기억하기 위해 각각의 머리글자를 따서 'DARN CAT'로 쉽게 외워 볼 수 있다.

- 열망(Desire)
- 능력(Ability)
- 이유(Reasons)
- 필요(Need)
- 결심공약(Commitment)
- 실행활성화(Activation)
- 실천하기(Taking steps)

▶ 변화 대화를 강화하고 촉진하는 반응하기 기술을 OARS로 외우면 쉽다.

- 열린 질문하기(Open question)
- 인정하기(Affirming)
- 반영하기(Reflecting)
- 요약하기(Summarizing)

▶ 인지하기

- 양가감정
- 변화 대화(변화준비언어[DARN]/변화실행언어[CAT])
- 유지 대화(DARN CAT)
- 불협화음(방어, 공세 취하기, 말 끊기, 이탈)

▶ 반응하기

- 변화 대화(OARS 기법 사용)
- 유지 대화(반영하기, 전략적으로 반응하기)
- 불협화음(반영하기, 전략적으로 반응하기, 사과하기, 인정하기, 방향 바꾸기)

▶ 유발하기

- 변화(유발하는 질문 사용하기, 중요성 척도 사용하기, 극단적인 질문하기, 과거를 돌아보기 또는 앞날 예상하기)
- 자신감(자신감 대화, 자신감 척도, 과거 성공 경험 돌아보기, 가상적 대화)
- 동기 찾기(불일치감 키우기, 정보 교환하기, 다른 사람의 우려에 대해 탐색하기)

▶ 각각의 머리글자들과 개념을 시각적으로 형상화한 것을 기억한다면 동기강화상담의 핵심적인 부분들을 잘 기억할 수 있을 것이다.

▶ 척도는 개념을 형상화한 것으로, 변화 대화를 유발하는 데 유용하게 사용할 수 있다. 0부터 10까지 있는 척도를 상상해 보라. 그리고 환자에게 변화의 중요성을 점수로 나타내 보도록 한다. 어떤 점수를 선택하든, 그들에게 왜 더 낮은 점수가 아닌 그 점수를 선택했는지 물어보고 그들이 하게 될 변화 대화를 반영해 보라. 만약 0점을 선택했다면, 어떻게 하면 더 높은 점수로 바뀔 수 있을지 물어보라. 이러한 방법은 자신감을 유발하는 데도 똑같이 적용해 볼 수 있다.

제6장 계획하기

▶ 계획하기는 언제 시작할 수 있는가?

- 준비 신호: 변화 대화 대 유지 대화의 비율이 증가할 때, 변화 대화의 표현이 점점 강해질 때, 변화를 위한 계획을 환자가 직접 해 보려 할 때
- 반응 살피기: 변화 대화의 부케(요점을 되풀이하는 것)를 만들어 주기, 그 후에 어떻게 진행해 나가는 것이 가장 좋을지에 대해 핵심 질문하기

▶ **변화 계획 수립하기**

- 가장 좋은 계획은 분명하고 정확한 계획이다.
- SMART 목표: 구체적인(Specific), 측정 가능한(Measurable), 행동 지향적인(Action-oriented), 현실적인(Realistic), 시간제한 있는(Time-bound). 변화 계획을 짜는 과정은 협력적이어야 하며, 그것은 동기강화상담의 정신에 입각한다.

▶ **만약 결심이 약해지고 있다면,**

- 결심했던 마음이 요동치거나 약해질 수 있는 것이 지극히 정상적인 것임을 먼저 기억한다.
- 아직 남아 있는 어떠한 변화실행언어라도 경청하고 지지해 준다.
- "당신의 변화 목표를 향한 결심을 다시 굳히기 위해 어떤 다른 부분이 도움이 될까요?"라고 물어본다.
- 변화 계획을 더 작은 단위로 쪼개서, 성취할 만한 것으로 만든다.
- 환자의 허락이 있다면 유용하게 쓸 수 있는 방법을 제안해 줄 수도 있다. 예를 들어, 약물 사용을 스스로 모니터링하고 기록하게 하거나, 환자가 중요하게 여기는 사람들에게 지지와 지원을 요청하는 것 등이 있다.

▶ **변화 계획이 실행되고 있다면,**

- 달성한 변화에 대해서 지지해 준다. (이 부분은 필수적으로 이루어져야 한다.)
- 비난하는 언어나 이분법적인 언어는 최대한 피한다.
- 격려하기: 변화에 차질이 생기는 것을 조기에 파악하여 변화를 향한 여정을 다시 정상화한다. (변화는 비선형적 특성을 가진다.)
- 변화를 지지하기 위해 동기강화상담의 다른 과정들을 재경험할 수 있다.

동기강화상담은 다른 치료적 접근 및 도구들과도 함께 통합하여 사용할 수 있음을 기억하자.

제7장 동기강화상담과 다른 심리치료를 통합하기

▶ MI는 다른 심리치료와 순차적 또는 결합된 형태로 통합될 수 있다.

▶ 순차적인 형태는 2개 이상의 심리치료 기술들을 차례로 전달하는 것이다. 이러한 접근은 MI가 아닌 다른 치료를 실행하는 중 환자의 동기가 낮을 경우 가장 유용하다.

- CBT를 시작하기 전에 MI를 서두에 실시함으로써 동기를 강화시키고 치료적 연대를 설립할 수 있다.
- CBT 중 숙제를 하지 않는 것을 다루기 위해 MI를 부분적으로 실시할 수 있다.
- 물질 사용 재발을 다루기 위해 정신역동 또는 다른 치료 과정 중 MI를 기반으로 한 치료를 진행할 수 있다.

▶ 결합된 형태는 다른 치료의 틀 안에 MI의 요소들을 녹여 내어 시너지 효과를 일으키도록 새로운 형태의 치료를 만드는 것이다. 예를 들어,

- 지지적인 심리치료를 하는 환경에서 행동의 변화를 목적으로 변화의 동력을 강화시키기 위해 OARS(열린 질문하기, 인정하기, 반영하기, 요약하기) 기술들을 사용한다.
- 치료의 형태 및 자원들(예: 약물치료, 익명의 알코올 중독자들 모임)에 대한 양가감정을 탐색하기 위해 열린 질문과 반영을 사용한다.
- 지지적인 치료의 핵심적인 목표가 되는 자아존중감을 향상시키기 위해 인정하기를 사용한다.
- 지지적인 치료의 환경에서 충고를 할 때 동의 구하기 또는 이끌어 내기-제공하기-이끌어 내기 접근 방법 등을 사용한다.

▶ MI는 집단 형식으로 진행할 경우, 다음의 것들이 필요하다.

- 집단 구성원들에게 MI의 정신에 대해 교육하기
- MI와 불일치하는 행동들이 일어날 때 즉각적으로 개입하기
- 개인과 집단 개입의 균형을 맞추기
- 변화 대화를 최대화하기

제8장 동기강화상담과 약물치료

▶ 동기강화상담(MI)은 약물치료를 치료 과정으로 포함시키려 할 때 유용한 접근 방법이다.

1. 관계 형성하기(Engaging)
   a. 평가를 해야 한다는 강박에서 벗어나기
   b. 환자가 사안에 대해서 어떻게 이해하고 있는지 알기 위해 열린 질문을 사용하기
   c. 가정은 금물
2. 초점 맞추기(Focusing)
   a. 환자의 목표와 목표 달성에 기반한 약물 조정 방법의 확인
   b. 과거로부터 정보와 경험을 쌓아 나가기, 미래를 위한 계획에 대해 협력
   c. 환자가 치료에 대해서 알고 있는 것을 이끌어 내기. 먼저 허락을 구한 후에, 솔직하고 실제적인 방법으로 근거 중심 치료법과 약물에 대한 정보를 제공. 새롭게 제공된 정보에 대한 이해와 협력을 이끌어 내기
3. 유발하기(Evoking)
   a. 약물이 치료의 중요한 요소이고 근거에 기반하여 사용함에도 불구하고, 약물의 폭넓은 사용을 제한하는 많은 요인들이 존재
   b. 약물 복용의 부정적인 면이 있음을 인정
   c. 약물 복용을 위한 변화 대화(Change talk)를 이끌어 내기
   d. 자기 효능감을 지지하기
4. 계획하기(Planning)
   a. 가능한 선택지를 제공하기
   b. 약물 복용을 위한 실천 계획을 만들기 위해 환자와 함께 협력
   c. 치료를 방해하는 장벽에 대해 살펴보기, 변화를 위한 노력을 높여 나가도록 돕기, 순응도를 높이기 위해 치료적 동맹을 강화해 나가기
5. 환자의 행동 지지하기(Support patient actions)
   a. 근거 중심의 약물치료를 적용하고 무비판적이고 명확한 방법으로 정보를 제공하기
6. 순응도를 확인하기(Ask about adherence)

a. 종종 복잡하고 여러 요인이 영향을 미치는 순응도는 잠재적 문제가 될 수 있으며, 동기강화상담을 통해 이에 대한 열린 대화를 만들어 나가기
b. 순응도를 유지하는 것이 힘들다는 것을 인정하기, 약물을 복용하며 혹시 어떤 문제가 있는지 주기적으로 물어보기
c. 원치 않는 행동이 감소했는지 확인하기, 환자가 가진 목표의 맥락 안에서 그것을 생각해 보기
d. 만일 환자가 다시 약물을 사용하게 된다면, 그것을 치료의 실패로 간주하기보다는 환자의 양가감정을 탐색하는 기회로 삼기

제9장 다문화사회에 동기강화상담 적용하기

- 동기강화상담은 수많은 언어로 전 세계에서 사용되고 있다.
- 청소년층에서의 동기강화상담의 효과를 뒷받침하는 믿을 만한 연구 결과가 발표되었으며, 몇몇 연구들은 동기강화상담이 노년층에 긍정적인 영향을 미친다고 제안하고 있다.
- 동기강화상담에서 의료진과 환자 · 내담자의 인종 · 민족성 일치가 그 효과를 향상시킨다는 것을 보여 주는 몇 가지 연구 결과가 있다.
- 문화적 규범을 현명하게 통합한 동기강화상담은 참여 단계에서 효과를 향상시킬 수 있다.
- 동기강화상담이 레즈비언, 게이, 양성애자 및 트랜스젠더(이하 LGBT) 환자에서 일반 인구보다 더욱 혹은 덜 효과가 있다는 연구 결과는 없다.
- 협동정신, 수용, 연민, 그리고 유발성에 중점을 둔 동기강화상담은 LGBT 환자를 치료하는 의료진이 그들에 대한 오해나 가정을 피하게끔 하는 데 도움을 준다.
- 훌륭한 의료진들은 동성애 혐오증, 트랜스젠더 혐오증, 그리고 이성애중으로부터 무척이나 자유로워야 하고 환자를 위해 긍정적인 관심을 갖고 있어야 하며, 치료 환경에서 성 지향성과 성 정체성에 대한 개방성을 환영하고 장려하며, LGBT 사람들이 직면한 많은 문제에 대해 잘 알고 있어야 한다.
- MI 요법은 구조적으로 유능한 진료와 일치한다.

제10장 동기강화상담 가르치기

- 동기강화상담(MI)을 가르치는 것은 MI 정신을 사용하고 훈련을 진행하기 위한 뼈대 역할로서 MI의 네 가지 과정 모델을 사용하는 데 훌륭한 기회이다.
- 가르침의 틀을 잡기 위해 사용되는 MI의 네 가지 단계 모델 이외에 또 다른 유용한 뼈대는 MI 형식으로 일관적이고, 보통 "나는 한다, 우리는 한다, 너는 한다"로 이해되는 점진적 책임 이양 모델(Gradual Release of Responsibility Model)로 알려져 있다.
- 몇 가지 활동들은 교육생들이 네 가지 MI 과정 또는 이번 장과 www.motivationalinterviewing.org 의 MI 훈련 자료에서 찾아볼 수 있는 다양한 MI 기술을 배우고 연습하는 것을 도울 수 있도록 개발되어 왔다. 많은 핵심 부분을 그려내고 교수 방법들을 다양화하는 데 유용한 MI 일관적, 그리고 MI 모순적인 면담자에 관한 많은 영상 설명들이 있다.
- MI 훈련 기간이 끝나더라도, 영속적인 훈련 과정 및 기술 연습, 감독, 반영, 그리고 정제하는 방법으로써 MI 학습에 대해 생각해 보는 것이 도움이 된다.

제11장 행정, 관리, 리더십에서 동기강화상담

- 개인의 변화를 용이하게 하기 위해 개발된 동기강화상담(MI)은 개인들로 구성된 시스템의 문화를 바꾸기 위해 적용될 수 있다.
- 초이론적 모델을 사용할 때, 다음을 적용하여라.
  1. 전숙고 단계에서, 양가감정의 씨앗을 심어라.
  2. 숙고 단계에서, 문화 속에 제안된 변화의 유무에 따른 삶의 긍정적 및 부정적인 측면을 탐색하라.
  3. 준비 단계에서, 문제를 예상하고 해결방안을 발견하는 현실적인 행동 계획을 개발하라.
  4. 실행 단계에서, 외부 압박과 함께 내적 동기를 굳혀라.
  5. 유지 단계에서, 바랐던 변화의 유지를 위해 다양한 동기부여적 및 심리사회

적 접근 방법을 사용하라.

6. 재발 단계에서, 처음부터 다시 시작하고 다시 생각하며 전보다 더 강하게 재현할 수 있는 기회로써 이를 받아들여라.

- 네 가지 과정 모델을 사용할 때, 다음을 이행하라.

1. 사람들을 상호 간에 협의되고 동의된 목표와 그 목표를 이루기 위해 요구되는 과제들에 참여시켜라.
2. 변화의 본질적인 불확실성을 용인하는 동안, 변화의 방향을 추구하고 유지하는 것에 초점을 맞추어라.
3. 변화 대화를 불러일으키고 유지 대화를 관리하라. 불일치를 만들어 내고 동기를 강화시키며, 양면성을 해결하라.
4. 달성할 수 있지만, 점진적으로 도전적인 목표를 설정함으로써 장기 계획을 세워라.
5. 전 과정에 걸쳐, 소통과 협동, 그리고 개인의 고유한 동기부여를 축하하라.

부록 2

연습문제에 대한 답변 가이드

제2장 동기강화상담의 기본 개념

1. 동기강화상담(MI)과 가장 밀접하게 관련된 것은?

A. 정신분석

B. 행동주의

C. 인본주의 심리학

D. 12단계 전통

정답: C(인본주의 심리학)

MI는 인본주의 심리학, 특히 Carl Rogers의 내담자 중심 접근법에 깊이 기반을 두고 있다.

2. MI의 정신은?

A. 비판(criticism), 설명(elucidation), 진단(diagnosis), 분석(analysis)

B. 창의력(creativity), 확장(expansion), 수동성(passivity), 옹호(advocacy)

C. 직면(confrontation), 비판(criticism), 교육(education), 권위(authority)

D. 협동정신(partnership), 수용(acceptance), 연민(compassion), 유발성(evocation)

정답: D(협동정신, 수용, 연민, 유발성)

동기강화상담에서 임상가는 환자의 경험과 관점을 존중하고(협동정신), 환자의 권리와 능력을 확인하고(수용), 환자의 최선의 이익을 추구하며(연민), 환자의 변화를 지지하는 목표, 가치 그리고 인식을 끌어낸다(유발성).

3. 다음 환자의 진술 중 변화에 대한 준비도와 의지를 가장 잘 보여 주는 것은?
   A. "만약 제가 술을 끊지 않으면, 간경화는 더 악화될 거예요."
   B. "지난주에 담배의 유혹을 피하기 위해 운전 중에는 담배를 차 트렁크에 두기 시작했어요."
   C. "저녁 식사 후에 담배를 피우는 대신 산책을 할 수 있어요."
   D. "마리화나 없이 잠들 수 있기를 간절히 원해요."

정답: B("지난주에 담배의 유혹을 피하기 위해 운전 중에는 담배를 차 트렁크에 두기 시작했어요.")

이 모든 설명이 변화 대화를 나타내지만, 오직 B만이 변화로의 동원을 나타내는 변화실행언어이다(실천하기). 다른 보기는 필요(A), 능력(C), 열망(D)을 나타내는 변화준비언어이다.

4. 동기강화상담은 종종 다른 치료 기법들과 효과적으로 조합하여 사용될 수 있다. 이 진술은?
   A. 틀리다. 다른 치료가 개입되면 환자가 혼란을 느낄 게 분명하기 때문이다.
   B. 맞다. 왜냐하면 MI는 많은 치료적 접근법과 호환되기 때문이다.
   C. 위험하다. 왜냐하면 치료자들은 오직 한 가지 치료 기법의 열렬한 옹호자여야 하기 때문이다.
   D. 무관하다. 왜냐하면 유능한 치료자들은 MI를 배울 필요 없이도 자발적으로 무엇을 해야 할지 알기 때문이다.

정답: B(맞다. 왜냐하면 MI는 많은 치료적 접근법과 호환되기 때문이다.)

MI는 다른 많은 심리치료 양식과 일치하며, 치료에서 동기적 이슈가 나타날 때마다 치료의 서막으로 사용될 수 있으며, 다른 접근법과 함께 사용되는 침투 요인(permeating factor) 또는 대비책으로 사용될 수 있다.

5. 동기강화상담의 교육과 슈퍼비전은?

A. 수용적이고 협력적인 방식에서 가장 잘 이루어진다.

B. MI 스타일과의 대비를 강조하기 위해 직면을 통해 가장 잘 이루어진다.

C. 학생이 직접 동기강화치료를 받기를 요구한다.

D. MI가 다른 치료법보다 우월하다는 점을 학생들에게 납득시키는 데 초점을 맞추어야 한다.

정답: A(수용적이고 협력적인 방식에서 가장 잘 이루어진다.)

교육과 슈퍼비전은 MI 정신과 일치하는 지지적이고 협력적인 방식에서 가장 잘 이루어진다.

제3장 관계 형성하기

1. 관계 형성하기에 해당될 수 있는 항목은?

A. 변화의 단계 중 하나이다.

B. 동기강화상담의 선택적인 항목이며, 가장 어려운 환자에게만 필요한 방법이다.

C. 임상가에게 필수적인 덕목이지만, 환자에게는 해당되지 않는다.

D. 동기강화상담의 네 가지 과정 중 하나이며, 모든 치료적 관계의 기초가 된다.

E. 치료의 종결에 해당하며, 동기강화상담의 다른 과정을 위한 필요조건은 아니다.

정답: D(동기강화상담의 네 가지 과정 중 하나이며, 모든 치료적 관계의 기초가 된다.)

관계 형성하기(Engaging)는 변화 단계와 관련이 없다. 관계 형성하기는 힘들거나 취약한 환자뿐 아니라 모든 환자에게 MI의 필수적인 부분으로 작용한다. 관계 형성하기의 과정은 MI 초반에 시작되며, 협동정신 전반에 걸쳐 강화되어야 한다.

2. 다음 중 동기강화상담의 핵심 의사소통 기술에 대해 올바르게 설명한 항목은?

A. 열린 질문보다 닫힌 질문을 더 많이 해야 한다.

B. 열린 질문은 탐색을 증진시키고, 대화의 자연스러운 흐름을 용이하게 한다.
C. 반영은 핵심 의사소통 기술이긴 하지만 가능한 최소로 사용해야 한다.
D. 요약하기는 환자에게 있는 모든 결점과 부족한 점들을 모아 편집하는 것을 의미한다.
E. 인정하기는 우울한 환자에게 적용하는 전략으로, 기분을 좋게 해 주는 역할을 한다.

정답: B(열린 질문은 탐색을 증진시키고, 대화의 자연스러운 흐름을 용이하게 한다.)

임상가는 닫힌 질문보다 열린 질문을 선호하는 목표를 가져야 한다. 반영은 유용한 의사소통 도구로, 필요한 만큼 자주 사용해야 한다. 요약하기는 반영과 인정하기를 포함하고, 환자의 결함을 억눌러서는 안 된다. 인정하기는 진실해야 하며, 환자의 행동 목록으로부터 긍정적인 발견을 강조하는 것을 목표로 두어야 한다. 목표는 환자가 가치 있고 존중받는다고 느끼게 하는 것이다.

3. 다음 중 관계 형성을 가장 잘 증진시킬 수 있는 서술 혹은 질문은 무엇인가?
A. 소변 검사에서 양성이 나왔습니다. 어디서 코카인을 구하셨나요?
B. 나는 당신이 금주를 유지하는 것에 대해서 관심이 없다고 생각합니다. 소변 검사 결과를 보세요. 양성이 나왔습니다.
C. 이번 주 당신의 소변 검사에서 어떤 변화를 발견했습니다. 이것에 대해서 제게 더 이야기를 해 주실 수 있을까요?
D. 당신의 딸이 실망하게 될 것입니다.
E. 당신은 약속을 또다시 어기게 되었네요.

정답: C(이번 주 당신은 소변 검사에서 어떤 변화를 발견했습니다. 이것에 대해서 제게 더 이야기를 해 주실 수 있을까요?)

소변 검사에서 예상치 못한 양성 반응이 나왔을 때, 판단적인 언어의 사용은 피해야 한다. 단순히 결과를 말하고 더 자세히 탐구하기 위해 열린 질문을 제공하는 것은 MI 정신과 일치하며, 관계 형성을 촉진한다. 호기심 많고 진심으로 걱정하는 임상가는 환자와 관계를 형성하기 쉽다.

4. 다음 중 인정하기에 대한 서술로 가장 적합한 것은?

A. 진실되게 할 필요는 없다.

B. 오직 환자가 치료의 종결을 고려할 때만 유용하게 사용된다.

C. 환자가 임상가에게 호감이 있는지 확인하기 위해서 면담 시 많이 적용되어야 한다.

D. 환자의 행동에 대해서 환자를 판단한 상황에서만 사용되어야 한다.

E. 진실된 대화이며, 환자의 강점 및 내재된 가치를 인정해 줄 수 있다.

정답: E(진실된 대화이며, 환자의 강점 및 내재된 가치를 인정해 줄 수 있다.)

좋은 인정하기는 진실하고, 관계 형성하기 과정 전반에 걸쳐 유용하며, 판단적 언어를 사용하지 않는다. 목표는 환자의 강점과 가치를 인정하는 것이다.

5. 다음 중 요약하기에 대해서 가장 잘 설명한 것은?

A. 반영이 포함될 수 없다.

B. 인정이 포함될 수 없다.

C. 환자와 치료를 종결할 때에만 적용해야 한다.

D. 서면 형식으로 제공되어야 한다.

E. 반영과 인정을 모두 포함하며, 환자로 하여금 명확한 인식을 가능하게 해 준다.

정답: E(반영과 인정을 모두 포함하며, 환자로 하여금 명확한 인식을 가능하게 해 준다.)

관계 형성하기 과정 전반에 걸친 요약하기는 반영과 인정의 사용을 포함하며, 필요한 경우에 환자로 하여금 명확한 인식을 가능하게 한다. 요약하기는 MI의 핵심 기술이며, 이는 관계 형성을 촉진한다. 치료에서 더 늦은 단계로 유보되어서는 안 된다.

제4장 초점 맞추기

1. 임상가가 논의하고자 하는 목표와 전혀 동떨어진 목표를 환자가 지니고 있을 때 사용할 수 있는 전략은?

A. 이끌어 내기−제공하기−이끌어 내기(Elicit-provide-elicit)

B. 방향 전환하기(Changing direction)

C. 의제도 작성하기(Agenda mapping)

D. 확대하기(Zooming in)

E. 방향 잡기(Orienting)

정답: B(방향 전환하기)

방향 전환하기(Changing direction)는 환자와 임상가 간 목표의 차이가 있을 때 사용한다.

2. 30세 여성이 자신의 삶이 완전히 혼란스러운 상태라고 표현하며 당신의 일터를 찾아왔다. 동기강화상담의 초점 맞추기 과정 중 사용하는 기법은 다음 중 어느 것인가?

A. 확대하기(Zooming in)

B. 상상하기(Imaging)

C. 도움 주기(Helping)

D. 멍해지기(Zoning out)

E. 묘사하기(Picturing)

정답: A(확대하기)

확대하기(Zooming in)와 축소하기(Zooming out)는 환자가 특정한 목표가 없을 경우에 사용된다. 임상가는 먼저 환자에게 방향을 맞추고, 주제에 집중하고 탐색할 수 있다. 다시 방향을 맞출 필요가 생기면, 임상가는 축소하기(Zooming out)를 통해 더 큰 그림을 검토하는 데 도움을 줄 수 있다.

3. 의제도 작성하기(Agenda mapping) 과정에서 다룰 수 있는 질문은 다음 중 어느 것인가?

A. 당신의 정신과력은 어떻게 됩니까?

B. 당신이 이야기한 문제들을 시간 순서대로 나열하면 어떻게 됩니까?

C. 원을 몇 개 그려 보고 오늘 논의하고 싶은 내용을 그 안에 적어 보시겠습니까?

D. 지난주에 어디까지 이야기를 하고 회기를 종료했었죠?

E. 오늘은 어떤 이야기를 나누길 원하시나요?

정답: C(원을 몇 개 그려 보고 오늘 논의하고 싶은 내용을 그 안에 적어 보시겠습니까?)

의제도 작성하기(Agenda mapping)는 환자가 초점을 맞추고 싶은 주제를 구조화하는 데 도움이 되는 시각적인 도구가 될 수 있다.

4. 동기강화상담을 비윤리적으로 사용하고 있다고 볼 수 있는 시나리오는 다음 중 어느 것인가?

A. 환자는 초점을 맞추고 있지 않은 상태이며 당신에게 이해하기 어려운 이야기를 한다.

B. 환자가 변화하기를 원치 않는다.

C. 당신의 임상적인 전문성에 대한 대가로 돈을 제공받는다.

D. CEO는 당신에게 의료 이사직을 대가로 집중 외래 프로그램에 환자를 데려오기 위해 MI를 사용해 달라고 요청한다.

E. 한 의사가 당신에게 혈당 조절이 잘 되지 않는 당뇨병 환자에게 혈당 문제에 대해 이야기해 달라고 협진 의뢰를 한다.

정답: D(CEO는 당신에게 의료 이사직을 대가로 집중 외래 프로그램에 환자를 데려오기 위해 MI를 사용해 달라고 요청한다.)

이 시나리오는 이해 상충을 나타낸다.

5. 의제도 작성하기(agenda mapping)는 임상가가 MI를 사용하는 데 어떻게 도움을 주는가?
   A. 당신의 인생을 더욱 수월하게 만들어 준다.
   B. 당신이 무언가를 빠르게 결정할 수 있게 도와준다.
   C. 임상가가 회기를 계획하는 데 도움을 준다.
   D. 임상가로 하여금 환자가 초점 맞출 수 있는 가능한 의제 범위를 이해하도록 도와준다.
   E. 환자의 정신세계에 대한 통찰력을 제공해 준다.

정답: D(임상가로 하여금 환자가 초점 맞출 수 있는 가능한 의제 범위를 이해하도록 도와준다.

의제도 작성하기는 환자와 임상가가 인터뷰에 집중할 수 있는 가능한 의제를 계획하는 데 도움이 되는 전략이다.

제5장 유발하기

1. 다음 유발하기 질문 중 가장 변화 대화를 잘 이끌어 낼 수 있는 질문은?
   A. 당신은 왜 매일 술을 마시나요?
   B. 당신은 왜 술을 끊지 않나요?
   C. 무슨 생각을 하고 있는 건가요?
   D. 술을 마셔서 안 좋은 점은 무엇인가요?

정답: D(술을 마셔서 안 좋은 점은 무엇인가요?)

변화 이유를 탐색하는 과정은 준비를 위한 변화 대화를 유도할 수 있다.

2. 유지 대화를 하고 있는 사람에게 어떻게 반응하는 것이 가장 적절한가?
   A. 관점 재구조화하기
   B. 인정하기
   C. 맞서기

D. 이탈하기

정답: A(관점 재구조화하기)

유지 대화의 재구조화는 개인의 인식 변화를 촉진시키는 훌륭한 방법이며, 이는 행동을 변화시킬 수 있다.

3. 다음 중 대인 불협화음을 더 악화시킬 수 있는 것은?

A. 사과하기

B. 인정하기

C. 맞서기

D. 방향 바꾸기

정답: C(맞서기)

맞서기(Squaring off)는 불협화음을 심화시키고 치료적 동맹을 악화시킬 가능성이 높다.

4. 다음 중 유지 대화로 이끌 가능성이 가장 큰 반응의 종류는?

A. 반영하기

B. 닫힌 질문하기

C. 인정하기

D. 요약하기

정답: B(닫힌 질문하기)

열린 질문은 더 광범위한 대답과 변화 대화를 제공하는 반면, 닫힌 질문은 유지 대화로 이어질 수 있다.

5. 다음 중 변화실행언어의 예시로 적절한 것은?

A. 변화에 대한 열망

B. 변화의 이유

C. 변화의 능력

D. 변화를 위한 결심공약

정답: D(변화를 위한 결심공약)

변화를 위한 결심공약은 변화실행언어의 한 예시이다. 다른 선택지는 변화준비언어의 예시이다.

제6장 계획하기

1. 당신은 지난 두 달 동안 환자의 음주량을 줄이기 위한 치료 과정을 진행하였다. 최근 들어 환자가 예약된 진료 시간에 늦거나 예약을 취소하는 일이 몇 차례 발생하였다. 환자는 진료 때 자신의 음주량이 다시 늘고 있다고 말하였다. 다음 중 이 상황에서 다시 경험해야 할 동기강화상담의 단계는 무엇인가?

   A. 다시 계획하기
   B. 다시 유발하기
   C. 다시 초점 맞추기
   D. 다시 관계 형성하기
   E. 필요 없음. 이 환자는 다른 의사가 맡아야 한다.

정답: D(다시 관계 형성하기)

약물 남용의 증가뿐 아니라 약속에 늦고 취소하는 것은, 환자가 관계 형성하기에 실패했다는 사인이다. 기억하라, 환자들은 종종 MI의 과정을 통해 그들의 목표에 바로 도달하지 못한다. 특히, 지속적인 노력이 필요할 경우에 겪는 관계 형성의 어려움은 자연스러운 과정이라고 할 수 있다. 환자와 함께 몇 가지 과정을 다시 경험해야 할 수 있지만, 이 시점에서 다시 관계 형성하기는 그가 변화를 이루기 위해 필요한 시간과 노력을 투자하기 시작하는 데 도움을 줄 가능성이 가장 높다.

2. 요점 반복하기(Recapitulation)란?

   A. 환자의 변화 대화를 말 그대로 똑같이 환자에게 따라 말해 주는 것이다.
   B. 환자의 몸짓을 따라 하는 것이다.
   C. 환자가 말한 변화 대화를 모아서 요약해 주는 것이다.
   D. 동기강화상담의 네 가지 기본 과정 중 하나이다.
   E. 변화 계획을 수립하기 위한 과정이다.

정답: C(환자가 말한 변화 대화를 모아서 요약해 주는 것이다.)

요점 반복하기(Recapitulation)는 환자가 계획을 시작할 준비가 되었는지 측정하는 기술인 변화의 강 시험하기(Testing the water)의 필수적 구성 요소이다. 요약하기는 이전 세션에서 가장 효과적인 변화대화문을 모두 모아서 요약문이나 변화 대화의 '부케'를 만들어 환자에게 제시한다. 변화의 강 시험하기(Testing the water) 기술의 완성을 위해서, 요점 반복하기(Recapitulation) 뒤에 "여기로부터 어떻게 나아가고 싶습니까?"와 같은 핵심 질문이 따른다.

3. SMART 목표에서 SMART의 각각의 의미로 옳은 것은?

A. 실용적인(Sensible), 계속할 수 있는(Maintainable), 동조하다(Attune), 저항(Resistance), 2부의(Two-part)

B. 구체적인(Specific), 측정 가능한(Measurable), 행동 지향적인(Action-oriented), 현실적인(Realistic), 시간제한 있는(Time-bounded)

C. 쓸 만한(Serviceable), 복수의(Multiple), 첨부된(Attached), 화려하게 발달한(Richly developed), 전통적인(Traditional)

D. 단계들(Stages), 가장 보람 있는(Most-rewarding), 자주적인(Autonomous), 참조되는(Referenced), 견딜 수 있는(Tolerable)

E. 지지(Support), 유념하는(Mindful), 정확한(Accurate), 책임지고 있는(Responsible), 이론적인(Theoretical)

정답: B[구체적인(Specific), 측정 가능한(Measurable), 행동 지향적인(Action-oriented), 현실적인(Realistic), 시간제한 있는(Time-bounded)]

SMART 목표 연상법(Mnemonic)에는 여러 버전이 존재하지만, '구체적이고(Specific), 측정 가능하고(Measurable), 행동 지향적이고(Action-oriented), 현실적이고(Realistic), 시간 제한적인(Time-bound)'은 SMART 목표 실현을 제시하는 유일한 선택지이다. SMART과 일치하는 목표는 현실적으로 행동을 통해 달성할 수 있는 구체적이고, 정량적인 목표이다.

4. 당신의 환자는 잘 수립된 변화 계획을 실행하는 과정에 있다. 하지만 자신이 수립한 이 계획을 달성하는 데 어려움을 겪고 있다. 다음 단계로 도움이 될 만한 것은 무엇인가?

A. 당신이 생각하기에 도움이 될 것 같은 전략을 조언한다.

B. 환자에게 지속적인 노력이 더 필요하다고 말한다.

C. 변화 계획을 더 작은 단위로 쪼개어, 더 성취할 법한 중간 목표를 설정한다.

D. 좀 더 현실적으로, 환자가 변화를 지속하기가 어려울 수도 있다고 말해 준다. 이는 환자가 현재를 받아들이고 타협하여 나중에 직면할 실망을 최소화할 수 있도록 한다.

E. 비슷한 목표를 달성하였던 다른 환자를 소개해 준다.

정답: C(변화 계획을 더 작은 단위로 쪼개어, 더 성취할 법한 중간 목표를 설정한다.)

이전에 세운 목표를 달성하지 못하는 것은 한 번에 수행하기에는 너무 야심찬 목표이기 때문일 수 있다. 좋은 전략은 환자와 함께 목표를 정하고, 궁극적인 목표를 향한 작은 스텝을 만들기 위해 함께 일하는 것이다.

5. 다음 문장 중 금연을 시도하는 환자의 변화실행언어를 나타내는 것은 무엇인가?

A. "저는 어제 니코틴 패치 한 박스를 사왔고, 오늘 아침에 처음으로 하나를 붙여 봤어요."

B. "담배를 피우고 싶은 갈망이 때로는 너무 강력하게 느껴져요."

C. "흡연이 몸에 안 좋다는 사실은 저도 알아요."

D. "제 가족은 제가 담배 피우는 것 때문에 저를 괴롭게 했어요. 이제 저는 진짜 이 흡연 습관을 바꾸고 싶어요."

E. "제가 담배에 썼던 그 돈을 아꼈으면 지금쯤 차를 한 대 샀을 거예요."

정답: A("저는 어제 니코틴 패치 한 박스를 사왔고, 오늘 아침에 처음으로 하나를 붙여 봤어요.")

변화실행언어는 DARN CAT 연상법의 CAT 부분으로 요약된다. CAT는 결심공약, 실행활성화 그리고 실천하기를 의미한다. 금연하려는, 니코틴 패치를 사려는 환자는 변화를 향한 실천하기를 시작한 사람이다.

제7장 동기강화상담과 다른 심리치료를 통합하기

1. 다음의 심리치료 통합 유형 중 Carl Rogers가 주장했던 것은 무엇인가?

   A. 이론적인 통합

   B. 공통 요인 접근

   C. 동화된 통합

   D. 부가적인 결합

   E. 기술적인 절충

정답: B(공통 요인 접근)

Carl Rogers의 인간 중심 심리학은 치료사 특정 요인이 환자 개인의 성장을 촉진시키는 데 책임이 있다고 믿는다는 점에서 공통 요인 접근법에 반향을 일으킨다. 이 공통 요인은 정확한 공감, 무조건적 긍정적 존중, 자기 일치성으로 구성되어 있다.

2. 물질사용장애에 대한 다음의 MI 과정 중 CBT 치료의 첫 회기와 가장 비슷한 것은?

   A. 관계 형성하기

   B. 초점 맞추기

   C. 유발하기

   D. 계획하기

   E. 결론 내리기

정답: D(계획하기)

약물사용장애를 위한 CBT의 첫 번째 세션은 환자의 목표가 성취될 수 있는 방법에 대해 계획하기 시작하면서 변화에 대한 동기를 강화시키기 위해 핵심 MI 원리를 사용한다. 이는 치료사가 환자와 함께 변화 계획을 개발하는 동안 OARS(열린 질문하기, 인정하기, 반영하기, 요약하기) 기술을 사용하여 변화에 대한 결심공약을 강화하는 MI의 계획하기 단계와 유사하다. 다른 MI 과정들은 변화 단계의 실행활성화 전에 발생한다. E는 MI의 과정이 아니다.

3. 다음 중 MI의 정신과 가장 관련이 깊은 것은?

A. Freud의 추동이론

B. 대상관계이론

C. 내담자 중심 치료

D. 자아심리학

E. 애착이론

정답: C(내담자 중심 치료)

MI 정신은 올바른 조건이 있다면 인간은 긍정적인 방향으로 변화할 것이라는 인간 중심 심리학에 기반을 둔다. 이 조건들은 치료사가 MI의 정신에 따라 행할 때 습득된다. MI정신은 협동정신, 수용, 연민 그리고 유발하기의 네 가지 요소로 구성된다.

4. 지지적인 심리치료의 과정 중 환자들에게 충고할 때 가장 도움이 되는 MI 기술은 무엇인가?

A. 재구조화–상기시키기–돌아가기

B. 복합 반영

C. 확대 반영

D. 정보 제공하기–재구조화하기–정보 제공하기

E. 이끌어 내기–정보 제공하기–이끌어 내기

정답: E(이끌어 내기–제공하기–이끌어 내기)

이끌어 내기–제공하기–이끌어 내기(Elicit–provide–elicit) 접근은 치료사가 권위자로 이해되지 않고, 환자와 중요한 정보를 공유할 수 있게 하므로 환자의 자율성을 지지한다. B와 C는 지지요법(Supportive psychotherapy) 과정에서 사용되지만, 조언을 제공하는 것에만 한정되지는 않는다. A는 MI 불일치적 행동이 발생했을 때, 집단의 토론을 다시 올바른 방향으로 이끌기 위해 집단치료에 사용되는 기술을 말한다.

5. 집단 MI에 대해 옳게 설명한 것은 무엇인가?

A. 치료자는 반영을 사용하여 집단 구성원들에게서 '해결 중심 대화'를 이끌어 내야 한다.

B. 집단 형식의 MI는 개인 MI 상담만큼 효과적인 것으로 알려져 있다.
C. 집단 구성원들은 모두 같은 '변화 단계'에 있다.
D. 치료자들은 각 구성원의 변화실행언어를 최대화할 수 있도록 노력해야 한다.
E. 각 회기는 한두 사람의 집단 구성원에게 초점을 맞추어야 한다.

정답: D(치료자들은 각 구성원의 변화실행언어를 최대화할 수 있도록 노력해야 한다.)

변화 대화는 행동의 변화와 직접적으로 관련되기에 집단 및 개인 MI 모두에서 극대화되어야 한다. 다른 보기들은 틀린 것으로, '해결 중심 대화'는 MI의 정신과 일치하지 않는 것으로 간주한다. 집단 MI는 개인 MI만큼 효과적이지 않은 것으로 나타났고, 변화 단계가 다르게 나타나는 집단이 있을 수 있으며, 집단 구성원들이 서로 배울 수 있게 함으로써 집단 과정을 향상시킬 수 있다.

제8장 동기강화상담과 약물치료

1. 동기강화상담이 약물치료를 가능하게 하는 데 도움이 되는 이유는?
A. 동기강화상담은 치료자의 조언 없이 환자가 원하는 것을 결정하게 해 준다.
B. 동기강화상담은 과거로부터 정보와 경험을 협력적으로 얻을 기회를 제공하며, 높은 치료 성공률을 이끌어 낼 수 있다.
C. 동기강화상담은 치료에서 약물의 사용을 촉진하는 데(in facilitating) 도움이 되지 않는다.
D. 동기강화상담은 치료자가 환자의 이론적 관심에 대한 참견 없이, 약물을 복용해야만 하는 모든 이유에 대해서 언급할 수 있게 해 준다.
E. 동기강화상담은 환자의 의견을 듣게 해 주지만 궁극적으로는 최선의 것을 결정하기 위해 치료자의 전문성에 의존하게 만든다.

정답: B(동기강화상담은 과거로부터 정보와 경험을 협력적으로 얻을 기회를 제공하며, 높은 치료 성공률을 이끌어 낼 수 있다.)

이것은 환자의 치료에 대한 선택의 권리를 기본으로 설정하면서, 제공자와 환자 모두의 조언을 통합하는 유일한 선택이다.

2. 알코올의 해독 과정을 마친 후에, 환자는 단주에 도움이 되는 약물에 관심이 있는 상황이다. 환자는 이전에 단주를 시도해 본 적이 없으며, 입원에 대해서는 매우 두려워하는 모습이다. 검사 결과상, 간 기능 수치가 비정상적으로 높게 측정되었다. 신장 기능은 정상이다. 추천할 수 있는 약물은?

A. 다이설피람

B. 날트렉손

C. 아캄프로세이트

D. 날트렉손 서방정

E. 알프라졸람

정답: C(아캄프로세이트)

가장 좋은 방법은 간 기능 검사 결과, 수치가 낮을 때 날트렉손을 다시 확인하고 시작하는 것이다. 하지만 환자가 이번에 약물 사용을 선호한다면, 아캄프로세이트 사용을 고려하라.

3. 환자가 더 좋아지기 위해서 약물을 원한다고 이야기하였다. 하지만 당신이 약국에 알아본 결과, 그가 몇 개월 동안 약물을 가져가지 않은 사실을 알게 되었다. 어떻게 대처할 것인가?

A. 아무것도 하지 않는다. 그가 다음 약속을 원한다면 만난다.

B. 무비판적이고 지지적인 방법으로 당신이 알게 된 사실에 대해서 환자와 함께 논의한다.

C. 즉시 환자를 부른 후, 대답을 요구한다.

D. 환자에게 들어오라고 요청한 후, 열린 질문으로 물어본다. 만일 그가 잘 받아들인다면, 추가적인 지지와 함께 약물을 다시 시작한다.

E. B와 D.

정답: E(B와 D)

MI를 사용하여 환자들과 함께 비순응(nonadherence)에 대해 이야기하고, 다음 단계를 결정하고, 후속 조치에 대한 환자의 자신감을 확인한다.

4. 환자가 매주 치료를 받으면서 날트렉손을 복용했지만 다시 음주를 하게 되었다. 당신은 어떻게 할 것인가?

A. 실망스러운 마음을 표현하고 앞으로 어떻게 하고 싶은지 환자에게 물어본다.

B. 환자의 가족에게 연락한다.

C. 아마도 환자는 실제로 치료를 원하지 않기 때문에, 치료를 중단하기로 결정하고 다른 곳으로 환자를 의뢰한다.

D. 재발한 상황 자체를 재발의 원인에 대한 논의의 기회로 삼고, 다음 단계에 대해서 협력하여 상의한다.

E. 현재의 치료가 잘 되지 않아서 상급 의료기관으로 가야 한다고 환자에게 말한다.

정답: D(재발한 상황 자체를 재발의 원인에 대한 논의의 기회로 삼고, 다음 단계에 대해서 협력하여 상의한다.)

다시 음주를 하게 되었을 때, 환자에게 판단적 태도는 삼가고, 환자에 대한 헌신을 강화해야 한다. 환자는 더 높은 수준의 돌봄이나 또는 가족의 지지가 필요할지라도, 어떤 조치를 취하기 전에 이 문제가 먼저 논의되어야 한다.

5. 환자는 최근 2년 동안 매일 옥시코돈(oxycodone) 120mg을 사용해 왔다고 한다. 그녀는 허리 손상을 입었을 때, 처음 옥시코돈을 처방받았으나 이내 처방받은 양보다 더 많이 사용하게 되었다고 한다. 그녀는 해독 치료를 원한다고 한다. 다음 단계는?

A. 해독 치료를 적용한다.

B. 해독 치료는 추천되지 않으며, 오직 부프레놀핀으로만 치료하게 될 것이라고 말해 준다.

C. 메타돈 클리닉으로 환자를 의뢰한다.

D. 아편 중독을 위한 유지 치료에 대해서 알고 있는 것이 있는지 물어본다.

E. 치료에 대해서 얼마나 열의가 있는지 환자에게 물어본다.

정답: D(아편 중독을 위한 유지 치료에 대해서 알고 있는 것이 있는지 물어본다.)

아편계사용장애(Opioid Use Disorder)에 대한 권장 치료법은 부프레놀핀/날렉손 또는 메타돈을 사용한 유지 치료이다. 높은 재발률과 과다 복용의 위험이 높다는 점을 감안할 때 약물 중독 치료(Detoxification)는 권장되지 않는다. MI 일치적 방식으로 환자가 알고 있는 내용을 먼저 이끌어 내어(Eliciting) 이 권고를 환자와 공유하라.

제9장 다문화사회에 동기강화상담 적용하기

1. 동기강화상담이 청소년들의 마약 · 알코올과 관련된 행동 변화를 뒷받침한다는 증거에 대해 어떻게 설명하겠는가?

   A. 그 증거는 혼재되어 있다(일부 연구는 그 효과를 보여 주고, 다른 연구는 효과가 없다는 것을 보여 준다.).

   B. 그 증거는 일관되게 긍정적이다(강력한 긍정적 효과).

   C. 그 증거는 압도적인 피해를 보여 준다(강력한 해로운 효과).

   D. 그 증거는 일관되게 청소년의 약물 또는 알코올 사용에 대해 효과가 없다는 것을 보여 준다.

정답: A(그 증거는 혼재되어 있다). (일부 연구는 그 효과를 보여 주고, 다른 연구는 효과가 없다는 것을 보여 준다.)

그 증거는 MI가 항상 긍정적이고, 해롭다거나 청소년에게 어떤 영향도 미치지 않는다는 것을 뒷받침하지 않는다.

2. 미국에 거주 중인 소수 인종 및 민족에게 나타난 동기강화상담의 효과는 일반 대중에게서 나타난 효과와 어떤 비교가 가능한가?

   A. 동기강화상담은 소수 인종 및 민족에게 더 유해한 것으로 나타난다.

   B. 동기강화상담은 소수 인종 및 민족에게 더 강력한 긍정적 효과가 있다.

   C. 동기강화상담은 한쪽에 더 긍정적이거나 부정적이지 않고 일관되게 작용한다.

   D. 동기강화상담이 긍정적 효과를 나타내기 위해서는 환자 · 내담자와 의료진이 동일한 인종 · 민족성을 가지고 있어야 한다.

정답: B(동기강화상담은 소수 인종 및 민족에게 더 강력한 긍정적 효과가 있다.)

2005년 미국에 기반을 둔 메타 분석에 따르면 MI 효과가 소수 민족, 특히 아메리카 원주민 집단에 더 큰 것으로 나타났다. 다른 응답은 사실이 아니다. 인종이 같은 임상의와 환자 · 내담자 사이는 불협화음(Discordant) 인터뷰에 비해 더 강한 효과를 보일 수 있지만, 이러한 차이는 항상 발견되는 것은 아니며, MI는 다른 인종인 임상가 그리고 환자 · 내담자 사이에 이점이 있다고 나타났다. MI는 다른 치료법에 비교하여 유해하다고 나타나지 않았으며, 동일한 인종이거나 그렇지 않은 임상가와 환자 · 내담자 사이에 동등한 효과를 일관되게 나타내지 않았다.

3. 다음 상황 중 동기강화상담이 가장 강력한 영향을 미치는 상황은 무엇인가?

A. 미국 원주민(인디언)들이 그들의 종교 의식에 대한 질문을 받을 때

B. 아프리카계 미국인 환자 · 내담자들이 아프리카계 미국인 의료진에게 치료받을 때

C. 의료진과 환자 · 내담자들이 미묘한 문화적 공감과 비언어적 단서를 공유할 때

D. 동기강화상담이 엄격한 지침에 따라 제공될 때

정답: C(의료진과 환자 · 내담자들이 미묘한 문화적 공감과 비언어적 단서를 공유할 때)

미국 원주민과 히스패닉 인구 중에서 임상가와 환자 · 내담자가 서로 미묘한 문화적 친숙함과 비언어적 단서를 공유할 때, MI가 더 잘 작동한다고 가정했다. 아프리카계 미국인인 제공자와 환자 · 내담자 간의 인종 일치는 MI의 효과를 증가시키지 않았다. 미국 원주민들에게 영적 수행에 대해 직접 묻고 매뉴얼을 엄격히 따르는 것은 더 나쁜 결과와 관련된다.

4. 게이와 남성 양성애자를 중점적으로 다루는 동기강화상담 연구의 주요소는 무엇인가?

A. 흡연

B. 식습관

C. 알코올 중독

D. HIV 위험 행동

정답: D(HIV 위험 행동)

남성과 성관계를 가진 남성의 인구에서 MI에 대한 연구 중 대부분은 HIV 위험 행동에 초점을 맞추고 있다. 알코올은 부차적인 관심사였고, 지금까지 남성과 성관계를 가진 남성의 담배 사용이나 식습관에 초점을 맞춘 MI에 대한 연구는 존재하지 않는다.

5. 환자 · 내담자가 어떤 성(性) 대명사를 사용할지 결정하는 것은 동기강화상담의 어느 단계인가?
   A. 관계 형성하기
   B. 초점 맞추기
   C. 유발하기
   D. 계획하기

정답: A(관계 형성하기)

면접관이 결정하기 위해 가장 먼저 질문해야 할 것 중 하나는 성 대명사를 식별하는 것이다. 이 작업이 상담의 초기 단계에서 일어난다는 점을 고려하여, 이는 MI의 관계 형성하기 단계의 일부라고 할 수 있다.

제10장 동기강화상담 가르치기

1. 다음 중 점진적 책임 이양 모델(Gradual Release of Responsibility Model) 요소의 이름과 정확한 설명이 올바르게 짝지어진 것은 무엇인가?
   A. '나는 한다' 감독/피드백. 교육생에게 독립적인 연습과 실수를 범할 시간이 주어진다. 훈련자는(실제 시간과 그 후에) 기술의 사용을 관찰하고, 교육생에게 경험을 추가해 보도록 요청하고, 교육생에 대한 피드백을 반영하며, 잘 수행된 기술을 확인하고, 요약을 제공한다. 훈련자는 또한 발전을 위한 관찰과 기회들을 적절히 제공해 줄 수 있다.
   B. '우리는 한다' 협동/모니터링. 선생님은 기술 실습에 교육생과 함께 참여한다. 교육생은 연습을 이끌어 주는 훈련자들과 함께 소규모 집단에서 기술을 연습한다. 교육생들이 연습하는 것을 들어주고 적절한 정보와 충고를 해 줄 훈련자와 함께 교육생들은 그들끼리 역할극을 한다.

C. '너는 한다' 모델링. 선생님은 기술을 소개하고, 그 기술을 행동으로 보여 주며, 예시를 들어주고, 사용법을 설명한다.

D. '우리는 한다' 모델링. 선생님은 기술을 소개하고, 그 기술을 행동으로 보여 주며, 예시를 들어주고, 사용법을 설명한다.

정답: B('우리는 한다' 협동/모니터링)

다른 답의 선택지는 잘못 짝지어져 있다. '나는 한다'는 모델링과 짝을 이루고, '너는 한다'는 감독/피드백과 짝을 이룬다.

2. 다음 중 MI 정신의 개념과 MI 훈련 동안 그것을 어떻게 사용하는지에 대한 예시가 올바르게 짝지어진 것은 무엇인가?

A. 연민–몇 가지 기억을 돕는 방법만 기억하면 MI는 배우기 쉽고 한두 번 연습하면 금방 유능해진다는 태도로 학습자에게 다가가기

B. 수용–학생들은 환자와 대화하는 법에 대해 이미 훈련을 받은 적이 있어서 MI가 그들에게 유용할 수 있다는 것을 이미 알고 좋은 MI 행동을 발전시키기 위해 수고하는 데서 이득을 볼 수 있다는 것을 이해하기

C. 협동정신–학습자들에게 당신이 전문가라는 것과 당신이 하는 것을 그대로 따라 하는 것이야말로 MI를 배우는 방법이라는 것을 상기시키기

D. 유발–열린 질문과 MI에 대한 그들의 지식, 그것이 유용하다는 것을 발견할 수 있는 방법을 사용하여 학습자에게 권유하기

정답: D(유발–열린 질문과 MI에 대한 그들의 지식, 그것이 유용하다는 것을 발견할 수 있는 방법을 사용하여 학습자에게 권유하기)

A는 MI에 대한 일반적인 오해이다. B는 타당한 이해일 수 있지만, 수용의 예가 아니다. C는 MI의 협동정신과는 정반대의 개념이다.

3. 다음 활동 중 집중하기 단계를 연습하기 위해 가능한 상호 소통 훈련은 무엇인가?

A. 의제도 작성하기: 참여자들을 2인 1조로 집단을 나누어라. 칠판이나 큰 종이에 동그라미를 그리고, 파트너에게 훈련 목록 중 일부로써 원 안을 토론 주제로 채우도록 하라(예를 들어, 내담자와 이야기할 때의 공동 과제나 일관된 MI 방식으로 피드백을 주는 방법). 일부 비어 있는 원을 그대로 남겨 두고, 다른 파트너에게 그곳을 채우도록 하라. 이 주제들과 그들의 중요성에 대해 아무 특정한 초점을 잡지 않은 상태로 협동적인 토론을 가져라. 토론을 기반으로 첫 번째로 시작할 주제에 대해 자유 질문을 던져라.

B. 변화를 위해 두드려라: 변화준비언어 및 실행언어, 유지 대화, 그리고 다른 진술들을 포함한 진술 목록을 준비해라. 각 진술을 크게 읽어라. 훈련자들이 유지 대화를 들으면 침묵하고, 변화준비언어(열망, 능력, 이유, 필요)를 들으면 그들의 무릎을 약하게 치고, 변화실행언어(결심공약, 실행활성화, 실천하기)를 들으면 북을 크게 치거나 박수를 치도록 지도하라. 관중들로부터 혼합된 답변이 있는 진술들에 대해 논의하라.

C. 양가감정의 파도로부터 변화 대화를 가로채라: 적어도 2개의 유지 대화가 내재된 변화 대화를 포함하는 진술의 목록을 준비하라. 당신의 참가자들이 선택하고 양면 반영보다는 변화 대화를 반영하도록 지도하라.

D. 피구: 연수생들을 두 팀으로 나누어라. 한 팀은 그들이 들은 저항 진술이나 유지 대화를 구두로 '내뱉는다'. 상대 팀은 MI와 일치하는 방식(열린 질문하기, 인정하기, 반영하기, 요약하기와 같은)으로 대답함으로써 저항을 '피한다'. 그리고 나서 양 팀은 역할을 바꾼다. 큰 조가 잘 적용된 사례를 토론하게 하라.

정답: A(의제도 작성하기).

다른 활동들은 유발하기 과정을 연습하고, 변화 대화에 초점을 맞추는 데 사용된다.

4. 어떤 방식으로 MI 훈련을 마치는 것이 가장 좋은가?

A. 관찰자의 피드백과 환자 및 의료진 두 역할을 연습할 기회와 함께 '실제 연극' MI 전 과정 완료하기

B. 실제 MI 과정을 기록하고 당신의 MI 사용법과 준수율에 대한 관찰자 평가 받기
C. 숙련도를 유지하기 위해 계속해서 MI를 훈련하고, 연습하고, 사용하기
D. 좋은 MI 기술을 습득했을 때 그것을 인지하고, 만난 모든 환자들과 비슷하게 그 기술들을 계속 사용하기

정답: C(당신의 숙련도를 유지하기 위해 계속해서 MI를 훈련하고, 연습하고, 사용하기)

A와 B는 훈련 세션을 마무리하는 좋은 방법일 수 있다. 하지만 많은 MI 훈련은 당신이 함께 일하고 있는 사람의 개인적인 필요와 상황에 적응해야 하는 연습과 학습의 지속적인 과정이다.

5. MI의 사용을 객관적으로 평가하는 데 사용될 수 있는 도구는 무엇인가?
A. Special Education Against Resistance in Mi Network(SpEAR MINt)
B. Motivational Interviewing Treatment Integrity(MITI) 척도
C. Motivational Interviewing Group Help Training Yield(MIGHTY) 척도
D. Motivational Interviewing National Training Team Education Assistance(MINT TEA).

정답: B(Motivational Interviewing Treatment Integrity MITI 척도)

(우리가 아는 바로는) 다른 척도와 이름은 존재하지 않는다.

제11장 행정, 관리, 리더십에서 동기강화상담

1. 한 그리스 가정은 그들의 요리 전략을 다시 생각한다. 저지방 식이요법의 건강상의 효능은 잘 이해되고 인정되고 있다. 다른 한편으로는, 올리브유가 듬뿍 뿌려지지 않은 파솔라키아 라데라(Fasolakia ladare)는 진정한 라데라(ladera)가 아니다. 가족 내에 양가감정과 긴장감이 가득하다. 이때의 변화 단계는 무엇인가?
A. 전숙고 단계
B. 숙고 단계

C. 준비 단계

D. 실행 단계

정답: B(숙고 단계)

가족 구성원은 그들의 선택을 적극적으로 고려하고, 라데라가 있는 삶과 없는 삶 사이의 균형적 측면에서 제안된 변화를 분석한다. 그들은 변화의 숙고 단계에 있다. 양가감정이 확립되어 있다는 점에서 가족체계는 전숙고 단계를 지났지만, 아직 건강한 식습관을 가지는 준비의 다음 단계로 넘어가기 위한 결심은 하지 못하고 있다.

2. 끝나지 않던 논쟁이 있고 몇 주 후에, 당신의 상사가 말한다. "당신이 나에게 요구한 것처럼 당신의 임금을 20% 올려 줄 수 있는 방안을 생각하려고 합니다. 한 가지 방안은 당신이 더 일하도록 하는 것이지만, 최고 재무 담당자(CFO)가 그 결정에 만족해하지 않을까 우려됩니다." 이 상황은 MI의 어떤 과정에 대한 예시가 되는가?

A. 관계 형성하기

B. 초점 맞추기

C. 유발하기

D. 계획하기

정답: B(초점 맞추기)

초점 맞추기의 한 가지 목표는 두 당사자들이 변화의 불확실성을 편안히 견딜 수 있도록 돕는 것이다. 이런 경우에, 당신은 임금을 인상 받을 자격이 있다는 것을 증명하기 위해 열심히 일해 왔다. 상사의 조건부 승인은 당신의 업무 성과에 대한 그녀의 기대가 높아지는 데 따른 것으로, 이는 변화 대화의 한 예이다. 이러한 진술은 변화의 여지가 있다. 당신의 상사는 이미 예상했던 재무 담당 임원의 저항에 대해 언급할 때, 그녀에게 양가감정이 있음을 나타낸다.

3. 세 명의 친구들이 그들의 휴대전화 없이 엘리베이터에 갇혀 있다. 다른 사람들이 출구를 찾아다닐 동안 셋 중 한 명은 비상벨을 계속 누르고 도와달라고 소리친다. 세 번째 친구는 다른 두 명이 이 상황을 해결하도록 내버려둔다. 이 상황은 무엇에 대한 예시인가?

A. 호손 효과
B. 피그말리온 효과
C. 자기 결정성 이론
D. 소문 전파 이론

정답: C(자기 결정성 이론)

인간의 동기에 대한 자기 결정성 이론(Self-determination theory)은 사람들이 자신의 자유 의지로 하는 선택에 초점을 맞춘다. 개인의 행동은 자기 지지적이고 자기 결정적이다. 이 이론에 따르면, 세 친구는 자율성 때문에 다르게 행동한다. 이와는 대조적으로 호손 효과와 피그말리온 효과의 기초를 이루는 사회심리학 이론은 인간 행동의 주요 결정 요인으로 환경적 · 사회적 압력을 지적한다. 사회심리학에 따르면, 우리가 다양한 사회적 환경에서 우리의 주제를 조사했다면, 엘리베이터에 갇히는 것과 같은 유사한 스트레스 조건에서 개인 행동의 차이보다 유사점에 더 깊은 인상을 받을 것이다.

4. Jim Collins의 성공한 회사에 대한 분석에 따르면, 다음 중 지도자의 카리스마를 설명한 것은 무엇인가?
   A. 자산보다는 법적 책임에 가까운 것
   B. 법적 책임보다는 자산에 가까운 것
   C. 성공 또는 실패와는 무관한 것
   D. 사람을 동기 강화하는 데 사실보다 더 중요한 것

정답: A(자산보다는 법적 책임에 가까운 것)

카리스마적 리더십은 진실을 듣지 않고, 잔혹한 사실을 피하려는 문화를 조장하는 경향이 있다. 유능한 리더는 카리스마로 인한 것이 아니더라도 성공하는 경우가 많다. 눈에 보이는 것만으로 사람들에게 동기를 부여하고, 실상을 무시하는 것은 시간 낭비이다.

5. 당신 제품의 품질을 향상시키기 위해 그래픽 디자이너에게 3-D 과정을 수강하도록 설득하기 위해 몇 달을 보낸 후 마침내 그가 동의한다. 이틀 후, 그는 돌아와 마음이 바뀌었다고 말한다. 다음 전략 중 무엇이 그의 동기를 강화하는 데 가장 도움이 되는가?

A. 자신의 강점 확인하기
B. 지속적인 문제 해결과 목표의 반복
C. 지도 방침 따르기
D. 불일치감을 만들어 내고 양가감정 해결하기

정답: D(불일치감을 만들어 내고 양가감정 해결하기)

MI의 유발하기 단계 동안, 개인들은 종종 변화하려는 동기와 오래된 습관을 유지하고 현상을 유지하려는 욕구 사이에서 갈등을 느낀다. 불일치감을 개선하고 양가감정을 해결하는 것은 자신의 동기를 강화하여 변화를 가능하게 한다. 이 예에서, 그래픽 디자이너가 마음을 바꾸는 데 기여했을 수 있는 스트레스 요인뿐만 아니라, 그래픽 디자이너의 초기 동기 뒤에 숨겨진 이유를 탐색하는 것이 도움이 될 수 있다.

찾아보기

인명

내용

/ 편저자 소개 /

Petros Levounis, M.D., M.A.

럿거스 뉴저지 의과대학 정신의학과 교수이자 학과장이며 뉴저지주 뉴어크에 있는 대학병원의 서비스 책임자이다.

Bachaar Arnaout, M.D.

예일 의과대학의 정신의학과 조교수이자 코네티컷주 웨스트헤이븐에 있는 VA 코네티컷 헬스케어 시스템의 해독 및 중독 안정화(Detoxification and Addiction Stabilization) 서비스 책임자/심리사회적 거주 재활치료 프로그램(Psychosocial Residential Rehabilitation Treatment Program)의 의료 책임자이다.

Carla Marienfeld, M.D.

캘리포니아, 샌디에이고 대학교의 정신의학과 부교수이자 중독 서비스 책임자이며 캘리포니아 라호이아에 있는 UCSD 중독 회복 및 치료 프로그램의 의료 책임자이다.

/ 기여자 소개 /

Michelle C. Acosta, Ph.D. 뉴욕주, 뉴욕 국립 개발연구소 기술보건센터 연구 책임자 겸 총무 이사

Elie G. Aoun, M.D. 캘리포니아주 샌프란시스코, 캘리포니아 대학교 정신의학과, 중독 정신의학 펠로

Angela R. Bethea-Walsh, Ph.D. 조지아주 애틀랜타, Bethea 상담 및 심리 서비스, P.C., 공인 심리학자

Curtis Bone, M.D., M.H.S. 코네티컷주 뉴헤이븐, 예일 의과대학 중독의학 박사(Fellow)

Noah Capurso, M.D., M.H.S. 코네티컷주 뉴헤이븐, 예일 의과대학 정신의학 조교수

Jeffrey DeVido, M.D., M.T.S. 캘리포니아주 샌프란시스코, 캘리포니아 대학교의 샌프란시스코 의과대학 정신의학과 조교수

Deborah L. Haller, Ph.D. 플로리다주 마이애미, 마이애미 대학교 공중보건과학과 부교수(voluntary associate professor)

Brian Hurley, M.D., M.B.A., DFASAM 캘리포니아주 로스앤젤레스, UCLA 데이비드 게펀(David Geffen) 의과대학, Robert Wood Johnson 재단 임상 학자

Ayana Jordan, M.D., Ph.D. 코네티컷주 뉴헤이븐, 예일 의과대학 정신의학과 조교수

Vicki Kalira, M.D. 뉴욕주, 뉴욕 대학교 Langone 의료센터 임상 조교수

SueAnn Kim, M.D. 뉴욕주, 뉴욕 의과대학 중독 정신의학 박사(Fellow)

Grace Kwon, D.O. 코네티컷주 뉴헤이븐, 예일 의과대학 정신의학과 중독 정신의학 박사(Fellow)

Marie-Josée Lynch, M.D., C.M. 코네티컷주 뉴헤이븐, 예일 의과대학 정신의학과 중독 정신의학 박사(Fellow)

Steve Martino, Ph.D. 코네티컷주 뉴헤이븐, 예일 의과대학 정신의학과 교수, 코네티컷주 웨스트헤이븐, VA 코네티컷 헬스케어 시스템의 심리 서비스 책임자

Teofilo E. Matos Santana, M.D. 코네티컷주 뉴헤이븐, 예일 의과대학 정신의학과 조교수

Edward V. Nunes, M.D. 뉴욕, 컬럼비아 대학교 뉴욕주립정신의학 연구소 정신의학과 교수, 국제 약물남용 임상시험 네트워크 뉴욕 노드 연구 책임자

Caridad C. Ponce Martinez, M.D. 매사추세츠주 우스터, 매사추세츠 의과대학 정신의학과 조교수, 코네티컷주 뉴헤이븐 예일 의과대학 겸임 조교수

Richard N. Rosenthal, M.D. 뉴욕, 마운트 시나이 의과 아이칸 학교 정신의학과 교수

Mandrill Taylor, M.D., M.P.H. 코네티컷주 뉴헤이븐, 예일 의과대학 중독 정신의학 펠로

학생, 레지던트(수련의)

David L. Convissar, M.D. 럿거스 뉴저지 의과대학 2016, 럿거스 마취과 2020

Isaac Johnson 예일 의과대학, MS2

Jill Konowich, Ph.D. 럿거스 뉴저지 의과대학, MS-IV

David Kopel 럿거스 뉴저지 의과대학, MS-IV

Jose Medina, M.S.W. 럿거스 뉴저지 의과대학, MS-II

Eli Neustadter 예일 의과대학, MS2

Emmanuel Ohuabunwa, M.D., M.B.A. candidate(후보) 예일 의과대학, MS4

Anil Rengan 럿거스 뉴저지 의과대학, MS-IV

Amy Schettino 예일 의과대학, MS3

Augustine Tawadros 럿거스 뉴저지 의과대학, MS-III

Melissa Thomas 예일 의과대학, MS2

Mike Wang 예일 의과대학, MS3

/ 역자 소개 /

신성만(Sungman Shin)

현재 한동대학교 상담심리학과 교수로 재직 중이다. 미국 위스콘신 대학교(University of Wisconsin-Madison)에서 심리학 석사학위를, 보스턴 대학교(Boston University)에서 재활상담학 박사학위를 받고 하버드 의과대학 케임브리지병원 정신과에서 연구원을 역임했다. 미국심리학회, 미국상담학회, 한국상담학회, 한국심리학회, 한국기독교상담심리학회, 한국가족협회 등에서 활동하면서 한국 중독상담학회장, 한국 중독심리학회장을 역임했다. (공)역서로 『심리장애의 임상적용을 위한 핸드북』, 『실존 심리치료와 상담』, 『심리상담과 치료의 이론과 실제』, 『정신재활』, 『실존치료』, (공)저서로는 『마약류 중독의 이해와 치료』, 『중독상담학 개론』 등이 있다.

조정민(Jungmin Jo)

경북대학교 의학전문대학원 의학과를 졸업한 후 계요정신건강병원 정신건강의학과 레지던트를 수료했다. 동 병원에서 중독센터 진료과장 및 중독여성병동장을 역임하였다. 대한신경정신의학회, 한국중독정신의학회 평생회원으로 활동하고 있으며 현재 미래병원 원장으로 재직 중이다.

김주은(Jueun Kim)

충남대학교 심리학과 교수로 재직 중이며 심리성장과 자기조절센터 부센터장을 맡고 있다. 미국 뉴욕주 컬럼비아 대학교(Columbia University)에서 임상심리학 석사를, 시러큐스 대학교(Syracuse University)에서 임상심리학 박사학위를 받았다. 뉴욕주 정신과 연구소와 캐나다 토론토 중독 및 정신건강센터 등에서 연구원 및 임상수련의로 활동하였다. 한국마약퇴치운동본부 중독재활센터 센터장을 역임하였으며, 현재 식약처 마약류 안전관리 심의위원으로도 활동 중이다. (공)역서로는 『동기강화상담 기술훈련』(2판), (공)저서로는 『중독상담학 개론』, 『심리상담의 이론과 실제』가 있다.

신종호(Jongho Shin)
현재 씨에스나무병원 진료과장으로 재직 중이다. 한동대학교 상담심리학/생명과학을 전공했고, 전북대학교 의학전문대학원을 졸업했다. 마음사랑병원에서 정신과 전공의 수련을 시작했으나 현재는 일본에서의 생활을 준비 중에 있다.

조용혁(Yonghyuk Cho)
한동대학교 생명과학부를 거쳐 아주대학교 의학전문대학원을 졸업했다. 현재 아주대학교병원 정신건강의학과에서 전공의 과정 중이며, 융합형의사과학자 과정을 통해 박사과정 중에 있다. 정신과학 영역의 영상 유전학 및 공통데이터모델 관련 연구를 진행하고 있으며, (공)역서로는 『사랑하는 사람이 중독에 빠졌다면』이 있다.

박지훈(Djihuhn Park)
현재 부산의료선교회 세계로병원 가정의학과 진료과장으로 재직 중이다. 한동대학교 상담심리학/생명과학을 전공했고, 부산대학교 의학전문대학원을 졸업했다. 부산의료원에서 가정의학과 전공의 과정을 수료했고, 현재 대한가정의학회 활동 중이다. (공)역서로는 『중독상담』이 있다.

허은실(Eunsil Her)
현재 아주대학교병원 정신건강의학과 전공의 과정 중이다. 이화여자대학교 과학교육과를 졸업했으며, 아주대학교 의학전문대학원 의사과학자 과정을 통해 의사 면허 취득과 더불어 학습 및 기억에 수반되는 의사결정 메커니즘과 관련한 연구(Multiple single unit recording)를 통해 이학박사를 이수했다.

정신건강 임상에서의
동기강화상담
Motivational Interviewing
for Clinical Practice, First Edition

2022년 2월 10일 1판 1쇄 인쇄
2022년 2월 25일 1판 1쇄 발행

편저자 • Petros Levounis · Bachaar Arnaout · Carla Marienfeld
옮긴이 • 신성만 · 조정민 · 김주은 · 신종호 · 조용혁 · 박지훈 · 허은실
펴낸이 • 김진환
펴낸곳 • ㈜ 학지사
04031 서울특별시 마포구 양화로 15길 20 마인드월드빌딩
대표전화 • 02-330-5114 팩스 • 02-324-2345
등록번호 • 제313-2006-000265호

홈페이지 • http://www.hakjisa.co.kr
페이스북 • https://www.facebook.com/hakjisabook

ISBN 978-89-997-2320-9 93180

정가 19,000원

역자와의 협약으로 인지는 생략합니다.
파본은 구입처에서 교환해 드립니다.